I0695486

Ecovisiones serie Diccionarios

Créditos

Diccionario de simbolismo, esoterismo y religiones

Mendoza Vester, Jorge

Diccionario de simbolismo, esoterismo y religiones / Jorge Mendoza Vester

© 2023 Diccionario de simbolismo, esoterismo y religiones - Jorge Mendoza Vester

1ª edición.- Ciudad de Santiago, Chile, 2023

Primera edición libro digital

Diccionario de simbolismo, esoterismo y religiones

B

C

D

E

F

G

H

N

Introducción

Bienvenidos a un viaje fascinante a través de los misterios y símbolos que han moldeado la historia de la humanidad, nuestra comprensión del universo y nuestra búsqueda de significado. Este diccionario, cuidadosamente elaborado, es una ventana a las profundidades del esoterismo, la simbología y las religiones que han desafiado y enriquecido nuestra comprensión del mundo que nos rodea.

En estas páginas, encontrarás un vasto compendio de términos, conceptos y símbolos que han sido fundamentales en una variedad de tradiciones espirituales y religiosas de todo el mundo. Desde las antiguas civilizaciones hasta las filosofías modernas, desde los rituales secretos hasta las enseñanzas públicas, este diccionario abarca una amplia gama de temas relacionados con el misticismo, la fe y la búsqueda de lo divino.

Esta herramienta contienen material sobre esoterismo, ocultismo y hermetismo a través de sus hitos, símbolos, doctrinas, misterios y sus protagonistas. Entre otros temas puede encontrar información sobre:

- El conocimiento mágico y esotérico desde la Antigüedad hasta nuestros días.

- Las escuelas espiritualistas de los siglos XVII y XVIII y sus relaciones con el saber oculto antiguo.

- Las órdenes de misterios y las sociedades secretas, sus orígenes y su doctrina.

- La brujería antigua, sus ritos, su significado y sus vínculos con la wicca moderna.

- Grandes personajes del esoterismo, la cábala, la masonería, la teosofía, la antroposofía. Entre otros: Rosseti, Guénon, Evola, Fulcanelli, Madame Blavatsky Gerard, de Nerval, Rainer María Rilke, William Blake, William B. Yeats, etc.

Todo esto hace de esta sección una obra enciclopédica exhaustiva y rigurosa sobre el conocimiento esotérico y hermético y las tradiciones ocultistas de todas las culturas y todos los tiempos

Nuestro objetivo es proporcionar una guía completa y accesible para aquellos que buscan explorar los significados detrás de los símbolos, los rituales y las creencias que han influido en la cultura humana durante milenios. Tanto si eres un estudiante curioso como un erudito experimentado, esperamos que encuentres estas páginas llenas de información valiosa y esclarecedora.

A medida que te sumerjas en las entradas de este diccionario, te invitamos a descubrir conexiones sorprendentes, desvelar antiguos secretos y ampliar tu comprensión de las profundidades del alma humana. La simbología, el esoterismo y las religiones son hilos que entrelazan a la humanidad en su búsqueda de lo trascendental, y este diccionario es una brújula para navegar por esos vastos océanos de conocimiento.

Concepto de símbolo

El concepto de símbolo es fundamental en la simbología, esoterismo y religiones. Un símbolo es un elemento gráfico, objeto, palabra o concepto que representa algo más allá de su significado literal. Los símbolos son portadores de significado y a menudo se utilizan para transmitir ideas, conceptos abstractos o valores profundos de una manera más poderosa y efectiva que las palabras o imágenes directas.

Un símbolo es un elemento gráfico, objeto, palabra o concepto que trasciende su significado literal para representar algo más profundo o abstracto. Los símbolos son elementos esenciales en la comunicación humana y desempeñan un papel crucial en diversas disciplinas, incluyendo la simbología, el esoterismo y las religiones.

Los símbolos son herramientas poderosas para transmitir significados y conceptos complejos de manera efectiva. Pueden encapsular ideas, valores, creencias y emociones en una forma que sea fácilmente reconocible y que resuene en la mente y el corazón de las personas.

En la simbología, los símbolos son estudiados en profundidad para comprender sus significados culturales, históricos y psicológicos. Se exploran los símbolos en mitos, religiones y tradiciones culturales para desentrañar sus misterios y significados ocultos.

El esoterismo a menudo se basa en el uso de símbolos para transmitir conocimientos y enseñanzas ocultas. Estos símbolos pueden tener múltiples capas de significado y se utilizan en prácticas como la alquimia, la astrología y la magia.

En las religiones, los símbolos desempeñan un papel crucial en la expresión de la fe y la espiritualidad. Los símbolos religiosos, como la cruz cristiana, el yin y el yang taoísta o el om hindú, son reconocidos en todo el mundo y transmiten profundos significados espirituales.

Símbolo y desarrollo de la capacidad intelectual

El papel del símbolo en el desarrollo de las capacidades intelectuales, en particular en relación con la especialización de los hemisferios cerebrales (izquierdo: lógico y derecho: intuición), es un tema fascinante que puede explorarse desde varias perspectivas.

1. **Estimulación de la creatividad y la intuición:** Los símbolos, al representar conceptos abstractos o valores profundos, a menudo requieren que el cerebro derecho, asociado con la creatividad y la intuición, entre en acción. Interpretar y comprender símbolos puede desafiar la mente a pensar de manera no lineal y a buscar conexiones no obvias, lo que estimula la intuición y la creatividad.

2. **Procesamiento lógico y análisis:** Por otro lado, el cerebro izquierdo, que se especializa en el procesamiento lógico y analítico, también juega un papel importante en la interpretación de símbolos. A medida que se descifran los significados de los símbolos, se aplican procesos lógicos para comprender su contexto y relevancia.

3. **Síntesis de conocimiento:** La interpretación de símbolos a menudo requiere la síntesis de información de diversas fuentes y la comprensión de conceptos complejos. Esto involucra tanto la capacidad analítica del hemisferio izquierdo como la capacidad de ver patrones y conexiones más amplias asociadas con el hemisferio derecho.

4. **Fortalecimiento de la memoria:** El proceso de aprender y recordar símbolos, especialmente en contextos religiosos o esotéricos, puede fortalecer la memoria. La memorización y la asociación de símbolos con significados profundos pueden ejercitar la memoria a largo plazo.

5. **Facilitación de la comunicación:** Los símbolos a menudo se utilizan para comunicar conceptos complejos de manera concisa y efectiva. Esta capacidad de resumir ideas complejas en un solo símbolo puede fomentar la habilidad de comunicarse de manera clara y eficiente, lo que es esencial tanto en la vida cotidiana como en contextos académicos o profesionales.

El estudio y la comprensión de los símbolos pueden desencadenar una sinergia entre los hemisferios cerebrales izquierdo y derecho, estimulando la creatividad, la intuición, el pensamiento lógico y analítico, la síntesis de conocimiento y la memoria. Esta amplia gama de habilidades intelectuales ejercitadas al trabajar con símbolos puede tener un impacto significativo en el desarrollo cognitivo y enriquecer la capacidad de comprensión y comunicación de una persona.

Los símbolos son elementos esenciales en la comunicación humana y desempeñan un papel vital en la expresión de ideas, creencias y valores en una amplia variedad de contextos, desde la cultura y la religión hasta la espiritualidad y el conocimiento esotérico.

Que esta obra te inspire a explorar, cuestionar y, sobre todo, a reflexionar sobre las diversas formas en que los seres humanos han buscado comprender el mundo y su lugar en él a lo largo de la historia.

A

A

Para el cristianismo la letra "a" griega (alfa), significa la perfección, la eternidad de Dios manifestada en Jesucristo y encerrada en la expresión:

"Alfa y omega" El principio y el fin de todas las cosas"

En la Biblia aparece tanto en el Antiguo como el Nuevo Testamento. El profeta mayor Isaías escribe en su Libro de la Consolación:

(1,4)"Yo, Yahvé, que soy el primero y aún estoy con los últimos".

(44,6)..."Así dice Yahvé, rey de Israel, su Redentor Yahvé Sebaot: Yo soy el primero y soy el último, no hay Dios fuera de mi".

En el Apocalipsis, Juan dice:

(1,18).."Yo soy alfa y omega, el principio y el fin, dice el Señor Dios, el que es, el que era y el que viene, el Omnipotente".

(2,16)..."Y añadió: Se ha cumplido. Yo soy el Alfa a Omega, el principio y el fin...".

13)..."Yo soy el Alfa y la Omega, el primero e último, el principio y el fin".

Para los musulmanes la letra "a" representa el primer nombre o atributo divino: Allah, posee una cifra representativa de 66; significa Dios y su categoría es la de Terrible. La letra posee la cualidad de la amistad y pertenece al elemento fuego. El perfume de la letra según las ta: as del Jawahiutru'l Khamsah, es el alóe negro; su genio se llama Qayuush y el ángel guardian Israfil.

Por su parte, los hebreos han adoptado esta letra como símbolo de la unidad colectiva, del hombre como ser principal, dueño y señor de la tierra.

Algunos otros pueblos de la antigüedad la adoptaron con un cierto carácter mágico, manteniéndola como primera letra de su alfabeto, por ejemplo los egipcios la utilizaron simbolizando el Ibis.

AAAS

AAAS: Son las siglas de la American Association for the Advancement of the Science (Asociación Americana para el Progreso de la Ciencia). Organismo establecido en Nueva York, que engloba a las ciencias oficiales que existen activamente en el mundo.

En el año de 1969, por propuesta de la antropóloga Dra. Margaret Mead, fue aceptada la parapsicología como ciencia, siendo representada por la Parapsychological Association, basados en los estudios cuantitativos realizados con los fenómenos de ESP, desde 1927 por el Dr. Joseph Banks Rhine, en la Duke University, y a los que posteriormente se le unieron las investigaciones de la Psicoquinesis (PK).

AAIN EL GINUM

AAIN EL GINUM: Antigua ciudad de África del Norte, próxima a Fez (Marruecos) conocida como "Fuente de los ídolos", donde existía un templo cercano a una fuente en el que se desarrollaban, según J.F.Nöel, ritos de fecundación.

Este templo fue destrozado por la invasión musulmana.

AAKBE

AAKBE: Lugar mencionado por J.F.Nóel, y situado en Arabia, donde según la tradición musulmana el demonio se apareció a Abraham, Agar e Ismael. Cuando los peregrinos pasan por allí tiran siete piedras diciendo al arrojar cada una: "¡Dios es grande!".

ABAD

ABAD: Título dado al asceta cristiano más experimentado y de mayor edad que guiaba a los demás ascetas. Durante la Edad Media, los abades pasaron a ser los superiores de los monasterios cristianos. Como ejemplo, según la regla de San Benito, el Abad era el padre y cabeza de su monasterio, con amplia potestad sobre los monjes.

Cuando se trata de una comunidad religiosa de mujeres (monjas), se denomina Abadesa. Titulo que aparece con frecuencia a partir del año 514 en Occidente.

ABADIR

ABADIR: Se dio este nombre, de forma no específica, a un tipo de piedras redondeadas y de dimensiones reducidas que se decían caídas del cielo. Es muy posible que se tratase de pequeños meteoritos. Tanto en países de Oriente Próximo como, posteriormente, en Grecia y Roma, el abadir fue venerado como símbolo de ciertas divinidades y, de forma muy especial, de los Penates, que constituían los dioses de la familia y del hogar. También a Cibeles se la veneraba bajo la forma de un pequeño meteorito. Según la mitología, fue Cibeles la que talló un abadir de gran tamaño y se lo dio a comer a su esposo, el dios Urano, cuando éste se disponía a devorar a su propio hijo Cronos.

ABANEC

ABANEC: Cíngulo utilizado por el Sumo Sacerdote hebreo para ejercer su magisterio. También se conoce con el nombre de Abanete.

ABASIDA

ABASIDA: Dinastía islámica formada por los descendientes de Abbas, tío de Mahoma, a quien consideraban su heredero y sucesor. Esta dinastía se estableció en Bagdad convirtiendo la ciudad en el centro religioso y cultural más influyente del Islam (656-1258).

Basándose en el apoyo de los descendientes de Alí, primo de Mahoma, los abasidas derrotaron a los omeyas consiguiendo colocar a Abul- Abbas como califa. Dotaron a Bagdad de lo mejor y más relevante, sobre todo bajo los califatos de Harun ar-Rashid (768-809) y de al-Mamun (813-833). Con el paso de las decisiones políticas a manos de los turcos y buuaiyies, el califato se desmembró.

ABATON

ABATON: Los griegos denominaban así a aquellos lugares que por su especial significación de santuario mantenían su acceso prohibido a los profanos.

ABATUR

ABATUR: Entre los nazarenos, grupo judío-cristiano que se extendió por Siria durante el siglo IV y que era considerado como herético tanto por los autores cristianos como por los hebreos, por emplear una versión ara-mea del Evangelio, era el nombre que daban al Absoluto o Ser Supremo.

ABBA

ABBA: Palabra de raíz aramea que significa padre y que aparece en varias Epístolas y Evangelios del Nuevo Testamento usada como expresión habitual para dirigirse a Dios. Marcos (14;34-36): Y les dijo: "Mi alma está triste hasta la muerte; quedaos aquí y velad". Y, adelantándose un poco, cayó de bruces, y rogaba que, si era posible, pasara lejos de El aquella hora. Y decía: "Abba, Padre, todo te es posible. Aparte de mí este cáliz. Pero no sea lo que yo quiero, sino lo que quieras Tú".

ABDAL QADIR AL JINALI

Teólogo hambalita (1077 y 1166) que adoptó el sufismo, dedicándose a la predicación de la orden qa-diriyya, alcanzando gran predicamento entre los iraquíes. Aun es visitada hoy su tumba en Bagdad para solicitar su bendición y pedir su mediación.

ABDAL

ABDAL: Palabra árabe empleada para calificar a aquellas personas que aparecen ante el pueblo enardecidos por su fe en Dios. Se les suele considerar santos.

Por otra parte los tártaros llaman así a un sacerdote de grado inferior encargado de practicar la circuncisión en público.

ABDALLAH BEN IBAD

Fundador de la secta musulmana de los ibadhis, que se nos presenta como una de las más revolucionarias del siglo VII. Se extendió por la parte oriental de Argelia y Túnez. Sostenía que el califato no podía ser patrimonio de una familia o tribu. Está considerado como un puritano fanático. Coincide en numerosos puntos con la doctrina mutazilie, sobre todo en lo que se refiere a la creación del Corán, la imposibilidad de la visión beatífica, la interpretación alegórica de los pasajes antropomórficos del Corán y de las predicciones escatológicas, tales como la balanza y el puente tendido por encima del infierno. Esta secta sobrevivió algún tiempo en pequeñas comunidades de África del Norte.

ABDEST

ABDEST: Ablución religiosa practicada por los turcos, árabes y persas, antes de sus oraciones. Es una operación inexcusable que debe realizarse antes de proceder a la oración, y por ello hay en todas las mezquitas fuentes para lavarse, tal y como ordena la ley coránica.

Corán (5;6): "¡Oh creyentes! Cuando os dispongáis a observar la oración, lavaos la cara y las manos hasta los codos; frotaos la cabeza con la mano mojada y lavaos los pies hasta los talones. Y cuando estéis polutos, mundificaos; pero, si estáis enfermos o de viaje, o si venís del lugar excusado, o habéis folgado con vuestras mujeres y no encontráis agua, recurrid a una tierra limpia y frotaos con ella vuestras caras y manos. Dios no desea imponeros carga alguna; pero si quiere purificaros y agraciaros para que lo agradezcáis".

ABDHOUTS

ABDHOUTS: Clase de faquires mencionados por el estudioso francés J.F.Michel Nöel, que dice de ellos que "se desfiguran el rostro y el cuerpo con pinturas extrañas. Mantienen una vida pacífica y vagabunda y se ganan su subsistencia con prácticas raras".

ABEJA

ABEJA: En el antiguo Egipto el signo jeroglífico de la abeja formaba parte de los nombres reales, dada la analogía con los órdenes jerárquicos de estos insectos. En los cultos órficos se simbolizaba a las almas mediante las abejas, pues al igual que éstas se mueven en enjambres, las almas surgen del mismo modo de la unidad divina. También en la tradición indoaria y en la musulmana, la abeja adquiere un simbolismo espiritual similar al de los órficos. En la mitología grecorromana la abeja desempeñaba un papel preponderante. Su simbolismo ha perdurado hasta nuestros días, como muestra de actividad, riqueza, vigilancia y fecundidad. La abeja es, asimismo, símbolo del matriarcado.

ABELIAN

ABELIAN: Antigua divinidad gala, representación del sol, se le han atribuido los mismos poderes que a Apolo.

ABENTOFAIL

ABENTOFAIL: Sobrenombre del filósofo musulmán español Ibn Tufayl nacido en Guadix el año 1100. Ver Ibn Tufayl.

ABHAVA

ABHAVA: En lengua sánscrita equivale a "la no existencia", a lo "no manifestado". Se aplica a aquello cuya objetividad es abstracta. Es la unidad que resume toda diversidad.

ABHAY

ABHAY: Abhay Charan De, nombre real de Bhaktivedanta Prabhupada, fundador de la secta Hare Krishna en 1965. Ver Hare Krishna.

ABHAYA

ABHAYA: Energía que el yogui va obteniendo gracias a su práctica y al ejercitamiento de las actuaciones propias del yoga. De tal forma que así pueda continuar su camino por la senda de la totalidad para entrar en contacto con ella.

ABHAYAGIRI

ABHAYAGIRI: Nombre de un monte de Ceilán (Sri Lanka), adoptado por una secta que floreció en sus aledaños en un monasterio de origen budista durante el siglo VI. Su doctrina era una libre interpretación de los dogmas budistas. Considerados heréticos, fueron perseguidos y exterminados, teniendo que emigrar a otras zonas los escasos supervivientes.

ABHEDAVADIN

ABHEDAVADIN: En sánscrito es el nombre que recibe aquel que permanece en la total indiferencia, de forma que ha evitado ser desviado. Es un observador que puede contemplar todo desde la naturaleza real sin dejarse involucrar en el juego de luces y sombras de lo fenoménico.

ABHIDARMA KOSA

ABHIDARMA KOSA: Importante tratado budista sarvastivadín atribuído a Vasubandhu, que comprende dos partes: Abhidarma Kosa Karika y Abhidarma Kosa Bhasya.

La primera parte es una colección de seiscientos poemas, y la segunda el comentario de ellos.

El Abhidarma Kosa agrupa nueve secciones dedicadas a los elementos (dhatu); las facultades (indriya); el mundo (loka); la acción (karma); las inclinaciones (anusaya); las etapas de supresiones de las impurezas (pugdala-marga); los tipos de conocimiento (jañana); los tipos de meditación (samadhi) y la revisión de las teorías sobre las personas (pugdala-vinischaya).

Fue un importante instrumento en la propagación del budismo en China. Su texto original estaba escrito en sánscrito, pero se perdió en la India, conservándose su versión en chino y tibetano.

ABHIDARMA

ABHIDARMA: Denominación sánscrita de la ordenación temática y desarrollo lógico de las enseñanzas de Buda. Ver Abhidhamma.

ABHIDHAMMA

ABHIDHAMMA: Nombre pali de la ordenación temática y desarrollo lógico de las enseñanzas de Buda. Tercera parte de las escrituras sagradas, que atiende al análisis de los fenómenos psíquicos o mentales y sus mutuas relaciones. Se describen los numerosos y diversos estados de conciencia posibles y se enumeran sus elementos constitutivos de carácter mental y moral, clasificados conforme a su capacidad para producir karma saludable o perjudicial. El estudio del Abhidhamma, conocido como Abhidarma en lengua sánscrita, exige un gran esfuerzo de memoria y perseverancia, por lo que ha quedado tradicionalmente al único alcance de los monjes.

ABHIDHAMMATTHA

ABHIDHAMMATTHA: Obra perteneciente a la escuela budista del Theravada extendida por Ceilán, Birmania, Tahilandia y Camboya. Está compuesta como compendio del significado del Abhidhamma en el siglo XII por Amuruddha. Se emplea de introducción y manual para el estudio del Abhidhamma.

ABHIDHAMMIKA

ABHIDHAMMIKA: Nombre dado a aquel monje budista que pese a interesarse por las otras obras fundamentales del canon budista, se ha especializado en el estudio del Abhidhamma. En el primitivo budismo los seguidores del Theravada tenían en mucha estima a este tipo de monje dado que era considerado un especialista. Incluso hay un relato del peregrino chino Fa-hsien que menciona la existencia de un stupa construido en honor del Abhidhamma junto al cual los abhidhammikas practicaban sus ritos en las celebraciones budistas

ABHIJJAVA

ABHIJJAVA: Uno de los grandes impedimentos que tiene el budista para alcanzar el sendero de la evolución es la avaricia o abhijjava. Condicionamiento de la mente humana que debe ser combatido con decisión, pues perjudica no sólo individual, sino colectivamente.

ABHINIVEZA

ABHINIVEZA: Es el apego a la existencia calificado por el maestro del yoga Patanjali, como uno de los impedimentos puestos en el camino de la liberación del hombre. Su superación presume acercarse a la ecuanimidad ante los acontecimientos, aceptar que lo compuesto se descompone.

ABHIÑÑA

ABHIÑÑA: Comprensión sobrenatural que para el pensamiento budista poseen Buda y cuantos han alcanzado una etapa avanzada de perfeccionamiento espiritual. Se considera sobrenatural por cuanto que no caracteriza a los hombres en general, sino sólo a los que han trascendido ciertas condiciones humanas habituales. Se encuentra aludido en las escrituras budistas como el séptimo entre los nueve resultados que se consiguen mediante la consecución de las cuatro nobles verdades:

ABHYASA

ABHYASA: En el yoga encarna el esfuerzo personal que se realiza para purificar la mente y avanzar hacia la autorrealización. Esta ejercicio permite cultivar la mente adecuadamente y crecer interiormente.

ABICHEGAM

ABICHEGAM: Ceremonia vinculada con el culto al lingam o Culto al falo o Lingam.

ABIOSIS

ABIOSIS: Término que se aplica en el ocultismo al estado perceptible de la muerte de una persona. También en biología se denomina abiosis al estado de suspensión de las manifestaciones vitales.

ABOGADO DEL DIABLO

ABOGADO DEL DIABLO: Figura propia de la Iglesia Católica, "Advocatus Diaboli", encargado de plantear objecciones a la canonización de una persona con fama de santidad. Se opone al "Advocatus Dei" o encargado de promover las operaciones de canonización.

ABOTH DE RABBI NATHAN

ABOTH DE RABBI NATHAN: Exposición del tratado hebreo de la Mishnah, conjunto de leyes tradicionales realizadas por los doctores judíos tras la destrucción del Templo de Jerusalén para asegurar la unidad religiosa. Es una de las dos recensiones que suelen ir como anexos al Talmud de Babilonia. Según la tradición fue compilada por Juda ha Nasi en el año 220 partiendo de materiales más antiguos. Comprende seis secciones o sedarim divididas a su vez en sesenta parágrafos o tratados, Msakoth.

ABRAHAM APOCALISIS DE

ABRAHAM APOCALISIS DE: El Apocalipsis de Abrahám es una obra de principios del siglo II de nuestra era considerada capital por los gnósticos. Si bien apareció originalmente en hebreo o arameo, fue traducida al eslavo, versión que actualmente se conserva. El tema que aborda es la conversión de Abrahám y su repulsa de la idolatría, así como el viaje del patriarca a través de los siete cielos, donde le son revelados el pasado y el futuro, especialmente la caída del templo.

ABRAHAM SENO DE

ABRAHAM SENO DE: Expresión que aparece en el Nuevo Testamento, Evangelio de Lucas, en la descripción de la parábola del Rico y Lázaro, como muestra de la preocupación existente entre los judíos por la descripción de la bienaventuranza ultraterrena.

En el cristianismo medieval fue representado gráficamente en el interior del Juicio Final, siendo el "seno de Abrahám" el cielo, donde el Patriarca en forma de figura sedente acoge a las almas en su regazo.

ABRAHAM TESTAMENTO DE

ABRAHAM TESTAMENTO DE: Obra escrita en el siglo II y reelaborada posteriormente por un autor cristiano anónimo, ofrece dos versiones griegas y traducciones copta, árabe, etiópica y rumana.

El texto aborda el viaje de Abrahám al otro mundo conducido por el arcángel Miguel.

ABROGACION

ABROGACION: La posibilidad de abolir o anular es empleada en el Islam para solucionar los problemas que causan las contradicciones que encierra el Corán. Aunque estos cambios son realizados para mejorar la comprensión de los versículos.

En la sura 2, aleya 106 se puede leer: "No abrogamos ninguna aleya ni la borramos de tu memoria, sin reemplazarla por otra mejor o semejante. ¿Ignoras acaso que Dios es omnipotente?".

ABSEFALESIA

ABSEFALESIA: Se llama así a la insensibilidad paranormal ante el fuego. Es lo mismo que la Apiropatía o Pirovasía.

ABSORCION HIPNOTICA

ABSORCION HIPNOTICA: Un sujeto en estado hipnótico es absorbido por la situación inducida viviéndola intensamente.

ABSTINENTES

Ver Abelonitas.

ABU DAWUD AL SIJISTANI

ABU DAWUD AL SIJISTANI: Especialista en tradiciones árabes que vivió duarante el siglo IX de nuestra era. Procedía de Siria y se estableció en Basra. De todas sus obras la más importante es el "Kitab al sunan" colección de tradiciones islámicas que llegó a ser consideradas como uno de los seis libros canónicos.

ABU HAMID

Ver Asarismo.

ABU MANSUR

Ver Asarismo.

ABU TALIB

ABU TALIB: Hijo de Abd al-Muttalib, tío de Mahoma, que tras la muerte de su padre tomó al Profeta bajo su protección, aun cuando no aceptó nunca su mensaje. Su hijo Alí fue el cuarto califa.

ABU

ABU: Nombre dado a una montaña sagrada de los jainistas y los hindúes que se encuentra en Rajputana. Sus laderas están cubiertas de santuarios, templos y tumbas. Se la conoce como el "Olimpo de la India".

ABUNA

ABUNA: Título dado al patriarca de la Iglesia de Etiopía, que significa "nuestro padre".

ABYDOS

ABYDOS: Ciudad del Alto Egipto donde se encontraban enterrados los primeros faraones, por lo que era considerada sagrada. Allí se localizaba el culto a Osiris, y según la leyenda fue en esa antigua ciudad donde fue enterrada la cabeza de Osiris, por lo que era un punto importante de peregrinación y un centro de celebración periódica de rituales conmemorativos de la muerte y resurrección de la divinidad.

ACACIO DE CESAREA

ACACIO DE CESAREA: Obispo de Cesárea, y una de las figuras principales del arrianismo. Depuesto por el concilio de Sárdica el año 343, se convirtió en representante de los homeanos, cuyo credo defendió en el concilio de Seleucia celebrado el año 359. Si bien firmó el credo de Nicea (363), pronto retornó al arrianismo, siendo de nuevo depuesto por el sínodo de Lampsaco en el 365.

ACACIO DE CONSTANTINOPLA

ACACIO DE CONSTANTINOPLA: Patriarca de Constantinopla durante los años finales del siglo V que intentando unificar la Iglesia Oriental, propuso al emperador Zenón una fórmula calcedonense con ciertas concesiones a los monofistas, conocida como el "Henoticón" que fue rechazada por Roma dando motivo a la ruptura del año 482.

ACADEMIA

ACADEMIA: Se conoce así a la escuela filosófica fundada por Platón en el año 385 a. C., cuya ubicación estaba cerca al jardín dedicado a Academos, héroe griego de reconocimiento teológico.

Posteriormente se llamó así a la institución donde se desarrollaron las tesis platónicas.

Existieron academias Antigua, Media y Nueva.

ACALI

ACALI: Sacerdotes encargados de la custodia de los libros de Nanck y de Suru Govind Singhi, legisladores de los siks, secta del norte de la India, asentada en la región del Punjab.

ACAMONTH

ACAMONTH: Nombre de uno de los dioses nombrados por el heresiarca Valentín. Ver Valentinianos.

ACEDIA

ACEDIA: Término usado en la teología moral cristiana para denotar el letargo espiritual, la pereza, el descuido y la melancolía que afectaba a los monjes dedicados a la vida contemplativa en la Edad Media.

ACEFALA

ACEFALA: Denominación genérica dada a las sectas cristianas monofisitas por no admitir las dos naturalezas de Jesucristo, divina y humana.

ACEMETAS

ACEMETAS: Nombre dado a los monjes seguidores de San Alejandro, siglo IV, quienes dedicaban su vida al rezo ininterrumpido del oficio divino; para lo que la comunidad se dividía en dos grupos, uno descansaba mientras el otro oraba. Sus conventos principales estuvieron en Siria y en las orillas del Mar Negro.

ACEPTILACION

ACEPTILACION: Palabra latina que se refiere en el cristianismo al sacrificio realizado por Cristo con su muerte en la cruz, y aceptado por Dios como satisfacción suficiente por los pecados de los hombres.

ACHAMONTH

ACHAMONTH: De acuerdo con las teorias valentinianas es el nombre dado a un espíritu del sexo femenino al que se considera madre de Jehová.

ACHANCHALATA

ACHANCHALATA: Paz interior que busca el yogui, contrapuesta a la ansiedad, a la incertidumbre, que debe ser superada por el practicante. Nada hay tan apreciable para el individuo como la quietud que permite alcanzar la vivencia de uno mismo en uno mismo.

ACHARIYA

ACHARIYA: Término pali aplicado al budismo y referido al maestro o instructor del dharma o doctrina. Es la denominación del encargado de velar por el mantenimiento de la doctrina tradicional.

ACHARYA

ACHARYA: En el hinduismo se emplea esta palabra como sufijo del nombre de destacados teólogos a los que se consideran "maestros": Ramanuja o Ramanujacharya; Sankara o Sankaracharya...

También la utilizan los budistas como sustantivo, dándole un significado de maestro en contacto con sus alumnos. Para esta creencia la relación entre ambos es prácticamente filial, por eso el acharya se encarga de transmitir la pureza de la doctrina budista. Existe otro tipo de maestro, el Upadhayaya o preceptor moral encargado de estimular y corregir al novicio.

ACINERGIA

ACINERGIA: Es la pérdida de la facultad de efectuar de una manera simultánea y coordinada los diversos movimientos musculares que integran los movimientos voluntarios simples o complejos. Ej. Trastornos al caminar que se observa como "marcha de ebrio"; la escritura tiene trazos temblorosos y de bordes cortantes.

ACONITO

ACONITO: Planta de la familia de las ranunculáceas, de hojas palmeadas y flores generalmente de color azul que vive en las montañas elevadas y se puede cultivar en los jardines como ornamento. Es venenosa cuando la semilla llega al estado de maduración.

Forma parte de las doce plantas consideradas por los rosacruces.

ACROASIOS

ACROASIOS: Miembros de la segunda de las cuatro clases de penitentes que no pudiendo entrar en el templo de Jerusalén debían permanecer fuera, ya que tan sólo les era permitido asistir a la lectura y explicación de la Biblia.

ACROSOFIA

ACROSOFIA: En la teología cristiana es el nombre dado a la sabiduría que pertenece exclusivamente a Dios.

ACTA ARCHELAI

ACTA ARCHELAI: Suma antimaniquea escrita hacia el año 315 por Hegemonio. Recoge supuestamente las discusiones públicas entre el obispo Arquelao y Mani, tras las que éste último debió huir. Con el fin de dar a conocer la herejía de Mani, Arquelao encargó a Hegemonio que redactara unas actas de las sesiones.

El documento es citado por primera vez el año 348 por Cirilo de Jerusalén. Desde Epifanio hasta Focio, el texto fue utilizado tanto por los historiadores como por los polemistas.

ACTA DE SUPREMACIA

ACTA DE SUPREMACIA: Ley promulgada en noviembre del año 1534 confirmando al rey Enrique VIII y a sus sucesores como la única cabeza visible suprema de la Iglesia de Inglaterra, conocida como Anglicana.

ACUARIA ERA

ACUARIA ERA: Terminado el actual período de Piscis, comenzará, la llamada Era Acuaria bajo el signo aéreo e intelectual de este nombre, lo que sucederá aproximadamente dentro de unos 600 años. El Sol ya entró en la órbita de influencia de este signo y se hace sentir su efecto en los acontecimientos e invenciones de los últimos años.

ACUARIO EVANGELIO DE

ACUARIO EVANGELIO DE: Obra escrita por Levi Dowling que ha tenido gran influencia en el nacimiento de la teología de los musulmanes Negros, movimiento aparecido en Estados Unidos a mediados de 1913. Ver Musulmanes Negros.

ACUFENOS

ACUFENOS: Zumbido en los oídos, sensaciones auditivas en ausencia de estimulo exterior. Pueden ser interpretados como fenómenos Parafónicos, voces de ultratumba, etc.

AD

AD: Abreviatura de la expresión latina "Anno Domini" (En el Año del Señor), empleada para fechar los hechos acaecidos a partir del nacimiento de Cristo, por la cronología cristiana.

ADALBERTO

Heresiarca francés del siglo VIII que no admitía la confesión y se decía poseedor de una carta enviada directamente del cielo por medio del arcángel San Miguel. Parte de sus obras están incluidas en las Capitulares de Esteban Baluze.

ADAM KADMON

ADAM KADMON: Concepto cabalístico —el ser divino u hombre primigenio—que se refiere a cierto espíritu universal, que forma parte de los seres humanos, e incluso de todo ser viviente, sin que ello tenga nada que ver con la idea de «primer ser». Adam Kadmon es, en la cábala, el símbolo de las diez Sefira, por lo que también recibe el nombre de Ser Sefirot.

ADAMA

ADAMA: De acuerdo con el Bahagavad Gita y otros textos orientales, es uno de los cinco aires vitales, "el aflujo". Ver Aires Vitales.

ADAN PICO

ADAN PICO: El pico de Adán es una elevada montaña existente en el sur de la isla de Ceilán (Sri Lanka) de 2.241 metros, en cuya cima hay una cavidad de 150 centímetros por 90, que recuerda la huella de un pie humano. Los budistas afirman que se trata de la última huella de Buda, mientras que los hindúes dicen que es de Siva. Por su parte los musulmanes la reivindican para Adán, ya que una leyenda relata que allí cayó al ser expulsado del Paraíso.

ADAN PUENTE

ADAN PUENTE: Conjunto de rocas y bancos de arena que unen la India con la isla de Ceilán, en el estrecho de Pank. Los hindúes lo denominan puente de Rama y afirman que son los restos del puente que éste mandó construir para invadir Ceilán y rescatar a su esposa Sita, según el relato del Ramayana.

ADAPTABILIDAD

ADAPTABILIDAD: En esta palabra tenemos el gran secreto del retraso o del progreso humano.

Todo adelanto depende de la flexibilidad y adaptabilidad del ser que evoluciona, que sea capaz de acomodarse por sí mismo a las nuevas condiciones o de que se cristalice y estacione, haciéndose incapaz de toda alteración.

La adaptación es la cualidad que hace progresar, sea en un grado superior o inferior de la evolución. La falta de ella es causa de retraso para el espíritu y de retrogresión para la forma. Esto se aplica al pasado, al presente y al futuro, y la calificación o descalificación se hace exacta e impersonalmente, con toda justicia, por la Ley de Consecuencia.

ADAR

ADAR: Decimosegundo mes del calendario religioso hebreo que coincide con el febrero occidental

ADARRUM

ADARRUM: Ritmo frenético propio del umbandismo a que se someten los mediums para poder vencer la posible resistencia de los espíritus a entrar en sus cuerpos. Durante la danza caen en una larga serie de convulsiones semejantes a un ataque de epilepsia.

ADELGREIFF

Juan Alberto Adelgreiff, hijo natural de un sacerdote alemán que enseñó latín, griego, hebreo y diversas lenguas modernas, es una de las personas más controvertidas del siglo XVII. Decía ser visionario y que siete ángeles le habían encargado que representase a Dios en la Tierra y que castigase a los soberanos con varas de hierro. Se daba a si mismo el título de Emperador Universal, Rey del Reino de los Cielos, enviado de Dios Padre, Juez de los vivos y de los muertos.

Murió quemado el día 11 de octubre de 1636 en Koeningnberg.

ADEVISMO

ADEVISMO: Repulsa o negación de los dioses de una religión popular anterior. Es un término empleado por Max Muller para designar el período de duda que se manifiesta en la evolución de las religiones primitivas. El adevismo se diferencia del ateísmo en que éste consiste en la negación de toda divinidad, mientras que aquel considera deidades personales y caprichosas adoradas hasta entonces como simples nombres, y busca, más allá de ellas, la divinidad única y verdadera.

ADHAB ALGAB

ADHAB ALGAB: Purgatorio de los musulmanes donde los ángeles negros Nunjir y Nekir atormentan a los que allí se encuentran.

ADHAN

ADHAN: Denominación de la llamada a la oración que hace el moecín cada una de las cinco veces al día que prescribe la ley islámica.

Las palabras empleadas en esta invocación son:

"Dios es el más grande; yo confieso que no hay más Dios que Dios; yo confieso que Mahoma es mensajero de Dios; Venid a la oración; venid a la salvación; Dios es el más grande; no hay más Dios que Dios".

ADHARMA

ADHARMA: En el hinduismo es la contraposición al dharma, a la ley espiritual. Es la obscuridad que se enfrenta con la luz.

ADHESION AL PRINCIPIO

Ver Tsai-li.

ADHISTANA

ADHISTANA: Para los budistas tibetanos es el estado de completa purificación que permite iniciarse o meditar en el mandala, sin esta limpieza máxima es impensable que el practicante alcance el proceso de cosmización.

ADHIVASA

ADHIVASA: Según la doctrina hindú es una ceremonia que tiene por objeto lograr que una divinidad habite en un determinado ídolo para que éste sea objeto de respetuoso culto.

ADHOSA

ADHOSA: Uno de los tres factores morales condicionantes benéficos del budismo pali que suele traducirse por "amor". Los otros dos son alobha o generosidad y amoha o ausencia de engaño.

ADHYASAYA

ADHYASAYA: Uno de los diez poderes que posee un bodhisattva, es decir aquel que se encuentra en el camino para alcanzar la condición de Buda, según el canon budista mahayana. Corresponde a "tener una fe que se hace cada vez más firme".

ADI BUDDHA

ADI BUDDHA: Término empleado en el budismo mahayana, especialmente en Nepal y Tíbet, para designar al Buda primordial, que aparece por primera vez en el Namasangiti, libro que data del siglo VII. Pese a ser el Buda sin principio, el Adi Buddha no se caracteriza por las actividades creadoras, únicamente se le supone la condición de principio capital de los mismos.

Este concepto aparece por primera vez en el texto Namasangiti, libro del siglo VII.

ADI GRANTH

ADI GRANTH: Libro sagrado del movimiento sikhs del norte de la India. Ver Granth.

ADI

ADI: El Primero, el primordial, el plano atómico del sistema solar, el más elevado de los siete planos.

ADIADOCOCINECIA

ADIADOCOCINECIA: Pérdida de la capacidad de efectuar velozmente movimientos voluntarios antagonistas. Por ejemplo: alternar una palmada en el abdomen con la mano derecha y realizar un círculo sobre la cabeza con la mano izquierda.

ADIDA

ADIDA: Fórmula de adoración al buda Amithaba, según la escuela vietnamita de la tierra Pura. Ver Amithaba.

ADITO

ADITO: Lugar, cámara o habitación secreta que existía en los templos esotéricos, griegos y romanos, en donde trabajaban los sumos sacerdotes y magos de la época para efectuar sus prodigios adivinatorios o fenómenos paranormales de efectos mágicos.

ADOBE

ADOBE: Mezcla de tierra en forma de barro y paja picada a la que se daba forma con unos moldes de madera, para formar con ella ladrillos los que se dejaban secar al sol.

Se usaban para realizar todo tipo de construcciones, desde sencillas casas o lujosos palacios, hasta diversas clases de tumbas.

ADONAI

Significa Señor. Antiguo nombre caldeo-hebreo de los Elohim o fuerzas creadoras terrestres sintetizadas en Jehovah.

ADONAI

Término hebreo que quiere decir "Señor" y que se utiliza como divino en los primeros libros de las Sagradas Escrituras. Esta palabra representa el Adonai Melek el Dios Rey". Como el judaísmo considera a Yahvé una "divinidad inefable", emplean la expresión Adonai en lugar de su verdadero nombre que no puede ser pronunciado.

Para los gnósticos es el nombre dado a uno de sus eones.

ADOPCIANISMO

ADOPCIANISMO: Durante la primera.mitad del siglo VIII aparece en Hispania un renacimiento sectario de corte cristiano encabezado por el arzobispo de Toledo, Elipando, y el de Urgel, Felix. Ambos planteaban la teoría que Cristo por su naturaleza divina era verdadero hijo de Dios, pero por su naturaleza humana era solamente un hijo adoptivo. Atacados por Ascarico fueron condenados por el Concilio que en Francmont convocó Carlomagno el año 794.

En el siglo XII Abelardo y otros autores resumieron una forma de adopcionismo modificada que encontró reflejo en los intentos de Scoto, Suárez y otros, por interpretar de forma ortodoxa el concepto de Jesús como hijo adoptivo de Dios.

ADORACION

ADORACION: Estado elevado de disciplina por medio de la cual uno puede unirse espiritualmente con la Divinidad o Fuente de todas las cosas, alcanzando el hombre temporaria-mente con ello la mayor altura posible de realización, hasta que llegue el tiempo en el que esa unión sea permanente al final del gran Día de Manifestación.

ADORADORES DE DIOS

Ver Yazidis.

ADORADORES DEL ALTO DIOS

Ver Hipsistarios.

ADORADORES DEL DIABLO

Ver Yazidis.

ADORANTE

ADORANTE: Personaje arrodillado a los pies de Cristo o de la Madre de Dios - orante

ADQUISICION

ADQUISICION: Doctrina desarrollada por los teólogos musulmanes a la hora de enfrentarse con el libre albedrío, buscando una forma de reconciliar la idea de la responsabilidad del hombre por sus actos y la doctrina de Dios como causa primera.

ADRUMETINOS

ADRUMETINOS: Durante el desarrollo del siglo IV, un grupo de monjes de un cenobio próximo a la ciudad africana de Adrumeto, situada en la zona norte del actual Túnez, decidieron fundar una comunidad que interpretase libremente la epístola de San Agustín, "Ad Sixtum", basándose fundamentalmente en los conceptos de la predestinación y el libre albedrío.

Para algunos autores, el fundador de la secta fue un tal Lucilio, condenado por el concilio de Arlés. También se les conoce con los nombres de adrumetanos y predestinacianos.

ADVIENTO

ADVIENTO: Palabra latina utilizada en la liturgia cristiana como período anual de preparación para la Navidad, para llegara :a Cristo.

Incluye los cuatro domingos anteriores a esta festividad. Es una época de penitencia en donde destaca el color morado. El primer domingo de adviento señala el comienzo del año litúrgico.

ADVOCACION

ADVOCACION: Sistema que consiste en pronunciar una fórmula iniciática mediante la cual un individuo se declara discípulo y seguidor de una doctrina, enseñanza o filosofía hermética.

AECIC

AECIC: Siglas de la asociación existente en España para el Estudio de la Inteligencia Creativa y Enseñanza de la Técnica de la Meditación Trascendental.

AFASIA

AFASIA: Incapacidad total para comunicarse por el lenguaje oral, escrito, gestos o fasciculaciones.

AFTARTODOCETAS

AFTARTODOCETAS: Sosteniendo que Jesucristo no había muerto ya que era incorruptible, Gajano, obispo de Alejandría fundó en el siglo IV el movimiento de los aftartodocetas, que defendían que el cuerpo de Jesucristo era una apariencia; es decir, que se trataba de un fantasma. También se les conoce con el nombre de Gajanistas.

A este tipo de ideología pertenecen también los Julianistas, seguidores de Juliano de Halicarnaso, y los Fantasiastas.

AFUSION

AFUSION: Forma de bautismo cristiano que se efectúa vertiendo agua sobre el catecúmeno. Hay que considerar también otros dos tipos más de bautismo: por aspersión y por inmersión.

AGAMA

AGAMA: Denominación del conjunto de las escrituras sagradas en el budismo mahayana, equivalente al Nikaya pali. Hay cuatro Agamas: Dirghagama; Madhyamagama; Samyuktagama y Ekottarikagama. Se suelen datar en los siglo VII y VIII de nuestra era.

Cada escuela posee sus propios Agamas, de tal forma que se apunta la existencia durante el siglo VII de al menos siete colecciones distintas.

AGAMIKA

AGAMIKA: Escuela jainista del siglo XIII que se mostraba fiel al texto canónico por lo que sus integrantes se negaban a adorar la srutadevata o divinidad que simbolizaba la enseñanza del profeta Mahavira.

AGAPETAI

AGAPETAI: Durante el siglo II en Antioquía y Constantinopla existían comunidades de monjes mixtas formadas por los Agapetai o "amadas" y Agapetoi o "amados" que vivían unidos por una especie de matrimonio espiritual. Esta práctica que fue considerada peligrosa por algunos Padre de la Iglesia, quedó prohibida tras el concilio de Nicea del año 325.

AGARTHA

AGARTHA: Denominación de la que no se puede encontrar". Sede del gobierno universal que defendía el francés Saint Yves de Alveydre en su obra "Misión de la India en Europa" aparecida en el siglo XIX y que dio lugar a la teoría de la Sinarquía. Ver Sinarquía.

AGENERE

AGENERE: En la parapsicología, se nombra así a una aparición materializada de una personalidad o ente espiritual.

AGENTE EMISOR

AGENTE EMISOR: Aquél que, voluntaria o involuntariamente, es la fuente o productor de un fenómeno. En algunas experiencias de telepatía, se llama así a la persona que envía la información al receptor.

AGENTE

AGENTE: Persona que es responsable de fenómenos de efectos físicos, como los movimientos de objetos, o de los famosos poltergeist.

AGEO

AGEO: Uno de los doce profetas menores de Israel que vivió sobre el año 520 antes de Cristo. Fue quien animó a los judíos a reedificar el Templo, y quien profetizó que las naciones acudirían al nuevo Templo en la era mesiánica.

AGHA KHAN

AGHA KHAN: Título de los imanes de los nizaris, que fue dado a Hasan Ali Shah el año 1834 por el Shah de Persia. Tras la revuelta de Kirmán hubo de huir estableciéndose en Bombay. Cuando falleció el año 1881 le sucedió su hijo, y a éste el suyo, ya que el título se hereda. Posee gran poder y recibe enormes sumas que hacen que su fortuna sea una de las más importantes del mundo.

Además de los nizaris, es apoyado por los khojas de la India, grupo formado en su totalidad por hombres de negocios.

AGILANES

AGILANES: Heresiarca cristiano de principios de nuestra era que fundó una secta que negaba la Trinidad y que consideraba al Espíritu Santo como de naturaleza distinta, inferior y menor, que la del Padre y el Hijo.

AGLA

AGLA: Signo secreto de reconocimiento entre los Judíos, formado por la iniciales del versículo 53 del salmo 89: "Bendito sea el Señor por siempre, amén" Vinculado con la hierba "aguileña", probablemente por la semejanza fonética.

AGNI YOGA

AGNI YOGA: Denominación dada al yoga que propugna los métodos necesarios para potenciar el desarro-

...o de fuego interno que tiene el individuo. Es un fuego purificador que brota abrasando todos los karmas pasados que se alcanza a través de la meditación y de las técnicas del hatha yoga.

AGNIHOTRA

AGNIHOTRA: Término sánscrito que se puede traducir por "sacrificio realizado en el fuego", y que en la India brahmánica se aplica a la ofrenda de un poco de leche a los dioses tutelares del hogar.

AGNOSIA

AGNOSIA: Imposibilidad de reconocer los objetos por medios de los sentidos.

AGNOSTICISMO

AGNOSTICISMO: (AGNOSTICO) Término acuñado por T.H.Huxley en 1869 para referirse a la forma de pensar que indica que la existencia de un ser supremo, del mundo sobrenatural y de la inmortalidad del hombre, no pueden ser probadas por una demostración racional.

Para Huxley significa "simplemente que nada sabemos de lo que pueda haber detrás de los fenómenos". El agnóstico no es ni ateo ni creyente, juzga que lo único que puede afirmarse es que la inteligencia humana se encuentra con límites que no puede traspasar y que, por ello, no es posible llegar a un conocimiento de lo Infinito, de lo Absoluto. A veces se utiliza como sinónimo de escepticismo.

AGO

AGO: Exclamación ritual vuduísta empleada para controlar una fuerza o un espíritu.

AGOGO

AGOGO: Instrumento musical de la reunión y culto, que consta de dos campanillas de hierro superpuestas que hay que percutir con una barrita del mismo metal. Su sonido alcanza el diapasón cuando los mediums llegan al trance y perdura hasta que el último espíritu abandona su soporte humano.

AGORA

AGORA: Secta sincretista contemporánea que se basa en la combinación de elementos gnósticos y esotéricos, a los que se unen algunos de carácter oriental.

AGPAOA

AGPAOA: Curandero filipino perteneciente a la Unión Espiritista Cristiana de Filipinas que fundó durante los años veinte la Iglesia Espiritista de Ciencia y Revelación. Su doctrina se basaba en el poder de un espíritu que supuestamente le ayudaba a curar a las personas y a realizar milagros.

AGUA DE XANGO

AGUA DE XANGO: Expresión africana conservada principalmente en la macumba brasileña, que se emplea para designar el agua que ha recibido las radiaciones astrales por haber sido expuesta al sereno de la noche estrellada. Se supone que posee maravillosas cualidades curativas.

AGUAMARINA

AGUAMARINA: Piedra preciosa, variedad de berilo transparente, que simboliza la inocencia y la juventud. Es un amuleto especialmente favorable para las personas que nacieron bajo los signos zodiacales de Géminis y Piscis. En el esoterismo medieval se daba por seguro que si se metía esta gema en agua y se exponía a los rayos solares, se obtenía un líquido benéfico que poseía la virtud de expulsar a los demonios del cuerpo de la persona poseída. Es utilizada en la gemoterapia moderna por su actuación sobre el chakra de la laringe, por lo que resulta beneficiosa en enfermedades del aparato respiratorio.

AGUJERO DE LAS ANIMAS

AGUJERO DE LAS ANIMAS: En muchos sepulcros de corredor o enterramientos en urnas de caja se colocaba una losa provista de un agujero obviamente simbólico, para que pudiera entrar y salir el alma del difunto.

AHALYA

AHALYA: Entre los hindúes es el nombre de la primera mujer creada por Brahma.

AHAM BRAHMASMI

AHAM BRAHMASMI: Expresión mística del Advaita Vedanta, "Yo soy Brahma" o "Yo soy el Absoluto", que se puede emplear como mantra para a través de su recitación alcanzar la energía suprema.

AHAMKARA

AHAMKARA: En el lenguaje del yoga es el sentido del "yo mismo" de cada uno. Uno de los cuatro elementos del órgano interno del ser humano. Simboliza la conciencia personal que quiere separarse del resto, y que según Patanjali es uno de los cinco grandes obstáculos en la vía de realización.

AHIMA

AHIMA: Uno de los poderes psíquicos a los que hace referencia Patanjali en su obra Yogasutras, y que consiste en reducirse al tamaño de un átomo.

AHL AL HADIT

Ver Tradicionalismo.

AHL AL SUFFA

AHL AL SUFFA: Nombre dado a aquellas personas que en tiempo de Mahoma vivan en el pórtico de la mezquita dedicados a la oración. Son los integrantes del llamado "Pueblo del pórtico"

AHL MALAMA

Ver Malamatiyya.

AHOMA

AHOMA: Planta medicinal de la que se extraía el licor sagrado de la religión irania. Ver Haoma.

AHORATRA

AHORATRA: En el lenguaje del yoga es una medida de tiempo que equivale a treinta muhurtas, es decir, un día.

AHOSI-KAMMA

AHOSI-KAMMA: Denominación de aquel karma que es ineficaz.

AIKIDO

AIKIDO: Palabra japonesa que se puede traducir por "camino para la unión del espíritu universal". Es una de las artes marciales niponas a la que hay que referirse en un sentido superior, ya que se trata de un verdadero compendio de sentimientos filosóficos, místicos, espirituales e ideológicos.

AIRES VITALES

AIRES VITALES: El Bhagavad Gita, "Cántico del Señor", libro más conocido de los textos sagrados hinduistas reconoce la existencia de cinco aires vitales: "prana" o respiración; "apana" o excreción; "samana" o asimilación; "adama" o aflujo, y "vyana" o función piel.

AISHA

AISHA: Esposa favorita de Mahoma. Era hija de Abu Bakr, nacida en la Meca el año 614, fue a vivir con el Profeta cuando contaba diez años. Al enfermar Mahoma, ordenó que le dejasen permanecer en la habitación de Aisha, donde murió, siendo enterrado bajo su pavimento.

Su esposa explicó posteriormente este hecho: "El profeta expió en mi habitación el día de mi turno, con la cabeza apoyada en mi cuello. Dios, entonces, unió mi saliva con la suya. Entró Abd al Rahman llevando en la mano el habitual ramito para limpiar los dientes, de color verde, y dado que el profeta -que Dios bendiga- estaba demasiado débil para usarlo, lo cogí yo, lo mastiqué y se lo pasé por los dientes".

Viuda y sin hijos, vivió en Medina de donde se trasladó a La Meca. Tomó parte en algunas expediciones guerreras, regresando siempre a La Meca, donde falleció el año 678.

AISUARYA

AISUARYA: Dentro de la terminología del yoga, significa poder.

AIWASS

AIWASS: Espíritu que se apareció a Aleister Crowley, ocultista fundador de la Golden Dawn, cuando contaba veintiocho años y estaba en El Cairo. Según este visionario inglés, fue Aiwass quien le profetizó el advenimiento de una era oculta. Ver Crowley.

AJNA

AJNA: (Centro Ajna) - El centro de energía (chakra) entre las cejas. Centro director de la personalidad. Su correspondencia en el nivel físico es la glándula pituitaria.

AJNASIYYA

AJNASIYYA: Secta musulmana del siglo VII fundada por Al Ajnas, que afirmaba que la recompensa por las buenas obras no se refieren sino a aquello que el hombre durante su vida lleva a cabo por si mismo. Tras la muerte ninguna intercensión, ninguna acción buena realizada con tal fin, sea peregrinación o ayuno, será útil para el fallecido.

AJÑA CHKRA

AJÑA CHKRA: Loto del tercer ojo que rige el cerebro y es la sede del conocimiento supramundano. Cuando la energía cósmica lo ilumina, el practicante obtiene la visión suprema.

AJO

AJO: En el antiguo Egipto se consideraba al ajo una planta sagrada, debido a la acción curativa de los dientes de su bulbo. Dichos dientes, una vez convenientemente desecados, constituían una buena protección contra numerosas influencias malignas. El escritor renacentista francés Rabelais aseguraba haber comprobado personalmente que el ajo poseía la virtud de contrarrestar los efectos magnéticos.

AKASA

AKASA: Dentro de la filosofía yoga, es el nombre dado al éter.

AKASAGARBHA

AKASAGARBHA: Bodhisattva, patrón del templo de Kiyosumi (Japón), y conocido dispensador de la sabiduría, que concedió a Nichircen, gran reformador del budismo del siglo XIII, el permiso oportuno para abandonar el templo donde se había ordenado y emprender un viaje de estudio por el país.

AKSOBHYA

AKSOBHYA: El budismo mahayana lo considera como el "inquebrantable", uno uno de los budas míticos que compartía el paraíso oriental con Bhaisajyagun, el "Maestro de los remedios".

AL HAKIM

Ver Drusos.

ALA

Ver Alláh.

ALABE

ALABE: Nombre dado en el umbamddismo al jefe de los batidores que tocan los atabaques,. tambores especiales de culto, y que poseen la categoría de ogán, es decir, de auxiliar directo del dirigente del terreiro (lugar de reunión y culto). Es una parte muy importante de la llamada Orquesta Sagrada que interviene trascendentalmente en todas las funciones y actos que impliquen la evocación de los espíritus. Gracias a ella se pueden descubrir a los individuos que tienen cualidades de mediums, pues al escuchar su sonido caen en trance. La Orquesta Sagrada está integrada por atabaques o tambores, que pueden ser de tres tipos de acuerdo con su tamaño: run, rumpi y lé; maracas, fetiche amerindio cuyos sonidos se cree son las palabras que pronuncia el espíritu encerrado en él; y el agogo, instrumento que consta de dos campanillas de hierro superpuestas que hay que percutir con una varita del mismo metal.

ALAYA

ALAYA: Término empleado en la Escuela Budista de los Yogacharas o Vijjñanavadin, fundada por el filósofo indio Asanga durante el siglo IV. Puede traducirse por "conciencia acumulada" y darle el significado de ser una referencia a la conciencia básica o elemento permanentemente sujeto a los renacimientos y muertes sucesivas.

ALBA

ALBA: Vestidura blanca de hilo recogida en la cintura por un cíngulo, que en la Iglesia Católica lleva el sacerdote durante la celebración de la misa.

ALBORACK

ALBORACK: Burro de Mahoma, uno de los diez animales que colocó el Profeta en el Paraíso.

Relata el propio Mahoma que en el momento de partir en su viaje a los Siete Cielos, el ángel Gabriel le llevó el jumento Alborack, que era más blanco que la leche, poseía cara humana y la mandíbula era de caballo.

Los ojos le brillaban como estrellas y los rayos que de ellos salían eran más cálidos y penetrantes que los del sol. Extendió dos alas de águila y se puso a tirar coces contra Mahoma. Entonces Gabriel le dijo: "estate quieto y obedece a Mahoma", a lo que contestó Alborack: "El profeta Mahoma no me montará hasta que yo haya obtenido de él la promesa de hacerme entrar en el Paraíso el día de la Resurrección".

ALCAEST

ALCAEST: Según el sabio alquimista Fulcanelli* el término alkaest, atribuido unas veces a Van Helmont* y otras a Paracelso* sería el equivalente de la fórmula latina alcali est, por lo cual muchos alquimistas han trabajado para obtenerlo a partir de los cuerpos alcalinos. Se considera al alcaest como el disolvente universal, no porque sea capaz de disolver todos los cuerpos de la Naturaleza, como han creído algunos, sino porque lo puede todo en «ese pequeño universo que es la Gran Obra».

ALCORAN

Ver Corán.

ALEATORIO

ALEATORIO: Se conoce como dependiente de algún suceso fortuito. Una repartición es llamada aleatoria en parapsicología cuando el azar interviene en el procedimiento.

ALEUTIANAS

ALEUTIANAS: Actualmente es muy complejo buscar rasgos propios religiosos entre los indígenas de las islas Aleutianas, situadas al sudoeste de Alaska. Ocupadas por los rusos durante el siglo XVIII y transferidas a los Estados Unidos en el año 1867, el Cristianismo se ha encargado de borrar bajo las formas ortodoxa y protestante, las costumbres ancestrales de los esquimales que allí vivían. No obstante podemos destacar la existencia de un Ser Supremo llamado Aleuxta-Agudax, que es el máximo hacedor o creador, así como la existencia de una divinidad bajo la forma de perra madre, Mahakh, y de otras dos criaturas medio humanas medio zorros, Acagnikahkh.

La práctica religiosa encaja perfectamente dentro de la concepción chamánica, ya que no había templos, pero si lugares dedicados al culto.

ALFA Y OMEGA

ALFA Y OMEGA: Primera y última letra del alfabeto griego, que "abarcan" todas las demás para simbolizar la totalidad, es decir a Dios y en particular a Cristo en tanto que lo primero u lo último (aparece con frecuencia al lado del - crismón en losas sepulcrales, sarcófagos, medallas y anillos) y a la figura del Cristo apocalíptico.

ALFA

ALFA: Primera letra del alfabeto griego y primera letra de la palabra arché = principio; en la Biblia, el arte y la literatura cristianas simboliza el instante de la creación. - Alfa y Omega.

ALFARABI

ALFARABI: Filósofo árabe del siglo X que nació en Turquestán y fue maestro en Damasco. Fue traductor y comentarista de Aristóteles, así como de obras neoplatónicas. Intentó conciliar el platonismo con el aristotelismo y a ambos con el misticismo muslim.

ALFILES

ALFILES: Sociedad de caballería instituida el año 1380 por el conde de Clévelis compuesta por treinta y cinco caballeros y un maestre, que llevaban dibujado un alfiler en la careta y manto.

ALGAZALI

Teólogo musulmán (1059-1111) que nació cerca de Meshed (Persia) y fue maestro en la universidad mahometana de Bagdad. Abandonó su cátedra para buscar el refugio en el misticismo sufí y en el sólido fundamento de la fe en Allah, el Profeta y el día del juicio. Es autor de la Restauración de los saberes religiosos, tratado que intenta revivir la teología y la ética musulmana.

ALIANZA DE TRIADE

Ver Alianza de Hung.

ALIANZA MUNDIAL DE LAS RELIGIONES

ALIANZA MUNDIAL DE LAS RELIGIONES: Con el fin de intentar aproximar a todas las religiones y descubrir su profunda unidad a través de una búsqueda de lo común que todas ellas poseen, se fundó en 1965 en París, bajo la acción de Maryse Choisy la Alianza Mundial de las Religiones, sociedad que presidió hasta su fallecimiento en 1979.

ALIES

Ver siíes.

ALINGA

ALINGA: Palabra empleada por los seguidores del yoga, referida a aquello que es indisoluble.

ALKAHEST

ALKAHEST: Es el Espacio puro, si nos es posible dar una definición sintética de esta idea. Se nos habla de esta esencia como un "disolvente universal" increíblemente mágico, que contiene en sí el germen de todas las substancias conocidas y es el principio natural de todos los elementos atómicos que realizan su evolución en el dilatado seno de la Naturaleza. Se trata de "éter primordial", puro e incontaminado, tal como existe en el Espacio virgen y, de acuerdo con la enseñanza oculta, esta esencia es el único elemento, sustancia o esencia dentro de cualquier zona espacial o intermolecular que está realmente libre de karma. Este punto ocultamente definido, es el ALKAHEST, un nombre sánscrito que significa la ausencia total de la lucha entre polaridades distintas, un punto donde existe la energía creadora de todo cuanto existe.

ALLAHU AKBAR

ALLAHU AKBAR: Jaculatoria árabe, "Dios es el más grande", empleada por los musulmanes como grito de guerra. Su nombre especial es Takbir.

ALMENDRAS

ALMENDRAS: Las almendras sirven según los vuduístas para frenar la acción de las fuerzas malignas.

ALMOHADES

ALMOHADES: Dinastía musulmana fundada por Ibn Tumart en el siglo XII, que unía el poder militar con el religioso. Combatió a los almorávides y desbarató el poder que éstos tenían en el norte de África y el sur de España. Poseían una doctrina religiosa muy estricta y no dejaban ningún tipo de margen al juicio propio. Mantenían a ultranza la letra del Corán y la interpretación que del libro debía hacerse. Combatidos por los almorávides y por otras corrientes musulmanas abandonaron España el año 1269 para pasar a Marruecos donde gozaron de cierta influencia hasta el año 1275.

ALMUEDANO

Ver Moecin.

ALOBHA

ALOBHA: Uno de los tres factores morales condicionantes benéficos del budismo pali, que suele traducirse por "generosidad". Los otros dos son el amor o adosa, y la ausencia de engaño o amoha. Asimismo suelen emplearse como sinónimos de ellos: daña, metta y pañña, respectivamente.

También existen otros tres factores, en este caso desfavorables: concupiscencia o lobha, odio o dosa y engaño o moha. Los seis, llamados también raíces de la humana condición moral, condicionan la calidad de la conciencia y por ello la calidad del karma.

ALOGOS

ALOGOS: Secta cristiana fundada por Teodorico el año 179, que atacaba las doctrinas de San Juan acerca del Logos o Verbo Divino, de tal forma que sus prosélitos reconocían en Cristo un origen de carácter sobrenatural y un poder sobrehumano, pero no creían que fuese Dios. Asimismo rechazaban el cuarto evangelio.

ALONDRA

ALONDRA: Ave que levanta el vuelo en vertical y hace su nido en el suelo, por lo cual simboliza la reunión entre los cielos y la tierra.

ALONSO

ALONSO: Manuel Alonso Corral, co-fundador junto a Clemente Domínguez de los Carmelitas de la Santa Faz. Ver Carmelitas de la Santa Faz.

ALRUNA

ALRUNA: Figura humana, talismán hecho de la raíz de - mandrágora.

ALTAR VISIBLE

ALTAR VISIBLE: Dentro del culto umbandista el lugar de reunión o terreiro tiene tres moradas o zonas. En la primera, conocida como Paraíso, existe un altar público a la vista de todos, conocido con el nombre de "altar visible", por oposición a otro que hay en la sala contigua y que es "secreto". Este "altar visible" está lleno de imágenes de santos, pretos y pretas, caboclos y caboclas, fotografías, vasos, monedas...

ALUCINACION

ALUCINACION: Percepción de objetos irreales, de

algo que no existe materialmente y que se produce en el sujeto por perturbación de los sentidos. Perturbación sensorial. Alucinación: percepciones sin objeto. Percepción psíquica errónea de un estímulo inexistente pero inadvertido por la conciencia como real. Ejemplo; ver elefantes rosas.

ALUMBRAMIENTO

ALUMBRAMIENTO: (del francés adombrement; en inglés overshadowing) es el proceso por el cual un ser más evolucionado puede manifestar parte (o toda) su conciencia a través de un Ser menos evolucionado. Puede ser parcial y temporal o más o menos total y duradero. Cuando es utilizado por la Jerarquía Espiritual de éste y otros planetas, siempre se realiza con la cooperación y aceptación conscientes del discípulo. Su libre albedrío nunca se infringe. Es el método que utilizó el Cristo para trabajar a través de su discípulo Jesús - ahora el Maestro Jesús - en Palestina.

ALVARES

ALVARES: Nombre de los doce grandes santos poetas del vaisnavismo tamil que vivieron entre los siglos VII y X. Precisamente a finales del décimo fueron recopiladas sus obras por Nathamuni formando el "Prabandham o Nalayiram". Los poemas de esa colección expresan una actitud de adoración amorosa hacia Krishna. Su parte más importante es la atribuída a Nammalvar que aporta una teología personalista.

El Prabandham defiende que Dios es infinito, pero que pese a ello quiere limitarse voluntariamente manifestándose a través de unas encarnaciones por amor a los hombres y para hacerles accesible la salvación en virtud de su gracia.

AM HA ARETS

AM HA ARETS: Expresión hebrea que puede traducirse por "pueblo de la tierra y que la Mishnah lo aplica a aquellos judíos que descuidan el cumplimiento de la Torá, que no aceptaban la interpretación farisaica de la misma o que eran ignorantes.

AMA OVEDO

AMA OVEDO: Poderoso loa hembra esposa del loa Bamballa, encargado de regir los últimos destinos del hombre.

AMALRICIANOS

Ver Hermanos del Libre Espíritu.

AMANA

AMANA: Comunidad cristiana establecida en Estados Unidos, en las proximidades de Davenport (Iowa) a mediados del siglo XIX. Fundada en Alemania a principios del siglo XVIII por un grupo de pietistas con el nombre de Comunidad de la Verdadera Inspiración, Fue llevada a Estados Unidos por Christain Metz (1794-1867). Forman un modelo estrictamente bíblico exigiéndose la más rigurosa monogamia sus vestidos y casas son sencillos, formando una sociedad de claro matiz comunitario.

AMANASHKA-YOGA

AMANASHKA-YOGA: Estado de mente vacua o silente que sirve al yogui para establecer su propia naturaleza. Es como si el practicante pudiese ver en una especie de espejo reflejada su última realidad.

AMANYA-BHAKTI

AMANYA-BHAKTI: Devoción hinduista que se dirige hacia el único Dios pese a que éste se manifieste como varios. Es la forma de apreciar la unidad de lo diverso, de tal forma que se adora a una sola divinidad aunque haya muchas más que no son otra cosa que manifestaciones de la Suprema Divinidad.

AMARAPURA

AMARAPURA: Una de las más importantes comunidades de monjes budistas de Ceilán (Sri Lanka), que recibió este nombre por el viaje que realizó el año 1799 un monje cingalés llamado Nanavimalatissa con cinco compañeros a la capital birmana, Amarapura, para recibir su ordenación superior y regresar después a la isla. Actualmente se encuentra subdividida en dieciocho comunidades e integra a más de tres mil monjes.

AMARAVATI

AMARAVATI: Antigua ciudad del sur de la India, gran centro del budismo de los primeros tiempos, que actualmente ha quedado convertida en una pequeña aldea a orillas del río Kistna, a unos 130 kilómetros de la costa. Simbolizó durante mucho tiempo la morada de los inmortales, según la consideración budista de la inmortalidad.

AMATERASU

AMATERASU: Deidad japonesa venerada como la Diosa de la Luz entre los sintoístas, quienes la consideran hija de Izanqui, padre cielo, de cuyo ojo derecho nació. Tras un altercado con su hermano Jurrano-wo, se retiró enojada a una gruta dejando al mundo sumido en la más completa obscuridad. Los dioses, apenados, organizaron una fiesta en su honor en la puerta de la caverna hasta que Amaterasu volvió salir y con ello regresó la luz. Se la considera la antepasada de la familia imperial japonesa.

AMATISTA

En la Antigüedad y en la Edad Media se consideró a esta gema, variedad de cuarzo de color morado, como la piedra del saber y de la luz. Se utilizaba para no caer en la embriaguez, y para conseguir sueños de índole profética. Dado su carácter marcadamente benéfico, preservaba a su dueño de todo tipo de pensamientos inmorales.

AMATISTA

Piedra preciosa muy estimada, en la Antigüedad eran antídoto contra los venenos y la embriaguez (amethysios = no embriagado).- En el simbolismo cristiano representa la modestia puesto que su color recuerda la humilde violeta, además de simbolizar la Pasión de Cristo; de ahí su frecuente utilización para cuentas de rosarios. Es además piedra fundamental de la - Jerusalén celeste.

AMBASSADOR

AMBASSADOR: Fundación cultural organizada por la secta estadounidense contemporánea Iglesia del Dios Universal, fundada por Herbert Amstrong con un credo semejante al de los Adventistas del Séptimo Día, y al de los Testigos de Jehová, con negación del infierno y de la inmortalidad del alma. Ver Iglesia del Dios Universal.

AMBON

AMBON: Plataforma elevada que se usaba en las antiguas basílicas cristianas para leer las Escrituras y los libros de liturgia. Esta elevación fue sustituida a partir del Renacimiento por los púlpitos.

AMBROSIASTER

AMBROSIASTER: Nombre dado por Erasmo de Roterdamm a un comentarista anónimo de las trece epístolas de San Pablo, cuya obra es de gran importancia para el texto bíblico latino anterior a la Vulgata, versión latina de la Biblia realizada por San Jerónimo a requerimiento del Papa San Dámaso y publicada el año 404.

Durante la Edad Media se quiso identificar a este anónimo autor con San Ambrosio (340-397) obispo de Milán y una de las figuras del cristianismo del siglo IV, que defendió la fe contra el poder civil, el paganismo y el arrianismo, protestando por la ejecución de los priscilianistas.

AMEN

Fórmula de aclamación y asentimiento en los oficios de la sinagoga, en el Nuevo Testamento, en todas las liturgias cristianas y en la islámica. El Apocalipsis llama a Cristo, simbólicamente, "el Amén". - Como palabra que corrobora puede compararse con la sílaba meditativa Om. - Noventa y nueve (en - nueve) Om.

AMEN

Palabra hebrea que puede traducirse por "en verdad" y "así sea", que es empleada por el cristianismo como fórmula final de las oraciones.

AMIDA

AMIDA: Nombre dado en el budismo japonés a Amita, Buda trascendental que personifica la misericordia, la compasión, la sabiduría y el amor infinito, y que se convirtió en el principal objeto de la fe de los movimientos jodo y shinto, tras llegar a Japón a través de China sobre el siglo IV.

AMIDAH

AMIDAH: Palabra hebrea que puede traducirse por "de pie". Plegaria judía que se hace en esa posición tres veces al día: mañana, tarde y noche. Se la conoce también como la oración de las dieciocho bendiciones que deben ser recitadas de pie. Actualmente se ha añadido una nueva bendición: "Por Israel y la paz".

AMIGOS DE LA CONSTITUCION

AMIGOS DE LA CONSTITUCION: Sobrenombre dado a la Sociedad de los Anilleros. Ver Anilleros.

AMIGOS

AMIGOS: Cuáqueros*.

AMISTADES ESPIRITUALES

AMISTADES ESPIRITUALES: Sociedad mística fundada por Paul Sedir (Yvon le Loup) (1871-1926) y destinada a poner en práctica la exhortación evangélica en favor de los enfermos, los desheredados y los desesperados. Los miembros de esta sociedad no critican ninguna opinión, pero no quieren depender sólo de Cristo. Están convencidos de que una evolución colectiva real sólo se puede obtener mediante el renacimiento espiritual y moral de cada individuo, y que las terribles dificultades que amenazan al mundo occidental serán vencidas si la mayoría cumple cada vez más con su deber. Profesan que Jesucristo, Hijo único de Dios, ha venido al mundo para conducir éste a la vida eterna. Su sacramento esencial es la oscura plegaria al Dios viviente, totalmente simple; y su única máxima es ayudar a los demás con todas sus fuerzas.

AMITA

AMITA: Es el Buda trascendental, al que se refieren todos los textos mahayanas que hablan de él como de la "vida eterna". Su culto parece remontarse al siglo II, ya que aparece en el Sukhavativyuda que fue traducido al chino en ese siglo, donde se refiere la historia de Dharmakara, que si bien pudo entrar en la condición de Buda, prefirió no hacerlo y formuló un voto de espera hasta haber alcanzado una condición búdica que le permitiera ser señor de un paraíso al que serían admitidos todos aquellos que fueran capaces de meditar diez veces en semejante destino. Así lo consiguió en su condición de Buda Amitabha.

En el budismo tibetano y nepalí, Amita es uno más de los Budas que recibe culto; mientras que es en China y Japón donde ha conocido su mayor éxito, hasta el punto de haberse convertido en una de las formas fundamentales del budismo.

AMNESIA

AMNESIA: Es un periodo de ausencia total o parcial de la memoria en un individuo. Pérdida parcial o total de la memoria. Incapacidad de evocar o recordar experiencias pasadas (retrógrada) o recientes (anterógrada). Pérdida de la capacidad para recordar, hechos recientes y/o antiguos; temporal o duradera, puede ser progresiva, parcial o total de múltiple etiología.

AMOGHASIDDHI

AMOGHASIDDHI: Denominación del Buda de la gran perfección, que simboliza la consciencia siempre imperturbable, despegada y compasiva.

AMOGHAVAJRA

AMOGHAVAJRA: Filósofo y traductor indio del siglo VIII que actuó como misionero del budismo tántrico en China. Se le considera ayudante de Nagarjuna, con quien colaboró en las labores de conversión, así como en la traducción de numerosas obras, como por ejemplo: "Mahavairocanasutra" y "Vajrosnisasutra".

AMOHA

AMOHA: Uno de los tres factores morales condicionantes benéficos del budismo pali, que corresponde a la ausencia de engaño. Ver Alobha.

AMONIANOS

Ver Annomeos

AMOR

AMOR: Se menciona en la mayoría de las doctrinas religiosas y trascendentes, que la causa de la creación de todos los seres fue el Amor. Y por ello únicamente mediante la completa emancipación por el Amor, podrá el hombre elevarse más allá de la Ley y convertirse él mismo en una Ley. Habiéndose conquistado a sí mismo, conquistará entonces a todo el mundo. Por ello el verdadero iniciado será dentro de lo posible la perfecta personificación del Amor. Él amará a todos con un corazón puro y ferviente, no odiará a nadie, no despreciará a nadie; porque en cada rostro verá el rostro del Amado, Dios, y en todo lo creado encontrará su huella.

AMORA

Originalmente era un oficiante que permanecía de pie junto al predicador durante las reuniones públicas de instrucción religiosa en la sinagoga y que traducía e-voz alta al idioma nacional lo que el predicador iba leyendo en hebreo en voz baja. Posteriormente se aplicó este nombre a la enseñarza de los doctores llamados "amoraim" que comentaban la Misnáh en Babilonia y Palestina entre el año 219 y el 500 de nuestra era.

AMORA

Palabra aramea con la que se designa a los sabios de la etapa talmúdica que han aportado con sus discursiones el núcleo principal de les recensiones del Talmud.

AMRITA

AMRITA: Elixir de lo eterno, soma del que se alimentan los dioses, que también reside como néctar de realización en el ser humano. El yogui puede obtener que el amrita riegue su garganta cuando se adiestra lo suficiente en las técnicas psicofisiológicas.

AMRITAT

AMRITAT: Uno de los principales Ameshas Spentas, la inmortalidad. Ver Ameritat.

AMRITSAR

AMRITSAR: Ciudad del norte de la India, en el Punjab, centro principal de los sikhs. Fue construida alrededor del "Tanque de los Inmortales", gran lago artificial en cuyo centro de encuentra una pequeña isla donde esté edificado el Templo de Oro, edificio más venerado por los miembros de esta secta. Allí se encuentra el Templo de Dios, donde se guarda el Granht, libro sagrado, que recibe todos los días en audiencia a sus seguidores que lo veneran como si se tratase de un ser viviente.

AMURUDDHA

AMURUDDHA: Nombre del autor del Abhidhammatha, obra compuesta en el siglo XII como compendio del significado del Abhidhamma y empleada a modo de introducción y manual para el estudio de este último libro del budismo theravada. Ver Abhidjammatha.

AMZA

AMZA: Doctor árabe del siglo IX que trató de abolir el mahometismo combatiendo la veneración musulmana por el Corán.

Para tal fin escribió "El libro de los testimonios de los misterios de la unidad".

Fue declarado hereje, traidor al Islam y perseguido por ello.

AN-PSI

AN-PSI: Son las manifestaciones paranormales generadas o presentadas en los animales.

ANACORETA

ANACORETA: Calificativo que se aplicaba a los hombres y mujeres que se apartaban de la vida de la sociedad para entregarse a una vida solitaria de oración y penitencia. Esta práctica ha estado muy unida a la Iglesia Cristiana, sobre todo en los primeros tiempos del cristianismo y en la Edad Media.

ANAEL ARCANGEL

ANAEL ARCANGEL: El sublime genio, embajador de Venus en la Tierra, representante del amor, la bondad, el arte y la virtud de Dios.

ANAFORA

ANAFORA: Parte central de la eucaristía de la Iglesia Católica que comprende la consagración, el recuerdo de la pasión y la comunión. Forma parte de la tradición apostólica transmitida por Hipólito.

ANAGARICA

ANAGARICA: Palabra sánscrita que puede traducirse por "no cabeza de familia". El hinduísmo primitivo la adoptó en el sentido de todo aquel individuo que no ha formado familia y que ha abandonado su casa para vivir por los caminos y santificarse con el sacrificio viviendo tan sólo de la caridad de los demás.

ANAGARIKA DHARMAPALA

Ver Mahabodhi Society.

ANAHATA CHAKRA

ANAHATA CHAKRA: Centro energético del corazón que corresponde al plexo cardíaco. Quien consigue purificarlo experimenta una transformadora compasión.

ANAJAMIN

Ver Anagamin.

ANALOGIA DE LA RELIGION

ANALOGIA DE LA RELIGION: Obra del obispo de Durham, J.Butler, publicada el año 1736 en la que se aplica el método analógico en un razonamiento densamente trabado. Fue empleado como arma contra el deísmo contemporáneo,

ANALOGIA

ANALOGIA: Método de análisis utilizado por los teólogos cristianos para llegar al conocimiento de Dios a través del conocimiento de los hombres. Por ejemplo, se puede alcanzar a comprender como puede ser la justicia divina tomando como punto de inicio la justicia humana. Es simple y llanamente buscar la explicación de los atributos de Dios por similitud con la actuación del hombre.

ANANDA

ANANDA: Destacado discípulo de Buda, miembro del clan Sakya, que se unió a los monjes budistas durante el segundo año de predicación de Buda. Actuó como ayudante personal suyo por espacio de veinticinco años. Recibió la tarea de enseñar la doctrina. Tras la muerte de Buda se dedicó a la enseñanza y a la predicación además de alentar a los monjes jóvenes. Murió cuando cruzaba un río entre los dominios de Ajatasattu, rey de Magdha y los jefes de Vesali.

ANAPANA

ANAPANA: Una de las técnicas más antiguas de meditación de la India, utilizada por todos los maestros e incluso por Buda.

Permite el desarrollo de la atención mental, mediante la concentración enfocada sobre la respiración que supone la percepción táctil de la respiración.

ANATEMA

ANATEMA: Término empleado er el Antiguo y Nuevo Testamento, recogido por los primeros cristianos con el sentido de condena de los herejes, que posteriormente pasó a ser empleado como reprobación de una persona o doctrina opuesta a la Iglesia y que conduce por tanto a la excomunión y separación de la congregación.

Carta a los Gálatas (1;9): "Me asombro de que tan pronto abandonéis al que os ha llamado por la gracia de Cristo y os paseis a otro Evangelio. No es que haya otros; sólo hay algunos os perturban y quieren pervertir el Evangelio de Cristo. Pero aunque nosotros o un ángel del cielo os predicara un Evangelio distinto del que os. hemos predicado, sea anatema. Os lo he dicho ya antes y ahora os lo repito: si alguno os anuncia un Evangelio distinto del que habéis recibido, sea anatema".

ANATTA

ANATTA: Doctrina budista que defiende que no existe un Yo permanente en cada individuo. Es la tercera de las tres marcas características de la existencia. El individuo es considerado por el budismo como una unión temporal de los cinco grupos de factores constituyentes o khandas: físico o corpóreo, sensación o sentimiento, percepción, principio formativo y conciencia. Por lo que se produce un constante flujo de factores cambiantes en cada individuo. La doctrina de amatta está considerada como una de las más difíciles de entender.

Según la doctrina de Buda, la idea del si mismo es una creencia falsa e imaginaria, sin correspondencia alguna con la realidad y causa de los peligrosos pensamientos del "yo" y del "mio", de los deseos egoístas, del encadenamiento, del odio y de la malevolencia, así como de los conceptos de orgullo y egoísmo.

ANDRES

Apóstol de Jesucristo que no pertenece al grupo de los "tres íntimos". La tradición cristiana afirma que sufrió el martirio siendo clavado en una cruz en forma de aspa.

ANDRES

Juan Valentín Andrés (1586-1654) estudioso e investigador nacido en Butemberg, cuyos estudios y actividades le granjearon gran fama como conocedor de diferentes secretos del mundo del ocultismo y de los movimientos sectarios. Algunos contemporáneos suyos llegaron a considerarle fundador de la Sociedad de los Empíricos. En sus obras defiende la existencia de las sociedades secretas y las sectas para hacer posible la reforma de la Humanidad.

ANDREWES

ANDREWES: Obispo de Winchester que tuvo gran importancia en la vida eclesiástica inglesa y en las controversias aparecidas en los reinados de Isabel I y Jacobo I. Fue uno de los autores de la "Autorizada Versión" de la Biblia.

ANDROGINO

El andrógino, ser de doble sexo o hermafrodita, queda simbolizado herméticamente con el número dos. Según la teoría platónica, los primeros hombres fueron creados por los dioses en figura esférica que integraba los dos cuerpos y, por tanto, los dos sexos. Madame Blavatsky* dice que el andrógino era común a todas las culturas, que consideraban a su primer dios como ser con doble sexo. En la alquimia el papel del andrógino es sumamente importante; se le suele representar con dos cabezas, y se le denomina Rebis (cosa doble). Muchos alquimistas equiparaban esa rebis al mercurio filosofal.

ANDROGINO

LOS DOS SEXOS EN UN SOLO SER. Tradiciones de oriente y occidente, del norte y del sur, coinciden, con una extraña unanimidad, en afirmar que el primer ser que vio la luz, carecía de diferenciación sexual : era, masculino y femenino a la vez. Los griegos lo llamaron Andrógino, de Andros, hombre y Ginos, mujer.

ANEKANTA VADA

ANEKANTA VADA: La lógica original del jainismo se basa en las doctrinas complementarias del syad-vada o anekanta-vada, "doctrina de las posibilidades" y del naya-vada o "doctrina de los métodos".

ANEPÍGRAFOS

ANEPÍGRAFOS: Se dice de los elementos en los que en contra de lo que suele ser habitual, no figura ningún texto o leyenda, por ejemplo un obelisco o una moneda.

ANFISBENA

ANFISBENA: Era un animal fabuloso, al que los griegos le habían dado la forma de una extraña serpiente que podía andar hacia adelante y hacia atrás. También se la representaba con garras de ave y alas de murciélago. Al igual que otros muchos animales fabulosos es un símbolo de facultades humanas.

ANGA SISRUSHA

ANGA SISRUSHA: En algunas ramas del yoga es la obligación que tiene un discípulo de cuidar y velar por la existencia de su maestro.

ANGA

ANGA: Denominación dada a los textos más antiguos del jainismo.

ANGEL DE LA GUARDA

ANGEL DE LA GUARDA: Entidad ligada a un alma, quien vida tras vida guarda el karma y cuida que la lección a aprender ocurra con el mínimo desgaste energético posible.

ANGEL DE LA PRESENCIA

ANGEL DE LA PRESENCIA: El Ego en su plano. El Alma atenta a la Vida y presente en las iniciaciones.

ANGEL GUARDIAN

ANGEL GUARDIAN: Llamado también Ángel Custodio o de la Guarda, no es exactamente una entidad perteneciente a una evolución superior, sino más bien la personificación de nuestras buenas obras de las vidas pasadas, el que, aunque invisible, está siempre en nosotros impulsándonos a obrar rectamente y hacer el bien.

ANGEL SOLAR

ANGEL SOLAR: Entidad que se encadenó a una mónada divina para hacer de intermediario entre ella y la personalidad. Este ángel es el encargado de vitalizar el ego o alma. Este mito está representado por el Prometeo encadenado a la piedra humana.

ANGELES DEL DESTINO

ANGELES DEL DESTINO: Son poderosas individualidades, los embajadores de los Grandes Ángeles Planetarios, y como tales están relacionados con el nacimiento del hombre, ayudándolo a elegir su alrededor ambiente y dedicando a cada vida el destino que debe producir los necesarios efectos. Ellos son los que guían las influencias planetarias en tal forma que afecten a cada uno de la manera más conveniente para facilitar la liquidación de sus deudas pasadas, ayudando también a cada uno a recoger el beneficio de cualquier bien que haya hecho en sus vidas anteriores. En esta labor los Ángeles del Destino tienen como auxiliares a una poderosa legión de agentes y espíritus de la Naturaleza, que no están aún individualizados, pero que trabajan bajo la dirección de esos grandes seres inconscientemente, así como los

animales están guiados por sus espíritus colectivos.
Véase: Señores del Destino.

ANGLOISRAELISMO

ANGLOISRAELISMO: Teoría acuñada por el inglés Richard Brothers (1757-1824), oficial de la marina británica que defendía que los ingleses eran descendientes de las tribus perdidas de Israel, por lo que debían aplicarse a ellos y a sus descendientes norteamericanos las profecías bíblicas sobre el pueblo judío.

Estas ideas que posteriormente defendió J. Wilson, han sido recogidas por diversas sectas del mundo anglosajón, en particular en Estados Unidos, como por ejemplo la Iglesia de Dios Universal.

ANGUTTARA NIKAYA

ANGUTTARA NIKAYA: Una de las cinco colecciones de discursos budistas que componen el Sutta Pitaka. Está organizada de forma que la primera sección trate de temas presentados por unidades; en la segunda los temas van agrupados por parejas, y así sucesivamente hasta llegar a los de once en once. En total son 2.308 discursos distintos que aparecen a veces duplicados.

Esta forma de progresión será aplicada posteriormente y servirá de base de la literatura relacionada con el Abhidhamma.

ANICCHA

ANICCHA: Doctrina budista de la inconsistencia de todas las cosas, considerada como reflejo de uno de los rasgos de toda existencia mundana. Es un tema de meditación para los budistas, ya que la contemplación de la inconsistencia es uno de los tres grandes recursos de la meditación budista para lograr el discernimiento. Hay que considerar que "todo momento de conciencia está abocado a la disolución".

En la raíz de Aniccha radica la idea de "aparecer y desaparecer", o de formación a la que sigue la disolución. Se suele comparar con el sonido de un laúd que no va a parar a ningún lugar cuando cesa, ya que lo que ocurre es que pasa de un estado de no ser a la existencia a través del laúd, para desvanecerse a continuación.

ANILLO

ANILLO: En razón de su figura que no tiene principio ni fin, simboliza la eternidad; además representa los vínculos, la fidelidad, la afiliación a una comunidad, de ahí que sea también, a menudo, símbolo de un cargo o de una autoridad (anillos oficiales de los Senadores Romanos, los funcionarios, los caballeros, los doctores, los obispos). En el simbolismo del anillo interviene también la noción de las virtudes mágicas del círculo, incluyendo la atribución de propiedades apotrópicas (contra el mal de ojo, por ejemplo), de ahí que se use también como amuleto.

ANIMA MUNDI

ANIMA MUNDI: (Latín). Alma del Mundo, la esencia Divina que todo lo compenetra en nuestra Tierra.

ANIMA

ANIMA: Es el sinónimo de Alma, que asigna el cristianismo.

ANIMALES

ANIMALES: La oleada de vida animal comenzó su actividad al principio del Período Solar como minerales y llegará a ser humana en el Período de Júpiter. Dispone de cuerpos densos, vital y de deseos, con la facultad de movimiento, crecimiento, propagación y percepción sensorial. En el cuerpo vital de los animales están dinámicamente activos los éteres Químico, de Vida y Lumínico. En el Reino Animal, los tres rayos del Padre, Hijo y Espíritu Santo se absorben, pero el del Espíritu Santo da color a la sangre y carne. La mezcla del azul y rojo es una evidencia en la sangre purpúrea.

ANIMATISMO

ANIMATISMO: Teoría que modifica el animismo en el sentido de que defiende que el hombre primitivo tuvo que buscar y concebir la existencia de una única fuerza animadora como propulsora de todo cuanto le rodeaba, antes de preocuparse por la personalización de entidades diferentes de acuerdo con los fenómenos próximos.

ANIMISMO

Creencia en la actividad voluntaria de los seres orgánicos e inorgánicos y de los fenómenos de la naturaleza, profesada explícita o implícitamente por pueblos primitivos, acompañada por la adoración a dichos seres y fenómenos.

E.B.Taylor afirma que el animismo es la definición mínima de religión, de la creencia en seres espirituales.

Actualmente hay numerosos pueblos indígenas que se mantienen fieles a este tipo de credo.

ANIMISMO

En la etnografía, se designan así a las creencias de los pueblos primitivos ante la presencia de supuestos espíritus dentro de los fenómenos de la naturaleza. El término Animismo se desarrolló a fines del siglo XIX, por el antropólogo inglés Edward B. Tylor. En el Espiritismo, se designa así a los fenómenos psíquicos paranormales que se producen por el inconsciente liberado en el trance de un médium, y no por generación exterior.

ANITYA

ANITYA: Palabra sánscrita que se refiere a la impermanencia que es una de las tres características de la existencia para el budismo. El hombre es impermanente no sólo por la brevedad de su vida, sino ante todo por lo que constituye su propia naturaleza, es decir los cinco grupos de elementos, energías y actividades cuyas combinaciones, constituyen lo que se denomina un ser vivo, sin que ni detrás ni por encima de él exista un sujeto permanente al que pudiera denominarse un Yo.

En el Anguttara Nikayya (7;70) puede leerse: "Como el rocío sobre la hierba, que se disuelve al salir el sol sin que quede nada de él, la vida de los hombres es, al igual que una gota de rocío, corta y efímera".

ANKH

ANKH: La cruz ansata de los egipcios, simboliza la fecundación de la tierra por el sol, así como la vida. Muy abundante en el arte egipcio, con frecuencia en manos de dioses y reyes. En las representaciones de ritos funerarios la sujetan por arriba (a manera de llave que abre el reino de los difuntos).- Los egipcios cristianos (coptos) adoptaron el ankh para aludir a la cruz de Cristo como fuente de vida.

ANNICA

ANNICA: Para los budistas, todo fenómeno y actividad es impermanente, ya que ello fue lo que descubrió Buda al obtener el nirvana. Todo se desarrolla, nada permanece. Ver Aniccha.

ANNO DOMINI

ANNO DOMINI: Frase latina que significa "En el año del Señor" y que es la forma de fechar ideado por Dionisio el Exiguo (+550) tomando como punto de arranque el año de nacimiento de Cristo. Este sistema aunque con errores de cálculo, ha sido aceptado universalmente.

ANNOMEOS

ANNOMEOS: Seguidores de Aecio que negaban a Jesús su semejanza de naturaleza e igualdad de poder. Por ello se les llamó Desemejantes. Extendieron su creencia por Oriente durante el siglo IV. También recibieron el nombre de Cunonianos por ser el principal propagador de estas ideas un tal Cunonio, obispo de Cycico.

ANTAKARANA

ANTAKARANA: (o Antaskarana). El sendero o puente entre la mente inferior y la superior, que sirve de medio de comunicación entre ambas. Es construido por el aspirante con materia mental. Canal invisible de luz que forma el puente entre el cerebro físico y el alma, construido a través de la meditación y el servicio.

ANTIGUO TESTAMENTO

Ver Biblia.

ANTIGUOS

Ver Vajrayana.

ANTINOMIANOS

ANTINOMIANOS: Secta cristiana de los primeros tiempos del cristianismo que defendían que la fe era lo único necesario para la salvación.

ANTIOQUIA

ANTIOQUIA: Capital de Siria donde floreció entre los siglos II al V una escuela de teología llamada Antioquena que rivalizó con la de Alejandría. Cultivaban la catequesis y la exégesis bíblica dándole un sentido literal.

Asimismo combatió con dureza las herejías que abordaban la personalidad y naturaleza de Jesucristo.

Sus miembros más importantes fueron Pablo de Samosatana (270), Diodoro de Tarso (330-390), Teodoro de Mopsuestia (350-428), Teodoreto (393-460), Nes-

torio (449), Luciano de Samosatana, Arrio (250-336),
San Juan Crisóstomo (344-407) y San Cirilo (444).

ANTORCHA

ANTORCHA: En tanto que forma concentrada, reducía
a un punto determinado, del elemento fuego, participa en gran medida del simbolismo de éste. Interviene
en los ritos de iniciación por cuanto purifica e ilumina.
En la antigüedad, una antorcha en manos de un joven
o de un genio, y vuelta hacia abajo, es obvio emblema
de la muerte (extinción de la vida).- En las representaciones medievales de los pecados capitales, a veces
la ira se simboliza por medio de una antorcha.- En
las tradiciones populares y sobre todo en invierno y
primavera, sirvió como símbolo de la fecundidad.

ANTROPOMORFISMO

ANTROPOMORFISMO: Doctrinas o creencias que
atribuyen a la divinidad la figura o cualidad realizada
a imagen del hombre. Aparece en algunas religiones
como la hebrea, cristiana, musulmana e incluso en
el hinduísmo, como resultado del axioma de que el
hombre sólo puede concebir lo divino en términos de
su propia categoría mental.

En el Antiguo Testamento hay cantidad de muestras
de atribuciones a Dios de forma, sentimientos y acciones humanas. Por ejemplo en el Exodo comprobamos
que tiene un rostro; un corazón en el Génesis; sus
actividades revisten las formas propias del alfarero,
ya que según el Génesis modela al hombre a partir de
barro, y de acuerdo con el mismo libro es jardinero,
pues hace brotar árboles...

Pero también la Biblia sabe hasta donde llega la forma
humana de Dios, pues en Exodo (33,20) puede leerse:

"Tú no puedes ver mi rostro, pues el hombre no puede verme y seguir después con vida".

ANUPASSANA

ANUPASSANA: En el budismo theravada son aquellos
ejercicios que se realizan para conseguir la purificación de la mente.

ANURADHAPURA

ANURADHAPURA: Ciudad de Ceilán (Sri Lanka) que
fue su capital hasta el siglo X, donde se encontraba
el gran monasterio del budismo Theravada, una de
las principales escuelas budistas que en esta isla se
dividió en tres grupos: Mahaviharika, que se instaló
en Anuradhapura, Ahayagirika y Jetavaniya

ANUSAYA

ANUSAYA: Quinta sección del tratado budista sarvastivadín Abhidarma Kosa.

ANUSSATI

ANUSSATI: En el budismo pali se traduce como "rememoración". Es una acción que se aconseja como
forma de ejercicio de meditación.

Existen seis objetos que pueden rememorarse: Budd-
hanussati o rememoración de Buda; sanghanussato
o rememoración de la doctrina de Buda; silanussati o
rememoración de la moral; chaganussati o rememoración del desprendimiento, y devanussati o rememoración de la esfera celeste.

Cualquiera de estos tipos de rememoración permite alcanzar la concentración de acceso, es decir el
momento que precede a la entrada en un estado de
absorción.

ANYATHAIVA

ANYATHAIVA: Palabra utilizada en yoga para diferen-
ciar entre las formas de la mente.

APANA

APANA: Uno de los cinco aires vitales citados por el
Bahagavad Gita, la excreción.

Los yoguis intentan regularlo mediante ejercicio de
control a través de técnicas respiratorias

APARICION

APARICION: Es la imagen alucinatoria de un sujeto,
vivo o muerto. Se atribuye a la manifestación psi-
co-visual de un espíritu o alma de algún fallecido. En
parapsicología, se designa así a una alucinación con
causas telepáticas o paranormales, en cambio, en el
espiritismo se nombra así a la materialización visual
de un espíritu en forma tangible o intangible.

APARICIONES

APARICIONES: Imágenes recibidas por algunas
personas en los fenómenos de "Encantamientos". Su
existencia no está probada, podría tratarse de alucinaciones.

APEGO

APEGO: De acuerdo con el budismo existen cuatro tipos de apegos, que son la forma más intensa del deseo y de los que hay que librarse para entrar en una etapa superior. Estos cuatro apegos son: sensual, a los placeres; a las visiones; a las normas; y a la idea de personalidad individual.

APIROPATIA

APIROPATIA: Sinónimo de Absefalesia y Pirovasía.

APOCALIPSIS

Ultimo libro canónico y único profético del Nuevo Testamento, escrito por San Juan de Patmos.- Contiene siete epístolas a diversas comunidades cristianas del Asía menor, así como visiones - en parte de difícil interpretación - sobre el fin de los tiempos, que prevé inmediato, además de anunciar los horrores que traerá consigo el reino del Anticristo y profetizar su derrota.

APOCALIPSIS

Además del Apocalipsis de san Juan existen otros, incorporados a la lista de Libros Apócrifos por la Iglesia.

Apocalipsis de Esdras

Apocalipsis Siriaco de Baruc

Apocalipsis griego de Baruc

Apocalipsis de Elías

Apocalipsis de Sofonías

Apocalipsis de Abraham

Apocalipsis de Adan

Apocalipsis de Pedro

Apocalipsis de Pablo

Apocalipsis de Tomás.

APOCALIPTICA

APOCALIPTICA: Literatura religiosa que pretende revelar los acontecimientos futuros, centrándose en las catástrofes, desgracias, cataclismos y castigos que esperan a todos aquellos que no son fieles a Dios.

APOCATASTASIS

APOCATASTASIS: Palabra griega que se emplea para designar la doctrina de que todas las criaturas se salvarán al final de los tiempos, y que ninguna será condenada. Esta creencia fue defendida por Orígenes, Clemente de Alejandría y Gregorio de Nisa, entre otros, y atacada por San Agustín. A partir del siglo VI se conoce esta idea con el nombre Universalismo.

APOLO

APOLO: Divinidad helénica, hijo de Zeus, para la cultura griega. Considerado como el dios de la medicina y las artes, se dice que poseía gran belleza física.

APOLOGETAS

APOLOGETAS: Serie de escritores cristianos, entre ellos Arístides, Cuadrato y Justino, que intentaron defender el Cristianismo frente a las calumnias lanzadas por los paganos, así como conseguir la tolerancia de las autoridades de los diferentes paises donde la nueva religión comenzaba a fructificar. Basaban sus trabajos en demostrar que el Cristianismo era superior desde el punto de vista moral y cultural.

APORTES

Fenómeno que los Metapsiquistas describen como apariciones y desapariciones espontáneas de objetos, sin ninguna explicación lógica.

APORTES

Es la penetración de un objeto materializado en un sitio cerrado, sin la intervención de fuerza física visible. Aparición paranormal. Objeto material que traspasa la barrera física, como una pared y que puede, posteriormente desaparecer, aunque el objeto haya sido encerrado en una caja fuerte. Hiloclastía*.

APOSTASIA

APOSTASIA: Acción de abandonar y renegar de la fe profesada, que en Cristianismo fue tomada como uno de los mayores pecados existentes. En la Iglesia primitiva suponía la separación completa sin aceptarse el arrepentimiento. Durante la Edad Media se castigaba con la pena de muerte.

En el Antiguo Testamento bíblico hay gran profusión de casos de apostasía, así de como se debe actuar contra ella. Un buen ejemplo es el pasaje del famoso "Becerro de oro" relatado por el Exodo.

APOSTOL

APOSTOL: Palabra griega que puede traducirse por "enviar". Es el nombre dado a los doce discípulos elegidos por Cristo para que le acompañasen en la predicación y tras su muerte recorriesen el mundo enseñando la nueva fe.

Son: Juan, Bartolomé, Santiago el Mayor, Judas Tadeo, Felipe, Santiago el Menor, Tomás. Mateo, Pedro, Simón, Matías y Andrés. Marcos en su Evangelio dice: "Llama junto a sí a los que quería, y ellos acudieron a él. Constituyó a doce, para que estuvieran con él y para enviarlos a predicar, con poder para arrojar a los demonios".

APPAR

APPAR: Poeta místico hindú del siglo VI autor de uno de los grupos del Tirumukai, colección de himnos donde se encuentra expresado el sentimiento del amor confiado por el Absoluto personal, dueño y salvador del mundo.

APRAXIA

APRAXIA: Incapacidad para realizar un acto útil diestramente y con una finalidad, en ausencia de parálisis. Este tipo de alteración se manifiesta en todas las actividades anteriormente aprendidas, por ejemplo: comer, escribir, girar un picaporte, etc.

APSARAS

APSARAS: Divinidades menores del hinduismo, consideradas como ninfas celestes nacidas de las aguas del océano primordial. Cortesanas y bailarinas, se las representa en forma de mujeres muy hermosas de piel dorada y ojos de loto. Simbolizan la seducción.

AQUELARRE

Reunión nocturna de brujas y/o brujos, que se consideraba presidida por el propio Satanás, bajo la forma de un macho cabrío. El término aquelarre podría proceder de dos voces del vascuence que hacen referencia a esta presencia satánica bajo forma de macho cabrío. Ciertos ocultistas consideran el aquelarre como una forma de materialización del espíritu de los muertos. Este tipo de apariciones suelen anunciar un fallecimiento a corto plazo. Por lo general los espíritus que se presentan pertenecen a personas que tuvieron una muerte trágica.

AQUELARRE

Palabra derivada de los términos vascos Aker-Larren-Larrea, que significa macho cabrío, interpretación de una reunión de brujería. Es también sinónimo de Sabbat.

ARA

Ver Altar.

ARABOTH

ARABOTH: Uno de los siete cielos del paraíso de Mahoma que aparece en el Corán. Es el destinado a acoger las almas de los justos.

ARAF

ARAF: Nombre dado en el Islam al purgatorio, como lugar intermedio entre el cielo y el infierno. En él se purifican por medio del fuego las almas de los muertos.

ARAFA

ARAFA: A unos veinte kilómetros de La Meca se encuentra el lugar de Arafa, punto donde se celebra la principal ceremonia de la peregrinación musulmana. Los peregrinos se reúnen junto a una elevación granítica de unos 600 metros de altura, Jabal al Rahma. En su cima existe un minarete desde donde se dirige el sermón.

ARAHANT

ARAHANT: El budismo emplea esta palabra para designar a aquella persona que ha alcanzado la última etapa del progreso espiritual. Se consideran cuatro etapas en el camino de la perfección: sotapanna o del que entra en la corriente; sakadagami o del que retorna otra vez; anagami o del que no retorna, y arahan o etapa final en la que se han eliminado todos los influjos. Esta última etapa sólo está al alcance de unos pocos.

ARAHATTA

ARAHATTA: Cuarta etapa en el sendero de la iluminación o de la santidad que lleva a alcanzar el Nirvana. Las tres anteriores son: sopatanna, sakadajamin y anagamin.

ARAMA

ARAMA: Jardín o bosquecillo al que los monjes budistas se retiran a meditar en silencio. Forma parte de los antiguos monasterios de la India.

ARANYAKA

ARANYAKA: Comentario a los libros sagrados de los Vedas, conocidos por el nombre de "tratados de los bosques o de las selvas", que contienen instrucciones religiosas, místicas y mágicas.

ARANYAKAS

ARANYAKAS: Ascetas indios que viven en las junglas apartados del resto del mundo dedicados a la meditación y a la investigación mística.

ARAÑA

ARAÑA: Este término, en diferentes lenguas, tiene la misma acepción que miedo. En diversas culturas de la Antigüedad la araña era símbolo de posibles desgracias. En la cultura hindú se considera a la araña, y más especialmente a la tela tejida por ella, como símbolo de Maya, o ilusión. También se la ve como animal lunar, debido a que la luna —a causa de su carácter pasivo, y de sus distintas fases— corresponde a la esfera de lo fenoménico. Dentro del campo de la anécdota popular, se creía que si se colocaba la tela de araña sobre una herida infectada, ésta dejaba de supurar.

ARAVAH

ARAVAH: Rama de sauce que es una de las cuatro especies utilizadas por los hebreos en la fiesta de las cabañas o tabernáculos (sucot).

Levítico (Las fiestas) (23;39): "El día 15 del séptimo mes, cuando hayais hecho la recolección de los frutos de la tierra, celebraréis la fiesta de Yavé durante 7 días; el día primero y el octavo habrá descanso absoluto. El primer día tomaréis frutos hermosos, ramos de palmera, ramas de árboles frondosos, sauces de las riberas, y os regocijaréis durante 7 días en presencia de Yavé, vuestro Dios. Celebraréis la fiesta en honor de Yavé durante 7 días cada año. Es una ley perpetua para vuestras generaciones".

ARBOL BODHI

ARBOL BODHI: Arbol bajo el que según la tradición budista, Buda alcanzó la iluminación en Uruvelá, a orillas del río Neranjana. Se trata de un ficus al que se considera sagrado por los budistas y del que se han plantado esquejes en diferentes templos.

ARBOL DE BODHI

ARBOL DE BODHI: Es la higuera bajo la cual Buda recibió la iluminación (= Bodhi) por lo que simboliza al mismo Buda.

ARBOL DE VIDA

ARBOL DE VIDA: Si el hombre hubiera "comido" del Árbol de la Vida se hubiese hecho inmortal, pero habría fracasado en su evolución, ya que las experiencias humanas son los aportes conductores para convertir al hombre de un Dios estático en un Dios dinámico.

ARBOL PHILOSOPHICA

ARBOL PHILOSOPHICA: Arbol Dianae, Árbol de la filosofía, Árbol de plata cristalización arborescente al tratar con mercurio una solución de nitrato de plata, considerada por los alquimistas como símbolo y demostración del "crecimiento vegetativo natural" de los metales.- Con el mismo término se designó también el proceso de las "operaciones alquímicas", generalmente doce (calcinatio, solutio, elementorum, separatio, conuinctio, putrefactio, coagulatio, cibatio, sublimatio, fermentatio, exaltatio, augmentatio), cuyas mutuas dependencias solían representarse sinópticamente en forma de árbol.

ARCA

ARCA: Constituye un símbolo tanto de la naturaleza material como de la espiritual; la fuerza que evita que nada se pierda y que todo pueda renacer. René Guénon* descubrió ciertas analogías en el simbolismo del arca, señalando que había una relación entre ella y el arco iris. El arca, durante el caos universal que constituye el diluvio cósmico, se mantiene sobre las aguas del océano inferior; por su parte, el arco iris es el símbolo, en «las aguas superiores», del restablecimiento del orden preservado bajo el arca. De este modo, ambas figuras serían inversas y complementarias.

ARCHIVO AKASHICO

ARCHIVO AKASHICO: Todo cuanto acontece queda impresionado en el Akasha. Medio sutil que impregna todo lo material. Puede ser visto (consultado) por energía mental.

ARENA

ARENA: Por el número incontable de sus granos simboliza la eternidad.

ARETALOGIAS

ARETALOGIAS: Durante el período helenístico se realizaron diversas compilaciones de las virtudes y milagros de las divinidades, por parte de sus devotos para propagar el culto.

ARHAT

ARHAT: Título que en el budismo se da a aquel religioso que ha llegado al estado de santidad perfecta, al que no resta más que una existencia para convertirse en Buda.

ARIES

ARIES: Signo zodiacal que se representa con la figura de -carnero.

ARINNA

ARINNA: Importante centro religioso de Hatti situado en los alrededores de Bogazkoy-Hattusa, que contempló el desarrollo de un culto en honor de una diosa lunar.

ARIOII

ARIOII: En las islas Sociedad, Tahití y Marquesas, existe una sociedad secreta bien organizada que admite hombres y mujeres, dividida en logias o centros. Cada centro se encuentra presidido por un jefe. Para poder entrar a formar parte de esta sociedad hay que estar poseído por una divinidad. Sus ritos se basan en las representaciones de los mitos y relatos de sus existencias.

ARISTOBULO DE PANEAS

ARISTOBULO DE PANEAS: Filósofo judío de Alejandría del siglo III antes de Cristo que trató de establecer una cierta existencia armónica entre el judaísmo y la filosofía helena. Para tal fin consideraba que la Biblia era una fuente de la filosofía griega.

ARIYA ATTHANGIKA MAGGA

Ver Camino óctuple.

ARMA CHRISTI

ARMA CHRISTI: Las armas de Cristo, los - instrumentos de la Pasión.

ARMAS

ARMAS: Símbolo del poder, su carácter es ambiguo puesto que pueden emplearse tanto en el ataque como en la defensa; atributo de los héroes y de las deidades guerreras. En el lenguaje simbólico de la Biblia tanto Dios como Satán tienen armas y armadura.- Como armas espirituales pueden servir también otro símbolos, como la presentación de una cruz.

ARMEN DIEMER

ARMEN DIEMER: Una de las categorías de los miembros de la secta Amish, que se corresponde con la de diácono. Ver Amish.

ARNAULD

ARNAULD: Antonio Arnauld (16121694), es el más célebre de los teólogos jansenistas franceses. Recibió el doctorado en teología el año 1641 y dos años más tarde publicó su obra "De la Frecuente Communion". Censurado por la Sorbona por su defensa de la causa jansenista, decidió instalarse en los Países Bajos, donde publicó numerosos folletos. Falleció en Bruselas el año 1694.

ARNICA

ARNICA: Planta medicinal, familia compuestas, de flores amarillas y muy aromáticas. Conocida ya entre los antiguos germanos, estuvo consagrada a Freya, luego a la Virgen María; considerada talismán contra los rayos y los hechizos o brujos hostiles.

ARO

ARO: hierba perenne de rizoma carnoso y hoja blanquecina de pecíolo largo, atributo mariano en la Edad Media; como además remite a la vara florida de Aarón se vincula, lo mismo que ésta, con el símbolo de la resurrección.

ARPA

ARPA: Con la lira, el instrumento de cuerda más importante en el antiguo Oriente; muchas veces ambas se confunden (cuerdas pulsadas, en ambos casos)

El arpa empezó por tener siete cuerdas, más tarde aumentadas a 19 o 20, y entre los griegos, a 35.

Mencionan con frecuencia el arpa la antigua poesía germánica y la irlandesa.

ARQUETIPOS

ARQUETIPOS: Son las ideas o modelos eternos de las cosas según la filosofía del período tardío de la antigüedad.- C:G:Jung aplicó esta noción para designar las figuras simbólicas e imágenes que, formando parte de un acervo común de la Humanidad ("inconciente colectivo", teoría controversoal para otros autores. M Berman), podemos encontrar tanto en los sueños como en los mitos, los cuentos, etc., y expresan simbólicamente el concepto del eterno retorno de las mismas estructuras en la evolución individual.

ARROZ

ARROZ: En los países asiáticos, alimento principal como lo es el trigo en Europa, de ahí que haya muchos simbolismos comunes.- En el Japón la despensa llena de arroz tiene, además del significado obvio de prosperidad, el de riqueza espiritual.- En China era símbolo de inmortalidad, especialmente la variedad roja.- Las labores de su cultivo son muy penosas, circunstancia que se atribuía a una ruptura entre los cielos y la tierra.

ARS MORIENDI

ARS MORIENDI: Arte de morir, manuales de la buena muerte que constituyeron género hacia finales de la Edad Media; el volumen ilustrado más antiguo es una colección holandesa de xilografías (hacia el 1430-1440); el cielo y los infiernos disputándose el alma del difunto, la salvación final de éste; también es conocida la serie de grabados en cobre del "Maestro E.S:" .

ARTAPANO

ARTAPANO: Autor judío del siglo II antes de Cristo que trató de demostrar que los grandes personajes de la historia judía tales como Abraham, José y Moisés, habían sido maestros en astronomía, agricultura, filosofía y culto de Dios.

ARTEMISA

ARTEMISA: Género de plantas compuestas, cuyas flores se usaron, entre otras cosas, para los ramos de novia, y por tanto vinculadas también a María, la novia celestial. -Ajenjo.

ARTEMONES

ARTEMONES: Hereje antitrinitario fundador de la secta de los Artemonianos que a finales del siglo II predicaba en Roma su doctrina consistente en la defensa de que Jesucristo, aunque engendrado sobrenaturalmente por obra del Espíritu Santo, no era Dios.

Fue excomulgado por el Papa Ceferino.

ARUNACHALA

ARUNACHALA: Montaña situada junto a la aldea de Tiruvannamalei, sur de la India, conocida como Colina del Fuego.

Al pie de sus laderas se encuentra la comunidad de gran yogui Ramana Maharshi, desaparecido el año 1950. Es muy venerada por los seguidores de Shiva, que la consideran centro de poder.

ARUPA

ARUPA: Son los cuatro grupos inmateriales de la existencia yogui: sensación, percepción, formación mental y consciencia.

ARURUKSU

ARURUKSU: Nombre dado a los yoguis principiantes.

ARUSPICE

ARUSPICE: Los arúspices tenían, en la antigua Roma, un importante papel sacerdotal, al realizar predicciones de gran trascendencia, mediante la observación de las entrañas de los animales, generalmente bovinos.

Esta práctica, que procedía de los etruscos, tuvo un gran predicamento a lo largo de todo el Imperio, constituyendo los arúspices una especie de comunidad oficial y muy selectiva, cuyo número no solía superar los sesenta miembros.

Los sacrificios practicados por los arúspices sólo se realizaban a instancias de las más altas magistraturas del Estado.

ARUSPICES

ARUSPICES: Así fueron llamados a los sacerdotes de la antigua Roma, cuya misión consistía en predecir el futuro a través de las vísceras de las victimas de los sacrificios sagrados.

ARVANS

Ver Alvares.

ARYADEVA

ARYADEVA: Discípulo Nagarjuna, fundador del budismo madhayamika, a quien se nombra a veces como deva o también como bodhisattva. Su actividad como propagador de la doctrina budista debe fecharse en la primera mitad del siglo III. Su obra más importante es el Chatuhsataka, "Tratado de los Cuatrocientos", cuyo texto completo se ha conservado en una traducción tibetana. La primera parte de la obra trata del sistema madhayamika y de su disciplina; la segunda se dedica a la refutación del Abhidharma y de otros dos de los seis sistemas filosóficos indios no budistas, el Samkhya y el Vaisesika.

ASA

ASA: El deseo personal es uno de los grandes obstáculos con que cuentan todos los grandes maestros orientales para alcanzar la autorrealización. Es preciso liberarse del apego para poder progresar interiormente.

ASAMPRAJÑATA

ASAMPRAJÑATA: Designa en la filosofía yogui al éxtasis inconsciente.

ASANA

ASANA: Nombre dado a las posturas yoga que se asocian al dominio de la respiración, que constituyen los pasos necesarios para llegar a controlar la mente. Se emplean tanto para la meditación como para el mejoramiento del cuerpo y de las energías. Son ochenta y cuatro.

ASANGA

ASANGA: Filósofo budista indio del siglo IV, que fundó la escuela Yogachara o Vijñana vada. Se dice de él que no tuvo maestro y que recibió sus doctrinas directamente del Buda celeste. Escribió una obra titulada "Yogacharabhumi-sastra", que se compone de tres partes: "Mahayana-Sangraha", "Yogacharabhumi-Sastra" y "Mahayanasutralankara". En ella expone las dieciséis etapas o bhumi que recorre el bodhisattva para alcanzar la condición búdica.

ASARAH BETEVET

ASARAH BETEVET: Décimo día del mes hebreo de Tevet o Tebet, en Occidente es diciembre, en el que está indicado la realización de uno de los ayunos públicos que conmemora el inicio del sitio de Jerusalén por parte de Nabucodonosor en el año 587 antes de Cristo.

ASATRU

ASATRU: Secta norteamericana contemporánea fundada por Stwve McNallen, que basa su doctrina en una recuperación de los dioses escandinavos, por lo que ha sido acusado de neonazi. Desapareció el año 1987.

ASAVA

ASAVA: De acuerdo con el budismo pali es el nombre que reciben los cuatro influjos o contaminaciones a los que el pensamiento budista atribuye la intoxicación del espíritu humano que impide el progreso espiritual: sensualidad o kan asava; ansia de vivir o bhava asava; falsa visión o ditt asava, e ignorancia o avijj asava.

ASAYABALA

ASAYABALA: Uno de los poderes que posee un bodhisattva. Ver Bala.

ASCENSION

ASCENSION: Representación de una figura que se eleva al cielo, muchas veces con los brazos abiertos o levantados.

Simboliza, o bien el tránsito del alma después de la muerte (águila), o una consagración, una vocación espiritual, la unión con la divinidad.

ASCESIS

Secta china que aparece durante la dominación mogola del siglo XIII. Aún cuando posee una base budista, predomina en ella los elementos ocultistas populares, desempeñando un papel importante de resistencia contra la invasión bárbara.

ASCESIS

Del griego askesis = ejercicio, ocupación. Las prácticas de renunciación o modificación son conocidas en todas las religiones, aunque con énfasis y contenidos diferentes. Con la ascesis mágica se trata de acumular fuerzas mágicas para la consecución de una finalidad profana; la ascesis religiosa persigue la unión mística con la divinidad mediante la participación ritual en la muerte del dios (ritos de - iniciación, por ejemplo). con frecuencia ambas aparecen confundidas; en los sistemas dualistas (zoroástricos, gnósticos, neoplatónicos, véase - dualismo) la ascesis tiende a superar lo corporal)percibido como mal) y alcanzar la espiritualidad; el Antiguo Testamento ignoró este tipo de ascesis.

ASEKA

ASEKA: En el Budismo es el ego que terminada la evolución humana ya no tiene que reencarnarse.

ASHA

ASHA: Deformación fonética de la palabra arta. Ver Arta.

ASHARI

Ali ibn Ismail Ashari (873-935) discipulo de Al Jubba y jefe de los mutazilíes en Basra, que abandonó este partido el año 912 trasladándose a Bagdad. Adoptó las teorías de Ahmad ibn Hanbal, que se adhería firmemente a la tradición, pero que aplicaba al mismo tiempo argumentos de razón. Se opuso a la doctrina mutazilí, afirmando que Dios posee atributos eternos, que el Corán es la palabra de Dios increada, que el bien y el mal han sido creados por Dios omnipotente, que un musulmán sigue siendo un creyente aun después de haber cometido un delito grave por el que será castigado, sin embargo, durante algún tiempo en el infierno...Reunió entorno a si a un grupo de discípulos, lo que dió origen a la formación de una escuela que tuvo que atravesar diversas vicisitudes, pero que poco a poco fue reconocida como representante de la doctrina ortodoxa del Islam sunnita.

ASHKENAZIM

ASHKENAZIM: Nombre dado en la Edad Media a los judíos de los países de habla germánica y eslava, para distinguirlos de los sefarditas o judíos españoles y portugueses.

ASHRAM

Comunidad espiritual hindú que agrupa a aquella personas con iguales inquietudes espirituales.

ASHRAM

(Ashrama) - El grupo de un Maestro. En la Jerarquía Espiritual hay 49 ashramas, siete principales y 42 subsidiarios, a la cabeza de cada uno se encuentra un Maestro de Sabiduría. Centro o estado de conciencia, donde los Maestros reúnen a los discípulos y aspirantes para recibir instrucción personal.

ASHRAMAS

ASHRAMAS: Las cuatro etapas en que se divide la vida según la tradición hindú. Fue una respuesta al budismo que planteó a la religiosidad brahmánica el reto del monacato.

La primera etapa de la vida abarca desde la iniciación hasta el matrimonio, propia del estudiante célibe, "brahmacharin";

el segundo período es el del cabeza de familia o "grihastha";

la tercera la propia del cabeza de familia que se convertía en ermitaño o "vanaprastha", y

por último, el período del solitario itinerante que vivía de limosnas o "sannyasin".

ASHURA

ASHURA: Décimo día del mes de Musharram, primer mes del año lunar, que Mahoma tomó de los judíos como día de ayuno cuando marchó a Medina. Posteriormente el Ramadán lo sustituyó.

ASIDEOS

ASIDEOS: Grupo de judíos ortodoxos. "piadosos", del siglo II antes de Cristo, enemigos del helenismo en Judea, que apoyaron a los macabeos y que son considerados como precursores de los fariseos.

ASITISMO

ASITISMO: Atribuido a los santos y elegidos. Es el ayuno voluntario que se prolonga a veces indefinidamente, especialmente en actos de gran misticismo.

ASMITA

ASMITA: De acuerdo con el yoga es el egoísmo, uno de los cinco obstáculos que se interponen entre el alma y Dios. Es preciso en el camino de la purificación ir superando el ego para poder avanzar. Cuando se llega a la meditación profunda del trance de yogui, desaparece todo sentimiento de ego.

ASNO DE LA PALMA

ASNO DE LA PALMA: Asnillo de madera que se saca para las procesiones del domingo de Ramos en algunos pueblos, a menudo con una figura de Jesús, recordando la entrada en Jerusalén.

ASNO SALVAJE

ASNO SALVAJE: Según el - Physiologus simboliza e ilustra las diferentes actitudes del Antiguo Testamento en lo relativo a la continencia sexual y la procreación. Onagro*.

ASOCIACION CRISTIANA

ASOCIACION CRISTIANA: VeWeissenberg.

ASOCIACION PARA LA INVESTIGACION Y LA ILUMINACION

ASOCIACION PARA LA INVESTIGACION Y LA ILU-MINACION: Secta norteamericana de tipo ocultista fundada por Edgar Cayce (1877-1945) que agrupa ideas cristianas, esotéricas, orientales y gnósticas. Al igual que los Adventistas y los Testigos de Jehová predice también sucesos que han de ocurrir antes de que acabe el mundo.

ASOKA

Ver ASHOKA.

ASPERULA

Ver Maestro de los Bosques.

ASPID

ASPID: Aspide, - serpiente o - dragón, a veces representado como cuadrúpedo, que aparece con frecuencia en las artes pláticas y los códices medievales junto con el - basilisco y el - león. En algunas figuraciones aparece con un oído pegado al suelo y tapándose el otro con el rabo, símbolo de la obstinación en el mal.

ASRAVA

ASRAVA: En sánscrito es la denominación dada a los cuatro influjos o contaminaciones a los que el pensamiento budista atribuye la intoxicación del espíritu humano que impide el progreso espiritual.

Ver Asava.

ASTRAL

ASTRAL: En el esoterismo moderno, los términos astral y etéreo se utilizan con el mismo significado. No obstante, tanto en el ocultismo* como en la teosofía* el término astral hace referencia directa a las características de los fenómenos que no se pueden clasificar dentro del ámbito de lo corporal, de lo espiritual o de lo mental. En este sentido se diferencia de lo etéreo, que se refiere a la energía vital del universo. Dentro del vasto mundo de lo astral hay dos conceptos que merecen reseñarse. El primero es el llamado cuerpo astral que, en esoterismo, se conoce como el segundo cuerpo inmaterial del ser humano.

Concepto orientalista que se refiere a los supuestos estadios, niveles o planos del Ser. El cuerpo astral seria una energía fluida, intangible y flotante alrededor del cuerpo físico.

ASTRONOMIA

ASTRONOMIA: La astronomía es la ciencia que profundiza su estudio sobre la aparición, observación, movimiento y constitución de los cuerpos celestes.

ASURAS

ASURAS: Potencias divinas de la India védica que simbolizan los hermanos antiguos de los dioses que están en lucha constante contra las otras divinidades. En el budismo se refieren a los enemigos de toda bondad, que combaten encarnizadamente con los devas.

ATA

Ver Amramiyya.

ATABAQUE

ATABAQUE: En el ritual umbanda es el nombre que recibe el tambor de la orquesta sagrada, que puede tener tres tamaños: grandes o run, mediano o rumpi y pequeño o lé.

ATAR Y DESATAR

ATAR Y DESATAR: O anudar y desanudar, acciones simbólicas muy corrientes en la práctica mágica, cuando se trata de inhibir o de potenciar la acción de determinadas fuerzas. Lazos, - Nudos*.

ATARVA VEDA

ATARVA VEDA: La última de las cuatro colecciones que componen los Vedas y que recoge un gran número de conjuros, estrofas e himnos de los magos sacerdotes. También contiene gran cantidad de fórmulas y conjuros que pueden ser utilizados en los ritos domésticos, así como remedios médicos.

ATEISMO

ATEISMO: Negación de la existencia de Dios o de los dioses.

ATICA

Fundador de la secta Geluk-Pa o Vía de la Virtud (979-1054) y mantenedor del budismo tántrico en el Tíbet. Su tumba se encuentra próxima a Lhasa, es el denominado mausoleo del Noble Señor.

Está considerado como uno de los grandes santos budistas del Tíbet, ya que aunque nacido en Bengala fue invitado por miembros del budismo tibetano que habían sufrido una feroz persecución durante el reinado de Lang-Darma, rey impío del siglo IX, a restaurar la enseñanza. Durante siete años trabajó en la restauración del budismo, pero como encontró la práctica existente demasiado superficial, escribió una obra con lo que debía de ser esta segunda difusión budista en el Tíbet, "La lámpara que muestra el Camino del Despertar".

También se le llama Atisa

ATLANTIDA

Según Platón, imperio legendario que se tragó el océano (Atlántico=. En sentido figurado representa el Paraíso perdido, o la Edad de Oro.

ATLANTIDA

La antigua tierra de donde surgieron los Atlantes, 4ª. Raza o cultura desaparecida, y que, supuestamente se sumergió a las profundidades de lo que hoy es el océano Atlántico.

ATLANTIDA

El continente que quedó sumergido entre los océanos Atlántico y Pacífico, según Platón y la enseñanza ocultista. La Atlántida fue el hogar de la cuarta raza raíz, que ahora llamamos Atlante. Realizó la tarea de perfeccionar el cuerpo astral o emocional.

ATMA

ATMA: El Espíritu universal, la Mónada divina; el séptimo principio, según se lo denomina en la constitución septenaria del hombre.

ATMAN

Aliento

ATMAN

Es el Yo en el hinduismo en sentido clásico. Pero si lo traspasamos al lenguaje filosófico y teológico, se refiere al Yo eterno, al alma. Las escuelas hinduistas admiten pluralidades de Yo eternos, pero los advaitas tan sólo consideran uno idéntico a Brahman, la realidad final.

ATMAPRABHA

ATMAPRABHA: Aquello que tiene luz propia, es decir Brahman y el atmán. Únicamente Brahman brilla por si mismo, quien presta su luz a todo lo que existe.

ATOMOS PERMANENTES

ATOMOS PERMANENTES: Los tres átomos de la materia - físico, astral y mental - alrededor de los cuales se forman los cuerpos para una nueva encarnación. Retienen el nivel vibratorio del individuo en el momento de la muerte, garantizando que el 'estatus' energético evolutivo alcanzado hasta ese momento se transmitirá en vidas sucesivas. Constituyen centros estables y relativamente permanentes, siendo literalmente pequeños centros de fuerza y de conciencia.

ATRIBUTOS DE SANTIDAD

ATRIBUTOS DE SANTIDAD: Objetos o símbolos que caracterizan a un santo tanto como su nombre (atributos individuales) o que designan una categoría de santidad (atributos generales, por ejemplo papiro enrollado o libro para los apóstoles y los doctores; palma para los mártires). Los atributos individuales recuerdan la vida, el martirio o la leyenda del santo en cuestión.

ATRIBUTOS

ATRIBUTOS: En el Islam se da a Dios un gran número de atributos que van unidos a sus nombres como forma de aproximarse a El. El Corán cita hasta noventa y nueve. Ver Nombres de Dios.

ATTAR

ATTAR: Farid Attar, considerado uno de los últimos sufíes importantes, escribió en el año 1230 el Coloquio de los Pájaros, obra en donde pone de manifiesto la igualdad existente entre los "hermanos" (hombres). Cuando los buscadores del rey de los pájaros lo encuentran tras pasar siete pruebas, reconocen que el dios no es otro que ellos mismos unidos fraternalmente en su diversidad.

ATTHAKATHA

ATTHAKATHA: De acuerdo con el budismo pali es el nombre de un comentario realizado sobre las escrituras canónicas budistas, que apareció en Ceilán (Sri Lanka) proveniente de la India, sobre el siglo IV.

ATTHASALINI

ATTHASALINI: Nombre del comentario escrito por el monje budista de la escuela theravada, Buddhaghosa, sobre el Dhammasangani, primer libro del Abhidamma Pitaka del canon busdista pali.

AUM

- Om.

AUM

Es la palabra sagrada por excelencia del hinduismo, el símbolo de la divinidad en su sentido más claro, propio de Brahma. Es el soplo creador, ya que expresa el ser en un sonido que es a la vez ese mismo ser y el Ser de donde todo deriva y todo se reabsorbe. En resumen, es la traducción más sutil del Universo manifestado, que atravesando todas las palabras aparece como un movimiento creador perpetuo e ilimitado.

Como tema de meditación, sobre todo en el yoga, se interpreta como símbolo de vigilia y de sueño insomne.

Algunos autores la han relacionado con la palabra hebrea Amén, utilizada al principio y final de las oraciones y aceptada universalmente por el cristianismo, simbolizando el voto final de la plegaria realizada al soplo creador. Se emplea también la forma Om.

AURASOMATERAPIA

AURASOMATERAPIA: Técnica o modalidad terapéutica desarrollada por la ocultista Inglesa Vicky Wall, con la que se pretende armonizar y vigorizar el aura* humana. Tal efecto llega a conseguirse, según Wall, mediante la utilización adecuada de aceites y esencias extraídos de plantas. Teniendo en cuenta que el aura es el campo electromagnético que rodea el cuerpo, y el soma la entidad o cuerpo energético incorpóreo que reside en el cuerpo material, es imprescindible que exista un equilibrio entre ambos a fin de conseguir que la persona pueda desarrollar sus funciones de forma plena.

AUREO NUMERO

AUREO NUMERO: División proporcional de los renacentistas que es igual a 0,618033... Aparece de forma decisiva en la pirámide de Keops, en dibujos y megalitos prehistóricos, y en la mayoría de los símbolos mágicos alquímicos y herméticos tales como: estrellas mágicas, lauburus, svasticas, estelas vascas, cruz de malta templaria, etc. Se dice que también en la catedral de Chartres. M. Marutaev y J.A. Echagüe demostraron que aparece en distancias planetarias al Sol, en moléculas del A.D.N., en el átomo de carbono, etc.

AUREOLA

AUREOLA: En el arte cristiano, sobre todo, un resplandor o una corona luminosa que envuelve a la figura entera simbolizando la luz divina, a diferencia del - nimbo o halo de los santos; la primera se reserva principalmente a Jesucristo y María. Cuando tienen forma almendrada se dice - mandorla.

AURIFEX

Ver Amauricenses

AURORA

AURORA: Símbolo general de esperanza, de juventud, de plenitud de posibilidades, de nuevo comienzo. Personificada entre los griegos como la diosa Eos, "la de los rosados dedos", que precede al carro solar, hermana de Helios (el - Sol) y de Sélene (la - Luna).- En el lenguaje simbólico del cristianismo se llamó en ocasiones Aurora a María porque anuncia el Sol de Cristo.

AUTODIPLOSIA

AUTODIPLOSIA: Capacidad paranormal de un sujeto para realizar un desdoblamiento.

AUTOKEPHALISMO

Ver Acefalitas.

AUTOMATISMO

Se le llama así, en parapsicología, a todas las acciones paranormales realizadas por un sujeto en estado de inconciencia, es decir, sin la participación de la voluntad humana.

AUTOMATISMO

Mientras que en psicología se denomina automatismo a un acto que reviste cierta complicación y que se realiza de forma inconsciente, tras un largo aprendizaje de repetición, en esoterismo el significado difiere notablemente. En este sentido, el automatismo paranormal incluye las actividades de ciertos mediums* como pueden ser, por ejemplo, la escritura o pintura automáticas. Asimismo se pueden incluir entre los automatismos ciertos fenómenos como el de las mesas giratorias o los vasos que se desplazan. Mientras que los ocultistas consideran que tales hechos son debidos a intervenciones de espíritus, los animistas los atribuyen a actividades inconscientes, que pertenecen a una parte de la personalidad del individuo que escapa a su propio control.

AUTOPREMONICION

AUTOPREMONICION: Es el poder presentir algún suceso futuro involucrado con uno mismo.

Aviso que recibimos, normalmente en sueños, de algo que va a sucedernos.

AUTOSUGESTION

AUTOSUGESTION: Fenómeno atribuido en la psicología, en donde nuestra mente imaginativa crea una idea fija que toma volumen y se asienta en nuestra psique, en forma de obsesión, hasta convertirse en una realidad subjetiva influyendo la personalidad del individuo.

AV

Ver Ab.

AVADANAS

AVADANAS: Apólogos y parábolas que forman el tercer grupo de Escrituras Sagradas del budismo. Representan la transición entre los escritos de la escuela hinayana y la mahayana. Uno de sus aspectos más característicos es la tendencia a glorificar el ideal de Boddhisattva, es decir de aquel que aspira a la iluminación.

AVADHUTAS

AVADHUTAS: Ascetas de la India cuya austeridad de conducta impone un temor religioso a las gentes sencillas.

AVALOKITESHVARA

AVALOKITESHVARA: En el budismo es "el que mira con compasión al mundo humano", en alusión al Buda glorificado y celeste que aparece con sus dos atributos principales: compasión y sabiduría.

AVARITIA

AVARITIA: Avaricia, representación de este pecado capital en forma de personaje femenino, a veces cabalgando sobre un escuerzo, un tejón o un lobo.

AVASA

AVASA: Nombre que se daba en la India al lugar donde vivían los monjes budistas durante la estación de las lluvias.

AVATAMSAKA

AVATAMSAKA: Escuela budista china del siglo VIII-IX consagrada al estudio de los textos y las doctrinas de la "ornamentación florida", obra caracterizada por una especie de panteísmo monadológico que encuentra el uno total en lo infinitamente pequeño y multiplica todas las cosas.

AVATAR DE SINTESIS

AVATAR DE SINTESIS: Un gran Ser cósmico que encarna las energías de Voluntad, Amor, Inteligencia y otra energía para la cual aún no tenemos un nombre. Especialmente desde el año 1940, Él ha estado enviando estas energías al mundo, transformando gradualmente la división en unidad.

AVATAR

El término sánscrito del que procede esta palabra es avatára, que significa «descender» o «degradar». En la religión hindú el avatar por excelencia es el que constituye la reencarnación del dios Vishnú. Los teósofos denominan genéricamente avatar a la reencarnación de la divinidad, por lo que consideran también la figura de Cristo como otro avatar.

AVATAR

Ser espiritual que 'desciende' en respuesta a la llamada y necesidad de la humanidad. Hay avatares humanos, planetarios y cósmicos. Estos últimos se llamarían "Encarnaciones Divinas". Sus enseñanzas, correctamente comprendidas y gradualmente aplicadas por la humanidad, expanden nuestra comprensión y presenta el próximo paso hacia delante en el desarrollo evolutivo de la humanidad.

AVATARA

AVATARA: En el hinduismo se afirma que la divinidad puede encarnarse cuando lo crea oportuno para restablecer el equilibrio en la tierra, es decir que puede transformase en un avatara al tomar un cuerpo.

Aunque teóricamente puede aplicarse a todo tipo de manifestaciones procedentes del cielo, el uso convencional lo ha restringido prácticamente a Visnú.

En los Puranas se habla de diez avatara: Pez; Tortuga; Jabalí; Hombre-León; Enano; Rama, el hombre del hacha; Rama, héroe del Ramayana; Krisna; Buda y Kalkin

AVE DEL PARAISO

AVE DEL PARAISO: Desde el período barroco simboliza alternativamente la ligereza, la cercanía de Dios y la lejanía de Dios; también se ha tomado por símbolo mariano.

AVEFRIA

AVEFRIA: Se le atribuyó a veces significación maléfica, por confusión con la - abubilla.

AVELLANO

AVELLANO: Tiene diferentes funciones en los ámbitos de las creencias populares y las prácticas mágicas, todo deriva posiblemente de la creencia de que estos árboles no atraen los rayos y de su floración temprana. Protege contra los espíritus malignos y las serpientes.

La vara de avellano fue instrumento favorito de zahoríes, creyendo que daba seña ante la proximidad de una vena de agua o una veta de oro; posteriormente se utilizó también para embrujos.

AVIDYA

AVIDYA: La doctrina hinduista clásica aplica este calificativo, "ignorancia" a aquel individuo que está sometido a la rueda del karma o metempsícosis, y cuyo estado nace de una ignorancia primordial que no les deja apreciar su auténtica realidad y que produce la ilusión que impide el conocimiento del YO.

AVITCHI

AVITCHI: El último infierno según la doctrina hindú.

AVOT-MEJALA

AVOT-MEJALA: Las treinta y nueve principales categorías de trabajo prohibido para desarrollar en el sábado hebreo.

Tan sólo tres de ellas: hacer fuego, cocinar y transportar objetos, están especificados en la Biblia.

AWLIYA

AWLIYA: Nombre dado a la jerarquía espiritual de santos del sufismo.

AYATANA

AYATANA: Término con el que se designa en el Budismo la base de una sensación. Se agrupan en seis pares: ojo y objeto visible; oído y sonido; nariz y olor; lengua y sabor; cuerpo y objeto del tacto; mente y objeto mental.

AYATOLLA

AYATOLLA: Término iraní, "signo de Dios", que designa al gran maestro musulmán cuya doctrina, consejo u orientación tiene carácter de ley o sentencia aceptada. Posee una importancia capital entre los musulmanes chiitas, donde desde hace menos de un siglo designa a los miembros más elevados de la jerarquía religiosa.

AYZIYYA

Ver Yabriyya. AZALIES* Ver Babíes*.

AZABACHE

Esta variedad del lignito, conocida también como «ámbar negro», se utilizó ampliamente como piedra protectora, especialmente para preservar de demonios, serpientes y venenos. En ciertos países nórdicos el azabache se empleaba para evitar a las muchachas todo tipo de hechizos.

AZABACHE

Un - carbón mineral (lignito) muy denso, de manera
que puede tallarse y pulirse; sirvió para fabricar -
amuletos contra influjos maléficos como el - mal de
ojo, los envenenamientos, las enfermedades y las
intemperies.- Por su color - negro brillante fue símbolo de luto entre los celtas, así como en la Edad Media
y la moderna, y sirvió para adornos de luto.

AZAFRAN

AZAFRAN: - Crocus.

AZAN

AZAN: LLamada a la oración que hace el muecín desde el minarete de la mezquita. Ver Adhan.

AZAR

AZAR: Grupo de factores que se complementan y
conjugan en la causa indeterminada de algún suceso.

AZAZEL

AZAZEL: Lugar al que el Sumo Sacerdote hebreo
enviaba un macho cabrío que portaba los pecados
del pueblo de Israel, y que se ha identificado con el
desierto.

Levítico (16;5-10): "Recibirá de la asamblea de los
israelitas dos machos cabríos para el sacrificio por el
pecado y un carnero para el holocausto. Aarón ofrecerá su novillo en sacrificio por el pecado, para hacer
el rito de expiación por él y por su casa; tomará dos
machos cabríos, los presentará delante de Yahvé a la
entrada de la Tienda de Reunión y echará sobre ellos
las suertes: uno para Yahvé y otro para Azazel. Aarón
tomará el macho cabrío sobre el que haya recaído
la suerte de Yahvé y lo ofrecerá en sacrificio por el
pecado. En cuanto al macho cabrío sobre el que haya
recaído la suerte de Azazel, lo presentará vivo delante
de Yahvé para hacer sobre él el rito de expiación y
enviarlo a Azazel al desierto".

AZIMITAS

AZIMITAS: Palabra empleada por los griegos para
designar a los cristianos occidentales en sentido des-
pectivo tras el cisma, ya que los segundos utilizaban
en la eucaristía pan sin levadura, lo que los primeros
rechazaban.

AZORA

AZORA: Palabra árabe que se da a los capítulos o
divisiones del Corán. La obra de Mahoma contiene un
total de 114 azoras, cada una diferenciada por su propio título. También se suele hablar de suras. Ver Sura.

AZOTH

AZOTH: Término simbólico utilizado mucho en
alquimia*, compuesto por la primera y la última letra
de los alfabetos hebreo, griego y latín, y con el que
se quería indicar que la piedra filosofal* es también
el principio y fin de todas las cosas. En la teosofía* el
azoth es sinónimo de la Luz, sustancia fundamental
que da origen a la vida. Esta luz esencial se origina y
se mantiene gracias a una doble corriente, energética
e inextinguible, uno de cuyos componentes es
positivo y el otro negativo.

AZRAEL

AZRAEL: En el Islam es el nombre que recibe uno de
los cuatro ángeles mayores que rodean el trono de
Allah. Tiene a su cargo el separar las almas de los
muertos, ya que es el ángel de la muerte, y también
el servir de mensajero a Dios y ejecutar sus órdenes
fatales.

B

B

B: Para los musulmanes la letra "b" corresponde al segundo atributo de Dios,

Baqi, que significa "eterno".

Posee una cifra de 113 y una categoría de Amable. Su cualidad es la del amor, que le hace corresponder como elemento al aire.

El genio de la letra es Danush y su ángel guardián, Jibrail o Gabriel.

BA

BA: Conocido como "el doble" por los egipcios, (por tener la misma forma que el cuerpo físico), y traducido en ocasiones aunque impropiamente como "alma" o "espíritu".

Consistía en esencia en un principio inmaterial que se despegaba del difunto en forma de pájaro con cabeza humana tras el fallecimiento, el cual retornaba a su lugar de origen tras la momificación.

BAAL KERIAH

BAAL KERIAH: Lector de la parte escrita de la Torá que se lee el sábado, lunes y jueves en la sinagoga, así como los días de ayuno.

BAAL TEKIAH

BAAL TEKIAH: Denominación hebrea de la persona que sopla el cuerno del carnero durante el Año Nuevo y el Día de la Expiación.

BAAL

Estrella que causó grandes cataclismos al caer en la tierra previo al diluvio de acuerdos a escritos tibetanos antiguos.

BAAL

1) En el lenguaje común, "amo" o "esposo"; en la acepción de "señor", admitido como apelativo de Yahvé hasta el primer período de los Reyes.

2) Nombre de un dios cananeo de la fecundidad; de acuerdo con una epopeya del Ugarti siríaco (s. XIV a.de C.) es dios de las tormentas y vencedor sobre "el Océano" o "las aguas" vencido a su vez por Mot (= la muerte), lo resucita su hermana Anat, que se casa con él y da a luz un toro (prototipo de la prostitución sagrada).

La existencia de un dios con nombre o título de Baal esta documentada por patronímicos de Ebla, al norte de Siria, 2,500 años a. de C.

En el período tardío de los Reyes algunos profetas como Elías y Oseas combatieron el sincretismo que adoraba a Yahvé bajo la figura de dios Baal de la fecundidad.

BAALSCHEM

BAALSCHEM: Dan Baalschem, fundador de la secta judía de los kasidas que aparece en Europa durante el siglo XVIII, anunciando el resurgir del Pueblo.

BABA

BABA: Término respetuoso aplicado en la India a un maestro yogui, a un hombre piadoso o sadhu, y a un monje eremita o sannyasin.

También se suele aplicar Babaji, denotando aun más admiración por este tipo de personas.

BABINOT

BABINOT: Alberto Babinot, escritor francés del siglo XVI, considerado como uno de los primeros discípulos de Calvino, a quien escribió un poema alabando su vida y sus teorías llamado "La Cristiada".

BABOSA

BABOSA: Este molusco gasterópodo sin concha que segrega una baba viscosa, simboliza en algunos ámbitos esotéricos el germen masculino, el movimiento silencioso que va de la oscuridad hacia la luz.

Este concepto que se puede encontrar también en algunos textos sagrados egipcios.

BACTRIANA

BACTRIANA: Zona del norte de Afganistán, cuya capital era Bactres (actualmente Balkh), que se encontraba en la ruta de la seda.

Lo que significó que allí se instaurase un centro de intercambios no sólo comerciales, sino también culturales y religiosos.

Fundamental es la labor desarrollada por el rey Menandro, siglo II antes de Cristo, que protegió el budismo.

Desde allí se realizó la difusión de las religiones iranias hacia la India y del budismo hacia China.

BADDHA

BADDHA: En Oriente es el condicionamiento que tiene el ser humano que aun no ha sido capaz de realizar la liberación espiritual.

Se considera que mientras la mente no haya conseguido superar los condicionantes existentes a su alrededor, permanece atada.

Dentro del hatha yoga es una técnica, una contracción controlada para aprovechar las energías.

BADR

BADR: Lugar situado a unos treinta kilómetros de Medina donde se dio la primera batalla entre Mahoma y los mequíes, que fueron derrotados el año 624, segundo de la Egira por los musulmanes. El Profeta anunció que su victoria se debió a la ayuda de los ángeles que habían peleado a su lado.

BAGATTEL

BAGATTEL: Sinónimo de Mago.

BAGAVAD GITA

BAGAVAD GITA: Es parte del Mahabarata, obra clásica del hinduismo.

Se describe el encuentro entre Krishna y Arjuna, el alma y la personalidad.

Los consejos o enseñanzas que Krishna le imparte para sepa discernir y comprender la divinidad que hay en ese cuerpo.

BAGAVADA

BAGAVADA: Libro sagrado de los brahmanes de la India.

BAHIA

BAHIA: Para los budistas es la manifestación exterior de la devoción, que se opone a la interior caracterizada por la meditación, la contemplación y la oración personalizada.

BAHYA KUMBHAKA

BAHYA KUMBHAKA: En el yoga es la retención del aliento durante los ejercicios de control respiratorio. Está destinado a aprovechar de una mejor manera la energía y a conducir la mente a un estado de concentración.

BAJO ASTRAL

BAJO ASTRAL: Según el Ocultismo y el Espiritismo, existen diversos planos dimensionales, o niveles de evolución espiritual, caracterizados por el tipo de energía que se mueve y desarrolla en ellos.

El bajo astral es el nivel inferior mínimo, donde habitan seres negativos y malignos, como los Demonios.

BAL SA

Hija del rey del Nepal, Amssurbarman, miembro de la dinastía de los Thakuri, siglo VII, que se convirtió en esposa del rey Sontsen Gampo.

Se la considera como emanación de Drol ma jang gu.

Contribuyó mucho a la implantación del budismo sugiriendo a su esposo que construyera el templo que se convertiría después en el famoso Jo-Khang visitado por miles de peregrinos.

BALANCÍN

BALANCÍN: Columpio, en el sudeste asiático (así como en algunos lugares de Grecia y España) tuvo relación con ritos de fecundidad; el vaivén del columpio posiblemente recordaba los ciclos vegetativos la corriente de aire que se levantaba al columpiarse supuestamente fecundaba la tierra.

En la India simbolizó en particular el orto y el ocaso de Sol, el ritmo de las estaciones y del eterno ciclo de la muerte y el nacimiento; ocasionalmente aludió a la unión armoniosa entre los cielos y la tierra, vinculados en cierta medida al arco iris y a la lluvia.

BALI

BALI: Isla del archipiélago indonesio que ha conservado a lo largo del tiempo los cultos hinduistas desaparecidos, cuando el territorio indo-javanés fue invadido por el Islam a mediados del siglo XIV.

Aquí el sistema de castas se ha mantenido de forma simplificada y no ha penetrado ninguna influencia musulmana, aunque hay que señalar que a las grandes divinidades hindúes se ha sumado un sistema animista muy importante.

BALIHARANA

BALIHARANA: Ceremonia de culto brahmánico individual que consiste en una ofrenda de bollos de arroz
cocido a la divinidad, a los demonios, a los manes,
a las almas de los condenados, a los cuervos y a los
perros, reunidos todos en el círculo del mandala que
el brahmán celebrante finge describir sobre el suelo
con la punta de un dedo mojado en agua bendita, al
mismo tiempo que invoca a la tierra, a la atmósfera, a
los relámpagos, a la lluvia y a Visnú.

BANDA VERDE

BANDA VERDE: Sociedad secreta china formada por
tres bateleros durante el siglo XVIII, Wen Yen, Qian
Jian y Pan Qing, bajo el lema "Sociedad para la paz y
la felicidad".

Quería ser la unión de los bateleros para protestar
por las condiciones de trabajo impuestas por los su-
perintendentes del transporte de cereales y contra el
número excesivo de barcos empleados a bajo precio
por los comerciantes.

BANDHA

BANDHA: Atadura para lograr una acción especial sobre los músculos o la energía, según la doctrina yoga.

Son muy clásicas en el hata yoga las llaves del mentón
o jalandhara bandha, que permite un mayor control
en la respiración y la energía, la uddiyana-bandha o
llave de las paredes abdominales y mulabandha o
llave del recto.

BANKEI

Místico de la escuela japonesa del zen (1622-1693)
que predicaba que el zen sentado no era en modo alguno la única práctica indicada para conseguir la cualidad del buda, sino que el ritual se realizaba también
plenamente con el ejercicio de la flauta, la pintura con
pincel y el combate.

BANSHEA

BANSHEA: Genio o hada de la mitología de Escocia e
Irlanda.

Por lo general se trata de genios benéficos, que
acuden en ayuda de los seres humanos cuando éstos
pasan alguna prueba grave.

Son también los acompañantes de las almas de los
niños recién nacidos.

Afirma (a tradición que si se presentan en sueños bajo
la forma de una anciana presagian la muerte de un
importante personaje.

BAOPUZI

BAOPUZI: Sobrenombre dado a Ge Hong, "el maestro
que siente apego por la simplicidad por sus trabajos
desarrollados a lo largo del siglo IV tendientes a vulga-
rizar el taoísmo y la dietética.

BAQI

Uno de los 99 nombres dados a Dios en El Corán, que significa Eterno.

NOMBRE	Baqui
CIFRA / ATRIBUTO	113
SIGNIFICADO	Eterno
CATEGORIA	Amable
ELEMENTO	Aire
VICIO / VIRTUD	Amor
PERFUME	Azúcar
ZODIACO	Gémini
PLANETA	Júpiter
JINN	Danish
ANGEL	Aire
CIFRA	2

BAQUILLANI

BAQUILLANI: Abu Bakr al Baquillani, teólogo musulmán de la escuela del asarismo del siglo XI. Este es un tratado titulado "Kitab al tamid" el cual atacó el ateísmo, el mutazilismo y el siismo.

BAR MITZVAH

BAR MITZVAH: Ceremonia de la iniciación judía en la que los muchachos hebreos de trece años se comprometen a guardar los mandamientos de la Torá y de las prescripciones posteriores que constituyen la base legal, moral y espiritual del pueblo judío.

Se caracteriza porque quien se inicia debe demostrar que sabe leer, leyendo en público un trozo de la torá. Esta ceremonia la realizan sólo los niños varones, aunque en el último periodo en algunos lugares las niñas están realizando una ceremonia similar.

BARABUDUR

BARABUDUR: Célebre monumento budista construido al norte de Java en una colina cuya superficie ocupa por completo.

Su plano es el de un mandala. Su finalidad es la de conducir al peregrino desde la visión de las penas del infierno y las delicias del paraíso a la meditación sobre escenas de la vida de Buda.

El ascenso espiritual va pues, desde el mundo de las formas hasta el mundo sin forma.

Posee alrededor de cinco kilómetros de paneles esculpidos con esculturas de gran belleza.

BARCA

BARCA: Frecuentemente símbolo del tránsito entre el reino de los vivos y el de los difuntos, o viceversa, según se representa en los mitos de muchos pueblos. En la mitología griega, por ejemplo, el barquero Caronte pasaba a las ánimas cruzando las aguas que delimitaban el reino de las sombras (la laguna Estigia, el río Aqueronte.

Para los egipcios Ra o re cruzaba los cielos durante el día en su barca diurna, y luego recorría con la barca nocturna los mundo subterráneos.

Es corriente la comparación de la media Luna con una barca.

Por su forma que permite remar en dos sentidos opuestos, representaba también a Jano, la antigua deidad romana de dos rostros.

BARDO

BARDO: Término que significado en tibetano «estado intermedio».

El budismo tibetano considera que el alma de una persona muerta vaga al azar, después de abandonar el cuerpo, durante un período que oscila entre los veinte y los cincuenta días, hasta que se produce la nueva reencarnación.

Por esta razón en el Tibet el luto por la persona fallecida dura siete semanas.

Los familiares y amigos tratan, por medio de oraciones, de abreviar ese estado de bardo, que presenta muchos peligros.

BAROGNOSIA

BAROGNOSIA: Reconocimiento de los objetos por medio de su peso.

BARRET

Francis Barret

Mago y ocultista inglés del s. XIX de cuyos datos biográficos apenas si se tiene información. Parece ser que estuvo vinculado a los círculos académicos de la universidad de Cambridge, entre cuyos estudiantes fundó un centro de magia operativa.

Su obra más conocida es El mago en la que hace una síntesis de las ciencias ocultas, a partir del Renacimiento.

La obra tuvo notable repercusión sobre maestros esotéricos conocidos, entre los que se encuentra Eliphas Levi*.

BARUC

Apocalipsis de Baruc, libro apócrifo judío del siglo II adaptado al cristianismo.

Los fragmentos conservados hablan de la supuesta visión otorgada a Baruc para que pudiese contemplar cinco de los siete cielos de la cosmología judía.

Apocalipsis siriaco de Baruc

Escrito judío apócrifo atribuido a un discípulo de Jeremías de nombre Baruc que aparece en círculos fariseos y que se encuentra destinado a animar a los judíos que se sentían desalentados por la caída de Jerusalén.

Libro de Baruc

Uno de los apócrifos del Antiguo Testamento que aparece unido a la Epístola de Jeremías. Se cree que fue compuesto para el uso litúrgico en el ciclo de las celebraciones sabáticas que conmemoraban los desastres nacionales.

BARZAKH

BARZAKH: Palabra árabe que significa "barrera" y que se refiere a las palabras del Corán sobre los malvados que tras la muerte piden regresar a la tierra para hacer alguna obra buena, lo que resulta imposible por la existencia de una barrera que se alza detrás de ellos hasta el día de la resurrección.

En la sura 23 (aleya 99-100) podemos leer: "Seguirán idólatras hasta que, cuando la muerte sorprenda a alguno de ellos, diga: ¡Oh, señor mío! ¡Devuélveme a la tierra!"

"A fin de poder practicar el bien que omití hacer. ¡Quia! Tal será la palabra que él dirá. Y ante ellos habrá una barrera que les detendrá hasta el día en que sean resucitados".

BASAWI

BASAWI: Nombre que se da en el sur de la India a la joven consagrada desde su nacimiento al servicio de algún dios o diosa, y entregada desde la pubertad a la prostitución sagrada.

Los hijos varones de las basawi son entregados a los padres de ellas para su cuidado.

BASILISCO

BASILISCO: Animal fabuloso con cuerpo de gallo, mirada centelleante y cola de serpiente.

Según la leyenda, el basilisco nació de un huevo puesto por un gallo y empollado por un sapo.

Su mirada era mortal, y sólo podía matársele haciéndole ver su propia imagen en un espejo.

El basilisco, al igual que el dragón, forma parte de la legión de los llamados «guardianes del tesoro», tan frecuentes en muchas de las leyendas populares.

En el plano psicológico, el basilisco podría constituir una creación de los planos más profundos y obscuros de la psique.

BASMALA

BASMALA: Forma árabe abreviada de "bismo llahi l rahmani l-rahim" que puede traducirse por "en el nombre de Dios, graciabilisimo, misericordioso", frase con la que comienzan todas las suras del Corán menos la novena o del "arrepentimiento".

BASSIN

BASSIN: Piscina de agua empleada para algunos rituales vuduístas.

BASTI

BASTI: Técnica del hatha-yoga que consiste en originar un vacío en el colon, mediante la absorción de agua por el recto para realizar una intensa limpieza intestinal.

BAT

BAT: El altar de la secta vietnamita Noi Dao consta de dos pisos.

El primero está reservado a las estatuillas y tablillas de los fundadores de los ocho domadores de demonios: 'Bat kim Cuong" y los doce generales: "Tau nihingu-yen suy".

El piso inferior está reservado al culto de los lugartenientes servidores de los fundadores.

BATICHIES

BATICHIES: Denominación de aquellos musulmanes que se creen en poder de la verdad y que por ello se encargan de transmitir el Corán y la verdad religiosa que el libro contiene.

BATINITAS

Ver Ismailíes*.

BATINIYYA

Ver Ismaelitas*.

BATUQUE

BATUQUE: Culto afroamericano practicado en la zona del Río de la Plata durante el siglo XIX.

De esta apenas se conocen datos, tan sólo que era una mezcla de doctrina ocultista y magia.

BAYHAQUI

BAYHAQUI: Abu Bakr al Bayhaqui, teólogo musulmán del siglo XI.

Su tratado sobre los nombres y atributos divinos titulado Kitad al asma wal sifat, pretende reconciliar el asarismo con el hambalismo.

BAYHAUJEU

BAYHAUJEU: Localidad francesa cercana a Lyon donde se creía que los templarios habían escondido su tesoro antes del proceso que se siguió contra ellos en el siglo XIV.

BAZO

Órgano por cuyo intermedio el cuerpo vital especializa el fluido solar incoloro que está en torno nuestro.

Esta vitalidad solar compenetra todo el cuerpo y es vista por el clarividente como un fluido de color rosa pálido, al transmutarse cuando entra al cuerpo físico y pasa luego a los nervios.

Cuando el cerebro lo exterioriza por los diversos centros, particularmente en grandes cantidades, mueve los músculos a los que van los nervios.

BAZO

En Europa y el mundo arábigo se creía que era el asiento del buen humor y de la risa, y esa creencia dio origen a la expresión "alegrársele a uno la pajarilla".

BECADA

BECADA: Por tratarse de un ave, según se creía, devoradora de serpientes, simbolizó a Cristo; parecida significación tienen, por ejemplo, la cigüeña o el erizo.

BECERRO DE ORO

BECERRO DE ORO: Según la leyenda, el ídolo en forma de becerro o de toro que Aarón hizo colgar junto al Sinaí, al rededor del cual bailaron los israelitas mientras Moisés se hallaba en la montaña recibiendo las Tablas de la Ley; representa la atención constante que el culto de Baal representó para el pueblo de Israel.

En el lenguaje moderno simboliza el afán desmedido de bienes materiales.

BECERRO

BECERRO: Como animal ofrecido con frecuencia en sacrificio, simboliza a este y por ello aparece en ocasiones sustituyendo al toro como atributo evangelista Lucas Becerro de oro.

BEHEMOT

BEHEMOT: Animal mítico que durante la Edad Media se consideraba la encarnación del demonio.

Según la concepción rabínica, esta bestia fabulosa fue dedicada por primera vez al Mesías.

El antagonista de behemot es la serpiente Leviatán, con la que habrá de enfrentarse, según la tradición, el día del Juicio Final.

Ciertos esoteristas identifican a behemot con Satán.

BELCEBÚ

BELCEBÚ: Antigua deidad de los filisteos, conocido como el príncipe de los demonios.

BELÉN, ESTRELLA DE

BELÉN, ESTRELLA DE: La poderosa y Unificante influencia del Cristo ha sido simbolizada en la hermosa leyenda de los tres reyes magos o sabios de Oriente, representantes de distintas razas que fueron guiados por la Estrella del Salvador del Mundo o de Belén, que apareció al nacer Jesús.

Muchas especulaciones se han hecho sobre la naturaleza de esa estrella, pero en realidad la que apareció en la Santa Noche de Navidad es la misma que brilla para todo místico, es el Espíritu del SolCristo, que quien está preparado para la Iniciación ve con su visión espiritual brillar a través de la Tierra.

BELEÑO

BELEÑO: Planta solanácea que posee propiedades narcóticas.

Hay dos variedades: beleño blanco y beleño negro.

Esta última era la que antiguamente se utilizaba en la elaboración de la triaca, o pomada mágica con la que se untaban las brujas para asistir al aquelarre.

También se usaba para predecir el futuro.

Era planta muy conocida por los antiguos celtas, que la empleaban en rituales mágicos.

BELLADONA

BELLADONA: Planta solanácea la cual posee una acción calmante, narcótica y venenosa.

La sustancia psicotrópica que incluye es la atropina, que a ciertas dosis produce alteraciones psicofísicas.

Fue utilizada por ciertos pueblos como veneno mortal, y constituye otro ingrediente del ungüento mágico empleado por las brujas.

BEN HAZAM

BEN HAZAM: Escritor musulmán del siglo XI, autor de un compendio crítico de todas las actitudes del espíritu humano frente al problema religioso, ahondando en el estudio de varias religiones.

BENARES

BENARES: Ciudad de la India con una antigüedad de varios miles de años que es considerada como la más santa del hinduismo.

Benarés y el Ganges permanecen unidos al hinduismo por su carácter sagrado.

También se la denomina Varansai y Krashi.

Situada a orillas del río Ganges es centro de peregrinación de miles de personas que descienden hasta las aguas por las escaleras ghats para bañarse y realizar sus abluciones en río sagrado.

Es el centro del culto a Siva.

A 205 kilómetros de distancia predicó Buda su primer sermón.

También se encuentra aquí la Universidad Hindú, verdadero centro encargado del estudio y cultivo de las tradiciones hinduistas en forma moderna.

BENDICIÓN

BENDICIÓN: Ceremonia acompañada de ademanes simbólicos (por ejemplo la imposición de manos o la señal de la Cruz, mediante la cual se invoca una transmisión de fuerzas sobrenaturales o de la Gracia divina, pero entendiéndose que el acto producirá efectos reales. Mano.

BENI ISRAEL

BENI ISRAEL: Nombre adoptado por la comunidad de ascendencia judía, "Hijos de Israel", instalada en Bombay.

Guardan estrictamente el sábado, practican la circuncisión, observan las grandes festividades judías y se abstienen de comer pescado.

BEPOPOVTSY

BEPOPOVTSY: Secta rusa considerada dentro de las "nostálgicas" que aparecieron en Rusia durante el siglo XVIII, que se aleaban cada vez más de la Iglesia oficial.

Los bepopovtsy negaban la existencia de los popes.

BES

BES: Genio protector de los antiguos egipcios, en figura de gnomo con rostro grotesco, la lengua fuera, a modo de gorgona: aleja los influjos malignos, trae la alegría y simboliza la potencia sexual.

Durante el Imperio nuevo va asumiendo rasgos de hombreleopardo.

BET SHAMAI

BET SHAMAI: Segunda escuela de interpretación rabínica que aparece a mediados del siglo I, cuyos puntos de vista chocaron con los de los hillelitas.

Fueron rechazados al hacerse estos últimos con el control espiritual.

BETH SARIM

BETH SARIM: Edificio que debía alojar a los personajes bíblicos cuya resurrección debía tener lugar el año 1925 según las predicciones de J.F.Rutherford, segundo presidente de los Testigos de Jehová.

Esta casa fue utilizada después de esa fecha como morada por el propio Rutherford.

BHAGA

BHAGA: Divinidad mencionada en el Veda, dentro del grupo de los dioses soberanos.

Es la encargada de la distribución regular, y también quien preside los matrimonios, Himno 238 (3):

"Poderoso en los combates como caballo que atraviesa (los obstáculos), penetrador de los dos mundos, (dios) generoso, apto para ser invocado con oraciones en las acciones (rituales), como Bhaga querido como un padre, de provechosa invocación, dador de la fuerza".

BHAGAVANT

BHAGAVANT: Maestro espiritual hinduista que se ha liberado y que es uno con la deidad.

BHAGAVATA

BHAGAVATA: Uno de los puranas, textos sagrados hindúes, consagrado a la glorificación del Bhagavata, "el ser divino", es decir Vishnú.

Está formado por una docena de libros, compuestos por 18.000 versos de 32 sílabas en sánscrito. Su

parte más conocida es la dedicada a relatar toda la historia de Krishna como octav.a reencarnación de Vishnú. Tradicionalmente se atribuye a Vopadeva y se la cifra en el siglo XIII.

BHAIRAVA

BHAIRAVA: Uno de los nombres de Siva, "El Terrible", que se manifiesta en ocho distintas bharavas o formas, todas ellas terroríficas.

BHAISAJYAGURU

BHAISAJYAGURU: El budismo mahayana acepta la existencia de budas míticos, destacando entre ellos Bhaisajyaguru, "el maestro de los remedios", que forma pareja en el Paraíso Oriental con Aksobhya, el "inquebrantable".

Según la tradición, había hecho voto de curar a los seres de todas las enfermedades y de todos los males por el simple hecho de oír su nombre.

BHAKTI MARGA

BHAKTI MARGA: En el hinduismo hay tres caminos o senderos aceptados generalmente por la mayoría:

bhakti marga o camino de la devoción,

karma marga o sendero de la acción consciente, y

gñana marga o sendero del discernimiento.

BHAKTI

BHAKTI: Virtud de la adoración a Dios del hinduismo, que en sánscrito puede traducirse por "devoción" o "camino de devoción". Es la entrega al Principio Supremo como sentimiento profundo de veneración.

Prescinde del ritualismo sacrificial y de otros métodos como la meditación o el yoga para entablar una relación personal con la divinidad. Los medios externos de devoción no son sino una forma de propiciar una devoción más interna, más intensa como medio místico de unión con la divinidad.

Las manifestaciones divinas objeto de la bhakti conciernen fundamentalmente a las dos grandes divinidades del hinduismo: Siva y Visnú. La propia naturaleza de la bhakti ha propiciado la expresión poética y religiosa, lo que supone que gracias a ellos se ha desarrollado y propagado este tipo de culto.

BHAKTIVEDANTA

BHAKTIVEDANTA: Abby Charan De, más conocido por el nombre que adoptó a partir de 1965, Bhaktivedanta Prabhupada, cuando fundó en Estados Unidos el movimiento Hare Krishna.

Graduado en Filosofía y Económicas por la Universidad de Calcuta, recibió a partir de 1922 instrucción de Sri Srimad, uno de los más importantes restauradores del culto a Krishna en la India.

A los cincuenta y ocho años abandonó a su esposa y a sus cinco hijos para seguir una vida de peregrinación y meditación.

Su doctrina se basa en los principios escritos hindúes, aunque la práctica es rechazada por los seguidores del hinduismo puro que la consideran desnaturalizada.

BHAKTIYOGA

BHAKTIYOGA: Denominación de la vía del yoga devocional que conduce al practicante a la realización suprema.

La acción en el mundo puede conducir a la salvación, con tal que se realice con espíritu de renuncia a si mismo, pero siempre es preferible combinarla con la devoción al Señor.

BHANGANUPASSANA

BHANGANUPASSANA: Es una de as clases de visión que viene dada por la contemplación de la disolución que permite alcanzar un conocimiento muy profundo de alcance psicológico.

BHASTRIKA

BHASTRIKA: Técnica del hatha yoga consistente en una respiración altamente purificadora de todo el cerebro y el cuerpo energético,

BHAVA ASAVA

BHAVA ASAVA: De acuerdo con el budismo pali es el ansia de vivir, uno de los cuatro influjos o contaminaciones a los que el pensamiento budista atribuye la intoxicación del espíritu humano que impide el progreso espiritual. Los otros tres son:

sensualidad,

falsa visión e

ignorancia.

BHAVANA

BHAVANA: Para los seguidores del budismo, theravada es la concentración, la meditación, el ejercicio mental destinado a conseguir alcanzar la unificación de la consciencia.

BHAVASANA

BHAVASANA: Obstáculo en el ejercitamiento espiritual de los yoguis que representa el anhelo por existir.

Según Pantanjali el anhelo de existencia es uno de los cinco grandes obstáculos.

BHIKSHU

BHIKSHU: Término sánscrito que se utiliza para denominar al mendicante religioso hindú.

BHOGA

BHOGA: En el yoga se emplea esta palabra para referirse al disfrute que nace de las sensaciones, a diferencia del goce que se genera al conectar con la propia interioridad más profunda.

BHOKSU

BHOKSU: Nombre con que fueron calificados los primeros discípulos de Buda.

BHOM

BHOM: Culto animista tibetano. Ver Bon*.

BHRAMADYA

BHRAMADYA: Técnica yogui que consiste en fijar la mirada en el entrecejo para suprimir las ideas de la mente.

BHUTA SHUDDHI

BHUTA SHUDDHI: Los elementos corporales que deben ser purificados y armonizados mediante técnicas tántricas.

BHUTA

BHUTA: En el yoga y en el budismo tántrico es el nombre dado a los cinco elementos:

tierra,

aire,

agua,

fuego y

éter,

que pueden interrelacionarse.

BICORPOREIDAD

BICORPOREIDAD: Cuerpo doble.

Sinónimo de Bilocación.

BIDDLE

John Biddle (1615-1662), padre del unitarismo inglés, que negaba la Trinidad por lo que fue condenado varias veces a la cárcel.

Permaneció desterrado en las islas Sciily de 1655 a 1658. Posteriormente fue de nuevo encarcelado, falleciendo en la prisión de Londres por no poder pagar la multa que le había sido impuesta.

BIENAVENTURANZAS

BIENAVENTURANZAS: Proclamaciones cristianas

que ponen de manifiesto el carácter paradójico de la alegría evangélica.

Se sitúan, tanto por Lucas y Mateo que son los evangelistas que hablan de ellas, al comienzo del Sermón de la Montaña subrayándolas como uno de los temas claves de la predicación de Jesús.

Mateo presenta ocho bienaventuranzas, sin lamentaciones, mientras que Lucas habla de cuatro bienaventuranzas y cuatro malaventuranzas o lamentaciones.

BIJA

BIJA: En el lenguaje del yoga se puede traducir por "semilla" y se aplica al núcleo o a la esencia de un mantra.

BILALIANOS

BILALIANOS: Nombre actual de los Musulmanes Negros, derivado de Bilal, que se supone primer converso negro al Islam.

BILLAD

BILLAD: Pedro Billad, estudioso del siglo XVII.

Atacó duramente a los jesuitas en un libro titulado "La bestia de siete cabezas", donde decía que la Bestia de la que hablaba el Apocalipsis de San Juan no era otra que la Compañía de Jesús.

BILOCACIÓN

Conocido fenómeno paranormal que también recibe el nombre de duplicación. Consiste en la facultad que tienen algunas personas de poder encontrarse en dos lugares al mismo tiempo. Este desdoblamiento físico puede producirse tanto si la persona se encuentra en trance como si se halla en estado normal. Magos famosos de la Antigüedad como Apolonio de Tiana* o Simón el Mago* pretendían dominar semejante facultad.

La bilocación puede interpretarse como una emisión de lo que se entiende como cuerpo astral*.

BILOCACIÓN

También se conoce como Ubicuidad o Desdoblamiento, es la presencia simultánea de una persona, en dos lugares distintos; en uno físicamente y en otro psíquicamente.

La parapsicología ha podido demostrar que algunos casos de bilocación no son más que fenómenos de telepatía.

BILOCACIÓN

Designa el Desdoblamiento, es decir, la proyección de un doble del cuerpo fuera de éste.

BIMA

BIMA: Tribuna situada en el centro de la sinagoga en la que se encuentra una mesa desde donde se lee a la congregación el libro de la Torá.

BIMBISARA

BIMBISARA: Rey de Magadha, reino del norte de la India, que oyó predicar a Buda haciéndose budista laico de inmediato, así como protector de la sangha durante toda su vida.

Según la tradición murió a manos de su hijo Ajatasattu instigado por Devadatta, enemigo acérrimo de Buda.

BINARIO

BINARIO: El estado dualista o binario se halla en todos los procesos naturales que tienen dos fases contrarias o antagónicas.

Ese antagonismo da pie a un sistema binario. Dicho sistema bipolar está presente en infinidad de fenómenos y manifestaciones de la vida: día, noche, calor, frío, masculino, femenino, positivo, negativo, etc.

En el hermetismo, el binario desempeña un papel simbólico de gran importancia.

Las dos columnas del Templo, Jakin y Bohaz, que en la tradición hebraica corresponden a la mano derecha y a la izquierda, las dos puertas, la del Cielo y la del Averno, que en la antigua Roma estaban relacionadas con el dios Jano, el Rey y la Reina de la alquimia* son símbolos de este binario que está presente de forma universal, ya que a toda forma le corresponde su oponente,

BINDU

BINDU: Punto matriz de donde salen todos los vastos espacios, lugar de partida de la shakti (energía, poder).

BIOCOMUNICACIÓN

BIOCOMUNICACIÓN: Es el sinónimo de la ciencia de la nueva era para definir a la Percepción Extra Sensorial (ESP).

BIOFOTOGÉNESIS

BIOFOTOGÉNESIS: Es la modificación de los tejidos celulares del organismo humano que provoca que estos emitan destellos de luz propia. Sinónimo de auto iluminación o autoluminicencia.

BIOPAUSIA

BIOPAUSIA: Es la facultad de poder controlar y neutralizar las funciones biológicas del individuo.

Se utiliza en curaciones mediante la medicina alternativa.

BIOPIROGÉNESIS

BIOPIROGÉNESIS: Auto producción biológica de un incendio en el propio cuerpo de un individuo, sin causas lógicas aparentes.

Provoca la combustión del organismo a causa de una ignición interna que se manifiesta en forma de llamas azuladas que aparecen por los orificios naturales del cuerpo.

Fenómeno paranormal también llamado Autocombustión Espontánea .

BIOPLASMA

BIOPLASMA: Energía que acompaña a los seres vivos, según algunos investigadores rusos.

Tipo de energía desconocido producido por la materia orgánica viva. Su método típico de investigación es la cámara fotográfica Kirlian que reproduce sus diferentes espectros colorimétricos y que, científicamente, se llaman Efluviogramas.

BIÓTICA

BIÓTICA: Se conoce también como Bioenergía y Telergía; energía física.

BISMILLAH

BISMILLAH: Expresión religiosa árabe que se puede traducir "en el nombre de Aláh y que es recomendada por Mahoma como fórmula introductoria a la lectura del Corán.

BKA GDANS

BKA GDANS: Secta tibetana del siglo XI fundada por Bromston que respetaba una estricta moral religiosa observando el celibato, la abstinencia y, en general, las enseñanzas del Vinaya.

Su centro fue el monasterio de Rvasgren.

BM

BM: Es abreviado así al método básico de la parapsicología, utilizado en el test de Percepción Extra Sensorial con cartas Zener.

BO

BO: Entre los budistas es el árbol de la sabiduría bajo el cual se sentó Buda y obtuvo el Nirvana.

Se trata de una higuera.

BOCA

BOCA: Por cuanto es el órgano de la palabra y la respiración, simboliza el poder del espíritu y la capacidad creadora, especialmente en el acto de "insuflar" el alma y la vida; por otra parte, sirve para comer o devorar y en consecuencia es símbolo de destrucción, sobre todo las fauces de los monstruos (boca infernal).

La ceremonia de apertura de la boca que los antiguos egipcios practicaban con las momias, debía servir para que el difunto fuese capaz de hablar delante de los dioses y declarar la verdad, tras lo cual volvería a comer y beber.

En la pintura medieval unos diminutos diablos negros que salen de la boca representan las blasfemias y las mentiras.

Cristo Juez del mundo aparece a menudo con una espada que sale de la boca o una espada y un lirio.

BOCOR

BOCOR: Médico brujo vuduísta que receta a sus pacientes únicamente con hierbas medicinales.

Elabora muchos brebajes a base sólo de raíces, siendo muy respetado por sus profundos conocimientos de la naturaleza.

BODHI ANGA

BODHI ANGA: Denominación de los siete factores de la iluminación en la enseñanza budista:

atención,

indagación de la realidad,

energía,

gozo,

sosiego,

concentración y

ecuanimidad.

BODHI

BODHI: Término utilizado por varias escuelas budista para designar las distintas etapas o estados de iluminación.

Se suelen reconocer:

una etapa del discípulo u oyente de Buda,

del iluminado solitario o perfecta sabiduría y

la del Buda universal o iluminación suprema.

BODHIGAYA

BODHIGAYA: Uno de los lugares más santos del budismo, ya que en esta aldea de Binhar (India) el príncipe Gautama se convirtió en Buda.

BODHISATTA

BODHISATTA: Término budista pali que se utiliza para designar a aquella persona que aspira a la iluminación. Ver Bodhisattva.*

BODHISATTVA

BODHISATTVA: Palabra budista sánscrita que se emplea para designar a quien aspira a la iluminación, es decir, a quien se encuentra en el camino de llegar a ser Buda.

La carrera de un bodhisattva puede extenderse a través de muchas existencias y durante ellas debe pasar por un noviciado que comprende diez estadios, practicando siempre las seis virtudes o perfecciones:

caridad,

rectitud,

paciencia, heroísmo,

meditación y

sabiduría.

La máxima budista es aspirar a la iluminación.

BODHISATVA

BODHISATVA: Literalmente significa aquel cuya conciencia se ha trasformado en inteligencia o budi.

Los que sólo necesitan una encarnación más para convertirse en Budas perfectos. Bodhisatva es el título del cargo que, en la actualidad, ocupa el Señor Maitreya, conocido en Occidente como Cristo. Este cargo se puede traducir también como Instructor del Mundo.

El Bodhisatva es el Guía de todas las religiones del mundo y el Instructor de Ángeles y Maestros.

También es el nombre dado a un Buda que ha renunciado al nirvana para servir al mundo.

Los hindúes esperan al instructor del mundo bajo este nombre.

BODI

BODI: Uno de los poderes que posee un bodhisattva, el de impulsar a todos los seres hacia la iluminación. Ver Bala.*

BOECIO

Anicio Manilio Severino (480-524) senador romano, filósofo y estadista famoso por su obra "De consolatione Philosophiae", donde intenta demostrar que el hombre puede alcanzar la visión de Dios a través de la filosofía.

Habla además de la existencia del mal en un mundo gobernado por un Dios benévolo.

También es importante su obra sobre la Trinidad titulada "De sancta Trinitate".

Murió ejecutado por orden del emperador arriano Teodorico, siendo canonizado bajo el nombre de San Severino.

BOHM

BOHM: Hans Böhm, fanático del siglo XV apodado el Tamborilero de Niklashausen que recorría Alemania tocando el tambor y la auta y anunciando que se le había aparecido Virgen ordenándole que restituyera a los Evangelios su sentido primero.

A lo largo de su peregrinaje llegó a amenazar a Roma con los rayos del cielo para cuando se produjera el advenimiento de la Tercera Edad.

Para Böhm la Virgen preparó la venida del Hijo preparó la del Espíritu. Aunque sus concentraciones eran pacíficas, el obispo de Würzburg le hizo detener el 12 de julio de 1476. Juzgado en secreto, ya que contaba con gran número de seguidores, Böhm fue condenado a la hoguera, sus bienes confiscados y las peregrinaciones a una capilla existente en Niklashausen prohibidas.

Un año más tarde el arzobispo de Maguncia ordenó que esta capilla fuese arrasada.

BOJJHANGA

BOJJHANGA: Nombre dado a los siete factores de la iluminación del theravada:

atención pura,

investigación del dharma,

energía,

éxtasis,

tranquilidad,

concentración y

ecuanimidad.

BOLA

Las bolas de cristal se emplean en sesiones de clarividencia. En ellas aparecen escenas e imágenes entre sombras, cortinas de humo o pequeñas llamas.

Los investigadores de los fenómenos ocultistas creen que tales imágenes pueden deberse a un proceso de autohipnosis.

La bola de cristal es un instrumento mágico usado desde los tiempos de Caldea.

BOLA

Esfera, su significado simbólico se asemeja bastante al del círculo; expresa el Universo, la bola del mundo, las esferas celestes, la totalidad de las contradicciones que se cancelan mutuamente y por lo mismo en ocasiones, el hermafrodita.

En arquitectura, especialmente la cristiana y la islámica, la esfera o la semiesfera representan por lo general los cielos (como el círculo y el arco), mientras que el cubo o el cuadrado simbolizan la tierra.

BON PO

BON PO: Crorresponde a las tradiciones más antiguas del Tíbet y anteriores a la lallegada del budismo a este país.

Se incorporó a está religión formando parte de algunas de las líneas de budismo tibetano.

Magos tibetanos, que si bien pertenecen a la religión budista, practican un tipo de magia que está muy relacionada con la brujería y el chamanismo.

Se llama así a los adeptos del antiguo culto bon*, que recitan mantras, realizan ritos particulares y prácticas mágicas, y a los adeptos del bon reformado por Shenrab Miwo.

Han construido numerosos monasterios en el Tíbet central y occidental, donde hay centros de enseñanza de las prácticas mágicas y de los rituales de curación.

También existen algunos centros en la india.

BON

BON: Palabra tibetana aplicada a las religiones pre búdicas existentes en el Tíbet, cuyos rasgos más característicos son el culto de los monarcas difuntos, la preocupación por las cosas y problemas de esta vida para buscar las causas de las desgracias acudiendo a los sortilegios, importancia de los dioses locales a los que se ofrecían pastelillos a modo de sacrificio, empleo de métodos de meditación semejantes a los del yoga.

Existieron dos clases bien diferenciadas de bon:

El bon blanco o bon-karpo, que realiza ofrendas de efigies y pasteles para obtener el favor de las divinidades y espíritus.

El bon negro o bon nag-po, en cuyas prácticas rituales se realizaban sacrificios de animales. A partir del siglo VII hay un intercambio de influencias entre el budismo y el bon, llegando incluso a crearse una especie de budismo a la tibetana con la aplicación de las técnicas bon.

BONJOUR

BONJOUR: Elías Bonjour, francés, considerado uno de los mesías heliacos del siglo XIX.

Fundador del Fareinisme, que anunció en París que "debía morir quemado" el año 1866.

BONZO

BONZO: Nombre dado a los sacerdotes budistas de Japón en particular, y del Extremo Oriente en general.

BOOK OF COMMON PRAYER

BOOK OF COMMON PRAYER: Libro oficial de los servicios religiosos de la Iglesia de Inglaterra para uso del clero y de los laicos. Contiene los formularios para la administración de los principales sacramentos, para la oración diaria de la mañana y de la tarde, así como para los acontecimientos importantes de la vida cristiana, tales como el matrimonio y los funerales.

Su primera versión apareció el año 1548 con el título de First Prayer of Edward VI, posteriormente se introdujeron algunas modificaciones hasta quedar estructurado de forma definitiva el año 1662.

BOYUNGUAN

BOYUNGUAN: Templo taoísta situado en la parte occidental de Pekín (China), considerado el más famoso de todos los monasterios taoístas. Su nombre significa "Nube Blanca".

BRACTEADAS

BRACTEADAS: Medallas hechas de una hoja delgada de metal, generalmente oro, con un solo cuño, y que se llevaban a modo de amuleto; mostraban la figura de un soberano (a caballo, o bucéfalo con cabeza de jinete), añadiendo con frecuencia las runas de la buena suerte.

BRADIPSIQUIA

BRADIPSIQUIA: Respuesta lenta a cualquier estímulo.

BRAHM

BRAHM: De acuerdo con los Vedas es el Eterno, el Ser por excelencia.

El Universo, el Ser existente por si mismo, la forma de la ciencia y la forma de los mundos sin fin.

Es la voluntad eterna que se encuentra en todas partes.

Se le caracteriza por el infinito y gracias a sus emanaciones aparecen Brahma, Siva y Vishnú.

BRAHMA VIHARA

BRAHMA VIHARA: Término budista que designa las "moradas espirituales o moradas celestes", que son cuatro: ternura amorosa o metta, compasión o karund, simpatía o gozo altruista o mudita, y, ecuanimidad o upekkha.

BRAHMACHARIN

BRAHMACHARIN: El primero de los cuatro estados de la vida tradicional en el hinduismo, durante el cual el joven aprende, como estudiante, el saber védico bajo la dirección de un maestro, normalmente un vanaprastha.

Este período tiene una duración de doce años, y se extiende desde la iniciación hasta el matrimonio.

BRAHMACHARIYA

BRAHMACHARIYA: Término budista que sirve para designar la "vida santa-, es decir, la que lleva el monje con la iluminación como objetivo final.

También puede aplicarse a la vida religiosa del laico budista que no se compromete a observar los cinco preceptos tan sólo, sino que añade los tres suplementarios y se abstiene además de todo desorden sexual en lugar de realizar un voto de castidad perfecta.

BRAHMADIEAS

BRAHMADIEAS: Tras crear Brahma la Tierra engendró numerosos ayudantes, genios, para que colaborasen con él en su acción creadora.

BRAHMADIKAS

BRAHMADIKAS: Nombre de los diez rahis o prajapatis, hijos de Brahma, de los que desciende toda la humanidad. Son:

Augiras,

Atri,

Kratu,

Dakcha,

Pulaba,

Puastya,

Bhrigu,

Nasichta,

Macichi y

Neruda.

BRAHMADVAITINS

BRAHMADVAITINS: Aquellos hinduistas que aunque respetan el Veda, consideran el vacío como última realidad.

BRAHMAN

BRAHMAN: Cada uno de los individuos de la primera de las cuatro castas que conforman la población de la India, y que por suponer que proceden de la boca de Brahma, sólo deben dedicarse al sacerdocio, al estudio y a la meditación de los libros sagrados.

BRAMA

BRAMA: Brahman, el dios creador según el hinduismo, a quien representaban de cuatro cabezas y por lo general sentado sobre un loto, o sobre el cisne o ánsar, su animal emblemático.

Sus atributos son un libro y un ánfora con agua.

BRAMADERA

BRAMADERA: Instrumento de madera, generalmente plano y alargado con forma de boomerang que produce un sonido brusco cuando se le hace girar rápidamente en el aire describiendo circunferencias.

Está unido a diversos ritos primitivos.

Su uso se mantiene incluso hoy en día en Australia

BRAZO

BRAZO: Símbolo de fuerza y de poder; el brazo tenido suele serlo también de la autoridad judicial. Algunas divinidades hindúes tienen más de un par, significando que son todopoderosas.

En la liturgia cristiana los brazos abiertos expresan la elevación del alma o petición de gracia.

El brazo o la mano) que aparece en una escena como saliendo del cielo, en la iconografía cristiana medieval representa la acción de Dios. Los brazos levantados como ademán del inferior expresan rendición, renuncia a todo intento de defenderse.

BREVIARIO

BREVIARIO: Libro litúrgico cristiano destinado al rezo diario de los monjes que aparece tras la Reforma del siglo XVI.

Únicamente es empleado por la Iglesia Católica.

Su estructura se adapta al calendario litúrgico y sus textos están tomados del Antiguo y Nuevo Testamento, así como de los Padres de la Iglesia.

BRIHADARANYAKA

BRIHADARANYAKA: Uno de los trece Upanisades más importantes, dedicado a la doctrina del yo interior identificado con el yo del universo.

BRIHASPATI

BRIHASPATI: El Rig Veda da este nombre a la deidad que encarna la acción del suplicante sobre los dioses.

BRUJAS

BRUJAS: La creencia en brujos y brujas deriva parcialmente de un complejo de arraigadas supersticiones populares, como la creencia en hechizos y demonios familiares.

Son individuos que ha establecidos un pacto con el Diablo y por ello disponen de poderes sobrenaturales, por ejemplo el de volar para acudir a aquelarre, etc.

La caza de brujas como psicosis colectiva que a su vez ha dado nombre a toda una serie de parecidas manifestaciones de patología social es de origen predominantemente oriental (hay casos documentados en la Antigüedad), pero tuvo su punto culminante en las persecuciones organizadas entre la Iglesia y el brazo secular sobre todo a partir del siglo XIV y hasta la época de la Ilustración.

Las brujas "convictas" eran condenadas a la hoguera. Caldero.

BT

BT: Es el método de "Técnica Básica" utilizado en parapsicología, en el test de Percepción Extra Sensorial y específicamente en fenómenos de Clarividencia.

BUDD

BUDD: Conocimiento, comprensión real y clara que según el budismo permite ver los fenómenos tal y como son.

BUDDAVAMSA

BUDDAVAMSA: Una de las escrituras budistas en donde se expone la vida de Buda y de sus 24 predecesores que profetizaron que Gautama se convertiría en

Buda.

BUDDHA KAYA

BUDDHA KAYA: Teoría del budismo mahayana que pretende explicar la naturaleza de Buda en su condición de bienaventurado celeste, equiparándose al Absoluto, a la vez que se le considera destinado a conseguir el bienestar del mundo.

Esta teoría dio lugar a la doctrina de los tres cuerpos o Trikaya, que afirma que el Buda existe como "Dharma kaya" o cuerpo de verdad, aspecto absoluto de la naturaleza búdica, realidad que permanece en su propia naturaleza, "Sambhoga kaya" o cuerpo bienaventurado, manifestación celestial de la naturaleza búdica, el cuerpo del que goza el Buda con un gozo como fruto de la disciplina espiritual, y por último, el cuerpo asumido, "Nirmana kaya", manifestación de la naturaleza búdica en la condición humana.

La meditación debe ser empleada por todo budista como método para alcanzar el nirvana.

BUDDHA SASANA

BUDDHA SASANA: Denominación con que se conoce en Asia la religión de Buda, disciplina búdica", que implica todo el conjunto de preceptos morales, prácticas de devoción y meditación.

BUDDHACAR1TA

BUDDHACARITA: Obra del budismo mahayana compuesta por el poeta Asvaghosa hacia el siglo I.

Constituye el primer relato conocido y ordenado de la vida de Buda Gautama.

Está compuesto por 28 cánticos, de los que 17 se han conservado en sánscrito.

BUDDHANUSSATI

Ver Anussati*.

BUDDHI

BUDDHI: Intelecto, inteligencia, como elemento del órgano psicomental que todo yogui debe aprender a controlar, perfeccionar y potenciar.

BUDI

BUDI: Alma o Mente universal. Es el alma espiritual en el hombre (el sexto principio) y, por consiguiente, el vehículo de Atma, el Espíritu, el Séptimo Principio.

Razón superior; comprensión amorosa; amorsabiduría. La energía del amor tal como los Maestros la experimentan.

BUDISMO, SÍMBOLOS DEL

BUDISMO, SÍMBOLOS DEL: Los del propio Buda son la rueda de la doctrina, el árbol de Bodhi, el trono vacío, la huella de los pies.

Las imágenes de Buda de pie, o más a menudo sentado, no aparecen sino a partir del siglo I d. de C. en la cultura indohelenística septentrional de Gandhara, y luego en Manthura, alcanzando su perfección formal durante el período Gupta (ss.IVIV d.de C.).

BUEN PASTOR

BUEN PASTOR: Figuración simbólica de Cristo como Salvador según Lucas.15,3 y Juan 10,1 ss. Formalmente deriva de antiguas figuras de idilios de pastores, aunque más tarde se atienen a la narración de la parábola.

Frecuente en el arte paleocristiano (aunque no en Bizancio), especialmente en monumentos funerarios, a partir del siglo XII en los códices, en los tapices y hacia finales de la Edad Media en numerosos contextos; el tema tomó gran popularidad durante el barroco.

BUEY

BUEY: Símbolo de fuerza pacífica y benévola, diferente de la fiereza del toro.

Los bueyes y búfalos eran animales sagrados en Oriente y Grecia, y preferidos para los sacrificios.

En el lejano Oriente, el búfalo era la cabalgadura de los sabios y así emprendió Lao Tse su viaje hacia Poniente.

Al igual que el asno, el buey casi nunca falta en los pesebres que representan el nacimiento de Jesús.

En los capiteles románicos un buey también puede simbolizar la noche.

El Buey es el 2º signo del Zodiaco chino, y corresponde a Tauro.

BUJARI

Sobrenombre de Muhammad ibn Ismail (810-870).

Especialista musulmán en el estudio de las tradiciones.

Su obra "El sonido" se considera por parte de los sunnies como el libro más importante tras el Corán.

BUNDAHISN

BUNDAHISN: Libro palevi. "Creación original'', del siglo X que trata de la cosmogonía, cosmología y escatología zoroástrica.

BURAQ

BURAQ: Nombre de un animal alado sobre el que se dice que Mahoma subió al cielo.

Según la tradición era blanco, alargado más que un asno y menos que un mulo.

BUSCADORES

BUSCADORES: Denominación genérica dada a una serie de personas que en Inglaterra durante el siglo XVII iban de secta en secta buscando la verdad y el camino de salvación.

Muchos de ellos se integraron en el movimiento cuáquero.

BUSHIDO

BUSHIDO: Nombre dado a la filosofía moral que rige sobre la vida y la muerte de los samurais, guerreros japoneses.

Es una especie de Orden de Caballería que se basa en la ética de Confucio y en la disciplina budista zen.

BUSTON

Historiador budista tibetano (1290-1322).

Se le atribuye el mérito de haber compilado y ordenado el canon budista tibetano.

BUTSU DAN

BUTSU DAN: Dentro del budismo japonés existe la práctica de levantar un altar doméstico a Buda, que se adorna con flores e incienso, y donde se ponen las tablillas de los antepasados.

BUZIOS

BUZIOS: Pequeñas conchas de caracol que en el umbamdismo son utilizadas por el Babalón o persona masculina que dirige el culto para practicar la adivinación.

BWANGA

BWANGA: Palabra bantú que se refiere al rito capaz de luchar y vencer las fuerzas mágicas, de ahí que se utilice como sinónimo de "medicina" o "curación espiritual", que ha sido trasplantada a los cultos afroamericanos.

BYTHUS

BYTHUS: Nombre dado por los gnósticos al abismo, al que convirtieron en el primer principio divino, fuente de toda existencia.

C.E.P.

C.E.P.: Siglas del Centro de Estudio de lo Paranormal, institución establecida en México, con el objeto de analizar, cuantificar y comprobar los diversos fenómenos que la parapsicología interpreta como paranormales.

C

CAABA

CAABA : El santuario más sagrado del Islam.

Se trata de un cubo de doce metros de largo por nueve de ancho y quince de alto que se encuentra en el interior de la Gran Mezquita de la Meca. Representa la Casa de Dios, el lugar al que se vuelven todos los musulmanes cuando hacen sus oraciones diarias.

Según la tradición fue construído por Adán y más tarde reconstruida por Abraham e Ismael. En la esquina sureste está empotrada la Piedra Negra llamada popularmente "mano derecha de Dios en la Tierra".

Con motivo de la peregrinación anual permanece cubierta por una tela negra que todos los años se renueva. Los peregrinos dan siete vueltas en torno suyo sobre el pavimento llano que la rodea.

CABALLEROS DE LA AURORA

CABALLEROS DE LA AURORA: Con este nombre se designa a unos solitarios que vivían en grutas en la zona de Tebaida constituyendo una sociedad militar.

Cuando la primera cruzada inició sus pasos, estos caballeros se unieron a ella.

CABALLEROS DE LA ORDEN DE MALTA

Ver Caballeros Hospitalarios.

CABALLEROS DE LA TABLA REDONDA

CABALLEROS DE LA TABLA REDONDA: Según la tradición medieval, Orden fundada por el rey Arthur de Bretaña y que fue sugerida por el mago Merlín para ir a la conquista del Santo Grial.

Su denominación deriva de sentarse los caballeros que la formaban, para sus deliberaciones, alrededor de una mesa circular.

CABALLEROS DE PITIAS

CABALLEROS DE PITIAS: Secta que aparece en Washington al terminar la Guerra de Secesión (1864) con el objeto de inculcar la amistad y la integración entre los contendientes.

CABALLEROS DE SAN JUAN DE JERUSA-

LEN

CABALLEROS DE SAN JUAN DE JERUSALEN: Nombre que recibe la Orden Militar cristiana de los Caballeros Hospitalarios.

Ver Caballeros Hospitalarios*.

CABALLEROS DEL CIRCULO DE PLATA

CABALLEROS DEL CIRCULO DE PLATA: Miembros de la secta conocida como Montañas Roquizas.

CABALLEROS DEL SANTO GRAAL

CABALLEROS DEL SANTO GRAAL: Guardianes del templo construido por Titurel. Ver Templistas.

CABALLEROS NEGROS

CABALLEROS NEGROS: Como forma de resistencia contra el poder napoleónico, un profesor de un colegio de Berlín, llamado Jann, fundó una sociedad el año 1815, que cobró cierta importancia por su lucha contra los franceses.

CABALLITO DE MAR

CABALLITO DE MAR: Hipocampo, prenda de buena suerte entre los pescadores del Mediterráneo y también amuleto contra la fiebre.

Es frecuente su representación tirando del carro de alguna deidad marina y se le asocia con las fuerzas cósmicas y la "espuma del mar que crece", los chinos creían que eran hijos bastardos del dragón.

En la antigüedad servían también como guías de las ánimas.

CABEZA

CABEZA: Es un símbolo, por lo general, de lo superior y lo celeste.

En el lenguaje jeroglífico del antiguo Egipto, la cabeza es equivalente de esfera, como significado de la totalidad.

Platón afirma en uno de sus Diálogos que la cabeza es un símbolo del mundo.

Tanto en la cábala* como en el simbolismo medieval la cabeza representa la parte espiritual del individuo.

CABOCLOS Y CABOCLAS

CABOCLOS Y CABOCLAS: Palabra del guaraní incorporada al culto del candomblé y referida al espíritu de un indio muerto.

El candomble caboclo es puramente espiritista en sus evocaciones de culto no solo a entidades sobrenaturales, sino a espíritus de personas difuntas, masculinas y femeninas, de ahí que se hable de caboclos y caboclas.

CABRA MONTÉS

CABRA MONTÉS: especie extinguida por toda Eurasia y el norte de África, con llamativa cornamenta inclinada hacia atrás o en espiral, se tomó a veces como símbolo lunar, por ejemplo en algunas pinturas rupestres.

Aparece asimismo en la epopeya mesopotámica de Gilgamesh y sustituye, en muchos zodiacos medievales a la figura del Capricornio.

CACHETTE

CACHETTE: Término francés cuyo significado literal es "escondrijo", y que se emplea comúnmente en egiptología para designar a diferentes lugares, (como una cueva o una tumba), los cuales habrían sido usados antiguamente para resguardar de los ladrones de las moradas de los difuntos los tesoros o bienes de éstos, e incluso sus propias momias.

CACIQUE

CACIQUE: Dentro del umbandismo es el apelativo dado al Babalón.

Ver Babalón*.

CADENA

CADENA: Tiene el simbolismo de todo lo que une y ata.

En ocasiones alude la unión entre los cielos y la tierra.

Para los filósofos neoplatónicos una cadena simbolizaba la emanación ininterrumpida de lo Uno hacia los seres individuales y las cosas; el cristianismo conoce nociones similares, en las que se considera que cada individuo esta unido a Dios por una cadena de oro, y también la oración ha sido comparada a una cadena de oro.

En el arte cristiano el Diablo definitivamente vencido en el Juicio Final aparece encadenado (a veces en figura de mono encadenado).

CADIZADILITAS

CADIZADILITAS: Secta musulmana que participaba de las creencias del islamismo y de las doctrinas del cristianismo pretendiendo imitar a los filósofos estoicos en su forma de vida. Sus adeptos participaban de la poligamia, aunque no podían hablar en público mas que de una sola mujer.

Admitían el paraíso de Mahoma, a quien respetaban como profeta enviado por Dios, pero no acataban sus consignas y tomaban vino, así como los demás manjares prohibidos.

Consideraban que el Espíritu Santo del cristianismo no era otra cosa que Mahoma.

Practicaban la circuncisión.

CAGA

CAGA: Dentro del budismo theravada es una de las recolecciones o bendiciones, la de la dávida.

CAILLE

CAILLE: Habitación especial o pequeño edificio dedicado a un determinado loa vacié.

CAINITA

CAINITA: Secta gnóstica cristiana del siglo II que sostenía que Caín era el fruto de la unión de Eva y de un poder superior, mientras que Abel había sido engendrado por un poder inferior.

Por ello el asesinato de Abel era el símbolo de la victoria de la Divinidad sobre el demiurgo. Honraban a Caín y le daban el título de Padre.

CAJA

CAJA: En la Antigüedad y la alta Edad Media, la forma de recipiente que inspiraba la imagen antigua del mundo, el prototipo del arca de Noé en todas las versiones iconográficas auténticamente antiguas que se conocen (por ejemplo, no era un barco).

Tema adoptado por el cristianismo y asimilado al seno protector de la Madre Iglesia. Cubo.

CAKKHU

CAKKHU: Dentro del budismo existen cinco clases de ojos o cakkhu, con sus subsiguientes formas de ver: el ojo físico, el ojo divino, el ojo de la sabiduría, el ojo de un Buda y el ojo omnisciente.

CAKRAVARTIN

CAKRAVARTIN: En la cultura india es aquel que "hace girar la rueda", expresión que designa al monarca universal cuyo imperio, como el sol, se extiende desde levante hasta poniente.

CALABAZA

CALABAZA: Por el gran número de sus pepitas simboliza la fecundidad, como la granada, la cidra, etc. Entre los pueblos del África negra simbolizaba también el huevo del mundo de la matriz. Venerada por los taoístas en razón de que como alimento proporcionaba larga vida, o inmortalidad física. Dos medias calabazas secas y convertidas en recipientes para beber recordaban en china la unidad primitiva del mundo, dividida en dos principios opuestos.

La calabaza rápidamente crece y se estropea pronto, por lo que simboliza en el arte cristiano la brevedad y la vanidad de la vida.

CALAMAR

CALAMAR: Se halla entre los motivos ornamentales de los celtas y los cretenses; por el número de sus brazos y lo retorcido de éstos se lo vincula con la araña y con el espiral.

Como habitante del mar que se defiende de sus enemigos proyectando nubes de un líquido opaco, posiblemente signifique también el poder de las fuerzas oscuras.

CALAVERA

CALAVERA: Cráneo, es frecuente su asimilación simbólica con la bóveda celeste (paralelismo microcosmos humano, macrocosmos universal).

En el arte occidental en particular simboliza la brevedad de la vida humana. Como "recipiente" material del espíritu, los alquimistas gustaron de operar los procesos de la transmutación en una calavera.

También los cultos craneales que se observan entre numerosos pueblos guardan relación, seguramente, con ésta noción del cráneo como "sede" del alma.

La calavera representada con frecuencia al pie de la Cruz es la de Adán.

CALCEDONIA

CALCEDONIA: El concilio de Calcedonia celebrado

el año 451 en esa ciudad de Asia Menor, reconocido como el cuarto de los ecuménicos es muy importante por su presentación de la cristología ortodoxa.

En este concilio se condenaron las doctrinas de Eutiques y de Nestorio, resolviendo el dilema que se planteaba a partir de la concepción de Dios encarnado, mediante el recurso de afirmar que en Cristo hay una persona en dos naturalezas: divina y humana, y que al unirse permanecen inconfusas e inmutadas, mientras que la persona es esencialmente una e indivisible.

CALDERARI

CALDERARI: Sociedad secreta de matiz político que aparece en Nápoles formada por individuos que habían pertenecido a los carbonarios. Su intención era contrarrestar la influencia extranjera en Italia y lograr la unidad política.

En el año 1816 la policía inició una amplia persecución contra los carbonarios y contra los calderari que prácticamente acabó con estos.

CALDERO

CALDERO: Es el lugar de las trasmutaciones mágicas y místicas en los cuentos, las prácticas alquimistas y los rituales, especialmente de todo ámbito indoeuropeo.

Es por esto que simboliza el cambio, la renovación, la consagración, la resurrección (Grial).

En su figuración de recipiente que bulle puede ser también símbolo de la abundancia pletórica; en China lo consideran signo de felicidad y prosperidad.

CALENDARIO MAYA

CALENDARIO MAYA: NUEVA VISION DEL CALENDARIO MAYA. Lo que comúnmente se llama calendario maya está compuesto de muchos ciclos de varias duraciones y propósitos. Los componentes más familiares del calendario maya son el ciclo Tzol'Kin de 260 días, el ciclo Haab de 365 días y el ciclo de cerca de 5.200 años. Estos tres ciclos y muchos otros están todos interconectados, son aspectos integrales interdependientes de lo que llamamos calendario maya.

CALIFATO

CALIFATO: Entre los árabes se utiliza como "sucesor del mensajero de Dios", figura que garantiza la unidad de dirección al ser un sucesor legítimo de Mahoma, es decir del Profeta.

Iniciada esta función con los cuatro califas ortodoxos:

Abu Bakr (632-634),

Umar (634-644),

Utman (644-656) y

Ali (656-661);

A continuación el Islam vivió el califato omeya de Damasco (661-750), posteriormente el califato abbasi (750-1260).

También existieron otros califatos en Egipto y España, como el del Cairo y el omeya de Córdoba.

Los turcos, a través de su sultanato ejercieron también como califas de facto, hasta que el año 1924 quedó abolido el califato otomano en Turquía. Desde entonces los diversos intentos que se han realizado para hacer resurgir esta institución han fracasado.

CALUMET

CALUMET: Pipa de paz de los indios norteamericanos, que circulaba en corro para sellar los tratados y los acuerdo de paz, o en signo de amistad.

Por lo general se cree que remitía a un prototipo heroico cuya fuerza e inmortalidad simbolizaba; muchos consideraban que expresaba, sobre todo por medio del humo, el vínculo del hombre con la naturaleza y con los poderes celestiales.

CALVARIO

CALVARIO: lat. calvaria, calavera). Lugar de crucifixión de Cristo, en las afueras de Jerusalén, llamado Gólgota (cráneo) en hebreo.

El origen del nombre proviene posiblemente de la forma de la colina o de la costumbre existente de dejar en ese lugar las calaveras de los criminales ejecutados.

Este sitio se encuentra actualmente dentro del recinto de la Iglesia del Santo Sepulcro.

CAMA

CAMA: Símbolo de la regeneración por el sueño, lugar de connubio matrimonial, del nacimiento y de la muerte; pero entre los antiguos también mueble de comedor y de recibir visitas.

CÁMARA FARADAY

CÁMARA FARADAY: Artefacto o recinto metálico,

jaula o cámara según los usos, en cuyo interior no pueden penetrar emisiones eléctricas o electromagnéticas.

Fue creada y desarrollada por el físico y químico inglés Faraday con el objeto de comprobar que en un fenómeno paranormal no interfieren las emisiones mencionadas.

CÁMARA KIRLIAN

CÁMARA KIRLIAN: Es una cámara fotográfica de gran auge, creada para utilizar película fotográfica sensible y especial, capaz de captar los colores y el cuerpo del aura humana.

CAMARINHA

CAMARINHA: En el umbandismo se llama así al departamento existente en cada terreiro (lugar destinado al culto) para el desenvolvimiento de los mediums.

CAMBIAR VENENO EN MEDICINA

CAMBIAR VENENO EN MEDICINA: Transformación de los deseos mundanos inherentes en iluminación, mediante la virtud de la Ley Mística.

En el Daichido Ron, Nagarjuna compara el Sutra del Loto con «un gran médico que cambia veneno en medicina», porque el Sutra del Loto abre la posibilidad de la budeidad a la gente de los dos vehículos del Aprendizaje y la Comprensión Intuitiva, que, en las enseñanzas provisorias, estaba condenada por haber destruido la semilla de la budeidad.

En el «Shimon Butsujogi» (La primera vez que se escucha la enseñanza del Supremo Vehículo), Nichiren Daishonin interpreta en forma más amplia la afirmación de Nagarjuna, al decir que, por el poder de la Ley Mística, uno puede transformar los tres caminos de los deseos mundanos, el karma y el sufrimiento, en las tres virtudes de la propiedad de la Ley, la sabiduría y la emancipación.

CAMBONDOS

CAMBONDOS: Llamados "Hijos de Santo" en el umbandismo, encargados de abrir y cerrar las puertas del terreiro, de servir al sacerdote, Babalón, de auxiliar a los mediums durante las sesiones de trance evitando que se hagan daño, y de cantar y danzar.

CAMELLO

CAMELLO: En el norte de África, símbolo de la sobriedad, de la tozudez y de altanería.

En el Antiguo Testamento lo citan ocasionalmente entre los animales impuros.

En las escrituras cristianas y el arte cristiano predomina el aspecto de bestia de carga, simbolizando por tanto la humanidad y la paciencia; otras veces, sin embargo, también la iracundia, la pereza y la estupidez.

CAMINO DE LA BEATITUD

CAMINO DE LA BEATITUD: Nombre dado a la secta sincretista orientalista Ananda Marga, fundada por Shrii Shrii Anandamurti. Ver Ananda Marga*.

CAMINO ESENCIAL

CAMINO ESENCIAL: En japonés: chudo.

Realidad última que da lugar al surgimiento de todos los fenómenos; Ley de Nam-myoho-renge-kyo.

("Los Principales escritos de Nichiren Daishonin" Glosario Vol. I - II 1995 - 1998 SGIAR):

CAMINO OCTUPLE

CAMINO OCTUPLE: Para los budistas es el nombre que recibe la Cuarta Verdad Noble.

Es el camino que conduce a la supresión del sufrimiento, del mal.

Se le llama Octuple porque comprende ocho factores: la comprensión justa; el pensamiento justo; la palabra justa; la acción justa; el medio de existencia justo; el esfuerzo justo; la atención justa y la concentración justa.

Estos ocho factores favorecen el desarrollo de los tres elementos de la vía búdica:

conducta ética o sila;

disciplina mental o samadhi y

sabiduría o prajña.

CAMINO REAL

CAMINO REAL: El recto y justo, a diferencia de los caminos torcidos y desviados.

Simboliza el progreso del alma hacia su meta interior; en la Edad Media simbolizaba corrientemente la vida

monástica y la meditación como caminos que conducen a Dios.

CAMINO

Complejo simbólico en muy diversas culturas y religiones; subyacen siempre los problemas de la búsqueda,
la huída y persecución, el viaje exterior e interior, etc.

Camino real.

Encrucijada, Laberinto.

CAMINO

El Camino, "The Way" es una secta norteamericana
fundada por un pastor de la Iglesia Unida de Cristo,
llamado Victor Paul Wierwille el año 1957.

En su ideología de unen elementos cristianos hetero-
doxos con otros pentecostales y esotéricos.

Niegan la divinidad de Cristo, la Trinidad y el valor
expiatorio de la muerte en la Cruz de Cristo.

Mantienen una actitud benevolente hacia el consumo
de alcohol, drogas y la práctica del amor libre.

El presunto entrenamiento paramilitar de sus miembros hacen que en Estados Unidos se le haya puesto
el cartel de "altamente peligrosa".

CAMPANA

CAMPANA: Símbolo común de la vinculación entre los
cielos y la tierra; llama a oración y recuerda el deber
de obedecer los mandamientos divinos.

El sonido de la campana simboliza con frecuencia (por
ejemplo en China) las armonías cósmicas.

En el Islam y el cristianismo el sonido de las campanas
es eco de la omnipotencia divina, como "voz de Dios"
que, al oírla el alma, se siente transportada más allá
de los límites terrenales.

También de halla muy difundida la noción de que su
sonido aleja las desgracias; a finales de la Edad Media
tuvieron alguna difusión las campanas mágicas con el
fín de conjurar los espíritus benévolos (magia Blanca)
de la región planetaria.

CAMPANILLAS

CAMPANILLAS: El manto sacerdotal debía llevar en su
vuelo inferior, según Ex.28,33 ss, unas campanillas de
oro alternando con granadas de púrpura, para que se
escuchara el sonido al entrar y salir del santuario.

CAMPO PSI

CAMPO PSI: La parapsicología ha propuesto la existencia de un campo PSI, área o campo de acción que
explica la correlación entre los factores físicos que
intervienen en fenómenos paranormales de índole
telepática o telequinética.

CANALIZACIÓN

CANALIZACIÓN: Tipo de práctica mediúmnica mediante la cual se pretende aportar al mundo físico,
información procedente de seres que se hallan en
otros planos de existencia.

La diferencia existente entre el estado mediúmnico
y la canalización estriba en que la primera requiere
generalmente el trance, mientras que para la segunda
no es necesario.

En la canalización se suelen transmitir informaciones
y mensajes importantes para la humanidad.

Aunque esta práctica ha sido conocida desde la Antigüedad, últimamente ha adquirido un gran predicamento.

CANDELABRO

El candelabro ha constituido desde siempre un símbolo de la luz espiritual y de la salvación. El

famoso candelabro de siete brazos del Templo de
Jerusalén era un símbolo de los siete cielos y de los
siete planetas.

En el plano esotérico existe una «magia del candelabro», muy extendida por los países anglosajones,
cuyo ritual mágico tiene como punto máximo el
encendido de una o varias velas.

Esta práctica mágica con velas, candelas o candela-
bros, ante cuya luz se recitan salmos u oraciones tiene
orígenes muy antiguos.

CANDELABRO

Símbolo de la luz (espiritual) y de salvación; el candelabro de oro puro y de siete brazos, la Menorah de los
judíos, seguramente derivó del árbol de luz babilónico
y guarda relación con la simbología cósmica (siete
planetas, siete cielos, etc.). En la iconografía cristiana
del Medioevo dicho candelabro es símbolo frecuente
del judaísmo.

CANDELERO

CANDELERO: Porta velas, útil para mantener derecha la vela.

En el siglo XVI fueron muy populares los de madera, esculpidos en forma de figura femenina con cola de pescado, en relación probablemente con el simbolismo de los seres mixtos emparentados con las sirenas, como Mesulina, a su vez derivado de la oposición de los signos zodiacales Virgo Piscis.

CANGREJO

CANGREJO: Animal acuático que, por consiguiente comparte el simbolismo del agua o del océano primordial (mar).

Gracias a su caparazón que le protege del mundo exterior sus significados se aproximan a los del campo "embrión-útero" y la cercanía a los complejos semánticos "madre" y "mar" implica relación simbólica con lo inconsciente. En el cristianismo el cangrejo simboliza la resurrección porque cambia de caparazón mientras crece; por lo tanto, también representa a Cristo en sentido estricto.

Desde la Antigüedad es asimismo símbolo lunar (tal vez por su forma o por la vinculación de la Luna con el mar); en África lo es, a veces, del mar.

CANON

CANON: Colección o lista de obras que una religión acepta como autorizadas y reconoce como parte de las Escrituras inspiradas por Dios.

CANONIZACION

CANONIZACION: Acto solemne de a Iglesia Católica por el cual el Papa decreta que una persona ya fallecida ha sido admitida a la lista de santos y puede ser venerada universalmente.

Antes de llegar a esta confirma: un tiene que haberse producido una fase de beatificación, con la participación del "advocatus dei" y del "advocatus diaboli", encargados de examinar el expediente del futuro santo y de comprobar que todo lo que de él se dice es cierto.

CANOPOS

CANOPOS: (Vasos)

Nombre aplicado en el siglo XIX a cuatro recipientes que con forma de vasija y confeccionados en diversos materiales, (como alabastro, calcita, arcilla o cerámica vidriada), contenían las vísceras del difunto.

Cada uno de ellos reproducía en su tapa la cabeza de uno de "los cuatro Hijos de Horus"

Anset, (con cabeza humana), guardaba el hígado;

Hapi, (de simio cinocéfalo), los pulmones;

Duamutef, (de chacal), el estómago; y

Qebsenuf, (de halcón), los intestinos.

CANTAR DE LOS CANTARES

CANTAR DE LOS CANTARES: Libro del Antiguo Testamento.

Actualmente considerado como uno de los libros sapienciales; su rica imaginería, interpretada teológicamente, ha dado pie a muchos símbolos de la Virgen María y Madre de Dios, entre los más conocidos el lirio y el huerto cerrado.

CAÑA

CAÑA: Como se inclina según sopla el viento, simboliza debilidad y falta de perseverancia; por otra parte puede cobrar connotación positiva por su flexibilidad.

Según las representaciones mitológicas del sintoísmo, la creación del mundo empezó cuando nacieron cañaverales en muchos lugares del Océano primitivo.

Los soldados romanos hicieron burla de Jesús poniendo en su mano una caña a guisa de cetro; de ahí que ésta sea un atributo habitual de los Eccehomo.

CAPÍTULO DURACIÓN DE LA VIDA DE EL QUE ASÍ LLEGA

CAPÍTULO DURACIÓN DE LA VIDA DE EL QUE ASÍ LLEGA: Juryo

Capítulo decimosexto, y parte central de la enseñanza esencial. En él, Shakyamuni revela que logró la iluminación por primera vez, no en esta vida, sino en el pasado remoto, y que desde entonces siempre ha estado en este mundo predicando la Ley. ("Los Principales escritos de Nichiren Daishonin" Glosario Vol. I - II 1995 - 1998 SGIAR)

CAPÍTULO MEDIOS HÁBILES

CAPÍTULO MEDIOS HÁBILES: Hoben

Segundo capítulo del Sutra del Loto y parte clave de la enseñanza teórica. En él, Shakyamuni declara que los budas aparecen en el mundo únicamente con el propósito de conducir a todas las personas a la iluminación.

Y muestra que todos tienen el potencial de la budeidad, es decir, que ésta no existe en forma separada de los nueve estados, sino que es inherente a la vida de las personas comunes.

("Los Principales escritos de Nichiren Daishonin" Glosario Vol. I - II 1995 - 1998 SGIAR)

CAPUCHA

CAPUCHA: Caperuza, elemento de la indumentaria de diversos dioses, demonios y hechiceros; también forma parte del hábito monacal y parte el aspecto práctico reviste significados de concentración y fuerza espiritual o de ocultación.

En los ritos de iniciación de muchas culturas, el cubrirse la cabeza con una capucha o un velo simboliza la muerte.

CARAS

CARAS: Una cabeza con dos caras Jano;

con tres caras una figuración de la Trinidad, de Dios uno y trino;

con cuatro caras Brahma.

CARBÓN

CARBÓN: Simboliza la fuerza escondida y oculta; el carbón, negro, frío, necesita una chispa que lo encienda y entonces consigue desarrollar las energías concentradas en su ceno.

De aquí que el carbón encendido simbolizase la transmutación alquímica de los negro en rojo.

En tanto que leña purificada por el fuego, el carbón de madera es además símbolo de la pureza.

CARISMA

CARISMA: Palabra derivada del griego que designa en el lenguaje teológico los dones que Dios confiere, no para el progreso personal del sujeto, sino para el bien de la comunidad.

CARITAS

CARITAS: Caridad, personificada de esta virtud en figura femenina.

Sus atributos son el cordero, la antorcha, el corazón ardiente y las figuras de niños y de mendigos (ya que el amor divino se manifiesta en la acción caritativa)

CARMELITAS DE LA SANTA FAZ

CARMELITAS DE LA SANTA FAZ: Orden fundada por Clemente Domínguez, uno de los videntes del Palmar de Troya, y algunos de sus adeptos a principios de los años setenta.

Domínguez fue ordenado obispo por el arzobispo sudvietnamita Ngo Dhin Thuc.

La proclamación de esta orden supuso la ruptura con la Iglesia Católica, ya que Clemente se proclamó Papa a la muerte de Pablo VI con el nombre de Gregorio XVII.

CARONTE

CARONTE: Hijo de Erebo y la noche.

Conducía las sombras de los muertos al otro lado del Estigio y del Aqueronte, pero sólo la de aquellos que no habían quedado insepultos y a quienes se habían rendido las debidas honras fúnebres.

No admitía en su barca las almas de los insepultos, o las de los que no habían sido debidamente honradas en sus funerales.

Además, cobraba el peaje, por eso fue costumbre poner dentro de la boca de los muertos lo que se llamaba "El Denario de Caronte". Este dios fue representado como un anciano robusto, de pie sobre una barca y un remo en las manos.

Ningún mortal, vivo, podía ser transportado en su bajel si no le presentaba el ramo de oro consagrado a "Proserpina" el cual solamente lo daba la "Sibila".

CARPA

CARPA: Símbolo de la felicidad para los japoneses y los chinos, especialmente por su longevidad.

Es además la cabalgadura de los inmortales.

Se le atribuía capacidad para nadar contra corriente de ahí que simbolizase también el valor y la perseverancia.

CARRIZO

CARRIZO: Planta herbácea que simboliza en el cristianismo, la constancia del amor de Dios.

En el Antiguo Egipto formaba parte, con la abeja, de

los atributos de la doble corona.

CARRO

CARRO: Relacionado con el símbolo de la rueda y en consecuencia, el del Sol, interviene por lo mismo en los cultos de divinidades solares o de la vegetación (Mitra, Cibeles, Atis, Apolo).

El carro que cruza con estrépito los cielos, simboliza a Zeus "el que esgrime el rayo" y "el tonante".

En muchas religiones las deidades benéficas y maléficas descienden a la Tierra en carros, tirados por diversos animales cuyo significado simbólico matiza el conjunto como las águilas del carro de Zeus, los cisnes o las palomas que impulsan el de Afrodita, etc.

El carro de fuego que sube al cielo simboliza en ocasiones la elevación espiritual de un personaje (Elías, Francisco de Asís).

Puede representar asimismo las componentes de la personalidad humana dominadas por el auriga.

Especial importancia tiene el carro de Sol invictus.

CARTAS A LOS ESTUDIANTES

CARTAS A LOS ESTUDIANTES: Por Max Heindel.

Este libro reúne noventa y siete cartas sobre temas espirituales a través de las cuales mantuvo el autor contacto personal con los estudiantes de filosofía rosacruz desde la Navidad de 1910 hasta su fallecimiento en 1919. Entre los muchos interesantes temas que abarca, podemos mencionar:

Métodos de desarrollo orientales y occidentales;

Maestros espirituales verdaderos y falsos;

El papel del mal en el mundo;

Ejercicios diarios para el cultivo del alma;

Qué puede esperar el discípulo del Maestro;

Cómo dominar nuestras estrellas, etc.

Una obra que contiene prácticas enseñanzas recogidas por el autor en su experiencia de lo oculto. Título original en inglés: Letters to Students.

CARTAS SOAL

CARTAS SOAL: Similares a las cartas Zener usa das en parapsicología, pero con figuras de animales.

CARTAS ZENER

CARTAS ZENER: En la parapsicología se usa un juego de naipes que consta de cinco figuras diferentes: estrella, círculo, ondas (tres líneas paralelas onduladas), cuadrado y cruz.

El juego consta de 25 cartas, fueron utilizadas ampliamente por el doctor Joseph Banks Rhine para medir y testificar las habilidades extra sensoriales en un individuo.

CARVAKA

CARVAKA: Antiquísima escuela materialista de la India que considera que se nace de la nada y que por tanto cuando se muere se regresa a la nada.

Niega todo principio trascendente y considera que la existencia humana debe destinarse a disfrutar de las riquezas y proporcionarse el mayor goce posible.

CASA DE LAS SIETE ESTRELLAS

Ver Tchil Sohn Jak.

CASA

CASA: Como recinto ordenado y cerrado es, como la ciudad o el templo, un símbolo del Cosmos y del orden cósmico.

Las tumbas solían tomar figura de casas aludiendo a su interpretación como última morada del difunto (aunque modificada a veces, (como por ejemplo las pirámides de Egipto).

Lo mismo que el templo, la casa simboliza en ocasiones el organismo humano, lo cual obedece, por ejemplo, entre los budistas a la idea de que el cuerpo no es más que una morada temporal del alma.

La interpretación psicoanalítica de los sueños lleva mucho más lejos dicho paralelismo cuerpo-casa, de manera que la fachada corresponde a la presencia externa; el ático a la cabeza, o al espíritu, o a la conciencia; el sótano a los instintos y las pasiones; y la cocina a las transmutaciones psíquicas.

CASI

CASI: Nombre dado a una pagoda existente a orillas del río Ganges. Los hindúes desean el privilegio de poder morir en ella, pues el dios Eswara viene a soplarles en el oído derecho en su último instante para purificarles de todos los pecados.

CASSIEL

CASSIEL: Arcángel.

El justo y paciente genio, embajador de Saturno en la Tierra, representante de la Justicia, el Derecho y el Supremo Orden de Dios.

CASTA

CASTA: Institución social y religiosa característica de la religión hindú. De acuerdo con la tradición hay cuatro clases de castas que expresan un reparto de funciones existentes en la sociedad.

Brahmanes o sacerdotes, que surgieron de la cabeza de Brahma;

kshatriyas o nobles y guerreros que salieron de los brazos de Brahma;

vaisyas o comerciantes y agricultores, que emanan del vientre de Brahma; y por último,

sudras o sirvientes que emergieron de los pies de Brahma.

Asimismo hay otro grupo, el de los intocables llamados parias. Las escrituras hindúes, en especial el Bhagavad Gita, proclaman que el primer deber de todo buen hindú es observar las reglas de la casta a la que pertenece. Por miserable y desgraciada que se sea en la vida presente, si se cumple con la tarea encomendada puede tenerse a esperanza de reencarnar en una casta superior.

CATA

Ver Be bé.

CATALEPSIA

Del griego Katalepsis (sorpresa), es un estado de pérdida momentánea de los sentidos, producto de un desequilibrio en el sistema nervioso.

Antiguamente se cometía el error de confundir a un cataléptico con un muerto.

También se puede llegar al estado cataléptico mediante la hipnosis.

CATALEPSIA

Suspensión del movimiento voluntario de los músculos en los estados de hipnosis.

CATAPLEXIA

CATAPLEXIA: Es un estado de estupor provocado en un animal al sentir o percibir algún hecho extraordinario o insólito.

CATARATA

CATARATA: Es un motivo cultivado en la pintura paisajista china.

El agua que cae se contrapone al dinamismo ascendente de las rocas, el movimiento del líquido contrasta con el estatismo de la piedra, y todo ello nos recuerda la dualidad yin-yang.

La cascada siempre tiene la misma forma y sin embargo el agua nunca es la misma forma y sin embargo el agua nunca es la misma, lo cual simboliza para el budismo la brevedad y el carácter ilusorio de todas las cosas terrenales.

CATIMBO

CATIMBO: En el territorio del nordeste de Brasil se practica una forma de macumba muy especial que se llama catimbó y que se refiere más a una especie de brujería a la europea, que a una mezcla de cultos africanos y amerindios.

CATTARO SATIPATHANA

CATTARO SATIPATHANA: Denominación de los cuatro fundamentos de la atención budista theravada: contemplación del cuerpo, contemplación de las sensaciones, contemplación de la mente y contemplación de los objetos mentales. Estos cuatro fundamentos aparecen explicados en el "Satipathana".

CAUTZER

CAUTZER: Río del octavo cielo del Paraíso diseñado por Mahoma, de agua dulce y blanca como la leche, y espuma brillante como las estrellas. Su curso es el de un mes de camino; sus orillas son de oro puro y las piedras que lleva su corriente están formadas por perlas y rubíes. El que bebe de sus aguas no sufre ninguna alteración.

CAVADORES

Ver Dyrkovtzi.

CAZA

CAZA: En tanto que persecución infatigable de una

pieza, simbolizó la búsqueda apasionada de metas espirituales, por ejemplo la del alma que ansía encontrar a Cristo según la mística cristiana.

En su aspecto de vencimiento y destrucción de fieras maléficas, simboliza también la victoria sobre las bajas pasiones, el desorden y la ignorancia (especialmente Asia anterior y en Egipto).

CAZADORES

CAZADORES: El año 1837 después de la insurrección de Canadá, se formó en Estados Unidos una sociedad llamada "Cazadores", cuya finalidad era la de atraer a los canadienses descontentos y preparar una nueva revuelta contra Inglaterra.

Poseían cuatro grados jerárquicos: cazador o categoría menor formada por los soldados; raquete que tenía a su cargo nueve cazadores; castor o capitán que mandaba séis raquetes, y águila, jefe cuyo rango correspondía al de coronel.

CEDROS

CEDROS: La Biblia menciona con frecuencia los del Líbano, que por su talla simbolizaban la grandeza, la nobleza, etc. y por la calidad de su madera representaban la fuerza y la perseverancia.

Como todas las coníferas el cedro es también símbolo de inmortalidad.

En la Edad Media estuvo vinculado a María.

CEJAS ROJAS

Ver Chu Mei*.

CELULA

CELULA: Para los rosacruces es un corpúsculo esférico cuya envoltura posee la polaridad negativa y el núcleo la polaridad positiva, independientemente de su naturaleza fisiológica, física, química, eléctrica o magnética.

CENA

CENA: A partir del siglo V se halla representada la Santa Cena o Ultima Cena en el arte cristiano. Formas precursoras: escenas de banquete a la antigua, acompañada de simbología eucarística.

Tipología esencial: distribución litúrgica solamente del pan y el vino; escena histórica según relato bíblico.

CENESTESIA

CENESTESIA: Facultad paranormal espontánea poco conocida, de provocar alucinaciones dentro del organismo de un sujeto.

Teoría que ha explicado muchos casos de supuesta posesión.

CENIZA

CENIZA: Su significado simbólico guarda relación con el aspecto polvoriento y con el hecho de ser el residuo frío, y en cierto sentido purificado, que resulta al extinguirse el fuego. De ahí se constituya en muchas culturas símbolo de la muerte, de la vanidad de las cosas, de penitencia y arrepentimiento, pero también de expiación y resurrección.

Entre griegos, egipcios, judíos, árabes y algunos pueblos primitivos actuales, el cubrirse la cabeza de cenizas, o revolcarse en ellas, era o es señal de luto o de aflicción.

Los yoguis hindúes se cubren el cuerpo de cenizas en testimonio de renunciación.Las cenizas de los animales ofrecidos en sacrificio se consideran santas y purificadoras entre los judíos y otros.

El cristianismo reconoce éste simbolismo penitencial y purificador, en algunos de sus ritos y sacramentos (miércoles de ceniza, consagración de templos).

CENOTAFIO

CENOTAFIO: Enterramiento falso y vacío, (solo acostumbraba contener un objeto simbólico del difunto.

Según se cree podía tener como objeto engañar en la medida de lo posible a los ladrones de tumbas, aunque lo cierto es que todavía no está clara su verdadera utilidad.

CENTRO

CENTRO: En el sentido de "lugar de donde todo parte", es símbolo de Dios o de la divinidad (en muchos casos realzada asignándole una posición central en las composiciones figurativas).

El centro del mundo o eje del mundo se representaba con frecuencia en forma de árbol del mundo, monte sagrado u ombligo.

CERBERO

CERBERO: Can Cerbero, según la mitología griega,

el perro que guardaba la entrada del mundo de los difuntos.

A todos ellos los recibía moviendo el rabo amistosamente, pero por lo general no admitía a ningún vivo, ni dejaba salir a ningún difunto una vez hubiese entrado.

Representado a menudo con dos o tres cabezas y con una serpiente por cola, simboliza los terrores de la muerte y la imposibilidad de retornar a la vida; el lenguaje corriente utiliza la personificación en sentido figurado de guardián que no atiende a ruegos.

CERNÍCALO

CERNÍCALO: Rapaz muy común, en el arte medieval cristiano.

Es símbolo de muerte.

CERO

CERO: Obvio símbolo de la nulidad, de lo que no tiene valor; también de los comienzos, atendida la posición que se le asigna en la serie de números.

CESAROPAPISMO

CESAROPAPISMO: Forma de Gobierno en donde el monarca o sistema político se arroba y usurpa atribuciones sobre la Iglesia en materia de culto y fe. Generalmente este término se ha aplicado a los reinos cristianos occidentales donde los reyes absolutos se inmiscuían en el fuero interno de la Iglesia.

En el Concilio de Nicea, primero que se celebró en el año 325, convocado por Constantino I, se inicia la intervención política en los asuntos eclesiásticos.

CESTO

CESTO: Símbolo del seno materno y representado lleno de frutos, ocasional atributo de las diosas de la fecundidad, por ejemplo la Artemis de Efeso.

CETASIKA

CETASIKA: En el budismo es el nombre dado a los factores mentales.

CETRO

CETRO: Símbolo del máximo poder y autoridad, se creía que sustentaba poderes divinos; a menudo fue también atributo de las deidades.

Deriva de la vara.

CHACAL

CHACAL: Su aparición se consideraba de mal agüero, dada la creencia de que vagabundea por los cementerios y porque se alimenta de carroña. Ocasionalmente simbolizó la codicia y la cólera.

La cabeza animal de Anubis, el dios egipcio de los muertos, se interpreta como de chacal pero seguramente representa una cabeza de perro (una variedad primitiva de galo).

CHACRA

CHACRA: Rueda. Centros de energía en cualquier entidad que vitalizan las glándulas endocrinas.

En el cuerpo humano hay 7 chakras principales y 21 secundarios. Son las 7 puertas del templo de Dios (Nuevo Testamento).

Kundalini está situada en el chakra básico. Tiene forma de cruz y consta de 4 pétalos.

Está situado en el cóccix y separado por 33 vértebras del más elevado de ellos, sito en la cima de la cabeza. Hemos de tener en cuenta, que cada cuerpo consta de su propio sistema de chakras a través de los cuales captamos los impulsos externos e internos.

CHAGANUSSATI

CHAGANUSSATI: En el budismo es la rememoración del desprendimiento.

Ver Anunussati.

CHAITYA PIRUSHA

CHAITYA PIRUSHA: Nombre dado al espíritu o alma,

CHAKKPPAVATTANA

CHAKKPPAVATTANA: Nombre del primer sutta budista que se considera tradicionalmente como el primer sermón pronunciado por Buda.

Ver Dhamma Chakkappavattana Sutta.

CHAKRA BANDHA

CHAKRA BANDHA: Dentro del yoga es el nombre que reciben determinadas técnicas de contracción neuromusculares para estimular los centros de energía del cuerpo humano.

CHAKRAS

CHAKRAS: Centros de energía (vórtices) en el cuerpo etérico, algunos relacionados con la columna vertebral y las siete glándulas endocrinas más importantes. Responsables de la coordinación y vitalización de todos los cuerpos (mental, astral y físico) y su correlación con el alma, el centro principal de conciencia. Existen 7 chakras principales y 21 secundarios.

CHAKRAVATIN

CHAKRAVATIN: Término sánscrito que puede traducirse por "Monarca Universal", que aparece numerosas veces en los textos antiguos empleado por los budistas y los jainistas. Designa la mayor potencia temporal, en tanto que Buda y Jima representan el mayor poder espiritual.

Se afirma que si Gautama no se hubiese convertido en Buda, hubiera sido un Chakravatin.

Resumiendo las afirmaciones de varios textos. podemos decir que un Chakravatin presenta treinta y dos señales inequívocas de su carácter excepcional.

Asimismo, poseerá siete tesoros reales: la rueda, el elefante blanco, el caballo, la joya, la perla de las esposas, un tesorero y un consejero

CHANDAS

CHANDAS: Tratado fundamental de las ciencias que ocupan en la smrti, memoria que indica genéricamente la totalidad de los textos que no pertenecen a los Vedas.

Se refiere directamente al conocimiento de los diversos metros en relación con las modalidades del orden cósmico que éstos deben expresar; conocimiento del ritmo y de sus relaciones cósmicas.

CHANDONGYA-UPANISHAD

CHANDONGYA-UPANISHAD: Uno de los más significativos Upanisades, escrito en prosa, propio de la escuela tandín del Samaveda, que comienza con la alabanza de la sílaba Om, cuyas virtudes relata a continuación.

Posteriormente ofrece un diálogo entre Svetaketu y su padre Uddalaka en donde se aborda la doctrina del yo, culminando con la fórmula *eso eres tú*. A continuación hay una larga exposición acerca de lo infinito y la consecución de la eternidad, junto con un diálogo en el que el Creador instruye a Indra.

CHANDRA

CHANDRA: Los hindúes llaman así a la Luna, que al igual que el Sol posee un carácter sagrado.

Representa la energía femenina y negativa por oposición al Sol, aunque ambas energías son complementarias y se dan en el cuerpo de energías del ser humano.

CHANEY

Ver Astara.*

CHARDARZANANI

CHARDARZANANI: Denominación genérica de las seis escuelas ortodoxas hindúes:

Samkhya,

Yoga,

Nyaya,

Vaisesika,

Mimansa y

Vedanta.

CHARYA

CHARYA: Los seguidores del budismo mahayana consideran que un bodhisattva tiene diez poderes.

Uno de ellos es charya, el poder de actuar hasta el final de los tiempos.

Ver Bala.*

CHATRIAS

CHATRIAS: Segunda casta de la sociedad india.

Ver Brahmanismo y Castas.*

CHELA

CHELA: En el hinduismo es el nombre dado al discípulo o estudiante seguidor de un gurú.

CHENREZI

CHENREZI: Nombre tibetano del bodhisattva Avalokita, personificación del amor y de la compasión.

Muchos tibetanos le llaman el Gran Compasivo o el Gran Misericordioso.

Es muy venerado en el Tíbet, ya que se supone que cada Dalai Lama es una reencarnación de Chenrezi.

Como todos los bodhisattva representa lo divino buscado desde el interior por los místicos.

Se le invoca con el mantra Om-Mani-Padme Hum, que se puede traducir por "Om, la joya en el corazón de loto".

Se representa bajo diferentes formas adaptadas a las diferentes capacidades de las mentes humanas.

La imagen más popular es la que dota a Chenrezi de cuatro brazos, tez.clara, lleva en la mano derecha un rosario de cristal que simboliza su voluntad y determinación de liberar hasta el último de los seres vivos del mar de la existencia y conducirlos hasta la tierra del nirvana.

CHETIYA

CHETIYA: Montículo de tierra o túmulo venerado como objeto de culto en la India pre búdica.

CHEVAL

CHEVAL: Palabra criolla que se emplea para referirse a aquel adepto vuduísta que se encuentra poseído, es decir montado, por un loa.

CHI KING

CHI KING: Monje chino de la época Sung divinizado, al que se convirtió en personaje de cuentos tradicionales.

Los miembros de la secta Boxer le consideraban como un maestro que les daba consignas anti cristianas a través de la escritura espiritista.

CHI TAN

CHI TAN: Denominación taoísta del elixir de la inmortalidad.

CHICOS BLANCOS

Ver White Boys.*

CHIDKALA

CHIDKALA: Estado contemplativo de la mente del que emana la luz radiante mística capaz de absorber toda la mente y proporcionar un sentimiento de infinidad.

CHIITA

CHIITA: Una de las dos grandes divisiones del mundo musulmán, la otra es la sunnita.

Los chiitas son los partidarios del yerno de Mahoma,

Alí, como sucesor del Profeta, mientras que los sunnitas aceptan a tres califas, Abu Bekr, Omar y Othman, entre la muerte de Mahoma y la elección de Alí.

Para los chiitas, Ali era el continuador de Mahoma, y sus descendientes, doce en total hasta al-Madhi, eran los verdaderos sucesores como califas en el imanato.

Rechazan, por tanto a los tres primeros califas; reconocen el profetismo de Mahoma que tiene su continuación en los Imanes, mensajeros infalibles de Dios en cada época, considerándoles depositarios de la autoridad divina tanto religiosa como civil.

En su mayor parte viven en Irak, Irán, Líbano, Pakistán y la India.

También se les suele llamar xiitas. Ver Xiitas.

CHIMENEA

CHIMENEA: Según los cuentos, las supersticiones populares, etc., la comunicación con los espíritus y los demonios muchas veces tiene lugar a través de la chimenea; en particular las brujas salen y regresan por ella, y también las ánimas de los difuntos abandonan la casa por la chimenea.

Estas atribuciones sin duda guardan con su forma, que recuerda la de una caverna, la presencia del fuego, el negro hollín, el humo que se eleva por los aires.

En otros contextos participa de los significados simbólicos del hogar.

CHING TU TSONG

CHING TU TSONG: Escuela budista china fundada por Hui-yuan en el siglo IV, que tiene un carácter devocional, otorgando un valor especial a la fe.

Veneran al Buda Amithaba.

CHISHO

CHISHO: 814-891.

Quinto sucesor del templo Enryaku-ji, sede principal de la escuela Tendai.

Su nombre verdadero fue Enchin, y Chisho Daishi, su título y nombre póstumos.

En 853, fue a la China y aprendió las doctrinas de la escuela T'ien-t'ai y de la corriente esotérica.

Después de regresar al Japón, predicó con frecuencia el Budismo esotérico y proclamó la supremacía de éste sobre la doctrina de T'ien-t'aL

En el 868 asumió como prior del templo Enryaku-ji.

("Los Principales escritos de Nichiren Daishonin" Glosario Vol. I - II 1995 - 1998 SGIAR)

CHISPAS

CHISPAS: En tanto que partículas de luz por su movimiento generalmente ascendente, simboliza el imaginario clásico y medieval la elevación de la materia que tiende a convertirse es espíritu.

Las chispas destinadas a encender el cirio pascual deben obtenerse golpeando con un pedernal.

CHIT

CHIT: Conciencia o propiedad esencial del Yo eterno en el pensamiento hinduista.

Se le considera uno de los tres atributos de Brahma:

conciencia,

ser y

bienaventuranza.

CHITTA

CHITTA: Término budista muy importante ya que se refiere a la concepción de la existencia humana que se traduce unas veces por conciencia y otras por mente.

Está considerado como un elemento propio de todos los seres situados por encima del nivel vegetativo.

En el budismo mahayana se considera como la conciencia retenida que recoge el karma.

CHIVO

CHIVO: Macho Cabrío, frecuentemente figuración positiva o negativa de la sexualidad masculina.

En la India es emblema solar, consagrado al dios del fuego.

En la antigua Grecia era ofrecido en sacrificio a Dionisio/Pan.

En la Biblia (Lev.16) el mal llamado chivo emisario es bestia propiciatoria, abandonada en el desierto después de cargar con todos los pecados del pueblo; y también el animal hediondo, impuro, diabólico que simboliza a los réprobos del Juicio Final.

En la Edad Media imaginaban al demonio con cuernos y pata de chivo, que eran sus atributos; además el cabrón era la montura obscena de las brujas y la personificación de la lujuria.

Cordero, Cabra.

CHOHÁN

Maestro Ascendido que ha alcanzado la sexta iniciación.

Cada uno de ellos se ocupa de un departamento específico como la civilización o las religiones.

CHOHÁN

Señor, Maestro, Jefe. Los Adeptos o Maestros que han recibido la sexta iniciación planetaria.

CHORTEN

CHORTEN: Santuario tibetano formado por la tumba de algún santo lamaísta, o por una hornacina que encierra reliquias o la estatua de Buda.

CHRISTIAN SCIENCE

Ver Ciencia Cristiana.*

CHU MEI

Ver Cejas Rojas.*

CHU

CHU: Denominación de los cuatro libros de Confucio, atribuidos a sus más directos discípulos.

Son:

Lun-yu.

Chung-yung,

Ta-hio y

Monh-tse.

CHULAVAMSA

CHULAVAMSA: Obra budista cinesa, cuyo nombre puede traducirse al castellano por "Crónica breve", considerada por los estudiosos como la continuación de la "Gran Crónica" o "Mahawamsa" de la historia budista de Sri Lanka (Ceylán).

CHUN CHIU

CHUN CHIU: Nombre de uno de los cinco libros clásicos confucianos, atribuido al mismo Confucio.

Es una crónica, año por año, del estado de Lu, desde el año 722 hasta el 481 a.e.

El texto es extremadamente conciso y a veces oscuro.

Su valor como documento histórico se ha visto firmemente corroborado por el comentario conocido bajo el título de "Tuo Chuan".

CHUNDA

CHUNDA: Herrero de la aldea de Pava.

Hondamente conmovido por la prédica de Shakyamuni, le preparó con sumo respeto la comida; la noche anterior a su nirvana.

("Los Principales escritos de Nichiren Daishonin" Glosario Vol. I - II 1995 - 1998 SGIAR)

CHURINGA

CHURINGA: Instrumentos de madera o piedra pulimentada de forma oval u oblonga empleada en el ritual por algunos pueblos de Australia.

Ver Bramadera.*

CICLAMEN

CICLAMEN: Por la coloración púrpura del interior de la flor se le atribuye simbolismo mariano (el corazón traspasado de la Dolorosa), que remite a la profecía de Simeón en Lucas 2, 35.

CIDRO

CIDRO: Llamado en el lejano Oriente "la mano de Buda", simboliza la longevidad; su fruto, como todos los que tienen muchas pepitas, representa la fecundidad.

CIELO DE BRAHMA

CIELO DE BRAHMA: Otra forma de llamar al primero de los cuatro cielos de la meditación, en el reino de la materia.

Véase "Mundo triple".("Los Principales escritos de Nichiren Daishonin" Glosario Vol. I - II 1995 - 1998 SGIAR)

CIELO DE TUSHITA

CIELO DE TUSHITA: 'Cielo de la satisfacción'. Cuarto de los seis cielos del mundo del deseo.

Se dice que los bodhisattvas renacen en ese lugar antes de su último renacimiento en el mundo saha, cuando están por lograr la Budeidad. También se dice que el bodhisattva Miroku reside en la corte interior de este cielo. ("Los Principales escritos de Nichiren Daishonin" Glosario Vol. I - II 1995 - 1998 SGIAR)

CIELO

CIELO: Plano o ámbito donde habitan las deidades. También se refiere al estado de Éxtasis o satisfacción. Sexto de los Diez Estados.

("Los Principales escritos de Nichiren Daishonin" Glosario Vol. I - II 1995 - 1998 SGIAR)

CIEN

CIEN: Centena, para las mentes formadas en el sistema decimal el paradigma de una cantidad redonda, pero grande; parecido significado tiene mil o un millar.

El cien, como cuadrado de diez, era el número de la consumación, y el mundo helenístico el del Bien perfecto; en la literatura cristiana lo encontramos a veces como símbolo de la bienaventuranza celestial.

CIENCIA OCULTA

CIENCIA OCULTA: Término acuñado por Rudolf Steiner* con el que quiso marcar distancias respecto a la Teosofía*, a la que había pertenecido, y en la que primaba el concepto de Doctrina secreta, nombre de una de las obras principales de la señora Blavatsky*.

Por extensión se consideran ciencias ocultas todo el conocimiento metodológico de tipo esotérico.

CIENCIAS OCULTAS

CIENCIAS OCULTAS: Nombre genérico con el que se designa, sin discriminación, a todos los conocimientos esotéricos.

CINABRIO

CINABRIO: Por su color rojo, símbolo de la vida, en ocasiones también de la inmortalidad.

CINCO AGAMAS

CINCO AGAMAS: Las cinco divisiones del pali Agama, o sección del sutra del canon de la escuela meridional del Budismo Theravada. Se cree que han sido recopiladas en forma escrita alrededor del primer siglo a.C.

Las cinco divisiones son: "sutras largos" (en pali, Digha-nikaya), "sutras de mediana longitud" (Majjhima-nikaya), "sutras sobre tópicos afines" (Samyutta-nikaya), "sutras de las doctrinas numéricas"

(Anguttara-nikaya) y "sutras menores" (Khuddaka-ni-kaya). Ver también Cuatro sutras Agon. Seikyo Nº 908 - 20/10/1999.

CINCO CÁNONES

CINCO CÁNONES: Escritos de los cinco emperadores chinos -Shao Hao, Chuan Hsü, Ti Kao, T'ang Yao y Yü Shun- que reinaron después de los tres gobernantes legendarios. ("Los Principales escritos de Nichiren Daishonin" Glosario Vol. I - II 1995 - 1998 SGIAR)

CINCO CLASES DE VISIÓN

CINCO CLASES DE VISIÓN: En sánsc.: pañca caksumsi, en jap.: gogen.

1) El ojo de los hombres comunes, que distingue la forma y el color;

2) el ojo divino, que ve las cosas aun en la oscuridad y en la distancia;

3) el ojo de la sabiduría, o la capacidad que poseen las personas de los dos vehículos para juzgar lo correcto y lo incorrecto, y reconocer lo que debe hacerse;

4) el ojo de la Ley, mediante el cual los bodhisattvas ven todos los fenómenos desde el punto de vista de la vida;

5) el ojo del Buda, que ve la verdadera naturaleza de la vida, a través del pasado, presente y futuro. ("Los Principales escritos de Nichiren Daishonin" Glosario Vol. I - II 1995 - 1998 SGIAR)

CINCO COLUMNAS DEL ISLAM

CINCO COLUMNAS DEL ISLAM: Así se denominan los cinco deberes fundamentales que el Corán impone a los creyentes musulmanes. También se suele hablar de los Cinco Pilares del Islam:

- Shahada: profesión de fe. "no hay más Dios que Dios. Mahoma es su profeta".

- Salat: la oración cinco veces al día.

- Zakat: limosna legal.

- Saw: ayuno

- Peregrinación a la Meca.

CINCO DESEOS

CINCO DESEOS: 1) Deseos que surgen del contacto de los cinco órganos de los sentidos (ojos, oídos, nariz, lengua y cuerpo) con sus respectivos ob-jetos (colo-res y formas, sonidos, olores, gustos y texturas). 2) Deseos de riquezas, amor sexual, comida y bebida, fama y sueño.

Seikyo Nº 911 - 20/11/1999.

CINCO ELEMENTOS

CINCO ELEMENTOS: Cinco constituyentes de todo lo que existe en el universo, según una creencia de la antigua India.

Ellos son: tierra, agua, fuego, viento y vacío (en japonés, ku).

Los primeros cuatro corresponden respectivamente a estados físicos: sólido, líquido, calórico y gaseoso.

Vacío, aquí, se interpreta como elemento integrador de los otros cuatro. Seikyo Nº 911 - 20/11/1999.

CINCO ESCRITOS PRINCIPALES

CINCO ESCRITOS PRINCIPALES: De todos los escritos de Nichiren Daishonin, los cinco más importantes fueron seleccionados por Nikko Shonin.

Ellos son:

1) "Kanjin no honzon sho" (El verdadero objeto de veneración);

2) "Kaimoku sho" (La apertura de los ojos);

3) "Rissho ankoku ron" (Sobre la pacifica-ción de la tierra a través de la propagación del Budismo verda-dero);

4) "Senji sho" (La selección del tiempo) y

5) "Hoon sho" (Retribución de las deudas de gratitud).

Ver también "Diez escritos principales".

Seikyo Nº 917 - 20/01/2000.

CINCO FALTAS CARDINALES

CINCO FALTAS CARDINALES: Las cinco ofensas más graves del Budismo.

Las explicaciones difieren, según distintos sutras y tratados.

La versión más conocida es:

1) matar al propio padre;

2) matar a la propia madre;

3) matar a un arhat;

4) calumniar a un buda y

5) crear desunión entre los creyentes.

Se dice que aquellos que cometen cualquiera de las cinco faltas cardinales caen, indefectiblemente, en el infierno de sufrimiento incesante. Seikyo Nº 911 - 20/11/1999.:

CINCO ÓRGANOS DE LOS SENTIDOS

CINCO ÓRGANOS DE LOS SENTIDOS: Ojos, oídos, nariz, lengua y piel.

("Los Principales escritos de Nichiren Daishonin" Glosario Vol. I - II 1995 - 1998 SGIAR)

CINCO PASIONES ILUSORIAS

CINCO PASIONES ILUSORIAS: Avaricia, ira, estupidez, arrogancia y duda. Ilusiones del mundo triple explicadas en el Kusha ron. Dharmapala, erudito hindú de la doctrina de la Conciencia Única, las incluye junto con los cinco puntos de vista falsos en una lista de diez deseos mundanos funda-mentales; y T'ien-t'ai las considera dentro de las ilusiones del pensamiento y los deseos, que constituyen la primera de las tres categorías de la ilusión. Seikyo Nº 911 - 20/11/1999.

CINCO PRÁCTICAS ASCÉTICAS

CINCO PRÁCTICAS ASCÉTICAS: Cinco reglas de conducta referidas en el Shibun ritsu y en el Daibasha ron.

Ellas son:

1) usar sólo ropa remendada;

2) subsistir sólo de limosnas;

3) comer una vez al día;

4) permanecer sie-pre a la intemperie, y

5) no comer dulces, ácidos, especies o comida sabrosa.

Seikyo Nº 908 - 20/10/1999)

CINCO PRÁCTICAS

CINCO PRÁCTICAS: Cinco clases de prácticas descritas en el capítulo "Hosshi" del Sutra del Loto son abrazar, leer, recitar, enseñar y transcribir el Sutra del Loto.

("Los Principales escritos de Nichiren Daishonin" Glosario Vol. I - II 1995 - 1998 SGIAR)

CINCO PRECEPTOS

El budismo propone a sus fieles cinco preceptos fundamentales dentro de los diez mandamientos que todo budista, monje y laico, debe respetar:

- No matar o hacer daño físico a plantas, animales y personas.

- No robar

- No mantener relaciones sexuales desordenadas.

- No usar indebidamente la palabra.

- No consumir drogas o bebidas alcohólicas. Ver Budismo y sus diez mandamientos

CINCO PRECEPTOS

Preceptos básicos expuestos para los laicos que siguen las enseñanzas del Hinayana.

Son: no matar, no robar, no mantener relaciones sexuales impropias, no mentir y no tomar bebidas alcohólicas.

("Los Principales escritos de Nichiren Daishonin" Glosario Vol. I - II 1995 - 1998 SGIAR)

CINCO PROVINCIAS Y SIETE MARCAS

CINCO PROVINCIAS Y SIETE MARCAS: Término general con que se denomina a los sectores administrativos en los cuales se dividía el Japón en el siglo vil.

Esta expresión también se utilizó para designar a todo el país en conjunto. Las "cinco regiones" eran las que rodeaban la capital, o asentamiento de la corte imperial: Yamashiro, Yamato, Kawachi, Izumi y Settsu.

Las "siete marcas" eran las regiones en las cuales se agrupaban las sesenta y tantas provincias restantes, según los caminos principales que se extendían desde la capital.

("Los Principales escritos de Nichiren Daishonin" Glosario Vol. I - II 1995 - 1998 SGIAR):

CINCO REGIONES DE LA INDIA

CINCO REGIONES DE LA INDIA: India oriental, occidental, meridional, septentrional y central, lo cual indicaba la India en su totalidad.

("Los Principales escritos de Nichiren Daishonin" Glosario Vol. I - II 1995 - 1998 SGIAR)

CINCO RELACIONES

CINCO RELACIONES: El confucianismo habla de la perfecta relación que está basada en la benevolencia o amor superior y en la deferencia u obediencia del inferior que lleva a la sociedad por el sendero del cielo.

Esta relación se suele aplicar a las cinco básicas: padre-hijo; hermano mayor-menor; marido-mujer; ancianos-jóvenes y gobernantes-súbditos.

CINCO VEHÍCULOS

CINCO VEHÍCULOS: Estados de Tranquilidad, Éxtasis, Aprendizaje, Comprensión Intuitiva y Bodhisattva.

En la época de Shakyamuni, muchas personas seguían el concepto erróneo de que el propósito supremo de la vida yacía en alcanzar uno de estos estados.

("Los Principales escritos de Nichiren Daishonin" Glosario Vol. I - II 1995 - 1998 SGIAR)

CINCO VIRTUDES CONSTANTES

CINCO VIRTUDES CONSTANTES: También llamadas "cinco grandes principios del humanismo": benevolencia, rectitud, decoro, sabiduría y buena fe. El Confucianismo las expone como principios en los cuales uno debería basarse siempre.

("Los Principales escritos de Nichiren Daishonin" Glosario Vol. I - II 1995 - 1998 SGIAR):

CIPRÉS

CIPRÉS: El árbol sagrado para muchos pueblos. En tanto que vegetal duradero y de hoja perenne que simboliza, como todas las coníferas, longevidad e inmortalidad; en la Antigüedad, sin embargo, era símbolo de la muerte porque no rebotaba al cortarlo, y se vinculó a Plutón y al reino de las sombras.

En China se relacionaba la semilla del ciprés con el principio yang y se creía que su consumo proporcionaba longevidad.

CIRCO

CIRCO: Circo Annichario, jefe de la decimonónica secta calabresa de los Peregrinos Blancos, que gozó de gran celebridad tras haber pasado a saco la ciudad de Martado y haber robado cerca de cien mil ducados.

La gente ensalzaba su generosidad, haciendo de él un héroe popular.

Cuando fue apresado, muerto, se contaron en su cuerpo más de treinta balazos.

CIRCUITERS

Ver Agonistas.*

CÍRCULO DE PIEDRA

CÍRCULO DE PIEDRA: En celta cromlech o kromlech, disposición circular de bloques ciclópeos realizada por diversas culturas neolíticas y de épocas protohistóricas.

El más conocido de ellos es el círculo de Stonehenge.

CÍRCULO INFRANQUEABLE

CÍRCULO INFRANQUEABLE: Se encuentra en la circunferencia del sistema solar manifestado, y es la periferia de la influencia del sol, entendiéndolo esotérica y exotéricamente.

El límite del campo de actividad de la fuerza vital central.

CÍRCULO MÁGICO

CÍRCULO MÁGICO: Recibe también el nombre de círculo protector.

En esencia es el círculo dibujado, real o simbólicamente, por el dedo de un mago. Más tarde se utilizó una vara mágica.

El círculo tenía por objeto proteger al mago, ya que los espíritus malignos que se invocaban no podían penetrar en dicho círculo, y se veían obligados a obedecer las órdenes del hechicero.

También se da este nombre en magia al círculo que simboliza al ser humano absorto en sus pensamientos.

CIRCUNVALACIÓN

CIRCUNVALACIÓN: El caminar en círculo al rededor de un lugar sagrado, por ejemplo el altar en el judaísmo, la Ka'aba en el Islam, el stupa del budismo o la iglesia cristiana (procesiones, vía crucis).

Es práctica religiosa muy extendida.

Probablemente se trata de emular los movimientos del Sol y de las estrellas, en relación con simbolismos cósmicos y con el significado cósmico del círculo.

El número de circunvalaciones muchas veces depende también de cifras sagradas y simbólicas.

CIRUGÍA PSÍQUICA

CIRUGÍA PSÍQUICA: Poco fehaciente o veraz técnica de curación, mediante un estado de trance o hipnosis, en dónde un psíquico o espiritista puede extraer los tumores psíquicos malignos en la mente de un individuo.

CISEAUX

CISEAUX: Tijeras que entre los vuduistas constituyen uno de los talismanes dedicados a atraer buena suerte.

CITTA KHANA

CITTA KHANA: Denominación de los momentos de consciencia en el budismo theravada, que encadendos sucesivamente como los puntos de una línea conforman la conciencia.

CITTANUPASSANA

CITTANUPASSANA: Uno de los cuatro fundamentos de la atención pura, que posee gran importancia en la meditación budista vipassana.

CIUDAD DEL VATICANO

CIUDAD DEL VATICANO: Estado independiente creado por el Tratado de Letrán de 1929, cuyo gobernante es el Papa.

Ocupa unas 44 hectáreas de la ciudad de Roma. El derecho canónigo es el vigente; posee su propia moneda y emite sellos de correos. En él habitan algo más de mil personas. Posee como cuerpo de seguridad la famosa Guardia Suiza. Ver Vaticano.

CIUDADES SAGRADAS

CIUDADES SAGRADAS: Todas las religiones poseen unas localidades que son conisideradas santas o sagradas.

Ciudades emblemáticas de esa doctrina, bien porque en ella resida la cabeza visible del culto, o porque naciese o muriese allí el fundador de la religión. Encontramos, entre otras, Jerusalén para los judíos; Roma para los cristianos, lo mismo que Jerusalén; Benarés para el hinduismo; Lhasa para los budistas tibetanos; La Meca para los musulmanes.

CLARIAUDIENCIA

Según los espiritistas, se conoce así a la habilidad o facultad paranormal de escuchar las voces de los espíritus.

CLARIAUDIENCIA

Facultad de escuchar los sonidos de todos los planos.

Está en estrecha relación con la clarividencia.

CLARIAUDIENCIA

La facultad psíquica natural o adquirida de poder oír a cualquier distancia, inclusive sonidos ultra físicos.

CLARISENCIA

CLARISENCIA: Del latín claro (clarus) y sentir (sentire).

Es la extensión de la conciencia dirigida por la sensación física.

En metafísica es una facultad también conocida como Intuición o percepción de ambientes positivos o negativos.

CLAUSTRO

CLAUSTRO: Palabra latina que :viere decir "recinto" y que en la arquitectura cristiana se refiere a un pasaje o ambulatorio :.abierto que rodea un patio o jardín cuadrado : rectangular en un monasterio, colegiata o catedral.

Los monjes lo suelen utilizar como lugar de meditación.

CLAVE

CLAVE: De arco o de bóveda, la piedra colocada en el centro en lo más alto a modo de cuña, no pocas veces realizada por algún relieve ornamental o heráldico; en el gótico tardío se le dio forma de pomo colgante.

CLAVÍCULA DE SALOMÓN

CLAVÍCULA DE SALOMÓN: Colección de fórmulas mágicas atribuida al rey Salomón, del que dice la tradición que estaba muy versado en magia.

Tanto a él como a Moisés se le atribuyen distintos libros mágicos que servían para la llamada «invocación de los espíritus».

Magos contemporáneos como Crowley* tenían en gran valor este tipo de obras.

CLAVOS

CLAVOS: En el arte cristiano medieval figuran entre

los símbolos llamados instrumentos de la Pasión.

En la alta Edad Media se presentaban habitualmente cuatro clavos a partir de los siglos XII - XVI sólo tres.

Otras figuraciones de los clavos son los del eje del mundo, al rededor del cual gira el universo.

CLEOBIANOS

CLEOBIANOS: Secta del siglo II fundada por un simonita de nombre Cleobio que negaba la autoridad de los profetas, la omnipotencia de Dios y la resurrección, pretendiendo que Jesucristo no había nacido de una virgen.

Asimismo afirmaba que el mundo no era obra de Dios, sino de los ángeles.

CLEPSIDRA

CLEPSIDRA: Instrumento empleado para la medición del transcurso del tiempo, con forma de una vasija cónica que se llenaba de agua, la cual iba vaciándose por un pequeño agujero que tenía en el fondo.

Se puede considerarse como un antecesor de los relojes de arena.

CLUECA

CLUECA: Simboliza el amor materno previsor y protector, en ocasiones incluso en el sentido de lo exagerado o caricaturesco.

Gallo

COBRE

COBRE: Entre algunas tribus africanas es símbolo general de la luz, la vida y todos los principios de eficacia activa, por ejemplo la palabra, o el semen.

En la Alquimia el cobre corresponde al planeta Venus, cuya naturaleza se describe como femenina, caliente, húmeda y por ende al ocio y a los placeres carnales.

Metales

COCHLAEUS

Johann Cochlaeus (1479-1552), sacerdote, profesor de teología que destacó por ser uno de los más feroces adversarios de Lutero.

Su verdadero nombre era Johann Dobenech, siendo Cochlaeus una adaptación latina del nombre de la localidad alemana donde nació.

Fue precisamente el teólogo que afirmó que Lutero había sido engendrado por un demonio.

COCODRILO

COCODRILO: Obviamente relacionado con el simbolismo del agua, pero al ser anfibio sus significados propios suelen complicarse.

Fue objeto de especial veneración en Egipto, en tanto que nacido del agua lo mismo que el Sol; el dos cocodrilo Sobek simultaneaba los rasgos solares y los ctónicos.

También el dios de la tierra podía encarnarse en un cocodrilo.

Algunas culturas amerindias tenían por creador del mundo a un cocodrilo que habitaba el océano primigenio; en otras es el animal que lleva el mundo a sus espaldas.

En la Biblia el nombre de Leviatán alude al cocodrilo, el cual simboliza a Egipto en otros pasajes.

En el arte cristiano tiene significados próximos a los del dragón.

CODEX ALEXANDRINUS

CODEX ALEXANDRINUS: Manuscrito griego de la Biblia, fechado a principios del siglo V, regalado por el patriarca de Constantinopla a Jacobo I, que incluye las dos epístolas de San Clemente.

CODEX BEZAE

CODEX BEZAE: Manuscrito griego y latino de los Evangelios, Hechos de los Apóstoles y Juan, considerado como el principal texto occidental del Nuevo Testamento.

Se le suele fechar entorno al siglo V.

CODEX MANI

CODEX MANI: Papiro fechado paleo-gráficamente en el siglo V que relata la vida de Mani.

Ofrece especial interés la biografia y sus años de formación, de los cuatro a los 24 años.

CODEX SINAITICUS

CODEX SINAITICUS: Manuscrito de la Biblia escrito en griego descubierto en el año 1844 en el Monte Sinaí.

Además del Antiguo y Nuevo Testamento, contiene la Epístola de Bernabé y parte del Pastor de Hermas.

Se suele considerar que fue escrito en Egipto sobre el siglo V.

CODEX VATICANUS

CODEX VATICANUS: Manuscrito de la Biblia escrito en griego y que se conserva en la Biblioteca Vaticana desde 1481.

Se le fecha en el siglo V y data su procedencia de Alejandría.

Contiene el Antiguo Testamento y el Nuevo, aunque de este último falta a partir de Hebreos.

CODORNIZ

CODORNIZ: En China era símbolo de la primavera por tratarse de un ave migratoria que retorna en dicha estación, próxima al fuego, a la luz y por tanto, al principio yang.

Sus idas y venidas anuales hacen de ella también el símbolo de la alternancia de los influjos de yinyang. Rana.

COFRADIA DE LA LIBERTAD PERFECTA

Ver Pl-kyodan.*

COFRADIA DE LOS PUROS,

Ver sikhs.*

COFRADIAS MUSULMANAS

COFRADIAS MUSULMANAS: Asociaciones jerárquicas promotoras del sufismo en la línea marcada por su fundador.

La mayor parte de las cofradías datan de los siglos XII y XIII, habiendo afectado su labor a todos los estratos sociales, pero con mayor incidencia en las clases populares.

Desempeñaron un gran papel en el desarrollo del Islam en África Negra y en Asia.

COJERA

COJERA: Al igual que los ciegos, la minusvalía física puede simbolizar alguna insuficiencia espiritual, pero ocasionalmente se les atribuyen a los cojos, como a los tuertos y los jorobados, capacidades extraordinarias en ciertos aspectos (son, por ejemplo, brujos, hechiceros, o dioses del fuego como Hefesto).

En la mitología griega la cojera es frecuente castigo por una desobediencia a los dioses (el mismo Hefesto cojea por haberse puesto a favor de su madre Hera en contra de su padre Zeus).

En las creencias populares el Diablo es cojo, también como castigo por su desobediencia.

COJOS

COJOS: En muchas mitologías los seres de una sola pierna (divinidades, brujos, hechiceros o animales) tienen jurisdicción sobre la lluvia y el trueno.

En China la aparición de un pájaro de una sola pata anunciaba la lluvia; para invocarla se celebraban danzas simulando la pata coja.

COLIRIDIANOS

COLIRIDIANOS: Secta herética cristiana contemporánea de San Epifanio, cuya herejía radicaba fundamentalmente en adorar a la Virgen como deidad.

COLMENA

COLMENA: En el arte cristiano del medioevo simbolizó a María, por encontrarse "toda la miel" en su interior, es decir, Jesucristo. Abeja

COLORES

COLORES: En toda época han sustentado abundantes significados simbólicos, a su vez definidos en buena parte por las caracterizaciones básicas caliente/frío, claro/oscuro.

COLOSO

COLOSO: Estatua de cuerpo entero y de tamaño superior al natural, sobre todo de dioses o de soberanos, con la finalidad de simbolizar fuerzas sobrenaturales (por ejemplo las estatuas sedentes de Abu Simbel o el coloso de Rodas, que fue una de las maravillas del mundo).

COLUMNA DE FUEGO

COLUMNA DE FUEGO: Fuego, Columna.

COLUMNA DE PASIÓN

COLUMNA DE PASIÓN: Columna del martirio, columna de los azotes, especialmente en los siglos XV y XVI, columna con representaciones plásticas de los instrumentos de la Pasión, coronada por el gallo de Pedro.

COMA

COMA: Pérdida del conocimiento, sensibilidad y motilidad voluntaria con conservación de las funciones vegetativas.

COMETA

COMETA: En muchas culturas de la Antigüedad, en la Edad Media y también entre los amerindios y los africanos, heraldo de desgracia (hambre, guerras, pestes, catástrofe universal).

No obstante, las artes pláticas a menudo han representado en figura de cometa la estrella de Belén.

COMO

Bernardo de Como (1455-1510), teólogo que ejerció de inquisidor en la localidad de Como.

Es autor de una obra titulada "De Strigis", donde indica que en determinadas circunstancias no era herejía evocar al demonio y ordenarle lo que tenía que hacer.

COMODIANO

COMODIANO: Poeta romano del siglo III que en sus obras atacó a los paganos, herejes y judíos, ridiculizando a los dioses de la mitología, y anunció la llegada del Anticristo y el fin del mundo.

COMPAÑERAS DEL INTROITO

COMPAÑERAS DEL INTROITO: Secta francesa contemporánea que tenía su centro en París donde se dedicaba a las prácticas de brujería.

Su jefe, Francois, inició a mediados de los años sesenta con otras séis mujeres una serie de prácticas a través del uso de drogas y alucinógenos defendiendo que podían llegar a ser todas una sola con el mismo cuerpo y el mismo espíritu.

Sus prácticas sabáticas eran dirigidas cada vez por una distinta de ellas que adoptaba el papel de Belcebú.

COMPAÑEROS DEL PROFETA

COMPAÑEROS DEL PROFETA: Los musulmanes que vivieron con Mahoma y que, salvo algunas excepciones como el abisinio Bilal y el persa Salman, eran árabes reciben el nombre de Sahaba o Compañeros del profeta.

Estas personas fueron quienes se encargaron de hacer de compiladores y transmisores del Corán, los primeros garantes del hadit. los testigos de la sunna.

Unos pertenecían a la propia familia del profeta. como Alí; otros al clan hasimi, como Abu Bakr Umar y otros al clan omeya, como Utman.

También se cuentan entre los "compañeros" a algunos de los mediníes: Ubbay ibn Kab o Zayd ibn Tabit.

COMPRENSIÓN INTUITIVA

COMPRENSIÓN INTUITIVA: (En jap.: engaku, en sánsc.: pratyekabuddha.) Octavo de los Diez Estados. Estado en el cual uno intenta conscientemente comprender la verdad última de la vida y aprender el camino hacia la propia transformación, mediante la observación directa de los fenómenos de la naturaleza.

Ver también "Diez estados".

("Los Principales escritos de Nichiren Daishonin" Glosario Vol. I - II 1995 - 1998 SGIAR)

COMUNIDAD DE LA VERDADERA INSPIRACION

Ver Amena.*

COMUNIDAD DEL ISLAM EN OCCIDENTE

Ver Musulmanes Negros.*

COMUNIÓN

COMUNIÓN: La Comunión es el sacramento en el cual compartimos el pan que está hecho con la simiente de castas plantas, y en las cuales el cáliz, simboliza la cápsula de simiente libre de pasión. Es un indicio de la edad futura, una edad en la cual el matrimonio no será necesario para transmitir la simiente desde el padre a la madre, porque entonces nos alimentaremos directamente de la vida cósmica y habremos de este modo vencido a la muerte.

CONCENTRACIÓN Y DISCERNIMIENTO

CONCENTRACIÓN Y DISCERNIMIENTO: Nombre que recibe el sistema completo de meditación instaurado por T'ien-t'ai en el Maka Shikan; tiene como meta última percibir «la región de lo insondable», es decir, la unificación de las tres verdades o el ichinen sanzen dentro de la propia mente. «Concentración» significa enfocar, sin distracciones, la mente en un lugar, y «discernimiento», ver todas las cosas como son, penetrando la última realidad de todo fenómeno.

Seikyo Nro. 788 20/06/1999.

CONCIENCIA ACUMULADA

CONCIENCIA ACUMULADA: Denominación dada a la doctrina budista del Mahayana.*

CONCIENCIA CRÍSTICA

CONCIENCIA CRÍSTICA: La energía del Cristo Cósmico, también conocida como el principio Crístico

Encarnada para nosotros por el Cristo, está actualmente despertando en los corazones de millones de personas en todo el mundo

La energía de la evolución per se

CONCILIOS

CONCILIOS: Reunión de eclesiásticos, generalmente obispos, de la Iglesia para determinar y reglamentar la doctrina, liturgia y disciplina de la propia Iglesia.

Los católicos reconocen un total de veintiún concilios, mientras que los ortodoxos tan sólo aceptan los siete primeros calificados de "ecuménicos" que se celebraron antes del Cisma de Oriente el año 1054, cuando se produjo la separación de la Iglesia de Occidente de la Iglesia de Oriente.

Los concilios son: I de Nicea (325), I de Constantinopla (381), Efeso (431), Calcedonia (451), II de Constantinopla (553), III de Constantinopla (680), II de Nicea (787), IV de Constantinopla (869), I de Letrán (1123), II de Letrán (1139), III de Letrán (1179), IV de Letrán (1215), I de Lyon (1245), II de Lyon (1274), Vienne (1311), Constanza (1414), Basilea (1431), V de Letrán (1512), Trento (1545), Vaticano I (1869) y Vaticano II (1962).

CONCLAVE

CONCLAVE: Reunión de los cardenales de la Iglesia Católica para elegir un nuevo Papa, tras la muerte del anterior.

CONDICIONALISMO

CONDICIONALISMO: Sistema teológico que se basa en las palabras de Ezequiel: "el alma pecadora morirá". Por tanto la inmortalidad sólo la merecen aquellas personas que se han comportado correctamente durante la vida.

CÓNDOR

CÓNDOR: Según las nociones mitológicas de los pueblos andinos personificaban las fuerzas y era emblema del Sol.

CONDURMIENTES

CONDURMIENTES: Nombre dado a una secta de herejes cristianos del siglo XIII al XIV, que so pretexto de practicar la caridad evangélica, autorizaban la promiscuidad de sexos, haciendo dormir en una misma habitación a hombres y mujeres.

CONO

CONO: Participa del simbolismo del círculo y del triangulo; como símbolo estuvo posiblemente en relación con algunas deidades de la fecundidad (Astarté o Ishtar y Afrodita)

En otros contextos la superficie del cono, que confluye hacia un vértice, puede ser imagen primordial de una evolución espiritual, de la que va prescindiendo del movimiento y la multiplicidad de la materia y progresa hacia la concentración, la identidad y el conocimiento de sí mismo.

CONOCIMIENTO

CONOCIMIENTO: Los Rosacruces afirman que nada se aprende si no es por experiencia, distinguiendo así entre creencia y conocimiento.

CONSCIENCIA

CONSCIENCIA: Cualidad o producto de la actividad íntima del espíritu humano para reconocerse en sus atributos esenciales y en todas las modificaciones que en sí mismo experimenta, al percibir y aquilatar los objetos, las imágenes y sensaciones del medio ambiente, que le son transmitidas por los órganos sensoriales y el cerebro.

CONSEJO MUNDIAL DE LAS IGLESIAS

CONSEJO MUNDIAL DE LAS IGLESIAS: Constituida formalmente en Amsterdam el año 1948, la Unión de las Iglesias que aceptan a Jesucristo como Dios y Salvador agrupa las principales denominaciones cristianas del mundo, tanto en Occidente como en Oriente.

No pertenece a ella la Iglesia Católica. aun cuando

mantiene desde 1961 observadores en la citada Asamblea.

CONSTELACIÓN, KALPA

CONSTELACIÓN, KALPA: El nombre del próximo kalpa principal, después del que transcurre en el presente.

Uno de los tres kalpas-el pasado kalpa Glorioso, el presente kalpa Sabio y el futuro kalpa Constelación-, según el Sanko Sanzembutsu Engi (Registro de los tres mil budas de los tres kalpas). En este kalpa Constelación, mil budas, a partir del buda Nikko, y hasta el buda Shumiso, aparecerán sucesivamente. Según el Busso Toki, el kalpa Constelación, mil budas, a partir del buda Nikko y hasta el buda Shumiso, aparecerán sucesivamente. Según el Busso Toki, el kalpa constelación se llama así, porque los budas que aparecerán durante el transcurso son tan numerosos como las constelaciones celestiales. Seikyo Nro. 788 20/06/1996.

CONSTITUCIÓN DÉCUPLE DEL HOMBRE

CONSTITUCIÓN DÉCUPLE DEL HOMBRE: El hombre es un triple Espíritu que posee una mente gobernando con ella un triple cuerpo, el cual él hizo emanar de sí mismo para adquirir experiencia.

Este triple cuerpo el Espíritu lo transmuta en una triple Alma, de la cual él se nutre, elevándose así de la impotencia a la omnipotencia.

El espejo de la Mente también contribuye a aumentar el crecimiento espiritual porque los pensamientos que transmite, a y del Espíritu, lo pulen abrillantándolo más y más, ayudándolo e intensificando su foco y reduciéndolo a un solo punto, haciéndolo perfectamente flexible y bajo el control del Espíritu.

CONSTITUCIÓN SÉPTUPLE DEL HOMBRE

CONSTITUCIÓN SÉPTUPLE DEL HOMBRE: La constitución séptuple del hombre se compone de:

1) Espíritu Divino

2) Espíritu de Vida

3) Espíritu Humano. Estos tres corresponden a El Ego o Triple Espíritu

4) La Mente-Foco a través del cual se refleja el Ego en el Triple Cuerpo

5) Cuerpo de Deseos

6) Cuerpo Vital

7) Cuerpo Denso El Triple Cuerpo, la sombra del Triple Espíritu Constitución Décuple del H6mbre*.

CONTEMPLACIÓN

CONTEMPLACIÓN: Estado en que se mantiene un objeto o tema ante la visión mental y se deja que el alma de aquél, nos hable figuradamente enseñándonos todo lo referente a su aspecto vital, así como la Meditación nos enseñó lo referente a la forma.

COPA

COPA: El recipiente que circula de mano en mano para que todos beban es símbolo de amistad y camaradería.

En la Biblia, con carácter ambivalente: la copa de la ira como emblema de la cólera y el castigo divinos; la de las bendiciones y la alegría simbolizando la presencia de Dios.

COPTO

COPTO: Evolución del antiguo lenguaje egipcio, el cual pudo subsistir como idioma hablado hasta el siglo XVI de nuestra era.

Se conservo gracias a los descendientes de los súbditos de los faraones convertidos a partir del siglo III al cristianismo.

Se estructuró en un alfabeto híbrido formado por caracteres griegos, a los que se añadieron siete letras procedentes del alfabeto demótico.

CORAL

CORAL: Como ser que vive en el mar y se presenta a menudo en forma de pequeñas ramas o arbolillos, el coral comparte simbolismos con el agua y también con el árbol; se sabe además que pese a su aspecto arborescente, esos esqueletos calcáreos son morada de unos minúsculos animales, de tal manera que en apariencia el coral tiene algo de los tres reinos, el mineral, el vegetal y el animal.

Por su color rojo simbolizó en ocasiones la sangre y como tal sirvió para fabricar amuletos.

CORBAN

CORBAN: Término hebreo usado en el código

sacerdotal con el sentido de ofrenda, oblación destinada a Dios.

CORDERO PASCUAL

CORDERO PASCUAL: Símbolo de Cristo, de su Pasión y su Resurrección. Cordero.

CORDERO

CORDERO: Al igual que la oveja, por su ingenuidad, su paciencia y su color blanco simboliza la mansedumbre, la inocencia y la pureza.

En la Antigüedad es, con el carnero, la víctima habitual de los ritos de sacrificios, por lo que se convirtió en símbolo de Cristo y su muerte.

En el arte cristiano, solo o entre otros representa el Cordero de Dios que lleva los pecados del mundo; en rebaño, la grey de los fieles, o la Iglesia de los mártires (aparecieron entonces Cristo en figura de Buen Pastor).

El Juicio Final se representa a menudo bajo la imagen de Cristo que separa los corderos de los cabríos.

El Cordero el octavo signo del Zodiaco Chino y corresponde a Escorpio.

CORDONES, ANUDAMIENTO

CORDONES, ANUDAMIENTO: Práctica mágica mediante la cual se despoja de su fuerza a un enemigo.

Tanto en la Antigüedad como en la Edad Media se aplicaba este recurso en relación con la fuerza sexual. Se trataba, por tanto, de hacer impotente a un hombre.

Ya en uno de los escritos rabínicos se atribuye a Cam, hijo de Noé, la invención mágica del anudamiento de cordones.

Esta práctica consistía en utilizar un cordón de lana que se ataba durante la noche en la puerta, o en alguna otra pertenencia, de la persona sobre la que se trataba de actuar.

Existía una protección contra el anudamiento que consistía en el recitado de ciertas oraciones o en llevar dientes de alguna persona muerta.

CORDOVERO

Ver Compañeros.*

CORPO FECHADO

CORPO FECHADO: Palabra brasileña que quiere decir "cuerpo cerrado", empleada según la macumba para señalar algunos ritos dedicados a hacer de una persona un ser invulnerable contra los riesgos y peligros que provienen de los malos espíritus.

COSECHA

COSECHA: Simboliza la consumación de las cosas, y en el arte cristiano, a menudo por lo mismo, el Juicio Final.

COSMOGONÍA

COSMOGONÍA: Suerte de mito o leyenda que trata de ofrecer una explicación al origen y creación del Universo, en base a la actuación de una deidad inicial la cual establece un orden donde antes de su concurso tan solo existía lo que se conoce como "Caos Primordial".

En Egipto existieron un buen número de ellas, siendo las principales las desarrolladas en Heliópolis, Hermópolis, Menfis y Tebas.

COSMOS

COSMOS: Los griegos llamaron el estado de segregación ordenada que ahora vemos, las órbitas danzantes que iluminan la bóveda arqueada del cielo, la determinada procesión de los planetas alrededor de una luz central, el Sol majestuoso, la ininterrumpida sucesión de las estaciones y las alternativas incambiables del flujo y reflujo de las mareas —todo este agregado y sistemático orden— fue llamado Cosmos y se supuso que procedía del Caos.

COYOTE

COYOTE: Lobo de las praderas de Norteamérica; varias culturas de los indios lo consideran el origen de todos los males, especialmente del invierno y de la muerte.

CREACIÓN

CREACIÓN: El problema de cómo se creó el mundo es tan antiguo como la conciencia que permite al hombre tener noción de las cosas que le rodean.

El niño, cuando todavía no se ha descubierto a sí mismo, es uno con el mundo, pero tan pronto como se dice "yo" por primera vez se ha diferenciado del mundo que le rodea; el descubrimiento del yo es simultáneo al de la circunstancia.

El mundo se crea cuando el humano lo descubre; por eso hay himnos a la Creación según los cuales la conciencia no deriva de la existencia, sino ésta de la conciencia (según H. Adler).

La conciencia se diferencia de lo inconciente, que es insondable; pero lo inconciente estuvo en el principio y aparece, en los mitos de la Creación de los diversos pueblos, como el caos, el mar, la noche, el pájaro negro, etc.

CREACIONISMO

CREACIONISMO: Teoría que sostiene que Dios crea inmediatamente un alma nueva para cada ser humano que nace.

CRECIMIENTO ACELERADO

CRECIMIENTO ACELERADO: Los faquires afirman poseer poderes para hacer crecer más rápidamente las plantas y animales, en función de ser receptores de fluidos espirituales y solares.

CREDO ATANASIO

CREDO ATANASIO: Formulación de fe cristiana acerca de la Trinidad y la cristalogia, compuesto originalmente en latín, sobre los años 381 a 428. Ha sido muy utilizado por la cristiandad occidental.

CREME

Benjamín Creme es el nombre de un miembro de la secta espiritista Maestros Ascendidos, que anunció que Jesucristo había vuelto a la Tierra el año 1977 bajo la forma de Maitreya.

CRIPTESTESIA

Del griego oculto (kryptos) y sensibilidad (aisthesis), es la facultad de percibir lo oculto.

Sinónimo de Percepción Extra Sensorial.

CRIPTESTESIA

Sensación de lo oculto.

Término usado por Ch. Richet (1850, 1936) para designar qué, según él, el fenómeno paranormal se debería a algún tipo de vibración o emisión material desconocida.

También se la conoce por sexto sentido.

CRIPTOGNOSIS

CRIPTOGNOSIS: Del griego oculto (kryptos) y conocimiento (gnosis), comprende lo que se encuentra almacenado en el inconsciente y que puede manifestarse durante un fenómeno paranormal.

CRIPTOGRAFÍA

CRIPTOGRAFÍA: Del griego oculto (Kriptos) y escribir (Gráphein).

Escritura en clave, escritura oculta o velada.

CRIPTOMNESIA

CRIPTOMNESIA: Del griego oculto (kryptos) y memoria (mnesis), es la facultad paranormal de recordar sucesos ocultos en el inconsciente.

CRIPTOQUINESIA

CRIPTOQUINESIA: O Criptokinesis, del griego oculto (kryptos) y movimiento (kinesis), se llama así, en la parapsicología, a la facultad oculta de poder mover objetos espontáneamente, con el poder de la psique.

CRISÁLIDA

CRISÁLIDA: Ninfa, fase de la metamorfosis de algunos insectos; sobre todo la de la mariposa simbolizó para diversas culturas la mudanza espiritual, la transformación y al mismo tiempo la situación desvalida y estado de retiro en que se allá muchas veces el humano que se dispone a entrar en una nueva etapa de su existencia.

CRISANTEMO

CRISANTEMO: En la China y el Japón simboliza la felicidad y larga vida.

Por la disposición radial de sus pétalos es también símbolo solar.

Emblema de la Casa imperial japonesa.

CRISMA

CRISMA: Mezcla de aceite de oliva y especias que se emplea para la unción de diversos sacramentos y que simboliza la unidad en la doble naturaleza (la divina y la humana) de Cristo.

CRISMÓN

CRISMÓN: Cualquiera de las presentaciones del monograma de Cristo formado por las iniciales griegas del nombre X (chi) y P (rho), o más antiguamente de Jesucristo (J y X); empleado ya por Constantino en Grande como símbolo de Cristo o del cristianismo.

Con frecuencia las dos letras aparecen circunscritas por un círculo para evocar la imagen de la rueda, correspondiente a la simbología cósmica y solar.

Otras veces se añaden las letras Alfa y Omega, o los símbolos del Sol y de la Luna para aludir a la crucifixión, durante la cual se ocultó el Sol y apareció la Luna.

IHS.

Cruz anastásica.

CRISTADELFOS

CRISTADELFOS: El año 1848 un pastor conformista emigrado a Estados Unidos, John Thomas, fundó una secta propia que se basaba en que el Cristo de los judíos debía volver a Palestina de nuevo y convertir a los hebreos antes de imponer en toda la Tierra el reino de los Mil Años.

Este nuevo reino permitiría de los cuerpos y las almas no conociesen la muerte, ya que fuera de él los hombres son mortales, y las almas igual que los cuerpos. Si bien en un principio se les conocía como Hermanos en Cristo, a partir de 1864 cambiaron su nombre por el de Cristadelfos o Cristadelfianos.

CRISTAL

CRISTAL: Símbolo de la pureza y la transparencia; por lo tanto a menudo lo es también del espíritu; sus significados son similares a los del diamante.

Como cuerpo material que, sin embargo y a diferencia de la materia vulgar, es transparente, simboliza también la reunión de los contrarios, sobre todo de lo espiritual y lo corporal.

Como el cristal no arde pero sí concentra los rayos del sol y puede inflamar otros objetos con su luz, el cristianismo lo consideró símbolo de Inmaculada Concepción, es decir, mariano.

CRISTIADA

Ver Babinot.*

CRISTO CÓSMICO

CRISTO CÓSMICO: El Principio Crístico a niveles cósmicos.

CROCUS

CROCUS: Familia botánica que cuenta con más de 60 especies, en la Antigüedad fue especialmente estimado el azafrán; los comensales de los banquetes ceñían coronas de azafrán por la creencia de que prevenía la embriaguez.

El colorante amarillo que se obtenía de la flor simbolizaba la luz y la majestad; de ahí la frecuente coloración azafranada de las indumentarias de los dioses y reyes.

La coloración dorada de su pistilo hizo del azafrán ocasional símbolo del oro en las escrituras cristianas y, por tanto, de la virtud más alta, la caridad.

CROMAAT

CROMAAT: Palabra de raíz egipcia empleada por los rosacruces a modo de saludo.

CRONESTESIA

CRONESTESIA: Del griego tiempo (cronos) y sensibilidad (aisthesis), se interpreta como la facultad paranormal espontánea de percibir los sucesos en distancias de tiempo, como hacer una predicción.

CRONOPATÍA

CRONOPATÍA: Se le llama así a la facultad paranormal de conocer los acontecimientos de un pasado remoto o del futuro, mediante la Telepatía o la Clarividencia.

Consulte también los términos Postcognición y Precognición.

CRONOS

CRONOS: La personificación simbólica del tiempo, por lo general identificada con el dios Kronos o Saturno, por lo que adopta sus atributos, la guadaña y el reloj de arena, que apuntan al carácter perecedero de las cosas terrenales.

CRONSTADT

Ver Yenochovzy.*

CROQEUMORT

CROQEUMORT: Dentro del vuduismo es el nombre que recibe la persona encargada de enterrar a un muerto después del ritual funerario.

CRUCES DE PIEDRA

CRUCES DE PIEDRA: La arqueología de las Islas Británicas describe bajo este nombre una especie de cruces de término que suelen llevar ornamentación de tipo vikingo en donde los elementos paganos se reinterpretan dándoles un sentido cristiano, por ejemplo haciendo figurar en el travesaño el "árbol de la vida" rodeado de animales, como la que señala la isla de Man, del siglo X.

CRUCHE

CRUCHE: Todos los ritualistas vuduistas denominan así a un jarro de barro que puede emplearse para hacer libaciones.

CRUZ ANASTÁSICA

CRUZ ANASTÁSICA: Representación simbólica de la muerte (sin crucifijo pero con crismón) y resurrección de Cristo (centinela dormido, cruz de victoria) en la decoración de los sarcófagos.

CRUZ DE SAN ANTONIO

CRUZ DE SAN ANTONIO: Cruz egipcia, la que tiene forma de tau griega, de ahí que se llame también tau o tao.

CRUZ ENRAMADA

CRUZ ENRAMADA: Cruz enarbolada, cruz florida, cruz de Cristo que ha echado ramas, flores y frutos, imagen frecuente sobre todo en Alemania e Italia, como símbolo del vencimiento de la muerte.

En ocasiones la cruz enramada y con crucifijo remite al árbol edénico de la ciencia; hay ejemplos a partir del siglo V. Árbol de la vida.

CRUZ GRAMADA

CRUZ GRAMADA: Crux gammata, Esvástica

CRUZ ORLADA

CRUZ ORLADA: Cruz o crucifijo que destaca sobre una orla circular, a veces con otros motivos ornamentales, más frecuente entre el siglo XI y finales del siglo XIII.

CTHULHU

CTHULHU: Figura blasfema y horripilante que llegó del espacio y que vive en lo más profundo de los océanos, según se afirma en el "Necronomicon", un libro prohibido escrito por un árabe loco en el cual se describe la figura de este dios y sus abominables hechos y preceptos religiosos.

Estos conceptos corresponden a la literatura escrita por H. P. Lovecraft.

CUADRATURA DEL CÍRCULO

CUADRATURA DEL CÍRCULO: Dado un círculo, se trata de construir con la regla y el compás un cuadrado que tenga igual área que aquél.

Se ha demostrado que el problema era insoluble, pese al gran interés que le dedicaron los deseosos de establecer una imbricación entre la simbología del círculo y la del cuadrado.

CUATRO (GRANDES) BODHISATTVAS

CUATRO (GRANDES) BODHISATTVAS: Jogyo (en sánsc.: Visistacaritra), Muhengyo (Anantacaritra), Jyogyo (Visuddhacaritra) y Anryugyo (Supratisthitacaritra).

Adalides de los Bodhisattvas de la Tierra descritos en el capítulo "Yujutsu" del Sutra del Loto.

Significan, respectivamente, las cuatro nobles cualidades de la vida: verdadero yo, eternidad, pureza y felicidad.Cuatro malos caminos:

Primeros cuatro de los Diez Estados: Infierno, Hambre, Animalidad e Ira. Son los estados de sufrimiento que experimentan las personas debido a su mal karma. (

"Los Principales escritos de Nichiren Daishonin" Glosario Vol. I - II 1995 - 1998 SGIAR)

CUATRO BODHISATTVAS

CUATRO BODHISATTVAS: Jogyo ('Prácticas superiores'), Muhengyo ('Prácticas ilimitadas'), Jyogyo ('Prácticas puras') y Anryugyo ('Prácticas consumadas'). Adalides de los Bodhisattvas de la Tierra descritos en el capítulo "Irrumpir de la Tierra" (15) del Sutra del Loto.

Aunque la pronunciación de Jogyo y Jyogyo es la misma, se escriben de modo diferente para mostrar que están escritos con caracteres chinos distintos).

("Los Principales escritos de Nichiren Daishonin" Glosario Vol. I - II 1995 - 1998 SGIAR)

CUATRO CIELOS DE MEDITACIÓN

CUATRO CIELOS DE MEDITACIÓN: Tambien, cuatro cielos dhyana.

Cuatro cielos que constituyen el mundo de la forma, subdivididos con posterioridad en ocho cielos.

Mediante la práctica de las cuatro etapas de meditación, al liberarse (le las ilusiones del mundo del deseo, se puede renacer en los cuatro cielos. Ver también "Veintiocho cielos".

Seikyo Nº 932 - 20/06/2000.

CUATRO CLASES DE CREYENTES

CUATRO CLASES DE CREYENTES: También denominadas cuatro clases de personas.

1) Cuatro categorías de gente que cree en el Budismo: sacerdotes (o monjes), monjas, mujeres y hombres laicos.

2) Cuatro clases de personas en la asamblea donde predica el Buda: aquellas que solicitan que el Buda exponga la enseñanza (en japonés, hokki-shu); quienes la valoran (yogo-shu); quienes habiendo adquirido una madurez suficiente, escuchan la enseñanza del Buda, y se benefician de inmediato (toki-shu); y quienes, a pesar de no lograr beneficiarse en el momento, forman de todos modos un lazo con la enseñanza del Buda que les permite un beneficio futuro (kechien-shu).

Seikyo Nº 932 - 20/06/2000.

CUATRO CONTINENTES

CUATRO CONTINENTES: Continentes ubicados, según el punto de vista de la india antigua, al este, oeste, norte y sur del monte Sumeru. ellos son:

Purvavideha (en japonés, Hotsubadai o Shoshin-shu) al este; Aparagodaniya (Kuyani o Goka-shu) al oeste; Uttarakuru (Uttannotsu o Kuru-shu) al norte; y Jambudvipa (Embudai o Senbu-shu) al sur.

Se dice que fue en Jambudvipa donde apareció y se propagó el Budismo.

Seikyo Nº 929 - 20/05/2000.:

CUATRO DEUDAS DE GRATITUD

CUATRO DEUDAS DE GRATITUD: Deudas para con los padres de uno, con todos los seres vivientes, el soberano y los tres tesoros.

Cuatro deudas establecidas en el Sutra Shinjikan. Nichiren Daishonin se refiere a estas cuatro deudas de gratitud en el "Shion sho" ("Las cuatro deudas de gratitud").

En el "Hoon sho" ("Retribución de las deudas de gratitud"), él menciona la gratitud hacia los padres, el maestro, los tres tesoros y el soberano.

Seikyo Nº 929 - 20/05/2000.

CUATRO ELEMENTOS

CUATRO ELEMENTOS: Cuatro elementos que constituyen todas las cosas: tierra, agua, fuego y viento. Además de estos cuatro, el Budismo establece el elemento ku, que actúa como integrador y armonizador de los cuatro elementos.

Ver también "Cinco elementos".

Seikyo Nº 929 - 20/05/2000.:

CUATRO ENSEÑANZAS

CUATRO ENSEÑANZAS: Las enseñanzas del Tripitaka, de conexión, específica y perfecta.

Véase "Ocho enseñanzas".("Los Principales escritos de Nichiren Daishonin" Glosario Vol. I - II 1995 - 1998 SGIAR)

CUATRO ETAPAS DE MEDITACION (EN SÁNSCRITO, CBATUR-DHYANA)

CUATRO ETAPAS DE MEDITACION (EN SÁNSCRITO, CBATUR-DHYANA): También, cuatro etapas de dhyana.

Cuatro niveles de meditación que permiten a las personas del mundo del deseo erradicar las ilusiones y renacer en los cuatro cielos de meditación en el mundo de la forma.

La primera meditación conduce al primer cielo, y así, sucesivamente. En la primera meditación, uno se libera de los deseos de los sentidos y de cometer actos malvados, y de este modo, siente placer. En la segunda meditación, uno experimenta concentración mental y serenidad interior, que también produce placer. En la tercera meditación, uno siente verdadero júbilo y ecuanimidad. En la cuarta meditación, se logra el estado que trasciende tanto el sufrimiento como el júbilo.

Seikyo Nº 938 - 20/08/2000.

CUATRO FORMAS DE NACIMIENTO

CUATRO FORMAS DE NACIMIENTO: Clasificación de distintos modos de llegar a la existencia. Nacer:

1) de un útero, como los mamíferos;

2) a partir de un huevo, como las aves;

3) de la humedad, en el caso de los gusanos, pues, según se creía, ese era su modo de nacer; y

4) por transformación, como las deidades y los seres de los infiernos.

Se dice que estos seres, luego de finalizar su existencia anterior, aparecen, repentinamente, del modo mencionado, debido al karma, sin la necesidad de padres u otros intermediarios.

Seikyo Nº 929 - 20/05/2000.

CUATRO GRANDES DISCÍPULOS QUE ESCUCHABAN LA VOZ

CUATRO GRANDES DISCÍPULOS QUE ESCUCHABAN LA VOZ: Maudgalyayana, Mahakashyapa, Katyayana y Subhuti.

("Los Principales escritos de Nichiren Daishonin" Glosario Vol. I - II 1995 - 1998 SGIAR)

CUATRO GRANDES HOMBRES DE APRENDIZAJE

CUATRO GRANDES HOMBRES DE APRENDIZAJE: Cuatro hombres de Aprendizaje entre los discípulos shomon de Shakyamuni, quienes pertenecían al grupo de capacidad intermedia. Ellos son Maudgalyayana, Mahakashyapa, Katyayana y Subhuti.

Los cuatro constituyen el segundo de los tres grupos de discípulos sbomon, que, mediante la parábola de las tres carretas y la casa en llamas relatadas en el capítulo "Hiyu" (tercero) del Sutra del Loto, comprendieron la enseñanza de "reemplazar los tres vehículos por el vehículo único" den japonés, kaisan ken'ichi). En el capítulo "Shinge" (cuarto), ellos manifiestan la comprensión de dicha enseñanza relatando la parábola del hombre rico y el hijo pobre.

El capítulo 'Juki' (sexto) predice el futuro logro de su Budeidad.

Seikyo Nº 929 - 20/05/2000.

CUATRO KALPAS

CUATRO KALPAS: Explicados en el Sutra Jo-agon y en el Kusha-ron. Cuatro períodos correspondientes a cuatro etapas de un ciclo que el mundo, según se afirmaba, repetía a perpetuidad: formación, permanencia, declinación y desintegración.

En el kalpa de formación, el mundo se configura en el espacio, y aparece en él una gran variedad de seres sensibles.

En el kalpa de permanencia, los seres vivientes desarrollan sus funciones vitales. En el kalpa de declinación, la tierra es destruida por desastres naturales, y disminuyen, paulatinamente, los seres vivientes, hasta su total desaparición.

En el kalpa de desintegración, debido a la completa destrucción, todo entra en e1 estado de la no existencia.

El ciclo de los cuatro kalpas se denomina kalpa mayor.

Ver también, individualmente, los kalpas por sus nombres.

Seikyo Nº 932 - 20/06/2000.

CUATRO MALOS CAMINOS

CUATRO MALOS CAMINOS: Infierno, Hambre, Animalidad e Ira. Denominados malos, porque son estados de sufrimiento. Tradicionalmente, se decía que la gente caía en esos estados debido a su mal karma por cometer los diez actos malvados, los cinco pecados cardinales o por calumniar la Ley verdadera.

Seikyo Nº 929 - 20/05/2000.

CUATRO MARES

CUATRO MARES: Mares que rodeaban las cuatro direcciones del monte Sumeru, que, según la antigua tradición india, se erguía en el centro del mundo.

Esta expresión se utiliza con frecuencia para hacer referencia al mundo entero.

("Los Principales escritos de Nichiren Daishonin" Glosario Vol. I - II 1995 - 1998 SGIAR)

CUATRO MEDITACIONES

CUATRO MEDITACIONES: (en sánscrito, chatrarismrity-zcpastbanani). Cuatro tipos de meditación hinayana para erradicar las ilusiones y lograr la iluminación.

Consisten en la contemplación del cuerpo coino algo impuro, en la primera; de toda sensación corno causa del sufrimiento, en la segunda; de la mente como algo impermanente, en la tercera; y de todas las cosas como carentes de naturaleza propia, en la cuarta meditación.

Seikyo Nº 932 - 20/06/2000.

CUATRO NOBLES VERDADES (EN SÁNSCRITO, CBATURARYA-SATYA)

CUATRO NOBLES VERDADES (EN SÁNSCRITO, CBATURARYA-SATYA): Verdades sobre el sufrimiento, el origen del sufrimiento, su cese y el camino hacia su erradicación.

Doctrina fundamental del Budismo que esclarece la causa del sufrimiento y el camino de la emancipación.

Se decía que Shakyamuni expuso las cuatro nobles verdades en el Parque de los Ciervos, en Varanasi, durante su primer sermón, después de lograr la Budeidad.

Ellas son:

1) toda existencia es sufrimiento;

2) el ansia egoísta es causa de sufrimiento;

3) al suprimir los anhelos egoístas, se erradica el sufrimiento y se logra el nirvana; y

4) el camino que erradica el sufrimiento es la disciplina del óctuple camino.

Seikyo Nº 932 - 20/06/2000.

CUATRO OBJETOS DE FE

CUATRO OBJETOS DE FE: Objetos de fe establecidos en el Daijo Kishinron.

Son la verdad esencial de las cosas (en sánscrito, bhutatathata; en japonés, shinnyo) y los tres tesoros, es decir, el Buda, la Ley que él expone y el creyente que protege y transmite su enseñanza.

Seikyo Nº 935 - 20/07/2000.

CUATRO PODERES ILIMITADOS DE

COMPRENSIÓN Y PRÉDICA

CUATRO PODERES ILIMITADOS DE COMPRENSIÓN Y PRÉDICA: Poderes que poseen los budas y los bodhisattvas:

1) completa comprensión de la Ley;

2) completo dominio de los significados que derivan de la Ley;

3) completa libertad para expresar en distintos idiomas y dialectos las enseñanzas; y

4) ingenio para utilizar a voluntad los tres poderes antes mencionados para predicar a toda la gente. Seikyo Nº 941 - 20/09/2000.

CUATRO PRÁCTICAS FÁCILES

CUATRO PRÁCTICAS FÁCILES: Ver "Cuatro modos pacíficos de practicar".

Seikyo Nº 929 - 20/05/2000.

CUATRO REGLAS

CUATRO REGLAS: Cuatro reglas que deben seguir los budistas, según el Sutra del Nirvana:

1) seguir la enseñanza y no, a las personas;

2) seguir el significado de la enseñanza y no, las palabras;

3) seguir la sabiduría verdadera y no, la comprensión de las gente común, y

4) seguir los sutras ' que sean completos y conclusivos, y no confiar en los sutras provisionales.

Seikyo Nº 938 - 20/08/2000.

CUATRO REYES QUE HACEN GIRAR LA RUEDA

CUATRO REYES QUE HACEN GIRAR LA RUEDA: Gobernantes ideales designados por los cielos para regir sobre las cuatro tierras que rodean el monte Sumeru.

Se los llama así, debido a que gobiernan el mundo haciendo girar las ruedas de la Ley que les fueron dadas por las deidades en su coronación. Estas ruedas son de cuatro clases: de oro, plata, cobre y hierro.

El Rey que gira la rueda de oro gobierna las cuatro tierras; el que gira la rueda de plata, las tierras del oriente, de occidente y del sur; el rey que gira la rueda de cobre, las tierras del oriente y del sur; y el que gira la rueda de hierro, la tierra del sur.

CUATRO SABORES INFERIORES

CUATRO SABORES INFERIORES: También cuatro gustos. Los primeros cuatro de los cinco sabores: leche fresca, crema, cuajada, mantequilla y mantequilla refinada. T'ien-t'ai utilizó los cinco sabores como metáfora de las enseñanzas de los cinco períodos Kegon, Agon, Hodo, Hannya y Hokke-Nehan, para comparar el proceso mediante el cual el buda Shakyamuni instruyó a sus discípulos, desarrollando gradualmente su capacidad, con el procedimiento de convertir la leche en mantequilla refinada.

Los cuatro sabores indican todos los sutras expuestos, antes del período Hokke-Nehan o, en otras palabras, las enseñanzas anteriores al Sutra del loto. La mantequilla refinada representa al Sutra del Loto.

Seikyo Nº 932 - 20/06/2000.

CUATRO SABORES Y TRES ENSEÑANZAS

CUATRO SABORES Y TRES ENSEÑANZAS: Término utilizado para indicar la totalidad de las enseñanzas predicadas antes que el Sutra del Loto.

Enseñanzas provisionales de Shakyamuni. T'ien-t'ai dividió las enseñanzas de éste en cinco períodos y los comparó con los cinco sabores mencionados en el Sutra del Nirvana: leche fresca, crema, cuajada, mantequilla y mantequilla refinada.

Los cuatro sabores indican todos los sutras expuestos antes que el Sutra del Loto. Ver también "Cinco períodos".

Las tres enseñanzas son la primeras de las cuatro enseñanzas de la doctrina. Véase, también, "Ocho enseñanzas".

CUATRO SABORES

CUATRO SABORES: Ver "Cuatro sabores inferiores". Seikyo Nº 938 - 20/08/2000.

CUATRO SUFRIMIENTOS

CUATRO SUFRIMIENTOS: Cuatro sufrimientos universales del nacimiento, la vejez, la enfermedad y la muerte.

Se dice que Shakyamuni, motivado por el deseo de encontrar una solución para estos cuatro sufrimientos, buscó la iluminación.

Seikyo Nº 938 - 20/08/2000.

CUATRO VALENTÍAS

CUATRO VALENTÍAS: Cuatro aspectos de la valentía del Buda al predicar.

El Buda es valiente, porque:

1) declara que está iluminado con respecto a la verdad de todo fenómeno;

2) proclama que ha extinguido todo deseo o ilusión;

3) enseña que los deseos y el karma pueden ser obstáculos para la iluminación; y

4) enseña que uno puede superar cualquier sufrimiento mediante la práctica del Budismo.

Seikyo Nº 929 - 20/05/2000.

CUATRO VERDADES NOBLES

CUATRO VERDADES NOBLES: Doctrina que aclara la causa del sufrimiento y el camino de la emancipación. Son las siguientes:

1) toda existencia implica sufrimiento;

2) el sufrimiento es causado por el deseo egoísta;

3) el deseo egoísta puede ser eliminado y

4) se elimina por medio de los ocho caminos.

CUATRO VIRTUDES INFINITAS

CUATRO VIRTUDES INFINITAS: en sánscrito, chatura-pramana

Cuatro modos de misericordia., son la inconmensurable misericordia de:

1) dar felicidad a otros,

2) quitarles el sufrimiento;

3) regocijarse de ver a otros emanciparse de los sufrimientos y conquistar la felicidad, y

4) ser imparcial con todos, abandonando el apego al amor y al odio. Se afirma que mediante la práctica de las cuatro virtudes es posible renace en el cielo Brahma.

CUATRO VIRTUDES

CUATRO VIRTUDES: Cuatro cualidades nobles de la vida del Buda, que se mencionan en el Sutra del Nirvana: eternidad (en japonés, jo), felicidad (raku), verdadero yo (ga) y pureza (jo). Cuando los mortales comunes logran la Budeidad, al llevar a cabo las enseñanzas del Buda, puesto que poseen naturaleza de Buda, pueden desarrollar también las cuatro virtudes.

Seikyo Nº 941 - 20/09/2000.

CUATRO VISIONES DEL BOSQUECILLO DE SAL

CUATRO VISIONES DEL BOSQUECILLO DE SAL: Cuatro percepciones del bosquecillo de árboles sal donde murió el buda Shakyamuni.

El Sutra del Nirvana explica que, debido a la diferencia del estado de vida de los mortales comunes, algunos perciben el bosquecillo de sal como la tierra de seres iluminados y no iluminados. Las personas de Aprendizaje y Comprensión Intuitiva, como la tierra de transición; los bodhisattva, como la tierra de la retribución real, y los budas, como la Tierra de la Luz Eternamente Tranquila.

Ver también "Cuatro clases de tierra".

Seikyo Nº 941 - 20/09/2000.

CUATRO VOTOS UNIVERSALES

CUATRO VOTOS UNIVERSALES: También llamados los "cuatro grandes votos" o, simplemente, los "cuatro votos". Votos que hacen los bodhisattvas cuando resuelven consagrarse, por primera vez, a la práctica budista. Ellos son:

1) salvar a innumerables seres vivientes,

2) erradicar incontables deseos mundanos,

3) dominar inmensurables enseñanzas budistas y

4) lograr la suprema iluminación.

Seikyo Nº 941 - 20/09/2000..

CUBO

CUBO: Dado, en tanto que poliedro de seis caras cuadradas participa de los significados del cuadrado, abundando en los aspectos de lo sólido, lo firme e invariable, ocasionalmente de la eternidad.

Uno de los desarrollos posibles del cubo es una cruz, que ha sido interpretada por el esoterismo como base astrológica para la planta de las construcciones eclesiales. Juan vio la "Ciudad Santa" en forma de dado (Apocalipsis 21,1 ss.). Caja.

Entre los cinco sólidos platónicos, el cubo representa la tierra.

CUCHILLO

CUCHILLO: Al igual que las tijeras en tanto como herramienta cortante, símbolo del principio activo, masculino, que da forma a la materia pasiva, femenina.

En el hinduismo el cuchillo es un atributo de las divinidades terribles.

Otras muchas culturas por el contrario, lo consideran talismán que ahuyenta las desgracias; posiblemente en relación con los significados simbólicos del hierro.

Un cuchillo en manos de un personaje del Antiguo Testamento alude a la circuncisión y es emblema de fidelidad a la Antigua Alianza.

CUCO

CUCO: Cuclillo, según la tradición védica es símbolo del alma antes y después de la encarnación, con lo cual el cuerpo viene a compararse con el nido ajeno de donde el cuco suele poner los huevos.

En el folklore occidental el número de veces que canta el cuco suele tomarse por presagio de años de vida, o que faltan para la boda o cantidad de dinero que se espera.

En la Edad Media se le atribuyó temperamento lujurioso y era emblema de las prostitutas.

Simbolizaba la astucia por sus hábitos parasitarios.

CUERNO DE BEBER

CUERNO DE BEBER: Rhyton, los griegos adoptaron de Oriente la costumbre de dar a los recipientes de beber o para escanciar forma de cuerno provisto de pitorro muy delgado en la parte inferior.

CUERNO DE CAZA

CUERNO DE CAZA: Lo sopla el arcángel Gabriel cuando acosa al unicornio; y también los ángeles del Juicio Final tocan cuernos de caza.

CUERNO DE LA ABUNDANCIA

CUERNO DE LA ABUNDANCIA: Cornucopia, atributo

y símbolo de la diosa Fortuna o de las personificaciones del otoño, significando los dones de la suerte y la bendición de las cosechas; originalmente el cuerno era de la cabra Amaltea o del dios río Aqueloo (que adoptó forma de toro para luchar con Hércules, y éste se lo rompió.

CUERPO ASTRAL

Muchas tribus antiguas tenían la creencia de que el ser humano tenía dos almas, de las cuales una salía del cuerpo durante el sueño.

En la metafísica, el espiritismo y otros cultos, se denomina así a la entidad que una persona libera consciente o inconscientemente.

En los casos de Bilocación y Desdoblamiento, es precisamente el cuerpo astral el que se traslada de un sitio a otro.

En la parapsicología, se considera que en un Viaje Astral, lo que "viaja" a otros sitios es la psique; es decir, proyecta su conciencia.

CUERPO ASTRAL

El vehículo emocional de un individuo.

CUERPO CAUSAL

CUERPO CAUSAL: El vehículo de expresión del alma en el plano causal, el tercer subplano del plano mental.

El receptáculo donde se guarda la conciencia de nuestro propio punto de desarrollo evolutivo.

Desde el punto de vista del plano físico este cuerpo no es subjetivo ni objetivo.

Sin embargo, es el centro de la conciencia egoica, y está formado por la conjunción de budi y manas.

Es relativamente permanente y perdura durante el largo ciclo de encarnaciones, disipándose únicamente después de la cuarta iniciación, cuando el ser humano ya no necesita renacer.

CUERPO DEL DHARMA O CUERPO DE LA LEY

CUERPO DEL DHARMA O CUERPO DE LA LEY: Uno de los tres cuerpos que posee el Buda.

También simboliza la realidad última o la Ley con respecto a la cual un buda está iluminado.

Significa la "entidad" o la "verdadera naturaleza" de la vida del Buda.

("Los Principales escritos de Nichiren Daishonin" Glosario Vol. I - II 1995 - 1998 SGIAR)

CUERPO DEL PECADO

CUERPO DEL PECADO: Personas que durante su vida terrestres se hartan de vicios y crueldades o emplean la magia negra para obtener poder sobre otros, endurecen su cuerpo vital y hacen que éste se compenetre inextricablemente con el cuerpo de deseos.

Los dos constituyen entonces lo que se llama el Cuerpo del Pecado.

Tales individuos quedan ligados a la zona terrestre cuando pasan a las tres regiones del purgatorio.

Las fuerzas del purgatorio no son capaces de desintegrar al cuerpo del pecado con la rapidez acostumbrada; de lo cual resulta que estos Egos se quedan bajo la influencia terrestre en algunos casos durante centenares de años, reteniendo su mala disposición.

CUERPO ETÉREO

CUERPO ETÉREO: A diferencia del Cuerpo Astral, el Cuerpo Etéreo es la representación del alma, cuando un sujeto ha fallecido.

En la metafísica, también se manifiesta el Cuerpo Etéreo en viajes de la conciencia.

CUERPO ETÉRICO

CUERPO ETÉRICO: (Doble etérico) El cuerpo físico del ser humano, según la enseñanza esotérica, está compuesto de dos partes, el cuerpo físico denso y el etérico.

El cuerpo físico denso está compuesto de materia de los tres subplanos inferiores del plano físico.

El cuerpo etérico está formado de materia de los cuatro subplanos superiores o etéricos del plano físico.

Es la contraparte energética del cuerpo físico, compuesto de siete centros principales (chakras) y 21 centros menores, una red que conecta todos los centros, y a hilos de energía (nadis) infinitesimalmente pequeños que subyacen en cada parte del sistema nervioso.

Los bloqueos en el cuerpo etérico pueden resultar en enfermedades físicas.

También conocido como cuerpo vital o envoltura

etérica.

CUERPO FÍSICO

CUERPO FÍSICO: Debemos estar sumamente agradecidos por el instrumento material, llamado Cuerpo Físico o Cuerpo Denso, que poseemos, porque éste es el más estimable de todos nuestros vehículos.

Si bien es perfectamente cierto que nuestro cuerpo físico es el más inferior de todos nuestros vehículos, es también igualmente cierto que ese vehículo es el más completo de todos nuestros instrumentos, y que sin él, los otros nos serían de poquísima utilidad, porque mientras este instrumento espléndidamente organizado, nos permite hacer frente a las mil y una condiciones de aquí, nuestros vehículos superiores están prácticamente inorganizados.

Hoy en día deberíamos tratar de espiritualizar nuestro instrumento físico y deberíamos comprender que es necesario ejercer primeramente nuestros vehículos superiores antes de que puedan sernos de utilidad.

CUERPO MANIFIESTO

CUERPO MANIFIESTO: en sánscrito, nirmana-kaya.

También propiedad o acción.

Uno de los tres cuerpos.

La forma física en la que un buda aparece en este mundo para salvar a la gente.

En otras palabras, el cuerpo manifiesto es el cuerpo del Buda con el que este realiza acciones misericordiosas para salvar a la gente, o también, estas mismas acciones.

CUERPO MENTAL

CUERPO MENTAL: El vehículo de la personalidad en los planos mentales concretos.

En los abstractos esta situado el cuerpo egoico.

CUERPO PITUITARIO

CUERPO PITUITARIO: Pequeña glándula situada en la cabeza que en conexión con la pineal pone al hombre en contacto con los mundos internos.

Tercer Ojo*.

CUERPO

CUERPO: Según las teorías ocultistas el ser humano posee, además del cuerpo físico otros cuerpos.

El primero sería el cuerpo etéreo que es inmaterial, si bien durante la vida física coincide con el cuerpo físico, aunque pueda abandonarlo y encarnarse en otros.

Después, estaría el cuerpo causal, que liga las existencias de cada persona. El cuerpo glorioso sería el que emana en los estados de éxtasis místico, y que tiene características plenamente inmateriales. Por último, está el cuerpo astral que constituye una especie de segundo envoltorio de la persona y que contendría toda su «carga» espiritual.

CUERPOS SUTILES

CUERPOS SUTILES: Cuerpos que no son físicos y cuya existencia se supone en varios niveles interpenetrados de conciencia.

De momento se conocen tres: Cuerpo Etérico, Cuerpo Astral y Cuerpo Mental, estando éstos en una escala progresiva de valor sutil.

Pese a que los clarividentes piensen que impregnan el cuerpo físico, en realidad están en otros espacios.

CULTO ASTRAL

CULTO ASTRAL: Culto estelar, Astrolatría, el culto religioso dado al Sol, la Luna y ciertas estrellas.

CULTO DE LA TERNA

CULTO DE LA TERNA: Secta china anterior a la dominación mogola, de la que tan sólo se conoce el nombre.

CULTO DEL FALO

Ver Lingam.*

CULTO DEL OSO

CULTO DEL OSO: El conjunto de ceremonias, ritos y tabúes que preside la caza del oso, su sacrificio y el consumo de sus carnes.

El cráneo y el resto del esqueleto se entierran para que el oso pueda resucitar; el ceremonial tiende a la reconciliación con el espíritu del oso muerto para evitar su venganza.

Dicho culto estaba difundido entre los pueblos cazadores norasiáticos y norteamericanos.

CULTURAS MEGALÍTICAS

CULTURAS MEGALÍTICAS: Los grupos del período

neolítico del Oeste y el Norte de Europa, caracterizados por sus monumentos funerarios hechos de grandes piedras; aunque el estilo de construcción megalítico existió igualmente en la región mediterránea así como en extensas regiones de los demás continentes.

CUMBERLANDISMO

CUMBERLANDISMO: En la nueva era de la parapsicología, se ha llamado así a la interpretación de los movimientos inconscientes de un individuo, con el objeto de conocer sus verdaderos pensamientos y sentimientos.

Fue desarrollado por el hipnotista y prestidigitador inglés Cumberland.

CUNONIANOS

Ver Annomeos*

CÚPULA

CÚPULA: Elemento de la arquitectura budista, islámica, bizantina y cristiana que suele ostentar la obvia representación simbólica de la bóveda celeste, y así lo indica la frecuente ornamentación con estrellas, aves, ángeles, carros solares, etc.

CURACIÓN POR EL ESPÍRITU

CURACIÓN POR EL ESPÍRITU: Tipo de curación de enfermedades en las que es el espíritu el que actúa como energía terapéutica emitida por el sanador. Éste desempeña distintos papeles en la curación: puede ser el que trabaja con sus propios poderes, o también un simple intermediario entre otros seres sobrenaturales y el paciente. En estos casos se considera a la enfermedad como consecuencia de un desequilibrio entre el espíritu y el alma. Por su parte, el sanador sería el elemento que restablecería el contacto con la energía espiritual.

CURANDERISMO

CURANDERISMO: Es una serie de métodos en los que un individuo interpretado como curandero o chamán para las tribus antiguas, logra curar las enfermedades físicas y psíquicas de sus pacientes, entre otros propósitos.

Muy similar a la Brujería, con la diferencia de invocar la ayuda de espíritus o entidades positivas.

CURANDERO

CURANDERO: Individuo que practica la adivinación, la magia y especialmente la curación, mediante ritos chamánicos que le permiten el tratamiento de los enfermos.

Al curandero también le corresponde la interpretación de las visiones del enfermo.

Actualmente, el curanderismo, que siempre ha estado vigente en ciertas culturas, está adquiriendo nuevo auge en países desarrollados.

CURANDEROS

CURANDEROS: Personas de las que se dice son capaces de hacer sanar enfermos por procedimientos no ortodoxos.

Ocupan desde la simple imposición de manos, donde utilizarían energía P. K., hasta operaciones en trance.

Normalmente utilizan productos naturales: hiervas, arcillas; colocan huesos, etc.

Algunos de estos métodos sería por transferencia de energía curativa que podría ser P.K. Se les debe separar de los Sanadores.

Algunos de estos métodos ocurrirían por una transferencia de energía curativa que podría ser del tipo Psico Kinesis.

CURSO DE MILAGROS

CURSO DE MILAGROS: Texto canalizado difundido por la doctora Helen Schucman, investigadora de la facultad de medicina de la Universidad de Columbia.

El curso pretende ayudar a cambiar las percepciones personales partiendo del principio de que «nada real puede ser amenazado. Nada irreal existe».

El curso enseña cómo distinguir entre «la voz del ego (miedo) y la voz de la sabiduría (amor)».

Es un tratado en el que se desarrollan temas espirituales de tipo universal, pero que no se atiene ni promulga ninguna doctrina religiosa. Actualmente —el curso se publicó por primera vez en 1975— cientos de miles de personas, pertenecientes a todo tipo de credos, lo consideran como una herramienta espiritual de primer orden.

CUSTODIA

CUSTODIA: Consta de pena, fuste con empuñadura

(nodus) para facilitar la sujeción, y ostensorio, que es donde se exhibe la Sagrada Forma y suele ser un recipiente ricamente ornamentado conteniendo un soporte (lunula).

Se ha confeccionado de muy diversas formas, que participan de muchos simbolismos: del Sol, la Luna, del árbol, incluso de la corona.

A partir del siglo XVI desplaza en cierta medida al cáliz como símbolo de la Iglesia.

D

D

D: Para los musulmanes la letra "d" representa el cuarto nombre o atributo divino: Dayyan, "el que cuenta'. Posee un valor numérico de 65, y su categoría es la de Terrible. La letra tiene la cualidad o el vicio de la hostilidad y pertenece a la Tierra. El perfume de esta letra según el Dawah y las tablas de Jawahirul Khamsah es el sándalo rojo; su genio se llama Twayush y el ángel guardián Darda

Corresponde al islamismo y la cultura árabe.

DAF YOMI

DAF YOMI: Meir Shapira (18871934) ofreció al pueblo judío una fórmula para estudiar la totalidad del Talmud en siete años.

Se trata de que todos los hebreos del mundo lean la misma doble página del Talmud cada día.

DAGABA

DAGABA: Nombre que se da en Ceilán (Sri Lanka) al túmulo realizado para guardar las reliquias entre los budistas.

Tiene forma de stupa o montículo en forma de campana.

Posee un carácter religioso y de evocación mística, y los peregrinos que hasta estos lugares se acercan dan vueltas a su alrededor en señal de respeto.

También se suele llamar Dagobe y Dagoba.

DAGDA

DAGDA: Patrono de los druidas celtas, divinidad de la sabiduría y del conocimiento.

Es el "buen Dios", representante de la legendaria tribu irlandesa Danu.

Aparece con un garrote y un caldero mágico, símbolos clásicos druídicos.

DAGOBA-DAGOBE

Ver Dagaba.*

DAI DAD TAN KY PHO DO

Ver Cao Dai.*

DAI RON

DAI RON: Abreviatura de Daichido Ron (en sánsc.: Mahaprajñaparamitopadesa), obra atribuida a Nagarjuna y traducida por Kumarajiva (344-409).

Es un comentario en cien volúmenes del Sutra Mahaprajñaparamita. ("Los Principales escritos de Nichiren Daishonin"

Glosario Vol. I - II 1995 - 1998 SGIAR.

DAIBUTSU

DAIBUTSU: Aunque algunos autores aplican esta denominación en general a las grandes figuras de Buda existentes en diferentes lugares del sudeste asiático y Japón, lo cierto es que el nombre Daibutsu le viene dado a la escultura existente en Kamakura (Japón) que data de 1522, de la que se afirma que es la más bella realizada por el hombre.

Mide quince metros de altura y treinta de circunferencia.

DAÍCHIDO RON

DAÍCHIDO RON: sánsc. Mahaprajnaparamita-shastra

Tratado sobre el sutra de la perfección de la sabiduría, abreviado, a menudo, como Dai Ron.

Una de las principales obras de Nagarjuna; es un comentario exhaustivo sobre el Sutra Makahannya Haramitsu.

Los textos sánscrito y tibetano se han perdido; sólo existe la versión china traducida por Kumarajiva.

La obra explica los conceptos de prajna (`sabiduría') y de nosubstancialídad (jap. ku).

Desde el punto de vista de la práctica religiosa, indica el ideal de bodhisattva y de los seis paramitas.

Aunque es un comentario sobre el Sutra Makahannya Haramftsu, incorpora conceptos del Sutra dei Loto y de otras ramas del Mahayana; tiene su importancia no sólo en la literatura de los sutras Hannya (Sansc. prajna), sino en el pensamiento Mahayana en general.

Seikyo Nro. 791 20/07/1996

DAIHANNYA, SUTRA

DAIHANNYA, SUTRA: sánsc. Mahprajnaparamita-sutra

Sutra de la Gran Sabiduría

Principal compilación del grupo de sutras de la Sabiduría (prajna), traducidos al chino por Hsüan-tsang. Su título completo es Sutra Daihannya Haramitta. Está compuesto por seiscientos fascículos de dieciséis secciones. Algunas partes son obra de otros traductores.

El Sutra Daihannya trata la no-substancíalidad Qapku) de todo fenómeno y está conformado por el registro de la prédica del Buda en dieciséis asambleas en cuatro sitios diferentes.

Seikyo Nro. 791 20/07/1996.

DAIHI, SUTRA

DAIHI, SUTRA: Sutra de la gran compasión, traducido por Narendrayashas, de la dinastía CM del Norte. También llamado Sutra Daihike ('Sutra de la flor de la gran compasión')

Este sutra describe cómo Shakyamuni, a punto de entrar en el nirvana, transfiere la Ley a los dioses Bonten y Taishaku, y a sus discípulos Mahakashyapa y Ananda. Alaba las bendiciones por invocar el nombre del Buda y ofrendar a sus restos mortales. Y menciona cómo Shakyamuni instruyó a Ananda para que, junto con Mahakashyapa, recopilaran su enseñanza de modo que ésta fuese transmitida a la posterioridad después del fallecimiento de aquél. Seiko Nro. 794 20/08/1996.

DAIHOSHAKU, SUTRA

DAIHOSHAKU, SUTRA: Sutra de los tesoros acumulados'. Recopilación de cuarenta y nueve sutras más pequeños, divididos en ciento veinte fascículos ordenados en setenta y siete capítulos.

El título «Sutra de los tesoros acumulados» se debe a la variedad de sutras Mahayana que contiene y a la inclusión de numerosas enseñanzas profundas. Veintiséis de los sutras son traducciones anteriores de Kumarajiva, Dharmaraksha y otros.

Seikyo Nro. 794 20/08/1996)

DAIJO HOON GIRIN JO

DAIJO HOON GIRIN JO: En el bosque de los significados del jardín Mahayana de la Ley'. También llamado Hoon Girin Jo o, simplemente, Hoon Rin. Obra de Tz'u-en de la dinastía T'ang, que explica las principales doctrinas de la escuela Fa-hsiang (en japonés, Hosso).

Compara entre sí las enseñanzas no budistas, las Hinayana y las Mahayana, y asevera la supremacía de la doctrina Mahayana de la Conciencia única.

Seikyo Nro. 794 20/08/1996.

DAIJO KISHIN RON

DAIJO KISHIN RON: Despertar de la fe en el Mahayana'. Abreviado, a veces, como Kishin Ron.

Obra que se atribuye, por lo ' general, a Ashvaghosha, aunque existen diversas opiniones.

Fue traducido al chino, en 550, por Paramartha, que había llegado desde la India hasta la China, durante la dinastía Liang. El Daijo Kishin Ron establece las doctrinas fundamentales del Budismo Mahayana e intenta despertar la fe de la gente en él. En particular, retoma el x concepto del tathata (en japonés, shinnyo), que significa la 'no-manera' o el 'no modo', el verdadero aspecto de la realidad.

Fue muy estudiado en la India por los partidarios del Mahayana, y hay varios comentados chinos sobre él.

Seikyo Nro. 794 20/08/1996

DAIJO SHIRON GENGI

DAIJO SHIRON GENGI: «Anotaciones sobre los cuatro tratados Mahayana». Obra de Huichün de la dinastía T'ang de la China.

Su título completo es Mue Mutoku Dayo Shíron Geng K!. Los cuatro tratados Mahayana son: el Chu Ron, el Hyakc Ron, el Junimon Ron y el Daichido Ron.

Este texto explica la doctrina de la escuela Sanlun (en japonés, Sanron) e intenta refutar las escuelas chinas Ch'eng-shih (Jojitsu) y Shelun (Shoron).

Seikyo Nro. 797 20/09/1996.

DAIMOKU DEL BUDISMO VERDADERO

DAIMOKU DEL BUDISMO VERDADERO: El daimoku de Vammyoho-renge-kyo que se invoca con fe en el Gohonzon, objeto de veneración del Budismo verdadero.

Una de las Tres Grandes Leyes Secretas. El daimoku del Budismo verdadero corresponde a la sabiduría, uno de los tres tipos de aprendizaje (los dos restantes, son los preceptos y la meditación) que todos los budistas deben dominar.

La sabiduría del Budismo de Nichiren Daishonin se

denomina «la sabiduría infinita y permanente» (en japonés, koku fudoe) porque es la sabiduría de la Ley Mística. El daimokudel Budismo verdadero incluye tanto el aspecto de la fe como el de la práctica.

La práctica, a su vez, comprende la práctica para uno mismo y para los demás.

Ver también Nam-myoho-renge-kyo.

Seikyo Nro. 797 20/09/1996.

DAIMOKU

DAIMOKU: 1) El título de un sutra, en particular, el título del Sutra del Loto, Myohorenge-kyo.

2) En el Budismo de Nichiren Daishonin, la invocación de Nam-myoho-renge-kyo, una de las Tres Grandes Leyes Secretas.

Seikyo Nro. 797 20/09/1996.

DAIMON

DAIMON: Voz griega que viene a significar espíritu protector.

Este espíritu protector es el guardián del destino humano, fijado de antemano para cada persona.

En los textos esotéricos se considera al daimon como un fenómeno de características paranormales.

DAINICHI NYORAI

DAINICHI NYORAI: Nombre japonés de Vairocana, "Buda del Gran Sol", que en el budismo tántrico es el iluminador central cuyo cuerpo se supone que comprende todo el cosmos.

Es el objeto central del culto shingon y la figura principal de los dos mandalas que expresan la estructura cósmica del dharma y de la Eterna Verdad, bajo su aspecto de indestructible potencialidad y bajo su aspecto dinámico.

DAINICHI SHO

DAINICHI SHO: Anotaciones sobre el Sutra Dainichi. Compilación realizada por I-hsing de las disertaciones de Shubhakarasimha sobre el Sutra Daínichi.

Después de haber traducido al chino el Sutra Dainichi, Shubhakarasímha instruyó a su discípulo 1hsing sobre este sutra, quien a su vez registró 1a enseñanza de su maestro. Cuando I-hsing murió, Chih-yen y Wen-ku revisaron el comentario con el título de Dainichikyo

Sho.

En Japón, el esoterismo Shingon usa el Dainichikyo Sho que llevó Kobo; mientras que el esoterismo tendai adopta el Dainichikyo Gishaku que llevaron Jikaku y Chisho.

Seikyo Nro. 800 20/10/1996.

DAINICHIKYO GISHAKU

DAINICHIKYO GISHAKU: Comentario sobre el significado del Sutra Dainichí.

Revisión de Chíh-yen y Wen-ku del Dainichikyo Sho, compilación realizada por I-hsing de las disertaciones de Shubhakarasimha sobre el Sutra Dainichi. En Japón, el esoterismo de tendai usa este comentario, mientras que el esoterismo shingon adopta el Dainichikyo Sho.

Seikyo Nro. 800 20/10/1996.

DAISHONIN

DAISHONIN: Literalmente, «gran sabio». «Dai» significa grande, y «shonin» es otro nombre para el Buda. Es usado como título honorífico de Nichiren, para mostrar reverencia hacia él como el Buda original que advino en el último Día de la Ley.

Seikyo Nro. 800 20/10/1996.

DAISHUTSU, SUTRA

DAISHUTSU, SUTRA: «Sutra de la Gran Asamblea», también llamado el Sutra Daijutsu o Daijuku.

Una colección de sutras traducidos al chino por Dharmakshema (385-433) y otros.

Se dice que esta escritura ha sido la prédica del Buda Shakyamuni a los budas y bodhisattvas que se reunieron desde las diez direcciones del universo. Entre las secciones más conocidas está la de veinticuatro capítulos, que predice, de algún modo, cómo se desarrollará la propagación del Budismo y describe el proceso de crecimiento, prosperidad y declinación en cinco períodos de quinientos años.

También trata el significado del último Día de la Ley.

Seikyo Nro. 803 20/11/1996.

DAITSU

DAITSU: También, buda Daitsuchisho. "Gran excelencia de la sabiduría universal".

Según el séptimo capítulo del Sutra del Loto, "La parábola de la ciudad fantasma", fue un rey que logró la Budeidad en el pasado remoto de sanzen-jintengo y expuso el Sutra del Loto a pedido de sus dieciséis hijos.

Luego, todos ellos lo propagaron como bodhisattvas. El decimosexto hijo renació en el mundo saha, con la identidad de Shakyamuni. ("Los Principales escritos de Nichiren Daishonin"

Glosario Vol. I - II 1995 - 1998 SGIAR.

DAJJAL

DAJJAL: Figura monstruosa con un solo ojo que aparecerá como uno de los signos del Juicio Final, según la tradición islámica.

Vendrá por Oriente y reinará por espacio de cuarenta días antes del fin del mundo.

Entonces aparecerá Jesús sobre un minarete blanco al este de Damasco, la perseguirá y le dará muerte.

Después aparecerán los terribles personajes Gog y Magog.

DAKINI

DAKINI: Deidades femeninas que pueden estar al servicio de Kali, según el hinduismo; o que se pueden visionar a través de la meditación, de acuerdo con el budismo tibetano.

DALAI LAMA

Líder civil y religioso del budismo tibetano que está considerado :orno la reencarnación del Avalokiteshvara, aglutinando en si mismo la compasión y la sabiduría, elementos capitales del budismo.

Tras la invasión sufrida en el Tibet por parte de China, el Dalai Lama se exilió al extranjero, donde se le sigue reconociendo como líder espiritual tibetano.

Este título aparece por primera vez el año 1578 otorgado por el rey mogol Altan Kan al lama Sonám gyatso.

A partir del quinto Dalai Lama 1617-1682) designa definitivamente al líder religioso y espiritual tibetano.

DALAI LAMA

De los viejos términos mongoles, que significa "Vasto Océano".

Representa al guía temporal espiritual del Budismo del Tíbet.

DAMATHA

DAMATHA: Disciplina oriental fundamental para poder alcanzar la evolución consciente y logar la emancipación espiritual.

Según todos los maestros budistas y yoguis este método permite progresar por el sendero de !a liberación.

DAMERO

DAMERO: Se da este nombre a toda superficie en la que figuran recuadros, rectángulos o losanges (rombos) alternantes en colores, por lo general blanco y negro, que posee una relación simbólica muy especialmente vinculada con el destino.

Los dameros son muy frecuentes en heráldica.

Recuérdese también el losangeado de los trajes de los arlequines, en los que había una alusión a las divinidades regidoras del destino.

DAMIANITAS

DAMIANITAS: Secta monofisita del siglo VII que tomó el nombre de Damián, patriarca de Alejandría.

Defendían que el Padre, el Hijo y el Espíritu Santo son personas distintas, pero que ninguna de ellas es Dios por naturaleza, sino que tienen un Dios o divinidad común. De lo que deducen que en virtud de la comunicación indivisible las tres son Dios.

Al morir el año 608 Damián, sus seguidores firmaron un acta de unión con los principales patriarcas de la Iglesia monofisita.

DAMMIRA

DAMMIRA: También llamado Mirakutsu. Rey de Kashimira, en el norte de la India. Según Fuhozo Innen Den, no respetó en absoluto el Budismo, destruyó los templos budistas y los stupas de su reino y asesinó a muchos monjes, incluso a Aryasimha, el último entre los veinticuatro sucesores de Shakyamuni.

Se dice que, cuando el Rey decapitó a Aryasimha, en lugar de sangre, de su herida fluyó leche.

El linaje de Shakyamuni terminó con Aryasimha.

Seikyo Nro. 803 20/11/1996.

DAN SENCHAKU

DAN SENCHAKU: Refutación al Senchaku Shu) Obra de Josho monje del monasterio Hiei en la que se ataca el Senchaku Shu de Honen que establece la doctrina de la práctica exclusiva del Nembutsu (Josho sostiene 1a posición del rissha: alguien que, en la asamblea del discurso, explica el tema propuesto y responde las preguntas de los sacerdotes reunidos).

Una teoría sostiene que el Dai Senchaku pertenece a Ryushin, también sacerdote tendai, sí bien otra afirma que se trata de un malentendido que surge porque Ryushin escribió una posdata para la obra de Josho.

Otras opiniones afirman que hay, en efecto, dos obras tituladas Dan Senchaku, una de Josho y otra de Ryushin. De todos modos, Ryukan, discípulo de Honen, escribió el Ken Senchaku (Una clarificación del Senchaku Shu para refutar el Dan Senchaku).

Seikyo Nro. 806 20/12/1996.

DANA

DANA: Es una de las virtudes más queridas del budismo: "la generosidad", que ocupa el primer lugar junto a la observancia de los mandamientos y la meditación.

Es una práctica común que todos los monjes budistas, al igual que Buda, mendiguen sus alimentos con una escudilla.

También se utiliza la palabra Daña.

Ver Alobha.*

DANNA

(953-1007): Otro nombre de Kaku'un, fundador de la corriente Danna, perteneciente a la escuela Tendai.

Fue uno de los principales discípulos de Ryogen.

Su nombre se debe a que vivió en el templo Danna-in, del monte Hiei. ("Los Principales escritos de Nichiren Daishonin"

Glosario Vol. I - II 1995 - 1998 SGIAR.

DANU

Ver Daduphantis. *

DANZA DE LA MUERTE

DANZA DE LA MUERTE: Una figuración de personajes de todas las edades y todas las clases sociales que bailan con la muerte, o al son que ésta toca.

Solía acompañarse de banderolas con versos alusivos.

En épocas posteriores el corro o rueda tiende a disgregarse, los personajes se reparte en parejas, hasta que acaba por desaparecer el tema de la danza y los individuos se enfrentan a la muerte, representada como esqueleto, de uno en uno.

Este motivo probablemente tuvo su origen en la leyenda medieval de los difuntos que salen a media noche de sus tumbas para bailar en medio del camposanto.

Aparece en frescos de la primera mitad del s.XV; las versiones más conocidas sin duda son la serie de xilografías de la Danse macabre publicada en París en 1485, así como la de Holbein el Joven, evocadas y renovadas por A.Rethel en 1848 con su serie Auch ein Totentanz.

DANZAS ASTRALES

DANZAS ASTRALES: Danzas rituales extendidas en numerosas culturas y que simbolizan los movimientos de los astros, por lo general con el fin de conjurar las potencias cósmicas; en la Edad Media se señalan algunos ejemplos en las Iglesias cristianas, a menudo relacionados con los laberintos o los castillos de Troya.

DAODEJING

Ver Taoísmo.*

DAOZANG

DAOZANG: Canon taoísta compilado el año 745 que contiene un total de 1464 obras. En

él están consignados todos los aspectos de la ciencia tradicional, así como prácticas de longevidad.

DARA

DARA: Dara Shikah, gran místico del siglo XVII que inspirado por el sufismo persa compuso una obra titulada Sirr-i-Akbar (El Gran Secreto) en la que admite la doble influencia de la Rosa sufí y de la Esvástica.

Mediante la obra y el amor el hombre encuentra de nuevo la presencia y el camino de Dios.

DARARI

DARARI: Fundador de la secta de los dararianos, de

origen persa, que vivió sobre el año mil.

Murió a manos de los musulmanes que le asesinaron en las calles de El Cairo.

Defendía que el califa Hakem era Dios.

DARAZI

Ver Drusos.*

DARCHOG

DARCHOG: Término común para todas las banderas de oración en el Tíbet.

Las darchog son banderas de colores que los tibetanos utilizan como señal de presencia.

Se emplean para hacerlas telas finas y en ellas se escriben mensajes, ya que se cree que cuando el viento sopla, los mensajes son llevados lejos por él.

Los colores fundamentales empleados son cinco: azul, blanco, rojo, verde y amarillo, que representan el cielo, las nubes, el fuego, el agua y la tierra.

DARKEI HAEMORI

DARKEI HAEMORI: Entre los judíos es el nombre que reciben las prácticas no judías que constituyen una forma de idolatría.

DARKEI SHALOM

DARKEI SHALOM: Para los hebreos es el método pacífico destinado a reconciliar a los esposos y a los miembros de una familia.

De acuerdo con el Talmud se consideran dentro de éstas los mandatos relacionados con la alimentación de los pobres, la visita a los enfermos y el entierro de los difuntos por cuanto constituyen a crear un clima de paz.

DARSANAS

DARSANAS: Nombre de las seis escuelas o métodos filosóficos de la India, de los seis modos diferentes de contemplar la última realidad: Vaisesika, Nyaya, Purva, Mimansa, Sankhya, Yoga y Danta.

DASA BALA

DASA BALA: Son los diez poderes que posee un iluminado o buda.

DASA SAMYOJANANI

DASA SAMYOJANANI: Conjunto de preceptos que todo budista debe respetar, son diez: no tomar lo que no es dado, no dañar a cualquier ser, abstenerse de la sensualidad descontrolada, no mentir, no calumniar, no emplear un lenguaje que sea áspero, no codiciar, abstenerse de las conversaciones frívolas, no opinar heréticamente y no ser malévolo.

DASHABALA KASHYAPA

DASHABALA KASHYAPA: Uno de los cinco ascetas que practicó austeridades con Shakyamuni antes del que éste lograra la iluminación; luego, llegó a ser uno de sus primeros discípulos.

El Sutra Buppongyojitsu menciona a Vashpa en lugar de Dashabala Kashyapa como a uno de los cinco ascetas.

Seikyo Nro. 806 20/12/1996.

DAWAH

DAWAH: Método de adivinación aceptado por el Islam que se basa en la teología simbólica de las letras.

Aquella persona que quiera poner en práctica este método debe considerar una serie de reglas minuciosas, que van desde el regimen alimenticio oportuno, hasta las abluciones debidas y la meditación precisa.

Este método que se basa en la relación existente entre las letras del alfabeto árabe, los atributos divinos, las cifras, los cuatro elementos, los siete planetas y los doce signos del zodiaco, conforman la mayor red simbólica existente. de tal forma que se dice que quien la dominase tendría prácticamente el poder sobre el universo.

A continuación reproducimos parte de la tabla realizada con estos elementos y publicada por Jean Chevalier, de acuerdo con las del Jawahirul Khamsah, tratado del Sheikh Abul Muwwayid.

DAYES

Ver Fidawiyya.*

DAYYAN

DAYYAN: Uno de los 99 nombres que el Corán otorga a Dios, que puede traducirse por "Que cuenta", cuyo atributo es terrible y su cualidad o vicio la "hostilidad".

DE GRIMSTON

DE GRIMSTON: Fundador de la Iglesia Proceso del
Juicio Final, secta que aparece el año 1963 con una
ideología mezcla de gnosticismo y luciferismo, una de
cuyas creencias más originales es la afirmación de que
Satanás y Cristo han hecho las paces y colaborarán en
el fin del Mundo.

DEBEN

DEBEN: Unidad de peso (91 gramos), que se empleaba para los intercambios como antepasado de la
moneda. Era generalmente de oro, plata o cobre, y
solía adoptar la forma de un brazalete.

Estaba subdividida en diez Kite o Kedet (anillos).

DÉCIMOOCTAVO VOTO

DÉCIMOOCTAVO VOTO: También llamado voto original. El décimooctavo de los cuarenta y ocho votos
hechos por el bodhisattva Hozo antes de lograr la
iluminación como Buda Amida.

Los cuarenta y ocho votos se establecen en el Sutra
Muryoju. En el décimooctavo, el bodhisattva Hozo
prometió que después de lograr la Budeidad, todas
las personas que pusieran sus esperanzas de salvación
en él (Shan-tao interpretó esto como la invocación
del Buda Amida) renacerían en la Tierra Pura, excepto
aquellos que hubieran cometido los cinco pecados
capitales o hubieran calumniado la Ley verdadera.

Seikyo Nro. 827 20/07/1997.

DECLINACION

DECLINACION: Efecto observado en pruebas de PES y
P.K. por lo que la tasa de aciertos va cayendo gradualmente conforme avanza el experimento, para recupe-
rarse al final.

En la parapsicología, se llama así al momento en que
un fenómeno paranormal disminuye de intensidad.

Es también la disminución de aciertos en un test con
cartas Zener.

DEESIS

DEESIS: Representación de Cristo como Rey del
mundo, entronizado y flaqueando por María y Juan
Bautista, éstos en funciones de intercesores en favor

de las ánimas.

Con frecuencia viene a ser una figuración abreviada
del Juicio Final.

DEFORMIDAD

DEFORMIDAD: Las malformaciones físicas suelen ser
señales de cualidades extraordinarias y misteriosas,
buenas o malas.

Cojos, Tuertos.

DEI

DEI: Es el principio del bien entre los persas.

DEIDAD DEL SOL

DEIDAD DEL SOL: En jap.: Tensho Daijin.

Deidad central de la mitología japonesa, y, según los
registros históricos más antiguos que se conservan,
también progenitora del clan imperial.

En el Budismo de Nichiren Daishonin, se considera
que personifica las fuerzas naturales y que protege a
quienes tienen fe en la Ley verdadera. ("Los Principales escritos de Nichiren Daishonin"

Glosario Vol. I - II 1995 - 1998 SGIAR.

DEIDADES DEL SOL Y DE LA LUNA

DEIDADES DEL SOL Y DE LA LUNA: En jap.: Nitten y
Gatten. Deificaciones del Sol y de la Luna. En el Budismo, se las considera funciones protectoras de los
devotos del Sutra del Loto. ("Los Principales escritos
de Nichiren Daishonin"

Glosario Vol. I - II 1995 - 1998 SGIAR.

DEISMO

DEISMO: Término aplicado al movimiento que
rechaza la religión revelada y acepta en cambio
la religión natural, es decir, la que se funda en las
instituciones del hombre acerca del mundo de la
naturaleza y en las deducciones que de ahí se pueden
obtener.

Apareció a finales del siglo XVII en Inglaterra, exten-
diéndose desde allí al resto de Europa. Fueron sus
grandes defensores las figuras de la Ilustración: Voltai-
re, Rousseau, Hobbes, Locke..

El deísmo marca el momento en que se produce
el primer enfrentamiento serio entre la Iglesia y
el mundo moderno. El hombre iluminado sigue la

religión natural que excluye la revelación, la autoridad de la Iglesia y su intolerancia. La Enciclopedia y los enciclopedistas atenúan a Dios sin destruirlo. El espíritu humano tiene que liberarse de los prejuicios del cristianismo, ya que el avance de la sociedad va explicando hechos obscuros que el cristianismo tenía un tanto escondidos.

DÉJÁ VU

DÉJÁ VU: Expresión francesa («ya visto») con la que se quiere expresar la sensación de haber percibido un determinado acontecimiento con anterioridad.

En ocultismo se considera al déjá vu como una prueba palpable de la reencarnación*. Por su parte, los psicólogos juzgan esta experiencia como una manifestación de hechos registrados de forma inconsciente, que quedan almacenados en el subconsciente.

DEJAVU

DEJAVU: Es un término ampliamente discutido.

Significa "lo ya visto", y se caracteriza por representar la sensación de haber vivido antes un suceso inmediato o actual.

Se le atribuye a los viajes astrales, a la interpretación psíquica de hechos relacionados o similares del pasado, o hasta a una premonición o precognición.

DEL ÁGUILA, PICO

DEL ÁGUILA, PICO: En sánscrito, Gridhrakuta) Algunas veces llamado Pico del Buitre. Montaña situada en el nordeste de Rajagriha, la capital de Magadha en la India antigua, donde se dice que Shakyamuni expuso el Sutra del Loto y otras enseñanzas.Según el Daichido Ron, el Pico del Águila se llamó así, porque su cima tiene la forma de un águila y porque estaba poblado de esas aves.

La expresión Pico del Águila también se usa para simbolizar la tierra de Buda o el estado de Budeidad.

Seikyo Nro. 824 20/06/1997)

DELFÍN

DELFÍN: Como animal que destaca por su inteligencia, espíritu amistoso y movilidad, muchos pueblos navegantes y pescadores lo hicieron objeto de numerosos mitos.

Era un ser deiforme para los cretenses-micénicos, los griegos y los romanos.

En Grecia estaba consagrado a Apolo, deidad solar, a Dionisio (como protector de los marineros), a Afrodita (nacida en la espuma del mar), a Poseidón (dios de los mares).

Los infantes herederos de la corona francesa tenían un delfín en el escudo, de ahí su título de dauphins.

Era el guía de las ánimas, que conduce al reino de los muertos las almas de los difuntos cabalgando sobre su lomo.

Bajo este aspecto fue adoptado también por el arte paleocristiano y simbolizó a Cristo en tanto que Salvador.

DELFINES

DELFINES: Estos cetáceos carnívoros aparecen en muchas alegorías y emblemas, a veces por partida doble.

Cuando los dos delfines aparecen en posición invertida, es decir, uno hacia arriba y otro hacia abajo, el símbolo hace referencia a la doble corriente cósmica de la evolución y la involución.

Constituyen también el animal alegórico de la salvación, y su figura se asocia a la del áncora que tiene el mismo significado.

DEMIURGO

Según los gnósticos, los demiurgos eran el alma universal, principio activo del mundo, que obran como mediadores entre lo infinito y lo finito.

El demiurgo se halla subordinado al dios supremo.

DEMIURGO

Para los gnósticos es el poder creador, inteligente y libre, del que emana el pensamiento que una vez plasmado da origen al universo.

Aunque por la propia consideración dual del mundo de este tipo de sectas, el demiurgo podía manifestarse también como un dios de rango inferior, principio del mal, causa del desastre cósmico.

Por otra parte en el judaísmo y en el cristianismo se ha aplicado esta palabra en el sentido de creador señalando a Dios en tal función, sobre todo entre los seguidores de la escuela alejandrina.

DEMÓTICO

DEMÓTICO: Una de las tres formas de escritura egipcia desarrollada durante la Baja Época.

Fue empleada de manera genérica para redactar documentos administrativos, así como textos literarios de tipo popular.

DEN

DEN: Término sánscrito referido al Puente del Seleccionador.

Ver Daena.*

DENGYO DAISHI

Nombre atribuido al famoso sabio budista Saicho (767-822) que habiendo estudiado en China las doctrinas idealistas del T'ien T'ai, formuladas por Chih-i, las introdujo posteriormente en Japón.

De ahí arranca la escuela Tendal que llegaría a ser un poderoso elemento unificador del budismo japonés.

DENTO ROKU

DENTO ROKU: La trasmisión de la lámpara. El título completo es Keitoku Dento Roku. Obra compilada por Tao-yüah, sacerdote Ch'an (jap. zen) de la dinastía Sung, en 1004, en la que detalla el linaje de trasmisión de los siete Budas del pasado, a través de los patriarcas hindúes y chinos zen, a Fayen Wen-i (885-958), fundador de la escuela Fa-yen (Hogen) del Budismo zen. En total, contiene las entradas de 1791 patriarcas y maestros zen y es considerada por la escuela Zen como una obra histórica.

Seikyo Nro. 809 20/01/1997.

DEPENDIENTE, ORIGEN

DEPENDIENTE, ORIGEN: sánscrito, pratitya-samutpada. También causalidad dependiente, co-surgimiento o co-producción condicionados.

Doctrina fundamental del Budismo que se refiere a la interdependencia de las cosas. Enseña que todos los seres y fenómenos existen u ocurren sólo por una relación con los demás seres o fenómenos.

Por lo tanto, nada puede existir en absoluta independencia del resto o surgir por sí solo.

La doctrina de los doce eslabones de la causalidad es una ilustración conocida.

Seikyo Nro. 809 20/01/1997.

DERECHO DE LA FE

DERECHO DE LA FE: Sociedad española fundada el año 1825 y dedicada a perseguir a los liberales y a apoyar el absolutismo del rey Fernando VII.

DERECHO MUSULMAN

DERECHO MUSULMAN: La ciencia derecho musulmán o fiqh, abarca todo el esfuerzo de elaboración, justificación y aplicación de la ley, divina y humana. Hay que tener en cuenta que el islamismo además de una reforma religiosa supuso una reforma social, por lo que religión y estado estaban totalmente unidos.

Como el Corán no resolvía todos los problemas que se planteaban, y la sunna se estaba elaborando, los primeros hombres de derecho tuvieron que actuar a su libre albedrío en la toma de importantes decisiones que después fueron aceptadas creando jurisprudencia. Ahí está la labor de Abu Hanifa, al Safi y lbs Hanbal, entre otros.

DERMOFILIA

DERMOFILIA: Es la manifestación paranormal, sin causas físicas aparentes, de manchas o figuras uniformes sobre la piel de un individuo.

DERMOGRAFÍA

DERMOGRAFÍA: Similar a la Dermofilia.

Aparición de marcas en la piel, acompañadas de sensaciones sobrenaturales.

Consulte también Estigmatización.

DERMOGRAMAS

DERMOGRAMAS: Son manchas o marcas en la piel producidas por la ruptura de vasos capilares.

No es lo mismo que en la Dermofilia.

DERMOÓPTICA

DERMOÓPTICA: Es la facultad paranormal de poder visualizar imágenes o figuras a través de su piel.

DERVICHES BEKTACHIES

Ver Betktasiyya.*

DESCARNADOS

DESCARNADOS : Para los espiritistas serian los responsables de los Encantamientos, Poltergeist y las manifestaciones propias de las sesiones mediúmnicas.

DESCENSO A LOS INFIERNOS

DESCENSO A LOS INFIERNOS: La estancia del ánima de Cristo en el abismo profetizada en Mat.12,40 y referida en Hechos 2,2431, donde se hallaba asimismo las almas de los justos que vivieron antes de la R.

Es el tema de la Revelación.

Es el tema de la anástasis en el arte bizantino; en Occidente hay algunas muestras, especialmente entre los ss. XXV.

DESCENSO AL HADES

DESCENSO AL HADES: En numerosas religiones aparece la idea de que un hombre o una divinidad visita un mundo inferior conocido como el Hades, generalmente considerado como infierno.

Jesucristo bajó al infierno según el propio Credo :

"Creo en Dios Padre todopoderoso...y en Jesucristo, su único Hijo, nuestro señor que...descendió a los infiernos".

Buda también tuvo su viaje a ese paraje. En el Avadanasataka hay un texto que muestra como su acción llega hasta el infierno:

"Cuando Buda sonríe, de su boca escapan rayos de luz, azules, amarillos, rojos y blancos. De éstos, unos descienden y otros suben. Los que descienden se dirigen al fondo de los infiernos..."

DESDOBLAMIENTO

Habilidad consciente o espontánea de poder proyectar el cuerpo astral lejos del cuerpo físico.

Consulte también Ubicuidad y Bilocación.

DESDOBLAMIENTO

La facultad espiritual de poder proyectar un vehículo sutil, para trasladarse a otro lugar, existiendo la posibilidad de que pueda hacerse visible.

DESEMEJANTES

Ver Annomeos.*

DESENCARNADO

DESENCARNADO: Del latín privado (des) y vida carnal (incarnatio), es el estado de una ser espiritual o etéreo, después del proceso de la muerte.

La entidad de un fallecido.

DESEO

DESEO: De acuerdo con la segunda de las cuatro nobles verdades budistas, el deseo es la raíz de todo el dolor que lleva consigo la existencia mortal.

DESIERTO

DESIERTO: Símbolo ambivalente por cuanto tiene sus aspectos negativos y positivos.

En el Islam aparece por lo general connotado negativamente como lugar de la confusión.

Citado a veces en los Upanishad como símbolo de la unidad indiferenciada, más allá de la vana apariencia del ser.

La Biblia lo menciona, por una parte, como lugar de abandono y lejanía de Dios, y otras veces como habitación de los demonios; pero también es lugar donde Dios puede manifestarse con especial intensidad (por ejemplo la columna de fuego y de nubes que condujo al pueblo de Israel por el desierto, o el desierto donde el Bautista anunció la próxima venida del Mesías).

El mismo doble sentido cobra en las vidas de los anacoretas: lugar de tentaciones donde se hacen presentes los demonios (por ejemplo a san Antonio), pero también de meditación y de cercanía con Dios.

DESPLAZAMIENTO

DESPLAZAMIENTO: En la parapsicología, se denomina así al fenómeno de identificar una carta Zener durante un test, si la carta es anterior (Retrocognición) o posterior (Precognición).

DESVIACIONES

DESVIACIONES: Diferencia entre el número de aciertos y el número esperado por azar en las pruebas de PES y P.K.

Dicha diferencia, valorada por procedimientos estadísticos, da lugar a conclusiones sobre la posible intervención del fenómeno estudiado.

DESVÍO

DESVÍO: Es la diferencia que hay entre los test acertados y los esperados, durante una prueba de Percepción Extra sensorial.

DETERMINISMO

DETERMINISMO: Escuela filosófica que reafirma la falta de libertad del hombre para poder escoger, ya que todo lo que ha sucedido, ocurre y sucederá está establecido de antemano.

Numerosas sectas mantienen la creencia de la existencia de la predestinación, lo que niega de una forma total el libre albedrío de la Humanidad.

DEUS ABSCONDITUS

DEUS ABSCONDITUS: Es el "Dios Oculto", concepto que aparece en la mística y del que se habla en numerosas culturas.

DEUTEROCANONICOS

DEUTEROCANONICOS: Nombre con que los estudiosos católicos suelen designar a los apócrifos del Antiguo Testamento.

DEUTERONOMIO

DEUTERONOMIO: Libro del Antiguo Testamento, quinto y último del Pentateuco (Génesis, Exodo, Levítico, Números y Deuteronomia), atribuído a Moisés.

Afirma la soberanía única de Yavé, la vocación a la santidad de Israel, la unicidad del santuario y el sacerdocio.

Se suele dividir en tres partes:

Primeros Discursos de Moisés; Código y Ultimos discursos y fin de Moisés.

DEVA DUTA

DEVA DUTA: Según el pensamiento budista existen tres mensajeros de los seres celestes a los que se conoce como deva dutas: edad, enfermedad y muerte.

Buda fue así como conoció la realidad del mundo.

DEVACHÁN

DEVACHÁN: El Devachán es un estado peculiar de conciencia del ser humano que se desarrolla durante aquella pausa o intervalo de descanso comprendido entre dos existencias terrestres; viene a ser como una amplia y esplendente avenida que se extiende desde el proceso de la muerte hacia la de un nuevo nacimiento, llenando la visión y la vida del hombre "con risueñas perspectivas bordadas con crepúsculos de ensueño".

Evidentemente las delicias de aquel estado de conciencia no pueden ser analizadas a través de la mente intelectual, sino que hay que elevarse al nivel de la más selecta y exaltada ideación, y aún así habría que contar siempre con la desventaja que supone el tener que utilizar aquellos materiales, frecuentemente burdos, con los que nuestra imaginación trata de reflejar las visiones espirituales superiores. V.B.A.

DEVADASI

DEVADASI: En lengua sánscrita significa "esclava de los Dioses".

Son las mujeres que se dedican al servicio de los templos budistas que en Europa suelen ser conocidas con el empleo de la palabra bayadera.

DEVANAM PIYATISSA

DEVANAM PIYATISSA: Nombre con el que se honra en la tradición budista a este monarca cingalés bajo cuya protección se introdujo el budismo en Ceilán.

Se le atribuye la construcción de varios monumentos importantes budistas, en especial el Gran Monasterio de Anuradhapura, el centro fundamental del budismo ortodoxo theravada.

DEVANUSSATI

Ver Anussati.*

DEVARIM

DEVARIM: Denominación hebrea del libro bíblico del Pentateuco, Deuteronomio.

DEVOCIÓN

DEVOCIÓN: La facultad de la emoción que nos permite aspirar a elevados ideales.

El cultivo de la devoción es esencial pues subyuga los instintos inferiores y desarrolla el alma emocional.

DEVOTO DEL SUTRA DEL LOTO

DEVOTO DEL SUTRA DEL LOTO: Persona que propaga el Sutra del Loto y practica el Budismo exactamente como lo indican sus enseñanzas.

En el Día Medio de la Ley, T'ien-t'ai y Dengyo practicaron como devotos del Sutra del Loto. En el último Día de la Ley, el término "devoto del Sutra del Loto" se refiere específicamente a Nichiren Daishonin y, en un sentido más general, a aquellos que abrazan la Ley de Nam-myoho-renge-kyo y se consagran a su propagación.

"Los Principales escritos de Nichiren Daishonin" Glosario Vol. I - II 1995 - 1998 SGIAR.

DEW

DEW: Deformación lingüística de la palabra Deva.

Ver Daeva,*

DGRA LHA

DGRA LHA: Según el budismo tibetano es el nombre dado a las divinidades de tipo guerrero.

DHAMANUSSATI

Ver Anussati.*

DHAMMA CHAKKAPPAVATTANA SUTTA

DHAMMA CHAKKAPPAVATTANA SUTTA: Nombre del sutta budista, que se considera tradicionalmente como el primer serón pronunciado por Buda, es decir, "la puesta en marcha" de la rueda del Dhamma.

DHAMMA SANGANI

DHAMMA SANGANI: Obra budista pali del theravada, que forma parte de la tercera sección de los escritos canónicos, y es el primero de los seis libros que comprende.

DHAMMA

DHAMMA: Término muy usado en el budismo que aparece en diversos contextos. No se le puede atribuir un significado unívoco.

Suele traducirse según los casos por religión, edad, doctrina, rectitud, virtud, esencia, constitutivo elemental último, fenómeno, naturaleza, norma, propiedad y entidad.

Aparece representado como una rueda de ocho radios.

DHAMMAPADA

(El Camino del Dharma) El Dhammapada contiene versos que Buddha pronunció en diferentes ocasiones durante su largo ministerio de 45 años.

Hay un total de 423 versos los cuales se agrupan en 26 capítulos.

De acuerdo con la tradición Theravada, estos versos fueron recordados por los discípulos de Buddha y 3 meses después de su muerte, contiene las enseñanzas de Buddha.

En el Primer Concilio budista, fueron agrupados y registrados con el nombre "Dhammapada," uno de los libros del Khuddaka Nikà ya, la Colección Menor.

DHAMMAPADA

Importante libro difundido del canon budista pali theravadin, que está incluido en el quinto Nikaya del Sutta Pitaka.

Consta de 423 estrofas cada una de las :sales es un proverbio o sentencia sobre la vida de Buda.

Los monjes suelen aprendérselo ne memoria. Se suele decir que equivale en el budismo al Bhagavad Gita hindú y al Tao tking taoista.

DHARANA

DHARANA: En la filosofia yoga se nombra así el poder de concentración capaz de aislar a la persona de las formas exteriores, de tal manera que el individuo va logrando que se unifique su conciencia.

DHARANIS

Ver Tantrismo.*

DHARMA KAYA

DHARMA KAYA: En el pensamiento budista es uno de los tres aspectos de la naturaleza búdica, el cuerpo de la luz, el de la bienaventuranza.

DHARMA

DHARMA: Término del hinduismo que significa "norma o norma sagrada", destinada a hacer justo y virtuoso a un individuo dentro de su clase o profesión.

Someterse al dharma es el primero y más fundamental de los imperativos para todo hindú, ya que hacer lo contrario sería cometer una falta.

DHARMACHAKAPRARASTANA

Ver Bala*.

DHARPARINAMA

DHARPARINAMA: Es el cambio perceptible que se

sucede en el universo, que según la filosofía yogui se encuentra en cada instante cambiando.

DHATU KATHA

DHATU KATHA: Nombre de un libro de las escrituras canónicas pali del budismo theravada.

Es uno de los siete que constituyen la tercera sección del canon y normalmente es enumerado en quinto lugar.

DHATU

DHATU: Término muy usado en el budismo con el sentido genérico de elemento que aparece como sección dentro del tratado sarvastivadin del Abhidarma Kosa.

Puede tener diversos significados, entre los que se cuentan como principales: los elementos materiales que son:tierra, agua, fuego y viento; los elementos psicofísicos de la conciencia, dieciocho dhatus: ojo, oido, nariz, lengua, cuerpo, objeto visible, objeto audible, objeto olfativo, objeto del gusto, objeto del tacto, conciencia visual, conciencia auditiva, conciencia olfativa, conciencia gustativa, conciencia táctil, mente, objeto mental y conciencia mental; los tres elementos o esferas en que se divide el cosmos: kama dhatu o esfera sensible; rupa dathu o esfera de la materia sutil; Arupa dhatu o esfera inmaterial.

DHATUGABBHA

DHATUGABBHA: Santuario budista preparado para acoger en su seno las reliquias.

DHATUVAMSA

DHATUVAMSA: Escrito pali budista atribuído a un tal Dhamma Kitti.

El libro, en forma de poema, narra la historia del diente sagrado de Buda, que fue llevado como reliquia desde la India a Ceilán en el siglo IV.

DHIKR

DHIKR: Rememoración, una práctica muy frecuente en las cofradías del sufismo, consistente en la repetición de ciertas frases como "no hay más Dios que Dios", "alabanza a Dios".

DHRITI

DHRITI: Para los seguidores del yoga es el equilibrio de la mente, la ecuanimidad firme que debe tener el individuo para saber mantenerse equitativo tanto en la derrota como en la victoria.

DHUL HIJJA

DHUL HIJJA: Duodécimo mes del año lunar musulmán durante el cual tiene lugar la peregrinación a la Meca y a los lugares vecinos.

DHUL NUN

DHUL NUN: Importante asceta sufí egipcio al que se atribuye la introducción de la doctrina de la gnosis, pero también se ha indicado que ésta es anterior.

Ha sido considerado santo.

Murió el año 861.

DHYABA

DHYABA: La práctica de la meditación prescita como séptimo elemento del sendero de la liberación en la escuela del yoga. Sin embargo también se usa en sentido más amplio para designar el esfuerzo por mantener la mente fija en la realidad absoluta.

DÍA DE LA DECLARACIÓN

DÍA DE LA DECLARACIÓN: Día en el que Maitreya se dará a conocer a todo el mundo.

Al mismo tiempo, cientos de miles de curaciones espontáneas tendrán lugar por todo el mundo.

Comienzo de la misión abierta de Maitreya en el mundo.

DÍA MEDIO DE LA LEY

DÍA MEDIO DE LA LEY: En jap.: zoho. Segundo milenio posterior a la muerte de Shakyamuni. Durante este período, el Budismo Mahayana se propagó más allá de la India, a la China, Corea y el Japón; y si bien se estableció firmemente en la sociedad, con el tiempo se volvió ritualista y dejó de satisfacer las necesidades del pueblo.

"Los Principales escritos de Nichiren Daishonin"

Glosario Vol. I - II 1995 - 1998 SGIAR.

DIACONO

DIACONO: Una de las tres órdenes mayores de la jerarquía eclesiástica primitiva: diáconos, presbíteros y obispos.

DIADEMA

DIADEMA: Corona.

DIADOCOCINECIA

DIADOCOCINECIA: Capacidad de efectuar en forma rápida movimientos voluntarios antagonistas (un movimiento diferente a otro, ej. Subir un pie y bajar el otro)

DIAMANTE, MANDALA DEL MUNDO DEL

DIAMANTE, MANDALA DEL MUNDO DEL: Uno de los mandalas del budismo esotérico Shingon; el otro es el mandala del Mundo del Vientre.

Este mandala, basado en el Sutra Kongocho, describe el Mundo del Diamante que representa la sabiduría del buda Dainichi (sánscrito Mahavairochana). El mandala del Mundo del Diamante está compuesto de cuatro secciones cuadradas o conjuntos.

Seikyo Nro. 812 20/04/1997.

DIAMANTE, MUNDO DEL

DIAMANTE, MUNDO DEL: Un mundo descrito en el Sutra Kongocho. El término se usa en contraste con el de Mundo del Vientre, al que se hace referencia en el Sutra Dainichi.

El Mundo del Diamante representa la sabiduría del buda Dainichi (sánscrito Mahavairochana), mientras que el Mundo del Vientre representa la verdad fundamental que subyace en esta sabiduría.

Se compara la sabiduría de Dainichi con la dureza y la pureza del diamante, capaz de triturar todos los deseos mundanos y las ilusiones.

El mandala del Mundo del Diamante es una representación gráfica de esto.

Seikyo Nro. 812 20/04/1997.

DIAPSIQUIA

DIAPSIQUIA: Nombre con el que antiguamente se denominaba a la Telepatía.

DIDAJE

DIDAJE: Libro del primitivo cristianismo descubierto en 1875 que se refiere a la fe y a la práctica de la primera comunión cristiana.

Se suele fechar entre el siglo I y el II de nuestra Era.

DIECIOCHO ESCUELAS HINAYANA

DIECIOCHO ESCUELAS HINAYANA: Escuelas Hinayana formadas por cismas en la Orden Budista, después de la muerte de Shakyamuni.

Según el Ibushurin Ron (Doctrinas de diferentes escuelas), texto de la escuela Sarvastivada, el primer cisma en la Orden Budista se produjo en las escuelas Theravada y Mahasamghika. Aproximadamente doscientos años después de la muerte del Buda, la Mahasamghika se dividió en ocho escuelas.

La Sarvastivada se apartó de la escuela Theravada alrededor de trescientos años después de la muerte del Buda y, más adelante, dio origen a un total de nueve escuelas.

Las ocho escuelas que derivan de la Mahasamghika y la escuela Sarvastivada y sus nueve ramas provenientes de la Theravada, forman juntas las dieciocho escuelas. Algunas veces, se incluyen las escuelas originales de Theravada y Mahasamghika, lo que da un total de veinte escuelas.

Seikyo Nro. 827 20/07/1997.

DIEMER

DIEMER: En la secta Amish existen tres grados diferentes de directores del ministerio: diemer voller u obispo; diemer zum buch o predicador y armer diemer o diácono.

DIENTE DE BUDA

DIENTE DE BUDA: Pieza dental de gran tamaño que la leyenda atribuye a Gautama.

Se venera en Kandy, Ceilán.

DIENTE DE LEÓN

DIENTE DE LEÓN: Umbelífera cuyo tallo suelta una savia lechosa, tradicional planta medicinal; por esto y por la disposición radial de su inflorescencia el arte cristiano medieval la atribuyó a Cristo y María, lo mismo que otras muchas plantas de savia lechosa, simboliza la muerte de Cristo y de los mártires.

DIENTE

DIENTE: Los dientes se utilizaron en magia con usos muy varios. Así, por ejemplo, los dientes de las personas fallecidas se empleaban corno protección contra conjuros y enfermedades.

Los del lobo, que eran atributo de los hechiceros, tenían un efecto psicológicamente positivo sobre los niños.

Los gnósticos modernos consideran a los dientes como protección del hombre interior.

DIENTES

DIENTES: Símbolo de fuerza y vitalidad, también de agresividad.

El psicoanálisis interpreta la pérdida de los dientes como expresión de temores masculinos relacionados con la pérdida de la virilidad, e interpreta los sueños centrados en dicho tema como signo de frustración, debilidad o angustia que impide centrarse.

El fantasma de la vagina dentada deriva de una confusión de la esfera genital con el área oral y también se interpreta como proyección de la angustia de castración masculina.

DIETA

DIETA: Debe estudiarse lo necesario para satisfacer las necesidades del cuerpo con alimentos puros.

La carne que se obtiene a costa de la vida y sufrimientos de otros seres, la que está impregnada por sus deseos y pasiones, además de encontrarse en estado de disgregamiento, no es un elemento puro; ningún verdadero estudiante a los poderes superiores debiera elegir semejante alimento para su cuerpo.

La "moderación" es un equívoco respecto al empleo del alcohol y del tabaco. Todo empleo de alcohol es desastroso para la conquista de lo espiritual.

DIEZ ACTOS MALOS

DIEZ ACTOS MALOS: Matar, robar, mantener relaciones sexuales impropias, mentir, adular (o proferir palabras irresponsables y vanas), difamar a otros, cometer hipocresía (o doblez), actuar con codicia, actuar con furia y actuar con estupidez (es decir, aferrarse a nociones equivocadas).

El Kusha ron condena estos diez actos malos. ("Los Principales escritos de Nichiren Daishonin"

Glosario Vol. I - II 1995 - 1998 SGIAR.

DIEZ DEMONIOS

DIEZ DEMONIOS: También llamadas "Diez Deidades". Funciones demoníacas que, en el vigésimo sexto capítulo del Sutra del Loto, "Dharani", juraron proteger a los devotos del Sutra del Loto.

"Los Principales escritos de Nichiren Daishonin"

Glosario Vol. I - II 1995 - 1998 SGIAR.

DIEZ DIRECCIONES

DIEZ DIRECCIONES: Ocho puntos del compás, más las dos direcciones de arriba y abajo. Se refiere a toda la dimensión del espacio. "Todos los budas de las diez direcciones" significa todos los budas del universo.

"Los Principales escritos de Nichiren Daishonin"

Glosario Vol. I - II 1995 - 1998 SGIAR

DIEZ PRECEPTOS BUENOS

DIEZ PRECEPTOS BUENOS: Prohibiciones referidas a los diez actos malos.

"Los Principales escritos de Nichiren Daishonin"

Glosario Vol. I - II 1995 - 1998 SGIAR.

DIEZ

DIEZ: El 10 es la base del sistema decimal y deriva probablemente del número de dedos en ambas manos.

Los antiguos lo consideraban ya una especie de número perfecto en tanto encierra en sí todos los número de 1 al 9.

Desde pitagóricos el tetractis 1+2+3+4=10 hizo de éste número divino y misterioso representable también como figura.

Los múltiplos de 10 tienen un simbolismo similar, y más todavía sus potencias 10X10=100 y 10X10X10=1,000 mientras que la cuarta potencia 10X10X10X10=10,000 venía a simbolizar una cantidad grandísima, imposible de contar.

DIFÍCIL, MODO DE PRACTICAR

DIFÍCIL, MODO DE PRACTICAR: Una de las dos categorías en que Nagarjuna divide la práctica budista en el Jujubibasha Ron.

El modo difícil de practicar significa el empleo de un esfuerzo extenuante en las prácticas austeras, por incontables eones, con el fin de lograr la Budeidad.

Significa lograr la Budeidad mediante el propio poder. La expresión «Modo difícil de practicar» se usa en contraste con el «Fácil modo de practicar» que significa invocar el nombre de los budas, confiando en el poder de salvación de ellos para lograr la iluminación.

En la escuela de la Tierra Pura, el modo difícil de practicar es interpretado como la práctica de cualquiera de los sutras con excepción de los tres sutras básicos de la escuela (Sutras Amida, Muryoju y Kammuryoju).

Seikyo Nro. 812 20/04/1997.

DIGAMBARAS

DIGAMBARAS: Una de las principales sectas del jainismo "los vestidos del cielo" que llevan en sus prendas el color azul, para oponerse a otra de las sectas jainistas, los svetambaras que van vestidos de blanco.

Se caracteriza por que los monjes practican la desnudez ritual como signo de su total renuncia a los bienes y valores del mundo.

DIGNA NIKAYA

DIGNA NIKAYA: Escrituras budistas integrantes del canon pali, destinadas a la enseñanza.

Agrupa un total de treinta y cuatro libros.

DIGNAGA

DIGNAGA: 420-500. Un hindú erudito en lógica budista de la escuela Sólo la Conciencia. Nació en una familia de brahmanes del sur de la India y estudió tanto el Budismo Hinayana como el Mahayana. Desarrolló las ideas de Vasubandhu y estableció una rama de la escuela Sólo la Conciencia que consideraba la conciencia alaya como real más que no-substancial (japonés, ku).

Esta enseñanza fue transmitida por Asvabhava, Dharmapala, Shilabhadra y Hsüan-tsang, y llegó a ser la base de la escuela Fahsiang (Hosso) en China. Dignaga también adelantó una forma de razonamiento inductivo, contribuyendo al desarrollo de la lógica budista.

Sus obras incluyen el Kanshoen Ron (Estudio de los objetos de conocimiento), el Shu-ryo Ron (Tratado sobre sistemas de la cognición) y el Immyo Shorimon Ron (Tratado sobre los correctos principios de la lógica).

Seikyo Nro. 812 20/04/1997.

DIKR

DIKR: Para los musulmanes es el "recuerdo" de Dios y la mención de ese recuerdo que se practica en forma de letanías de los maravillosos nombres de Dios, tal y como recomienda el Corán.

DINERO

DINERO: En un símbolo en sí mismo, ya que representa el valor económico en el sentido más general.

Tomando como forma abstracta de todos los bienes materiales, y considerado desde el punto de vista moral, viene a simbolizar, lo mismo que el oro, la situación del que vive prisionero de los intereses mundanos, o la avaricia.

En su forma de moneda (lo mismo que el sello) el alma que lleva consigo la imagen de Dios, más o menos como la moneda lleva al del rey.

Las teorías psicoanalistas establecen una estrecha correspondencia entre el dinero y los excrementos.

DIOS DE LA COCINA

DIOS DE LA COCINA: El Tsao Chun o Dios de la Cocina es una divinidad taoísta cuya imagen está instalada en todos los hogares en la proximidad de la chimenea o cocina. A él se encuentra unida la prolongación de la vida, las riquezas y la felicidad del hogar.

DIOS TUTELAR

DIOS TUTELAR: Una entidad o poder espiritual que actúa como guardián o protector de un individuo, familia, tribu, ciudad o nación.

DISARTRIA

DISARTRIA: Dificultad para articular palabras.

DISCERNIMIENTO

DISCERNIMIENTO: La facultad del entendimiento que nos permite distinguir entre lo esencial y lo sin importancia, separando lo real de lo ilusorio, lo duradero de lo efímero, lo verdadero de lo falso.

El discernimiento general y el alma intelectual dan al hombre el primer impulso hacia la vida superior.

DISCIPLINA DEL ALIENTO

DISCIPLINA DEL ALIENTO: Técnica consistente en modificar y regular a gusto la respiración, cambiando su ritmo para permitir obtener un mayor grado de concentración fundamental en la meditación de diversas creencias orientales.

Hay tres escuelas fundamentales: yoga, taoísmo y hesiquiasmo.*

DISCIPLINA DEL ARCANO

DISCIPLINA DEL ARCANO: Término inventado en el siglo XVII para designar la costumbre, vigente en la Iglesia durante los siglos IV y V, de prohibir a los no iniciados presenciar el bautismo y la eucaristía.

DISCÍPULO

DISCÍPULO: Es aquel sujeto que ha sido recibido por un maestro para recibir la instrucción que establece una Dogma o doctrina espiritualista.

Alguien que se está preparando para la iniciación, a menudo sin ser consciente de ello.

Todos los grados de trabajadores que sirven a la humanidad y a la Jerarquía de Maestros, desde el aspirante al Cristo Mismo, son discípulos.

DISCO

DISCO: Lo mismo que el círculo, frecuente símbolo solar (por ejemplo en la India y Egipto); la figura de un disco alado representa la marcha del Sol, y en sentido figurado, el movimiento que nos eleva a las esferas superiores.

En China es símbolo de la perfección celestial; un disco de jade con un agujero central (pi) representa el cielo.

DISDIADOCOCINECIA

DISDIADOCOCINECIA: Dificultad para realizar movimientos voluntarios antagonistas.

Por ejemplo: alternar una palmada en el abdomen con la mano derecha y realizar un círculo sobre la cabeza con la mano izquierda.

DISFASIA

DISFASIA: Dificultad para hablar.

DISMETRIA

DISMETRIA: Es la falta del sentido de la medida en la ejecución de los movimientos tanto en lo referente al tiempo como al espacio.

Al ejecutar un movimiento, el dismétrico aplica un impulso inicial demasiado violento, lo ejecuta con demasiada velocidad y se detiene demasiado tarde, sobrepasando el término deseado.

Ej. Tocar la punta de la nariz con los ojos cerrados, el dismétrico se golpearía en otro lugar que no es la nariz.

DITT ASAVA

Ver Asava.

DITTHI

DITTHI: Término usado en el budismo para designar una opinión especulativa.

DIVALI

DIVALI: Fiesta de la luz hindú que se celebra para recordar el regreso de Rama del exilio para unirse a Sita, de acuerdo con el Mahabarata.

DIVINIDADES ANTIGUAS

DIVINIDADES ANTIGUAS: Dado el gran número de divinidades que las diferentes culturas han tenido a lo largo de su historia, y que muchas de ellas han llegado a nuestros tiempos envueltas en una aureola mítica que les hace más propensas a formar parte de una obra mitológica que de un libro dedicado a las sectas, creencias y religiones, no podemos dedicarnos a hablar en particular de ninguna de ellas.

No obstante vamos a exponer a continuación una relación de las más importantes distribuidas por culturas (no más de diez por cada una de ellas)

DIVYAVADANA

DIVYAVADANA: Antología budista de relatos del tipo del Avadana.

Se trata de una recopilación en que se han incluido materiales muy antiguos procedentes de las escuelas del Hinaya.

DJWAL KHUL

DJWAL KHUL: DK o MT, Maestro Tibetano.

Quién dictó a mediados del siglo IXX La Doctrina Secreta e Isis sin Velo a Mme. Blavatsky.

También a mediados del siglo XX usó a Alice A. Bailey como amanuense, dictándole 24 libros de esoterismo.

DOBENEK

Juan Dobenek

Teólogo católico alemán (1479-1552), conocido bajo el nombre latino de Cochlaesus. Canónigo de Worms, Maguncia y Breslau, combatió a Luterio y la reforma con obras como:

"Commentaria de actis et scriptis M. Lutheri",

"Historiae Husitarum libri XII".

DOCTRINA DE LA RECITACIÓN REPETI- DA

DOCTRINA DE LA RECITACIÓN REPETIDA: También llamada doctrina de los muchos llamados. Una doctrina establecida por Ryukan, discípulo de Honen, que dice que para lograr renacer en la Tierra Pura, el practicante debe continuar recitando el nombre del Buda Amida cuantas veces le sea posible hasta el momento de la muerte.

Esta doctrina se oponía a la de la única recitación, que afirmaba que una sola recitación con toda fe en la gracia de Amida era suficiente para poder renacer en la Tierra Pura.

Seikyo Nro. 812 20/04/1997.

DOCTRINA DE LA RECITACIÓN ÚNICA

DOCTRINA DE LA RECITACIÓN ÚNICA: También llamada doctrina de un solo llamado. Una enseñanza propuesta por el discípulo de Honen, Kosai, que sostenía que, si se hacía con fe sincera, una recitación sola del Nembutsu era suficiente para asegurar el renacimiento en la Tierra Pura, aunque subsiguientes recitaciones puedan realizarse como expresión de gratitud.

En esto, se opuso a la doctrina de Ryukan de la recitación repetida, que sostiene que cada recitación profundiza la devoción hacia Amida, y que, por lo tanto, se debe recitar el Nembutsu continuamente hasta el momento de morir para poder renacer en la Tierra Pura.

Seikyo Nro. 812 20/04/1997.

DOCTRINA DE LA VIA CELESTE

Ver Tchon do Gyo.*

DOCTRINA DEL ESPIRITU DIVINO

Ver Tenri Kyo.*

DOCTRINA DEL ESTE

Ver Tong Hak.*

DOCTRINA DEL TIEMPO

Ver Ippen.*

DODECAEDRO

DODECAEDRO: Sólido delimitado por doce caras poligonales planas, teniendo especial importancia el dodecaedro pentagonal cuyas caras son doce pentágonos regulares; participa de los simbolismos del doce y el cinco, y es uno de los cinco poliedros regulares platónicos, símbolo de tonalidad, por tanto, y considerado como el más perfecto de ellos.

DOJI

DOJI: 675-744 Tercer patriarca de la escuela Sanron en el Japón, versado en las doctrinas Hosso y Sanron. Visitó la China en 701.

"Los Principales escritos de Nichiren Daishonin" Glosario Vol. I - II 1995 - 1998 SGIAR)

DOJO

DOJO: En el budismo zen es la sala destinada al culto.

DOLMA

DOLMA: Única representante femenina entre los bodhisattva muy apreciada por los budistas tibetanos.

Está considerada como la madre de todos los Budas.

Su oración se encuentra en los labios de todos los tibetanos, así como en algunos de sus cantos más populares.

Según la creencia popular, permite obtener riquezas e hijos, y evita los peligros y las catástrofes.

DOLMEN

DOLMEN: En bretón, "mesa de piedra", monumento megalítico de carácter funerario construido por una loza que se apoya sobre varias piedras hincadas verticalmente en el suelo; del neolítico, especialmente en Bretaña.

DOMINICANE

DOMINICANE: Prostituta vudista altamente estimada a causa de su experiencia y conocimientos sexuales.

DOPPELGANGER

DOPPELGANGER: Palabra inglesa para determinar al fantasma que hace su aparición al observar el cuerpo físico del sujeto a cierta distancia.

Similar a la Ubicuidad o Bilocación.

DORADO, EL

DORADO, EL: Legendario país situado entre el Orinoco y el Amazonas, que se creía bendecido por una inmensa prosperidad; lo cual deriva a su vez de la leyenda del caudillo chibcha que se hacía recubrir a diario con polvo de oro, de tal manera que parecía una estatua de dicho metal.

Por antonomasia, lugar soñado de gran riqueza, gran opulencia y grandes lujos.

DORJE

DORJE: Objeto ritual que emplean los tibetanos durante su oración, y que simboliza diversas cosas al mismo tiempo: fuerza o energía, aspecto masculino; camino hacia la Iluminación, liberación; llegada al estado del conocimiento de la totalidad, es decir Iluminación total.

DOS LUGARES Y TRES ASAMBLEAS

DOS LUGARES Y TRES ASAMBLEAS: Ámbitos en que Shakyamuni predicó el Sutra del Loto.

Los dos lugares son: la cima del Pico del Águila y el aire.

Las tres asambleas son: la primera asamblea en el Pico del Águila, que se prolonga desde el primer capítulo hasta la primera mitad del undécimo capítulo, "El surgimiento de la Torre de los Tesoros"; la asamblea en el aire, que se extiende desde la última mitad del capítulo once hasta el capítulo "La transferencia"; y la segunda asamblea en el Pico del Águila, que se prolonga desde el vigésimo tercer capítulo, "Asuntos pasados del bodhisattva Rey de la Medicina", hasta el vigésimo octavo, "Aliento del bodhisattva Universalmente Digno".

"Los Principales escritos de Nichiren Daishonin" Glosario Vol. I - II 1995 - 1998 SGIAR.

DOS VEHÍCULOS

DOS VEHÍCULOS: En jap.: nijo. Dos clases de enseñanzas expuestas para las personas de Aprendizaje y de Comprensión Intuitiva.

Nijo también se aplica a los hombres de Aprendizaje y de Comprensión Intuitiva, pero, en este caso, el traductor utiliza la expresión "hombres de los dos vehículos".

"Los Principales escritos de Nichiren Daishonin" Glosario Vol. I - II 1995 - 1998 SGIAR.

DOSA

Ver Alobha.*

DOSCIENTOS CINCUENTA PRECEPTOS

DOSCIENTOS CINCUENTA PRECEPTOS: Reglas de disciplina que debían observar los monjes budistas del Hinayana, formalmente ordenados.

"Los Principales escritos de Nichiren Daishonin" Glosario Vol. I - II 1995 - 1998 SGIAR)

DOSHO Y DOMYO

DOSHO Y DOMYO: Dos deidades que se dice moran sobre los hombros de una persona, desde el momento del nacimiento de ésta y registran todos sus actos, buenos y malos, a fin de informar al rey Emma, quien la juzgará después de la muerte.

Ellos representan la ley de causa y efecto que opera dentro de la vida de cada uno. Según el Maka Shikan Bugyoden Guketsu de Miao-lo, «Dosho» sígnifica: «nacido al mismo tiempo», y « Domyo» , «que lleva el mismo nombre».

Según el Sutra Kegon, Dosho es un ser femenino, se sienta sobre el hombro derecho e informa sobre los actos malos; Domyo es masculino, se sienta sobre el hombro izquierdo e informa sobre los actos buenos. Dosho y Domyo se identifican con Kushojin («deidad presente desde el nacimiento»), un ser celestial mencionado en el Sutra Yakushi, que se dice realiza las fuciones de estas deidades.

Seikyo Nro. 821 20/05/1997.

DOTADOS

DOTADOS : Individuos que han demostrado, en pruebas controladas de laboratorio, su capacidad de acción sobre los objetos materiales mediante PK

DOTADOS DE EFECTOS PSIQUICOS

DOTADOS DE EFECTOS PSIQUICOS: Individuos que a lo largo de la Metapsíquica y de la Parapsicología moderna han demostrado su capacidad de acción sobre la materia por medio de la P.K. (personas que son investigadas por Parapsicólogos).

DOUSHEN

DOUSHEN: En el taoísmo es una de las divinidades más temibles.

Se la honra en los templos, en el campo y en los cruces de caminos.

Castiga a los culpables, en particular a los infanticidas.

DRAGÓN, PROYECTO DEL

DRAGÓN, PROYECTO DEL: El Dragon Proyect es el nombre que recibió un curioso proyecto científico llevado a cabo por un grupo de investigadores, que deseaban verificar la posible energía existente en ciertos lugares prehistóricos que, de tener en cuenta las leyendas populares, poseían propiedades curativas.

Finalmente se pudo comprobar que en los megalitos, o grandes bloques de piedra de los tiempos del Neolítico, se producían ciertas ondas ultrasónicas que podían tener efectos favorables sobre las enfermedades.

DRAGÓN, REYES

DRAGÓN, REYES: en sánscrito, Naga-raja) Reyes de los dragones que supuestamente habitan en el fondo del mar. Ocho reyes dragones, cada uno con muchos seguidores, se reunieron en la ceremonia del Pico del Águila, para escuchar el Sutra del Loto.

Según el Sutra Kairyuo (Sutra del Rey Dragón del Mar), los dragones son, a menudo, devorados por aves gigantes llamadas garudas, sus enemigos naturales.

Seikyo Nro. 821 20/05/1997.

DRESSER

DRESSER: Fundador de la secta contemporánea del Nuevo Pensamiento, cuya enseñanza es idéntica a la Ciencia Cristiana.

DRIL BU

DRIL BU: Objeto ritual tibetano, la campana, que unida al rayo es uno de los elementos inseparables que simbolizan a los medios eficaces y a la sabiduría.

DROGAS SAGRADAS

DROGAS SAGRADAS: Gran cantidad de ritos de sectas permiten o propugnan la toma de drogas para poder llevar a cabo el ritual o participar en el mismo.

Uno de los casos más claros es el de la secta musulmana de los asesinos que tuvo gran importancia hasta el año 1256, que empleaba el hashish para producir un estado de éxtasis en los devotos.

Asimismo también se puede hablar de los movimientos modernos que permiten el uso de todas las drogas conocidas, desde el mencionado hashish, hasta la marihuana, pasando por la cocaína y LSD, como forma de liberación e intento de elevación espiritual y abandono de este mundo.

DROMOS

DROMOS: Término de origen griego con el que se conocían las avenidas que daban acceso a los templos, las cuales solían estar jalonadas por figuras de esfinges.

DRONODANA

DRONODANA: Hermano menor del rey Shuddhodana, padre de Shakyamuni.

Fue padre de Devadatta y de Ananda.

"Los Principales escritos de Nichiren Daishonin" Glosario Vol. I - II 1995 - 1998 SGIAR.

DUKKHA

DUKKHA: Término pali usado en la tradición budista para designar una de las tres marcas características de la existencia. Se puede traducir por "dolor", "mal", "daño" e "insatisfacción".

DULCINO

DULCINO: Heresiarca italiano nacido en Novara que fundó la secta de los Dulcinistas en el siglo XIII.

Defendía que hasta Moisés había reinado la ley del Padre, ley de vigor y de justicia; que desde entonces y hasta el tiempo en que predicaba, reinaba la ley del Hijo, de gracia y sabiduría, pero que con ellos comenzaba la Ley del Espíritu Santo, todo amor y caridad.

En el año 1290 fue hecho prisionero y murió descuartizado.

DULIA

DULIA: Denominación del culto dado a los ángeles y a los santos en la Iglesia Católica.

También existen los cultos de latría, destinado a Dios, y el de hiperdulía dedicado a la Virgen.

DURGA

Una de las esposas de Siva, que aparece siempre disfrazada de formas terroríficas.

Su nombre significa "la inaccesible.

DURGA

En sánscrito, "la difícilmente accesible": un predicado de la esposa de Siva, cuya manifestación terrible es Kali, debeladora de los demonios y que exige sacrificios humanos, aunque también tiene un aspecto de madre benigna y nutricia, prototipo de la Gran Madre.

DVAPARA MUGA

DVAPARA MUGA: Una de las cuatro eras o yugas del hinduismo.

Actualmente nos encontramos en la cuarta, conocida como Kali yuga.

DVECHA

DVECHA: En la filosofía yogui de Patanjali, se llama así al odio, uno de los cinco obstáculos que se interponen entre el alma y Dios.

DVIJA

DVIJA: Palabra sánscrita que significa "nacido dos veces".

Es el título al que tienen derecho las tres primeras castas de la India: brhamanes, chatriyas y vaicyas, después de haber recibido la iniciación.

DVIPA

DVIPA: La cosmogonía hindú divide la tierra en siete dvipas circulares concéntricos o continentes, separados y unidos por mares de diversas sustancias.

El principal es el Djamboudvipa o India, en medio del cual se eleva la montaña sagrada que sostiene el cielo.

DYED

DYED: Nombre de un tipo especial de pilar consagrado a Osiris, (el cual representaba tanto la columna vertebral del dios como un árbol sagrado).

Simbolizaba conceptos tales como estabilidad, eternidad, permanencia, o poder de regeneración.

DYNAMIS

Ver Basilides.*

DYRKOVTZI

DYRKOVTZI: Secta rusa "cavadores de hoyos" que esperaban de la contemplación de un agujero u hoyo, la obtención de la libertad perfecta.

E

E.A.C.

E.A.C.: (Estados Alterados de Conciencia).

Es cualquier situación mental, inducida por medios o agentes fisiológicos, farmacológicos o psicológicos, que pueda ser reconocida por el sujeto o por un observador objetivo, como suficientemente desviada, tanto en la experiencia subjetiva, como en el funcionamiento psicológico del sujeto, en el estado de vigilia.

E.C.M.

E.C.M.: (experiencias de la casi muerte).

Experiencia sufrida por aquellos que tras permanecer un período de tiempo variable clínicamente muertos, recobran sus constantes vitales.

EA

EA: Dios mesopotámico de las aguas que aparece unido a los mitos sumerios de la Creación. Padre de Marduck.

Se encuentra como figura destacada en el poema de Enuma Elish y en el de Gilgamesh.

ÉBANO

ÉBANO: Por su color participa del simbolismo de lo negro.

En la mitología era de ébano el trono del dios Plutón, soberano del mundo subterráneo.

ECCLESIA

ECCLESIA: Del griego ekklesia = asamblea, la Iglesia, la comunidad de los creyentes en Cristo.

Su personificación como figura femenina aparece en el arte paleocristiano (por ejemplo en Santa Sabina de Roma=, especialmente a partir del siglo IX en contraposición con la sinagoga y generalmente debajo de las escenas de la crucifixión: la Ecclesia con estandarte de la victoria, cáliz y corona, la Sinagoga con los ojos vendados, la corona caída y la lanza quebrada, simbolizando a la Iglesia y el vencimiento del judaísmo; hay ejemplos notables en la ornamentación de portales góticos como los de Estrasburgo y Bamberg.

ECKHART

ECKHART: El maestro Eckhart (12601327) es un místico alemán que mantenía la existencia de un cierto panteísmo, defendido en diversas obras que han sido empleadas siglos después por algunos círculos esotéricos y ocultistas.

ECLECTICISMO

ECLECTICISMO: Práctica o tendencia a fusionar diversas doctrinas filosóficas y teológicas.

ECLESIASTICO

ECLESIASTICO: Libro que forma parte del conjunto de libros sapienciales del Antiguo Testamento.

Precede al Libro de la Sabiduría, y se sitúa después del Eclesiastés.

Compuesto originalmente en hebreo, fue traducido en Palestina al griego.

Su autor fue un tal Jesús hijo de Sirac, por lo que se suele denominar Libro de Ben Sirac o Sirácida.

Habla de las lecciones que han transmitido al hombre la Ley y los Profetas, que han hecho de Israel un lugar digno de elogio por su doctrina y sabiduría.

Por ello habla de "la sabiduría y el temor de Dios", de "los deberes filiales", de "la riqueza y presunción", de "la vida familiar", de "las relaciones con el prójimo", de "la sabiduría de gobierno", de "a quien hay que honrar", del "uso de las riquezas", de la vida en sociedad"...

ECLIPSE DE SOL

ECLIPSE DE SOL: Sobre todo el eclipse total en tanto que suceso poco frecuente, capaz de paralizar toda actividad humana, impresionó el ánimo de los hombres de todas las épocas y dio pie a presentimientos funestos y profecías catastróficas.

En el Islam y en el budismo, entre otros ámbitos culturales, el eclipse de Sol (y el eclipse de Luna), suelen relacionarse con la muerte del astro, al que se imagina devorado por un monstruo; en chino el eclipse de una luminaria y "comer" o "devorar" se desintegran con la misma palabra.

Para los chinos estos eclipses reflejaban un trastorno de orden macrocósmico que no dejaría de tener consecuencias en el plano microcósmico, por ejemplo en la persona de algún soberano, o la de alguna de sus mujeres.

La reaparición del astro después del eclipse colaboraba el sentido del comienzo de un nuevo ciclo o una nueva era.

ECO

ECO: Era un atributo del jaguar, deidad telúrica según las concepciones de los indios y vinculada con las montañas, las fieras y los mensajes por tambor.

En la mitología griega fue una ninfa.

Entre numerosos pueblos es símbolo de la representación, de la pasividad y muchas veces significa lo ambiguo, la sombra, habiendo sido puesto en relación con el golem.

ECOSCOPIA

ECOSCOPIA: Arte adivinatoria que se practicaba en la Grecia clásica y que consistía en la observación del aspecto externo de los edificios, especialmente de los templos.

Es muy posible que este método adivinatorio procediese de los antiguos caldeos.

En el s. IV a. C. el filósofo griego Xenócrates escribió una pequeña obra sobre la ecoseopia.

ECTOCOLOPLASMIA

ECTOCOLOPLASMIA: Es un fenómeno paranormal, donde un individuo produce, inconscientemente Ectoplasma, que toma formas de rostros u otros objetos.

ECTOPLASIA

ECTOPLASIA: Es el término utilizado en la parapsicología para definir la materialización energética de las sustancias generadas durante un fenómeno de Telergía.

Fenómeno de generar Ectoplasma.

ECTOPLASMA

ECTOPLASMA: Es el nombre que se da a la sustancia de naturaleza desconocida que emana de los orificios naturales del cuerpo de un Médium, durante una sesión o manifestación de un fenómeno paranormal.

Según los Metapsiquistas, es la condensación de la telergia emitida por un Dotado.

Sería la causa de las fosforescencias y otros efectos visuales en torno a los Mediums.

Puede tratarse, según la moderna parapsicología, de una emisión de energía Psi, por un Dotado, la cual puede tomar formas humanoides o no.

El ectoplasma sería lo que conformaría las posteriores materializaciones de figuras humanas que pueden aparecer en el transcurso de las citadas sesiones. Explicaría según los parapsicólogos los casos de fantasmogénesis.

EDAD DE ORO

Denominación de una época idílica en la que, según las mitologías griega y romana, el hombre vivió en un estado primigenio recién salido de las manos de su Creador.

En esta edad mítica, el individuo ignora toda religión y precepto, limitándose a vivir en un estado de contemplación, sin saber lo que es la necesidad, el deseo o el sufrimiento. Podría considerar se esta edad de oro con el paraíso terrenal de la tradición bíblica.

EDAD DE ORO

Época en la que todo era posible, cuando no existía ninguna regla y los seres humanos se podían comunicar con los animales, y no había ningún tipo de separación o deseo entre ellos. Era el momento del Edén.

EDADES DE LA VIDA

EDADES DE LA VIDA: Desde la Antigüedad se buscó la división de la existencia humana en etapas que guardasen correspondencia con algún intervalo externo, casi siempre en relación con el simbolismo de los números.

Las 4 edades de la vida se relacionan así con las 4 estaciones del año, los 4 evangelistas o las 4 partes del mundo.

Cuando se distinguen 7 edades éstas entran en correspondencia con los 7 planetas, los 7 tonos de la escala o los radios de la rueda de la fortuna; otras veces se han distinguido 3, 6 y hasta 10 edades.

Diez.

EFECTO CORONA

EFECTO CORONA: Sinónimo de Aura, efluvio.

EFEMÉRIDES

EFEMÉRIDES: Nombre dado a los textos en los que se registra la situación de los astros.

En realidad, las efemérides serían los posicionamientos diarios de los planetas, según los cálculos astrológicos.

El libro más antiguo sobre el tema es el Calenda-risas novum compuesto por el matemático renacentista Regiomontanus.

EFLUVIO

Reciben este nombre las licuefacciones que se producen en la práctica alquímica.

También se denomina así a las fuerzas misteriosas e incomprensibles, y las irradiaciones del cuerpo humano que conllevan fenómenos paranormales.

EFLUVIO

Es el nombre que la parapsicología da al Aura.

Es una capa de energía magnética generada por el cuerpo humano.

Luminiscencia alrededor de un cuerpo, provocada por la ionización de las moléculas en el aire.

EGAGRATA

EGAGRATA: En la filosofía yoga es el poder de concentración de todos los sentidos en una sola cosa.

ÉGIDA

ÉGIDA: Defensa de Zeus, el escudo labrado por Hefesto con la cabeza de Gorgona Medusa en el centro; por un error de etimología los narradores posteriores a Homero lo creyeron revestido con el pellejo de la cabra Amarilla.

Algunas veces Zeus se lo presentaba a Atenea.

Simbolizaba la protección de los dioses, de ahí la frase "estar bajo la égida de alguien" que todavía escuchamos algunas veces.

La interpretación de la égida como símbolo de la Tormenta y de las nubes tormentosas ha sido controvertida.

EGIRA

EGIRA: Término que designa el traslado de Mahoma desde la Meca hasta Medina el 16 de julio del 622 de nuestra Era, que es considerado el primer año de la Era Islámica por los musulmanes.

La Hijra, latinizado como Egira y Hégira, o Emigración, se desarrolló motivada por la persecución y falta de protección que sufrió Mahoma a la muerte de Abu Talib, y ante el ascenso a la jefatura del clan de otro de sus tíos, Abu Lahab, en La Meca.

Al llegar a Medina, a unos 250 kilómetros al norte de La Meca, la mayor parte de los árabes residentes firmaron un acuerdo con Mahoma aceptándole como profeta.

EGREGOR

EGREGOR: Es una condensación bajo una forma determinada de pensamientos, deseos y sentimientos de la Humanidad.

Así en el plano astral, en el plano psíquico y en ciertos niveles del plano mental tendremos una serie de egregores o formas psíquicas que tienen que ver con estados de conciencia humanos.

Por lo tanto, existirá a no dudarlo, el egregor de los celos, el egregor de la lujuria, el egregor de la soberbia, de todos los llamados pecados capitales, y cada pecado capital tiene una forma psíquica o un egregor que lo está representando en el plano psíquico.

EGRÉGORES

EGRÉGORES: Según el libro apócrifo de Enoch, los egrégores fueron ángeles que se casaron con las hijas de Set engendrando así a los gigantes.

En ocultismo se suele dar este nombre a ciertos fenómenos paranormales de índole psíquica, que pueden ser percibidos por distintas personas simultáneamente.

EGREGORO

EGREGORO: Para los gnósticos es el ángel que vela desde el cielo y que se encarga de proteger y cuidar a la comunidad.

EIKERENKOETTER

Fundador de la secta norteamericana Ciencia de Vivir.

Ver Ike.*

EISAI

Fundador del budismo zen japonés (1141-1215) que

se hizo monje siendo niño y recibió su formación en el monasterio tendai del monte Hiei.

Estuvo en China dos veces y allí se sintió impresionado por el espíritu del Chan, convenciéndose de que podría contribuir a una revitalización del budismo japonés. Eisai recibió la iluminación en la secta Linchi, que transplantó al Japón como Rinzai, edificando su primer templo en Hakata, al sur de la isla de Kyushu en el año 1911.

Sufrió la oposición de los monjes tendai, pero obtuvo la protección y ayuda del shogun Minamoto Yoriie, que le nombró rector del templo Kenninji de Kyoto, construido el año 1202, y que albergaba las sectas tendai, shingon y zen.

Esai introdujo la tradición zen en Kamakura, sabiendo compaginar el fervor religioso con las aspiraciones nacionales.

Enseñó los métodos de la meditación zen y se esforzó por conseguir que el zen fuera reconocido como escuela independiente.

EJE DEL MUNDO

EJE DEL MUNDO: Muchos pueblos han concebido esta noción de un eje que une los cielos y la tierra, o éstos y el inframundo, para simbolizar que el universo, todos los planos o niveles conocidos por el hombre guardan correspondencias los unos con los otros, además de hallarse dispuestos alrededor de un centro.

En cuanto a lo que fuese concretamente dicho eje del mundo, entran en juego las más variadas nociones: la columna, el árbol, el monte, la vara, la lanza y por supuesto el lingam de los hindúes.

Es frecuente la asociación del eje con el simbolismo de la luz, así Platón que dice que esta hecho de un diamante que tiene luz propia.

Las escrituras cristianas lo comparan en ocasiones con la Cruz.

En el tantrismo la columna vertebral es una imagen del eje del mundo.

EJIRA

Ver Egira.*

EL ESPÍRITU SANTO

EL ESPÍRITU SANTO: La tercera persona de la Trinidad Cristiana; es el aspecto poder creador de Dios y un rayo de este atributo es el que emplea el hombre para la perpetuación de la raza.

Cuando se abusa de este poder creador para gratificar los sentidos, eso es pecar contra el Espíritu Santo.

Además el Espíritu Santo es el Dios de Raza y todos los idiomas son expresión de Él.

Esta es la razón del por qué los apóstoles cuando estaban sumergidos y unidos en el Espíritu Santo, hablaban diferentes lenguas y podían convencer a sus oyentes.

Entre los primitivos cristianos y entre los gnósticos era la Divina Sabiduría (Sophia, de aspecto femenino).

Véase: Jehová.

EL

EL: Término hebreo usado para designar a Dios, cuyo significado es "poder".

En el Antiguo Testamento aparece usado en nombres compuestos como "El Shaddai".

ELECCION DIVINA

ELECCION DIVINA: Término teológico para designar el supuesto hecho de que Dios ha señalado o seleccionado a un pueblo o una persona para la salvación o para cualquier otro destino glorioso.

En el Antiguo Testamento se habla de la "elección" de Moisés del Pueblo de Israel como Pueblo de Dios.

Lo mismo ocurre con el Nuevo Testamento, donde aparece el concepto de "Nuevo Israel" aplicado a los gentiles convertidos al cristianismo, de tal forma que los cristianos son los elegidos sor Dios para realizar con ellos la Nueva Alianza.

ELECTRO

ELECTRO: Aleación metálica muy usada en el antiguo Egipto.

Estaba compuesta por un 75 % de oro, un 22 % de plata, y el 3 % restante por cobre.

ELEMENTAL

En ocultismo se conoce por este nombre una condensación de luz astral que posee una naturaleza casi intelectual.

Serían, por lo tanto, espíritus verdaderos que, en

algunas circunstancias especiales, podrían mantener contacto con los seres humanos.

ELEMENTAL

De acuerdo a los gnósticos, en la 4ª. dimensión viven las criaturas elementales de la naturaleza.

A tales criaturas se les da el nombre de elementales, precisamente porque viven en los elementos.

El fuego esta poblado de criaturas elementales; el aire esta también densamente poblado por esa clase de criaturas y el agua y la tierra, están pobladas por esos mismos elementales. No hay árbol que no tenga su criatura elemental de la naturaleza.

Las plantas tienen alma, y las almas de las plantas encierran todos los poderes de la Diosa Madre del Mundo.

ELEOCARPUS

ELEOCARPUS: Los sacerdotes sivaitas conservan la tradición de llevar collares y rosarios de semillas de Eleocarpus con una bellota de oro en el centro.

ELFOS

Proviene de la mitología Noruega, de la época de los Vikingos.

Para los nórdicos, los dioses vivían en el Valhalla (la tierra de en medio).

Aparte de estos mundos y de sus conflictos se encontraba Alfheim, el mundo de los Elfos. En ese lugar habitaban tanto los bellos Elfos blancos, como los malvados Elfos negros.

Una excelente visión de esta mitología se encuentra en la obra "The lord of the ring", de J. R. Tolkien.

ELFOS

Una clase de elementales aéreos de la naturaleza.

ELIXIR

Nombre que reciben genéricamente todas las bebidas, esencias y emulsiones de tipo mágico.

En alquimia* se denomina elixir de vida a un agua mercurial que se origina en la licuación del mercurio bajo la influencia de la piedra filosofal y que recibe también el nombre de quinto elixir u oro potable. Este elixir tiene la propiedad de prolongar la vida y de ale-

jar todo tipo de enfermedades e, incluso, la muerte.

El elixir se emplea también en distintas terapias, como es el caso de la genioterapia*. El símbolo hermético de esta bebida es la tarántula, cuya mordedura, según se creía, provocaba una parálisis irreversible del cuerpo.

ELIXIR

En tanto que el elixir de la inmortalidad significa la agudización de la conciencia que produce el conocimiento de la inmortalidad propia; su contrapartida negativa es la bebida o elixir del olvido.

ELKESAITAS

ELKESAITAS: Secta gnóstica judeocristiana originaria del este del río Jordán, que pretendía poseer una revelación especial que les había sido comunicada por un ser sobrenatural llamado Elkesai, y cuya doctrina se encontraba en el "Libro de Elkesai".

Sostenían una interpretación docetista de la figura de Cristo; observaban escrupulosamente la Ley de Moisés, rechazaban las epístolas de San Pablo y subrayaban la eficacia redentora del bautismo.

ELOHIM

Potestades creadoras que plasman los pensamientos del Supremo Hacedor, llamado Logos por los platónicos, Verbo por los cristianos y Demiurgo por los gnósticos.

Para los hebreos seguidores de la cábala existen diez elohines que se corresponden con los diez sefirotes.

ELOHIM

Además de las jerarquías creadoras que trabajaron voluntariamente en nuestra evolución, hay otras siete que pertenecen a nuestra evolución y cooperan con Dios en la formación del universo.

En el primer capítulo del Génesis se llama a esas jerarquías Elohim.

Ese nombre significa una hueste de seres dobles o bisexuales.

ELOHISTA

ELOHISTA: Término utilizado en los estudios veterotestamentarios para designar una tradición literaria caracterizada por el empleo del nombre

Elohim, para nombrar a Yavé.

Se cree que esta tradición fue elaborada en Israel hacia el siglo VIII antes de Cristo.

ELUL

ELUL: Sexto mes del calendario hebreo que se corresponde con agosto en el occidental.

Ver Ab.

ELYON

ELYON: Término hebreo que significa "altísimo" y que se usa en el Génesis, junto con El, para expresar el concepto de Dios Altísimo.

Probablemente era el nombre de la divinidad adorada por los yebusitas en Jerusalén.

EMANACIÓN

EMANACIÓN: En ocultismo, la emanación es una especie de exhalación producida por el cuerpo humano, detectable por ciertos mediums.

En la cábala*, al igual que en la gnosis*, las emanaciones son flujos de lo superior que originan lo inferior. Así es como el mundo inferior y visible ha sido formado partiendo de lo superior e invisible.

EMBAJADORES PLANETARIOS

EMBAJADORES PLANETARIOS: Son los representantes en la Tierra de los Grandes Ángeles Planetarios.

Sus nombres son los siguientes: Miguel, embajador del Sol; Gabriel, de la Luna; Raphael, de Mercurio; Anael, de Venus; Samael, de Marte; Zachariel, de Júpiter; Cassiel, de Saturno; Ithuriel, de Urano.

La Luna es nuestro satélite y no está en la misma situación que los demás planetas, por eso Gabriel es un ángel, mientras los embajadores de los otros planetas son todos arcángeles.

EMBALAJE

EMBALAJE: En la antigua China debía realizarse teniendo en cuenta unas reglas estrictas que no dependían de la forma del objeto a empaquetar, sino más bien del simbolismo del cinco, número sagrado para los chinos.

El objeto representaba entonces el 5, envuelto en las cuatro esquinas de un papel, paño, etc., y establecía, aunque fuese por un breve rato, una analogía con el centro del mundo.

EMBRIAGUEZ

EMBRIAGUEZ: La embriaguez en muchas culturas está estrechamente vinculada a los ritos de la cosecha y las oraciones implorando la fecundidad; en distintas religiones, a la embriaguez producida por las danzas, la música, el alcohol u otras drogas se le atribuye especial significado de acercamiento a la divinidad por cuanto provoca un estado alterado de la conciencia.

EMBRIÓN

EMBRIÓN: Símbolo de las posibilidades aún no desplegadas o realizadas, próximo al simbolismo del huevo.

El embrión de oro de los Vedas simboliza el principio de vida sustentado por las aguas del océano primordial (es evidente el paralelismo con otras nociones corrientes sobre el "huevo del mundo".

EMOLO

EMOLO: Nombre de uno de los genios reconocidos por los basilidianos.

EMPATÍA

EMPATÍA: Armonía o compatibilidad psíquica entre dos individuos.

EN SOPH

EN SOPH: Todo el sistema cabalístico hebreo se sustenta sobre una doctrina básica: la imposibilidad divina que se conoce como En Soph o "resplandor infinito".

Según las escrituras judías el En Soph no creó el Universo, sino que éste emanó de él. Un rayo de luz brotó de los cerrados confines del En Soph o Absoluto y produjo otras nueve luces que son los sefirotes, facetas divinas que permiten conocer algunos aspectos del Dios incognoscible, del Dios escondido.

ENANO

ENANO: Posee una simbología ambivalente ya que puede constituir una personificación de fuerzas inconscientes.

Jung abunda en esta interpretación: considerando al enano en cualquiera de sus formas, duendes, gnomos, etc como guardianes del umbral del inconsciente.

Por otro lado, en la mitología en el folklore los enanos son seres que tienen un carácter levemente maligno, aunque también pueden revestir características benéficas y protectoras.

ENANOS

ENANOS: Hombrecillos de la superstición popular, a menudo en figura de ancianos que se dejan ver o invisibles a voluntad, que a veces tienen pies de pato o de pájaro, que ayudan o gastan bromas pesadas; entre otras interpretaciones, podemos entender que personifican fuerzas de la naturaleza útiles pero en último término escapan a nuestro control, o bien los procesos desconocidos o no del todo inteligibles del inconciente.

Se les atribuían muchas habilidades y el don de la sabiduría, pero destacaban sobre todo como herreros, ocupación que solían desarrollar en lugares subterráneos.

Muchos de los atributos que ostentaban otros dioses atestiguan la capacidad artística de los enanos; también eran guardianes de tesoros, como por ejemplo los enanos llamados nibelungos.

ENCANTADAS, CASAS

ENCANTADAS, CASAS: Término un tanto novelesco atribuido a la literatura de suspenso y terror, para definir cuando un sitio, una casa, inmueble o establecimiento presenta fenómenos paranormales, como Apariciones, ruidos, movimientos de objetos y presencia de Fantasmas.

ENCANTAMIENTO

ENCANTAMIENTO : Acción mágica por medio de la cual se puede actuar sobre determinadas personas.

En la magia ritual el encantamiento es sinónimo de hechizo. Por lo general, se suele acompañar de específicas fórmulas mágicas.

El tipo de encantamientos es muy variado aunque, por lo general, se trata de la conversión de un ser humano en un animal inferior. También puede consistir en la desaparición de una determinada persona, llevándola a un remoto paraje, o en causarle una determinada enfermedad de etiología desconocida.

ENCANTAMIENTOS

ENCANTAMIENTOS: Fenomenología asociada a un lugar por la cual se mueven objetos, se oyen ruidos y se producen otras manifestaciones, sin explicación racional.

Se distinguen de los Poltergeist, por ser éstos referidos a un sujeto/mente principalmente, pudiendo los Encantamientos deberse a otros motivos más ocultistas, es decir, no tratándose de fenomenología.

ENCARNACION

Término derivado del latín "in carne" que en la fenomenología de las religiones puede ser de dos tipos, según el cuerpo material sea asumido o no por una divinidad o por un alma.

Para los cristianos y de acuerdo con el Nuevo Testamento Dios se encarnó como segunda persona de la Trinidad, Jesús, para obtener la salvación de la Humanidad a través de la remisión de sus pecados por la pasión y muerte en la cruz.

ENCARNACIÓN

En el esoterismo* se entiende que la encarnación, en la vida actual, es la consecuencia de acciones producidas en vidas anteriores.

En ocultismo* el término es sinónimo de materialización.

ENCARNACIÓN

Término que se refiere a la propiedad de un Alma o Espíritu al entrar en un cuerpo físico, de manera natural o convencional.

ENCARNACIÓN

Manifestación del alma, como una triple personalidad, en los planos inferiores, (físico, emocional y mental) bajo la Ley de Renacimiento.

ENCARNAR

ENCARNAR: Revestir de un cuerpo de carne una sustancia espiritual, idea, etc.; dícese especialmente del acto de haber tomado carne humana el Verbo Divino.

ENCOSTADO

ENCOSTADO: Para los umbandistas brasileños es el espíritu de un difunto que se ha establecido en la persona de un antiguo amigo con el fin de causarle toda clase de males.

Los espíritus encostados concentran los fluidos de la enfermedad que les llevó a la muerte y se la transmiten al individuo del que han tomado posesión.

ENCRATITAS

ENCRATITAS: Miembros de una secta gnóstica derivada de las doctrinas de Marción y Saturnino que durante el siglo II rechazaban vigorosamente el matrimonio, consideraban ilícito todo comercio sexual, lo mismo que la cena.

Afirmaban que Adán se había condenado, y tan sólo aceptaban como libros sagrados las Actas de San Andrés, San Juan y Santo Tomás.

ENDORFINA

ENDORFINA: Analgésico natural producido por el cerebro, de mayor poder que la morfina.

Puede usarse en casos de acupuntura o hipnosis.

ENDRIAGOS

ENDRIAGOS: En la poesía y las artes de la Edad Media aparecen con frecuencia estos barbianes surgidos de los nebulosos bosques nórdicos, a veces gigantescos, peludos, vestidos de cortezas y musgo.

Fueron representados a menudo en los tapices de la alta Renania del siglo XV.

ENÉADA

ENÉADA: Término con el que se conoce una agrupación compuesta normalmente por nueve deidades, las cuales conforman una especie de "familia".

La más famosa de todas es la llamada Enéada Heliopolitana, que está integrada por:

Atum,

Geb y

Nut,

Shu y

Tefnut,

Osiris,

Isis,

Set y

Neftis.

ENEBRO

ENEBRO: Arbusto de las cupresáceas, que tiene por frutos unas bayas esféricas de color negro azulado.

Ofrece una amplia utilización medicinal.

El humo producido por la combustión de sus hojas y bayas se utilizaba para sahumar, y en la tradición popular se creía que ahuyentaba los malos espíritus.

Asimismo la bebida hecha con sus bayas promocionaba la facultad de hacer profecías.

ENERGÍA

ENERGÍA: Desde el punto de vista esotérico, no existe nada más que energía en todo el universo manifestado.

La energía vibra a diversas frecuencias, y la frecuencia en particular determina la forma que adoptará la energía.

Se puede actuar sobre la energía y dirigirla por mediación del pensamiento.

ENFERMEDAD

ENFERMEDAD: Cuando un vidente examina a alguien que está por caer enfermo encuentra que su cuerpo vital se está haciendo más tenue y cuando éste ha alcanzado un determinado punto de sutilidad en el que ya no le es posible soportar al cuerpo físico, entonces este último comienza a sentir los síntomas de lo que llamamos enfermedad.

Por el contrario, algún tiempo antes de que comprobemos el restablecimiento físico, el cuerpo vital empieza a adquirir más densidad; período el cual marca el comienzo de la convalecencia.

ENGAÑO

ENGAÑO: En el pensamiento budista se distinguen tres clases de engaños:

"de superioridad",

"de igualdad" y

"de inferioridad".

Incurrir en cualquiera de ellos es propio de quienes creen en un Yo permanente.

Todos los que aceptan la idea de una individualidad personal permanente se imaginan: "yo soy mejor", "yo soy igual" o "yo soy peor".

Pero esto ocurre por no entender la realidad.

ENGASTRIRROSTROS

ENGASTRIRROSTROS: Orden de seres mixtos a los que representaban sin cabeza o dotados e un segundo rostro en el vientre; son comunes en el ámbito cultural indio, en la gemas de la Antigüedad tardía y en los códices medievales de filosofía natural.

ENGISHIKI

ENGISHIKI: Colección de cincuenta libros, "Ceremonias de Engi", originarios de la Era Engi (901-922), publicados por primera vez en el año 927.

Constituye una de las principales fuentes para conocer el ceremonial del shinto que se describe minuciosamente en sus distintas partes.

Incluye 27 antiguas plegarias rituales que recitan los sacerdotes oficiantes en los servicios celebrados ante las divinidades de los santuarios shintoístas.

ENIGMA

ENIGMA: En alquimia* es la relación existente entre el macrocosmos y el microcosmos. Con ello se quiere resaltar el carácter de trascendencia que tiene para el simbolismo tradicional todo aspecto enigmático de las cosas.

ENKI

Ver Ea*

ENKOLPION

ENKOLPION: "Que se lleva al pecho".

En griego, antiguamente era una capsula usada como amuleto; en tiempos cristianos tomó forma de cruz, áncora, pescado u otras, conteniendo reliquias, versículos de la Biblia, monograma de Cristo o similares.

En la actualidad el enkolpion es un medallón con imagen de la Virgen María que llevan los dignatarios de la Iglesia Oriental.

ENO

Ver Zen.

ENOCH LENGUA DE

ENOCH LENGUA DE : Según ciertos ocultistas era la lengua que se hablaba en la hipotética Atlántida. Los magos Dee* y Kelly* utilizaban una serie de invocaciones con este nombre de lengua de Enoch.

Crowley* también la empleó en sus notables operaciones mágicas.

ENOCH LIBRO DE

ENOCH LIBRO DE: Libro de Enoch Texto hebreo del siglo a. C. que se atribuye a Enoch, séptimo de los patriarcas bíblicos que ascendió al cielo tras haber vivido casi cuatro siglos en la tierra.

En este texto apócrifo se habla de la caída de los ángeles, y de él se conocen dos versiones: una de origen etiópico, y otra notablemente posterior. Ambas pueden tener su origen en textos hebreos anteriores.

En el libro se relata la antiquísima tradición de la lucha entre las fuerzas de las tinieblas y las de la luz. Los ángeles caídos sedujeron a las mujeres y en ellas engendraron hijos. Estos, de talla gigantesca, corrompieron a los hombres y alteraron los mandatos divinos hasta el punto que Dios se vio obligado a hacer caer sobre la tierra el Diluvio, a causa del cual pereció toda la raza humana a excepción de Noé y su familia.

ENRIQUE NICOLAS

Ver Familistas

ENSALMO

ENSALMO: Oración que tiene como finalidad principal una acción curativa fundamentada en el valor mágico de las palabras.

El ensalmo difiere del conjuro* en que éste trata de someter las fuerzas de la naturaleza para fines que tanto pueden ser benignos como malignos.

El ensalmo, por el contrario, tiene un carácter de bendición y en él no hay enfrentamiento alguno con seres espirituales, ya sean de carácter positivo como negativo.

ENSEÑANZAS DE UN INICIADO

ENSEÑANZAS DE UN INICIADO: Por Max Heindel.

Este volumen abarca los mensajes que envió el autor en sus cartas mensuales a los estudiantes, siempre plenos de conocimientos trascendentes.

"Luz Mística sobre la primera Guerra Mundial", es el título de cuatro significativos capítulos, en los cuales se exponen la causa de los conflictos del mundo y la parte que representan los Directores Invisibles de la Evolución.

Se refiere también el libro a los siguientes temas:

El signo del Maestro;

¿Qué es un trabajo espiritual?;

La muerte del alma;

Condenación y salvación eterna;

La responsabilidad del conocimiento;

El método científico de desarrollo espiritual; etc.

Título original: Teachings of an Initiate.

ENSOF

ENSOF: Término cabalístico que se emplea para denominar lo absoluto y lo primigenio, si bien ambos conceptos son sinónimos.

El ensof es lo más elevado que se puede pensar, y se identifica con la propia Divinidad. Al igual que de ésta, del ensof sólo se puede decir lo que no es, ya que su esencia es tan inconcebible como lo es aquella.

El ensof es también el origen de los diez sefiroth cabalísticos.

ENTASIS

ENTASIS: Considerada como una de las fases del proceso del yoga, es la retirada del alma en si misma para orar.

Por su parte, en el budismo representa una etapa hacia el nirvana. La unión por la concentración destinada a lograr la base de la paz interior, la calma espiritual.

ENTIDADES DESENCARNADAS

ENTIDADES DESENCARNADAS: Para los espiritistas serían las responsables de los encantamientos, poltergeist y de las manifestaciones propias de las sesiones mediúmnicas.

ENTIERRO DE ENFERMEDADES

ENTIERRO DE ENFERMEDADES: Práctica mágica de ciertos pueblos con la que se pretendía eliminar una determinada enfermedad.

Así, por ejemplo, los antiguos alemanes creían que si un mago pasaba la mano sobre el lomo de un topo, enterraba con ese gesto la enfermedad de la persona que se lo había pedido. En esta misma línea de actuación mágica todavía existe, en ciertas regiones de Francia, la creencia de que si se entierra cerca de una encina el vendaje con que se ha cubierto una herida, ésta curará más fácilmente.

En estos casos es necesario realizar, además, algunos ritos.

ENTRAÑAS

ENTRAÑAS: En las creencias populares de diversas culturas el aspecto de las entrañas permitían sacar conclusiones en relación con el futuro y esta técnica mántica se practicó sobre todo con las víctimas de los sacrificios rituales (hígado).

Fueron también atributo al santo Mamas, una advocación de la religión veneciana y de los alrededores de Langres, en el Levante francés.

ENUMA ELISH

ENUMA ELISH: Palabras iniciales del poema babilónico de la Creación, y por las que éste es conocido. Se pueden traducir por "Cuando en lo más alto".

Está considerado como uno de los primeros poemas sobre la Creación, fechado entre el 1750 y el 1170 antes de Cristo.

Presenta el hecho creador a partir de Tiamat (el mar) y Apsu (el agua dulce), que unidos dan origen a todos los demás dioses; así como también el combate de Marduk contra Tiamat, el nacimiento del mundo, del hombre...

ENVIDIA

ENVIDIA: La religión budista enseña que es un factor espiritual capaz de producir karma maléfico.

Ocupa el noveno lugar de una lista de catorce factores espirituales negativos que se enumeran en el Abhidhammatha Sangaha.

EOLOS

EOLOS: Vientos, cabezas soplantes que simbolizan los vientos, personificados desde la Antigüedad griega.

EON O EONES

EON O EONES: El tiempo, la eternidad, Seres Celestiales o emanaciones procedentes de la divinidad.

Entre los gnósticos los Eones eran Espíritus Estelares,

genios y ángeles.

EPAGÓMENOS

EPAGÓMENOS: Conjunto de 5 días que se añadían al año natural egipcio.

El año egipcio constaba de 12 meses de 30 días cada uno).

EPHARATA

EPHARATA: Secta creada por Conrad Béissel en la ciudad nortamericana de Ephrata el año 1732.

Anunciando la venida de Cristo agrupaba "hermanos" bajo el gobierno de una asamblea autoritaria bastante impregnada del espíritu cuáquero.

EPICLESIS

EPICLESIS: En la liturgia cristiana se denomina así a la invocación realizada al Espíritu Santo durante la celebración del sacramento de la eucaristía.

EPIFANIO

Obispo de Salamina (315-403) cuyos escritos contienen muchos datos históricos valiosos.

De los que a nosotros nos interesan destaca el "Panarion" o "Refutación de todas las herejías".

EPIFI

EPIFI: Tercer mes de la estación de Shemu para los egipcios, que comprendía aproximadamente a la segunda quincena de Mayo y primera de Junio.

EPIGÉNESIS

EPIGÉNESIS: Es la actividad original creadora del Espíritu, es la palanca que con la mente como apoyo logra que la Involución se haga Evolución; la cualidad de "genio" que el ser evolucionante debe cultivar para convertirse en Dios.

El libre albedrío que supone la elección entre dos cursos de acción.

Existe una gran tendencia a pensar que todo lo que ahora existe es el resultado de algo que existió previamente, pero si fuera éste el caso no habría margen para esfuerzos nuevos y originales que evocaran nuevas causas.

La cadena de causas y efectos no es una repetición monótona. Hay un influjo continuo de causas nuevas

y originales.

EPS

EPS : Sigla inglesa de PES (percepción extrasensorial).

EPUPTAI

EPUPTAI: Denominación griega dada a los iniciados en los misterios de los cultos.

Se solía utilizar referida al misterio de Eleusis.

EQUIDNA

EQUIDNA: En la mitología griega era un ser mixto mitad mujer y mitad serpiente, y madre a su vez de otros monstruos como el can Cerbero, la Quimera, Escila y la Esfinge; interpretada como símbolo de la doble naturaleza humana, física y psíquica, espiritual y pasional.

Según C. G. Jung expresa el tabú del incesto: la madre como mujer joven y bella, pero que evoca asociaciones espantosas de cintura para abajo.

ERA APOSTOLICA

ERA APOSTOLICA: Designación moderna del período que va hasta los primeros cien años.

Está realizada en función de que durante ese tiempo aun podría permanecer vivo alguno de los apóstoles.

ERA

ERA: Ciclo del mundo, de aproximadamente 2.150 años, determinado por la relación de la tierra, el sol y las constelaciones del zodíaco.

ERINIAS

ERINIAS: En la mitología griega, deidades vengadoras, en particular de los hechos de sangre.

Identificadas por los romanos con sus Furias, se las representaban en forma de mujeres (por lo general tres: Alecto, Megara, Tisifone) de feo aspecto, con serpientes en vez de de cabellos y con una antorcha en una mano y un látigo en la otra, y simbolizaban los tormentos del remordimiento.

Euménides.

ERIZO DE MAR

ERIZO DE MAR: Equinodermos de las regiones costeras; muy numerosos, han dejado abundantes fósiles que los celtas tomaron por símbolo del huevo del mundo.

ERIZO

ERIZO: Los chinos y los japoneses los veneran como símbolo de la riqueza; en Mesopotamia, en Asia central y ocasionalmente, también en África se le adjudicó una significación solar (tal vez la disposición radial de las púas) y relación con el fuego y la civilización.

En la Edad Media fue símbolo del Diablo (siguiendo una de las interpretaciones del Physiologus; otras veces lo hallamos como imagen de la avaricia o de la gula, también de la ira por la reacción de erizar las púas.

En ocasiones prevalece el aspecto positivo por ser cazador de serpientes y por tanto, un revelador del mal.

ERMITAÑO

ERMITAÑO: Eremita, la emblemática figura del asceta que vive en total retiro y aislamiento para procurar la perfección y la completa unidad con Dios, no solo fue conocida en el cristianismo, sino también en el judaísmo helenizado y el budismo.

ERUNIA Y ERUNIAKSA

ERUNIA Y ERUNIAKSA: Personajes un tanto mitológicos unidos al hinduísmo, ya que se rebelaron contra Brahma, quien les había concedido grandes privilegios entre ellos el de la inmortalidad. Eruniaksa intentó herir al dios, tomó el mundo en sus manos y lo arrojó al mar.

Entonces Vishnú realizó su tercera encarnación y transformándose en jabalí destruyó al rebelde.

Al saber Erunia la muerte de su hermano y sin atreverse a combatir contra el dios, se dedicó a calumniarle y a negar su divinidad por todas partes. Estaba golpeando una columna mofándose de la divinidad cuando ésta se abrió y apareción Vishnú en su cuarta reencarnación, mitad hombre, mitad león, que lo despedazó.

ESALEN

ESALEN: Instituto Esalen, secta norteamericana contemporánea fundada el año 1962 por Michael Murphy, bajo la idea de la propia realización a través del conocimiento del cuerpo y de la concentración para alcanzar visiones espirituales.

ESCABEL

ESCABEL: Aparece como atributo de la divinidades máximas desde los tiempos mesopotámicos, de donde resulta a veces su elevación a símbolo de la soberanía misma como en Salmo110,1,

"siéntate a mi derecha hasta que haga de tus enemigos escabel para tus pies",

o Mat.5,35,

"... ni por la tierra, porque es el escabel de sus pies ... ", a veces también el arco iris se interpreta como "escabel del Señor".

ESCARABEO

ESCARABEO: Figura del escarabajo pelotero, que entierra sus bolas de excrementos para que la hembra haga la puesta en ellas.

Como luego los escarabajos nacían (en apariencia) de esas bolas, los egipcios lo veneraban como símbolo solar (el nombre que dieron al coleóptero coincidía con la expresión "Sol naciente") y símbolo de la resurrección, celebrado en infinidad de sellos de piedra y amuletos, que son los escarabeos.

Sobre el corazón de la momia se colocaba uno de mayor tamaño, portador de un texto del Libro de los Muertos en que se invita al corazón a no declarar en contra del difunto durante el Juicio que espera a éste.

ESCATOLOGIA

ESCATOLOGIA: Término derivado del griego "eschatu" (las cosas últimas) utilizado para designar las creencias relativas a la muerte, al juicio, al purgatorio, al cielo y al infierno.

Con ciertas variantes, este esquema aparece en todas las religiones que no pertenecen a las llamadas "naturales" y forma parte esencial de la doctrina sobre el hombre.

ESCLAVOS DEL AMOR

ESCLAVOS DEL AMOR: Personajes masculinos de la Biblia, de la Antigüedad o de las leyendas medievales del amor cortés, que fueron engañados y vencidos por la astucia de las mujeres.

En un género moralizante que contrapone las consecuencias del amor cristiano y de la castidad, como son habitualmente la doncella con el unicornio.

ESCOBA

ESCOBA: Instrumento no sólo profano, sino también del culto, por cuanto se utiliza en la purificación simbólica del templo.

En sentido negativo, el instrumento que servía de cabalgadura a las brujas, tal vez símbolo fálico, o tal vez símbolo de aquellas potencias que la escoba no pudo barrer completamente del templo y que luego se apoderan de ella.

ESCOPLO

ESCOPLO: Lo mismo que el arado (arar) símbolo del principio activo, masculino, que labra y da forma a la materia pasiva y femenina.

ESCOTOGRAFIA

Nombre derivado del griego usado para denominar a la fotografía psíquica.

ESCOTOGRAFÍA

Es el fenómeno paranormal que se presenta cuando aparecen imágenes fotográficas claras y nítidas sobre una superficie sensible, en ausencia de luz y sin la intervención de cámaras fotográficas o algún otro instrumento de captura óptica.

ESCRITURA AUTOMÁTICA

ESCRITURA AUTOMÁTICA: Sinónimo de Psicografía.

Es el fenómeno paranormal que se presenta cuando un individuo escribe mensajes que no son dictados por el consciente o la voluntad del mismo.

En algunos casos, el sujeto, en estado de semitrance, puede llegar a escribir mensajes en lenguajes desconocidos para él.

Realizada por un médium en estado de trance y, por tanto, sin intervención directa de la voluntad, constituye un tipo de manifestación paranormal que también puede producirse de modo telepático.

La escritura automática puede hacerse en lenguas desconocidas para el ejecutante.

ESCRITURA DIRECTA

ESCRITURA DIRECTA: En el Espiritismo, es un fenómeno paranormal, que genera mensajes escritos de los muertos, sin la intervención de la mano del Médium o de medios o instrumentos físicos.

Sinónimo de Neumatografía.

ESCRITURAS BUDICAS

ESCRITURAS BUDICAS: Buda no dejó escrita ninguna de sus predicaciones, por lo que toda su doctrina fue transmitida en un primer momento de forma oral por generaciones de recitadores.

Aun cuando es muy difícil precisar el momento en que estas recitaciones se fijaron en el papel, parece ser que sobre el siglo I de nuestra era ya aparece una recopilación escrita de estos sermones.

Las Escrituras Budistas se dividen en dos amplios grupos: canónicas y extracanónicas.

Forman parte de las canónicas aquellos textos que contienen enseñanzas que pueden atribuirse al propio Buda, mientras que los escritos no canónicos comprenden las obras de los grandes comentadores.

ESCRITURAS CANONICAS BUDICAS

ESCRITURAS CANONICAS BUDICAS: INDIA

Cestos

Disciplina: Vinayapitaka

Sermones: Sutrapitaka

Doctrina Profundizada: Abhidarmapitaka

CHINA

San Tsan:Traducción al chino del Tripitaka

Obras de autores chinos y coreanos

TIBET

Kanjur: Traducciones de la palabra de Buda

Tanjur: Traducción de los comentarios de los maestros.

ESCRITURAS HINDUES

ESCRITURAS HINDUES: El canon de la revelación hindú se basa en el Veda, aunque se admite un canon auxiliar que comprende los libros jurídicos, los poemas y los Puranas.

Sin embargo las escrituras cuya autoridad se ha invocado a lo largo de la evolución del hinduismo clásico y medieval, abarcan un conjunto mucho más amplio de escritos.

ESCUELA DE LA MEDITACION

Ver Ch'an.

ESCUELA DEL NORTE

Ver Vadagadai.

ESCUELA HOKKE

ESCUELA HOKKE: Escuela del Loto. Otra denominación de la escuela Tendai.

El término también se aplica al Budismo de Nichiren Daishonin.

"Los Principales escritos de Nichiren Daishonin" Glosario Vol. I - II 1995 - 1998 SGIAR

ESCUELA HOSSO

ESCUELA HOSSO: En chino: Fa-hsiang tsung. Escuela que aspira a esclarecer la realidad suprema mediante el análisis y la clasificación de los fenómenos.

Sus doctrinas derivan de las enseñanzas de la escuela Sólo-la-Conciencia.

Tradicionalmente, se considera fundadores de esta escuela en la China a Hsüan-tsang y a su discípulo, Tz'u-en.

"Los Principales escritos de Nichiren Daishonin" Glosario Vol. I - II 1995 - 1998 SGIAR

ESCUELA JIRON

ESCUELA JIRON: En chino: Ti-lun tsung. Escuela fundada en la China por Hui-kuang, cuya enseñanza básica es el Jujikyo ron *Tratado sobre el sutra de los diez niveles* de Vasubandhu.

Prosperó durante la dinastía Liang, pero más tarde fue absorbida por la escuela Kegon.

"Los Principales escritos de Nichiren Daishonin" Glosario Vol. I - II 1995 - 1998 SGIAR.

ESCUELA JODO

ESCUELA JODO: Jodo literalmente significa 'tierra pura'. Escuela que se basa en la veneración del buda Amida.

Se difundió ampliamente en el Japón poco antes del nacimiento de Nichiren Daishonin. Ver "Nembutsu".

"Los Principales escritos de Nichiren Daishonin" Glosario Vol. I - II 1995 - 1998 SGIAR.

ESCUELA KEGON

ESCUELA KEGON: En chino: Hua-yen tsung. Escuela basada en el Sutra Kegon.

El primer patriarca de esta escuela en la China fue Tu-shun (557-640), aunque Fa-tsang sistematizó sus doctrinas y, por eso, puede considerárselo su verdadero fundador.

Se considera que el fundador de la escuela Kegon en el Japón fue Shinjo (Simsang, f. 742), sacerdote coreano. Su templo principal es el Todai-ji, en Nara.

"Los Principales escritos de Nichiren Daishonin" Glosario Vol. I - II 1995 - 1998 SGIAR.

ESCUELA RITSU

ESCUELA RITSU: En chino: Lü tsung. Escuela basada en las reglas de disciplina monástica.

En la China existió dividida en muchas corrientes; entre ellas, la escuela Nan-shan (en jap.: Nanzan), fundada por Tao-hsüan (596-667), quien abogó por el apego estricto a los preceptos.

En 753, Ganjin introdujo las enseñanzas del Ritsu en el Japón, pero luego la escuela incorporó las oraciones esotéricas de la escuela Shingon.

"Los Principales escritos de Nichiren Daishonin" Glosario Vol. I - II 1995 - 1998 SGIAR.

ESCUELA SANRON

ESCUELA SANRON: En chino: San-lun tsung. Escuela basada en el Clic ron y el Junimon ron, de Nagarjuna, y en el Hyaku ron, de Aryadeva.

Estos tres tratados fueron traducidos al chino por Kumarajiva, y sus doctrinas quedaron finalmente sistematizadas por Chi-tsang (549-623).

Se considera que Ekan (en coreano: Hye-kwan, siglo vii) fue el primero que introdujo formalmente las doctrinas del Sanron en el Japón.

"Los Principales escritos de Nichiren Daishonin" Glosario Vol. I - II 1995 - 1998 SGIAR.

ESCUELA SHINGON

ESCUELA SHINGON: En chino: Chen-yen tsung. Escuela que sigue las doctrinas esotéricas que se hallan en los sntras Dainichi y Kongocho. Shingon ('palabra verdadera') deriva del sánscrito mantra, y se refiere a las palabras que, según se dice, fueron pronunciadas por el buda Dainichi.

La invocación de estas palabras secretas es uno de los rituales esotéricos básicos que plantea la escuela, para lograr la iluminación.

En el siglo VII tres sacerdotes indios que luego adoptaron la ciudadanía china -Shanwu-wei, Chin-kang-chih y Pu-k'ung-,fueron a la China llevando consigo las enseñanzas esotéricas. Y fue Kobo quien, finalmente, las introdujo en el Japón.

"Los Principales escritos de Nichiren Daishonin" Glosario Vol. I - II 1995 - 1998 SGIAR.

ESCUELA SHORON

ESCUELA SHORON: En chino: She-lun tsung. Escuela basada el Sho daijo ron (Recopilación de elementos esenciales del Mahayana) de Asanga.

Prosperó durante las dinastías Ch'en y Sui en la China, pero luego fue absorbida por la escuela Hosso.

"Los Principales escritos de Nichiren Daishonin" Glosario Vol. I - II 1995 - 1998 SGIAR.

ESCUELA TENDAI

ESCUELA TENDAI: En chino: T'ien-t'ai tsung. Escuela establecida por Chih-i (o gran maestro T'ien-t'ai), que reverencia al Sntra del Loto y enseña la universalidad de la naturaleza de Buda. Floreció durante la dinastía Sui, pero declinó durante la dinastía T'ang, antes de ser revitalizada, en parte, por su sexto patriarca, Miao-lo.

Los textos de esta escuela fueron introducidos en el Japón durante el período Nara (710794), pero la escuela se estableció formalmente sólo en el siglo IV, cuando Dengyo fundó el centro de esta doctrina en el monte Hiei.

"Los Principales escritos de Nichiren Daishonin" Glosario Vol. I - II 1995 - 1998 SGIAR.

ESCUELA ZEN

ESCUELA ZEN: En chino: Ch'an tsung. Escuela que sostiene que la iluminación no puede hallarse en los estudios doctrinales, sino en la percepción directa de nuestra mente, mediante la práctica de la meditación.

Se considera a Bodhidharma el fundador de esta escuela.

El Zen disfrutó de los favores de los regentes Hojo en los primeros días del período Kamakura (1185-1333), cuando Eisai fue a la China de la dinastía Sung y trajo las enseñanzas de la escuela Lin-chi (en jap.: Rinzai).

"Los Principales escritos de Nichiren Daishonin" Glosario Vol. I - II 1995 - 1998 SGIAR.

ESDRAS

ESDRAS: Sacerdote y escriba judío que hacia finales del siglo V antes de Cristo introdujo en el judaísmo una reforma que lo convirtió esencialmente en un credo nacionalista exclusivo.

Situándose en la línea de los ideales de Ezequiel, Esdras revistió la Torá de una nueva santidad e influencia, mientras que con la prohibición de los matrimonios con extranjeros aseguró la identidad racial de los judíos como pueblo santo al servicio de Yavé.

La actuación de Esdras fue consignada en los llamados libros de Esdras y Nehemías, que aparecen con un orden distinto en los Setenta, la Vulgata y las versiones modernas.

Así encontramos el I de Esdras de los Setenta; el III de la Vulgata y el II de Esdras de los Setenta que comprende los libros de Esdras y Nehemías.

ESENCIAL NATURALEZA DE LA LEY

ESENCIAL NATURALEZA DE LA LEY: También llamada naturaleza dharma.

Eterna e inmutable verdad inherente en todas las cosas. La naturaleza ilimitada que toda vida, de manera innata, posee. Lo opuesto a oscuridad (en japonés, mumyo) o ilusión. (Argentina Seikyo Nro. 833 20/09/1997)

ESHIN

942-1017 También conocido como Genshin; sacerdote de la escuela Tendai, oriundo del monte Hiei.

En 985, recopiló el Ojo yoshu o Fundamentos del renacimiento en la Tierra Pnra, donde enfatizó la necesidad de invocar el nombre del buda Amida.

Influenció a Honen. luego se retractó y escribió el Ichijo yoketsn, donde defendió la doctrina de la escuela Tendai con respecto al "vehículo único" -la Budeidad- para todas las personas, y en la cual afirmó la supremacía del Sutra del Loto.

"Los Principales escritos de Nichiren Daishonin" Glosario Vol. I - II 1995 - 1998 SGIAR.

ESOTÉRICO

Del griego oculto, secreto, interno (esoterikos), se

designa a la enseñanza reservada a los adeptos de dogmas o doctrinas superiores.

Se refiere a prácticas del ocultismo.

ESOTÉRICO

Oculto, reservado.

Se dice de la doctrina que los filósofos de la antigüedad griega no comunicaban sino a corto número de sus discípulos.

La filosofía del proceso evolutivo tanto en el hombre como en los reinos inferiores de la naturaleza. La ciencia de la sabiduría acumulada por las eras, presenta un relato sistemático y exhaustivo de la estructura energética del universo y del lugar que ocupa el hombre en él. Describe las fuerzas e influencias que subyacen al mundo fenoménico.

También, el proceso de adquisición de una conciencia despierta de estas fuerzas y su dominio gradual.

ESOTÉRICO

Secreto, interno; es lo que se oculta a la mayoría y se revela sólo a los iniciados; en contraposición con exotérico (público o externo).

ESPACIO

ESPACIO: (Como entidad).

¿Por qué el espacio es una entidad? Porque existe una conciencia en cada uno de los repliegues del espacio que le hace asequible a todas las respuestas que surgen de no importa qué centro de conciencia creador.

Esta increíble capacidad de respuesta obedece a una conciencia que es inherente al propio espacio. Y el espacio, siendo como es multidimensional y multimolecular, es de unas características misteriosas para cuya comprensión se precisa una gran dosis de intuición.

De todas maneras, todos sabemos debido a los estudios esotéricos que hemos realizado, que existen aquellas entidades que llamamos "los moradores del espacio" que son fundamentalmente los creadores del éter, son el propio éter.

Y todo centro creador está utilizando éter en cada una de sus creaciones. V.B.A.

ESPADA GRANDE

ESPADA GRANDE: Sociedad china perteneciente al Loto Blanco, en su vertiente del norte del país, formada por Chan Tu-fu en Shantung, durante el reinado del emperador Kuang hiu (siglo XIX) para defenderse de la explotación de los funcionarios del gobierno imperial.

Adoraban el cielo y la tierra, el sol, la luna y las estrellas, el tigre negro como protector del cuerpo humano, la serpiente, la tortuga...

ESPAGIRIA

ESPAGIRIA: Aunque en algunas ocasiones se confundió con la alquimia*, la espagiria dista notablemente de aquella. Según Fulcanelli* sería la verdadera antepasada de la química, y a la que ésta debería no pocos de sus hallazgos.

Rama del mismo arte esotérico que la alquimia, la espagiria fue practicada, a partir ya de la Edad Media, por numerosos orfebres, pintores, destiladores, ceramistas y médicos, entre los que se encuentra Paracelso*, que la consideró sinónima del Arte Real.

En esta vertiente, Friedrich Zimpel, destacado espagirista del s. XIX, fue uno de los primeros investigadores modernos que se ocupó de la fabricación de medicamentos mediante la liberación del «espíritu» de las plantas, a través de procedimientos muy complicados.

ESPECTRO

ESPECTRO: En la tecnología y la ciencia moderna, se conoce así a las estelas de energías materializadas visualmente; resultado de la descomposición de la luz a través de un prisma.

Entre las ciencias ocultas, se denomina así a un Fantasma; la imagen visible de un Espíritu o Aparición.

ESPECTROSCOPIO

ESPECTROSCOPIO: Instrumento que permite observar un espectro luminoso, mediante la clasificación y aislamiento de colores a través de lentes y filtros ópticos.

ESPEJISMO

ESPEJISMO: Ilusión en el plano astral.

Esa condición de la mente que se ve velada por los impulsos emocionales generados en niveles astrales, evitando que el ojo de la mente distinga claramente la realidad.

Ejemplos: temor, autocompasión, crítica, sospecha, obstinación, materialismo, mesianismo.

ESPIGA

ESPIGA: Desde las civilizaciones más antiguas simboliza la naturaleza vegetal en tanto que dispensadora de fecundidad y de vida.

En el arte cristiano la espiga se convierte en emblema eucarístico del cuerpo de Cristo (el pan de la Santa Cena).

ESPINA

ESPINA: Aguijón, símbolo de dificultades, penalidades y padecimientos.

En algunas tribus indias la espina de agave era instrumento de mortificación; los sacerdotes se herían la mano con ella para ofrecer su sangre a los dioses.

En la imaginería cristiana una calavera ceñida con una rama espinosa es símbolo de la condenación eterna.

La corona de espinas de Cristo simboliza los dolores así como la afrenta que sufrió; la tonsura de los mojes alude a esa corona, entre otros significados simbólicos.

La zarza del sacrificio de Isaac se interpreta por algunos como símbolo anunciador de la Pasión.

ESPINO ALBAR

ESPINO ALBAR: Se dice que proporcionó las ramas para la corona de Cristo.

En la Edad Media simbolizó la prudencia (que se necesita para cogerlo sin hacerse daño) y la esperanza.

ESPIRAL

ESPIRAL: Es motivo ornamental muy utilizado desde la más remota antigüedad; se ha discutido mucho sobre sus significados simbólicos aunque parecen predominar los complejos semánticos "evolución cíclica", "fases de la Luna" y su influencia sobre las aguas, la fecundidad, etc., y especialmente la espiral doble: "involución y evolución a escala cósmica", "retorno y renovación", por donde parece entrar en contacto con la simbología del laberinto.

ESPIRITISTA

ESPIRITISTA: Se denomina así al individuo que realiza procedimientos que le permiten comunicarse con los muertos.

ESPÍRITU DE PAZ O EQUILIBRIO

ESPÍRITU DE PAZ O EQUILIBRIO: Un Ser cósmico que ayuda en el trabajo de Maitreya alumbrándole a Él con Su energía.

Trabaja estrechamente con la Ley de Acción y Reacción, para transformar las actuales condiciones de caos en el estado opuesto en proporción exacta.

ESPÍRITU

Puede ser una aparición, una imagen provocada por medio de la energía PSI, o la materialización visual de los ya fallecidos.

ESPÍRITU

La Chispa de Dios.

Como es utilizado por Maitreya, término que significa la suma total de todas las energías la fuerza de la vida que anima y vitaliza un individuo.

También utilizado, más esotéricamente, para referirse a la Mónada que se refleja a sí misma en el alma.

ESPIRITUAL

ESPIRITUAL: La cualidad de toda actividad que impulsa al ser humano hacia adelante, hacia algún tipo de desarrollo físico, emocional, intuicional, social por delante de su estado actual.

ESPIRITUALISMO

ESPIRITUALISMO: Conjunto de sistemas religiosos y filosóficos que reconocen la existencia del espíritu, en una corriente metafísica de inspiración netamente cristiana, que se opone al positivismo, al cientifismo y al materialismo. Hay que distinguir entre el espiritualismo relativo, en el que espíritu y materia conviven juntos, si bien el primero domina a la segunda; y espiritualismo absoluto, equivalente del idealismo.

ESPÍRITUS PLANETARIOS

ESPÍRITUS PLANETARIOS: Siete espíritus de carácter triple que proceden de Dios y tienen a su cargo la evolución de la vida en cada uno de los siete planetas de nuestro sistema solar.

ESPÍRITUS VIRGINALES

ESPÍRITUS VIRGINALES: Al principio de la Manifestación, Dios diferenció dentro de sí mismo a estos Espíritus, chispas de una misma llama que se expanden convirtiéndose primero en hombres y luego en Dioses.

Aunque de origen Divino estos Espíritus no disponen de la conciencia del Yo, el poder anímico y la mente creadora, atributos que adquieren durante la evolución.

ESPÍRITUS

ESPÍRITUS: Tres son las categorías que se pueden incluir en este apartado:

1. Los ángeles*, genios* y demonios*, seres inmateriales que, según la Tradición, fueron creados por Dios.

2. Almas de los muertos, que pueden manifestarse o no, y que en espiritismo* se dividen en espíritus imperfectos, buenos y puros.

3. Elementales o esenciales que, según el ocultismo, serían seres vivos, carentes de alma. Se dividen en cuatro especies que se basan en los cuatro elementos (de ahí su nombre). Al fuego pertenecen las salamandras*, al aire, las sílfides*, al agua, las ondinas*; a la tierra, los gnomos*.

ESPLENDOR DE DIOS

Ver Babies.*

ESPLIEGO

ESPLIEGO: Labiada de las regiones mediterráneas, muy aromática, empleada desde la Antigüedad para perfumar el agua del baño, así como en usos medicinales.

Durante la Edada Media se interpretó alguna vez en alusión simbólica a las virtudes de María.

ESPUELA DE CABALLERO

ESPUELA DE CABALLERO: Hierba ranunculácea, cuya flor tiene una prolongación en figura de espuela, de donde resulta su vinculación con la nobleza; simboliza las virtudes caballerescas y su presencia en las imágenes marianas alude a la nobleza de María como

Madre de Dios.

ESQUELETO

ESQUELETO: Personificación de la muerte, a menudo representado en postura de meditación o con la segur y el reloj de arena.

Sus primeras apariciones corresponden al final de la Antigüedad grecorromana (los griegos habían representado a la muerte con aspecto juvenil, de efebo, como hermana del sueño, o en figura de genio que lleva una antorcha apagada).

Las danzas de la muerte tan prodigadas en la baja Edad Media representan a personas de todo estado, sexo y condición que bailan con la muerte, lo cual aprovecha ésta para arrebatarlas a todas; en otras representaciones mas tardías surge el tema de la aparición súbita del esqueleto sorprendiendo a personas que están en la flor de la vida.

EST

EST: Secta norteamericana contemporánea fundada por Jack Rosenberg, que adoptó el pseudónimo alemán de Werner Erhard.

Mantienen un culto al control mental en base a un conjunto de doctrinas orientales, fundamentalmente el zen japonés.

El adepto debe perder su propia personalidad para después recuperarla a través de las enseñanzas de la secta.

Se la considera de las incluidas en la lista de peligrosas para el ser humano.

ESTACA

ESTACA: Y todas las figuras de interpretación similar, estela, pilar, poste, puntal; como símbolos representan la unión entre los cielos y la tierra, o el eje del mundo; seguramente los menhires y los obeliscos participan de tal significación.

Es frecuenta la representación de una escala con la serpiente Columna Serpiente de bronce.

ESTACIONES

ESTACIONES: En las artes, representadas a menudo mediante personificaciones, sobre todo figuras femeninas o de genios con los atributos adecuados, así la primavera con flores, corderos, o un cabritillo; el verano con espigas, la segur o el dragón que escupe fuego; el otoño con una liebre, un cuerno de la abundancia, unos frutos; el invierno con la caza, la salamandra, el pato salvaje, el fuego del hogar.

Representadas en el arte cristiano, a veces como símbolos de las edades de la vida; y puesto que retornan todos los años, también simbolizan la esperanza de la resurrección.

ESTADOS SUBLIMES

ESTADOS SUBLIMES: Los budistas consideran que Buda enseñó cuatro estados sublimes:

la bondad todo amor, el metta;

la compasión, el karuna;

el hecho de encontrar la propia alegría en la alegría de los demás, la mudita;

y por último, la ecuanimidad o upekkha.

ESTAÑO

ESTAÑO: La alquimia medieval lo relaciona con Júpiter, descrito como planeta benéfico, mediador entre el calor y el frío, entre Marte (hierro) y Saturno (plomo) y promotor de la inteligencia y la viveza.

ESTATUVOLENCIA

ESTATUVOLENCIA: Del latín estado (status), y voluntad (volentia).

Hipnosis inducida por el propio sujeto sobre sí mismo, o sea, autohipnosis, mediante la cual, el sujeto mismo puede presentar percepciones paranormales.

ESTEATOPIGIA

ESTEATOPIGIA: La acumulación de grasas en las nalgas que es característica racial de las mujeres hotentotes; también las figuras femeninas o "Venus" del Paleolítico.

ESTEREOGNOSIA

ESTEREOGNOSIA: Reconocimiento de los objetos por medio del sentido del tacto.

ESTIGMATIZACIÓN

ESTIGMATIZACIÓN: La parapsicología lo atribuye a desórdenes psicosomáticos, que generan marcas paranormales en la piel, sin causas físicas aparentes.

ESTILITAS

ESTILITAS: Nombre dado a un tipo de asceta cristiano que vivía en lo alto de una columna.

El primero de ellos parece haber sido Simón Estilita (390 a 459) que pasó gran parte de su vida en lo alto de una columna de Antioquía.

Esta costumbre tuvo gran cantidad de imitadores en Siria, Mesopotamia, Egipto y Grecia.

ESTORNUDOS

ESTORNUDOS: Algunos pueblos naturales los atribuían al influjo de los demonios quienes mediante los estornudos intentaban expulsar el alma del cuerpo.

ESTRAMONIO

ESTRAMONIO: Planta de las solanáceas en cuyas hojas y semillas se encuentra un alcaloide venenoso que formaba parte de los componentes con los que las llamadas brujas elaboraban su ungüento mágico.

Su semilla se utiliza asimismo en magia negra.

ESTRELLA DE DAVID

Ver el hexagrama*.

ESTRELLA MATUTINA

ESTRELLA MATUTINA: Lo mismo que la Estrella vespertina (Hesperos) designa el planeta Venus, pero en este caso aludiendo a su posición al amanecer (Phosphorus).

Es heraldo del nuevo día y símbolo de la renovación permanente o del eterno retorno; la victoria de la luz sobre la oscuridad nocturna y por tanto, en el cristianismo, imagen de Cristo o de María.

ESTRELLA VESPERTINA

ESTRELLA VESPERTINA: Como la Estrella matutina, designa el brillante planeta Venus, pero en este caso referido a la posición del crepúsculo vespertino y es por tanto heraldo de la noche.

En el cristianismo, ocasional símbolo de Lucifer, el primer ángel caído.

ESTRELLA

ESTRELLA: Constituye un símbolo del espíritu. Su sentido depende del número de puntas, forma y disposición.

Así, la estrella de David, también llamada escudo de David, posee seis puntas y es el símbolo del judaismo. En la cábala* esta estrella significa la compenetración entre el mundo visible y el invisible.

Para Fulcanelli, dentro ya del universo de la alquimia*, la estrella terrestre es la marca probatoria de la feliz unión del cielo y de la tierra. Filaleteo* dice también que es la unión de las figuras superiores en las cosas inferiores

La más corriente es la estrella de cinco puntas; invertida dicha estrella es un símbolo infernal utilizado en la magia negra.

ESTRELLAS VIGILANTES

ESTRELLAS VIGILANTES: Los musulmanes se refieren de esta forma a las estrellas que son los verdaderos vigilantes del cielo, las encargadas de guiar a los hombres por tierra y por mar. Por ello ellas se extinguirán el último día. Asimismo las estrellas fugaces son encargadas de impedir la entrada de los demonios en el cielo, y de actuar como de piedras lanzadas contra ellos.

Corán (6;97): "Y El es quien os originó las estrellas para que, con su ayuda, os encaminéis en las tinieblas de la tierra y del mar. Hemos esclarecido las aleyas para los sensatos".

ESTUPOR

ESTUPOR: Inconsciencia parcial con ausencia de movimientos pero con reacción a estímulos.

ÉTER DE VIDA

ÉTER DE VIDA: El Éter de Vida es el conductor de las fuerzas que tienen por objeto el mantenimiento de la especie, la fuerza de propagación.

El Éter de Vida tiene su polo positivo y negativo.

Las fuerzas que trabajan sobre el polo positivo son las que actúan en la hembra durante el período de gestación, capacitándola así para efectuar el trabajo positivo y activo de crear un nuevo ser.

Por otro lado, las fuerzas que trabajan sobre el polo negativo del Éter de Vida, capacitan al macho para crear el semen.

Las fuerzas que elaboran sobre el polo positivo del Éter de Vida producen plantas, animales y seres humanos machos; mientras que"las fuerzas que se expresan sobre el polo negativo generan hembras.

El Éter de Vida está activo en los vegetales, animales y en el hombre.

ÉTER LUMINOSO

ÉTER LUMINOSO: El Éter Luminoso es un agente positivo-negativo y las fuerzas que obran sobre su polo positivo son las que producen el calor, el movimiento y la circulación de la sangre en los animales y en el hombre, y la savia en los vegetales.

Por intermedio de dicho éter se deposita la verde clorofila en las hojas, coloreándose también por él las flores, los animales y el hombre.

Las fuerzas que obran sobre el polo negativo del. Éter Luminoso, son las que operan a través de los sentidos, manifestándose como funciones pasivas de visión, oído, tacto, olfato y gusto.

Las fuerzas del Éter Luminoso están parcialmente activas en los vegetales, y plenamente activas en los animales y el hombre.

ÉTER QUÍMICO

ÉTER QUÍMICO: Este Éter es a la vez positivo y negativo en sus manifestaciones.

Las fuerzas que producen la asimilación y excreción trabajan por medio de esta clase de Éter, lo que vemos manifestarse en los reinos vegetal, animal y humano.

La asimilación se efectúa por medio de fuerzas que trabajan sobre el polo positivo del Éter Químico atrayendo los elementos necesarios y modelándolos en formas apropiadas.

La excreción se efectúa por fuerzas que obran sobre el polo negativo del Éter Químico, las mismas que expelen del cuerpo los materiales que encierra el alimento y que no sirven para el uso de aquél. El Éter Químico es además el conductor de las fuerzas químicas que producen la formación de cristales, manifestándose como atracciones y repulsiones de los átomos.

El Éter Químico es el único activo en los elementos químicos minerales en estado nativo.

ÉTER

ÉTER: Según Aristóteles el éter constituía el quinto elemento, del cual estaban formados los astros.

En esoterismo se utiliza este término para designar un elemento incorpóreo, y también el estado superior de la materia. En la teosofía* la eterización es el estado en que se encuentra la materia universal.

ETERNIDAD

ETERNIDAD: La inteligente comprensión de la palabra "eterno" depende de la derivación de esta palabra.

En la Biblia griega encontramos la palabra "aionian".

Si abrimos un diccionario veremos que esta palabra significa "época de duración de un período indefinido de tiempo".

La palabra "eterno" se emplea a menudo figuradamente en el lenguaje vulgar, para indicar una cosa de larga duración yseuyo término no se prevé, aunque se sepa perfectamente que ese término existe.

Decimos, por ejemplo, los hielos eternos de las altas montañas, de los polos, aunque sabemos por una parte que el mundo físico puede tener un fin y por otra que el estado de esas regiones puede cambiar por la dilocación normal del eje o por un cataclismo.

La palabra eterno en este caso, no quiere decir perpetua hasta el infinito.

ETHICAL

ETHICAL: El Ethical Movement es una secta fundada por un tal doctor Adler en el año 1876 en New York, que se presentaba como una "religión laica".

Adler defendía el estímulo del estudio de los principios morales, defender una ética de ayuda mutua y conducir a los hombres a practicar el bien en todas las circunstancias de la vida.

ETROBACIA

ETROBACIA: Sinónimo de levitación.

Significa moverse en el aire sin intervención mecánica o motora física aparente.

EUMÉNIDES

EUMÉNIDES: Divinidades del padrón según la mitología griega, y personificaciones de la clemencia de los dioses.

Son idénticas a las Erinias y se ha discutido mucho si la atribución de cualidades misericordiosas a las diosas de la venganza era un eufemismo, o si estas divinidades tenían carácter ambiguo, es decir simultáneamente maléfico y benefactor como sucede con otras muchas deidades telúricas.

EUNOMIANOS

EUNOMIANOS: Denominación dada a los arrianos durante el siglo IV.

EUSEBIO

EUSEBIO: Eusebio de Cesárea ha sido considerado como el primer autor que compuso una historia del pasado con los avances del Cristianismo como tema central. La "Historia Eclesiástica", aunque no hace uso critico de las fuentes, es capital para el estudio de los primeros tiempos del cristianismo.

EUTEOUES

EUTEOUES: Secta formada por adoradores de Satán que se fueron infiltrando durante años en el Imperio Romano de Oriente.

Sus andanzas han sido conocidas gracias a los estudios de Miguel Psellos (1018-1078).

Seguidores de Lucifer, en calidad de hijo primogénito del Creador, rendían homenaje a la materia, negaban todo valor a los sacramentos de la Iglesia y se mofaban abiertamente del respeto a la virginidad.

EUTIOUISTAS

EUTIOUISTAS: Discípulos de Simón el Mago que profesaban una doctrina moral sumamente corrompida.

Defendían que las almas hablan sido unidas a los cuerpos para gozar toda serie de deleites.

EVAM ME SUTAM

EVAM ME SUTAM: Forma con la que empiezan muchos sutras budistas theravada, como:

"Esto he oído".

EVANGELIO DE SAN MARCOS

EVANGELIO DE SAN MARCOS: La crítica en general da la prioridad a este Evangelio, al datarlo entre los años 65 y 70, y se cree que puede haber sido la obra original del propio San Marcos. Según Schweitzer, el Evangelio de San Marcos es, en lo fundamental, "historia auténtica".

EX OPERE OPERATO

EX OPERE OPERATO: Expresión latina usada por los

teólogos católicos a partir del siglo XIII en relación con los sacramentos, a fin de asegurar la validez de los mismos independientemente de la dignidad del ministro.

EXCREMENTOS

EXCREMENTOS: Entre los pueblos naturales tienen consideración de sustancias valiosas y que posee diversas propiedades útiles; es también frecuente la asociación simbólica con el oro.

En algunos pueblos africanos existe la creencia de que los montones de estiércol están habitados por ánimas y que luego éstas pasan al cuerpo de las mujeres.

La estima de los excrementos conduce en algunos pueblos a la coprofagia ritual, mediante la cual intentan incorporarse las virtudes o los poderes del humano o el animal de quien proceden aquellos; en una idea similar se funda también la frecuente utilización de los excrementos de distintas procedencias en las fórmulas de la antigua farmacopea.

De acuerdo a la teoría del psicoanálisis los excrementos guardan relación con las representaciones de la fase anal del desarrollo psíquico en la infancia

EXODO

EXODO: Libro perteneciente al Antiguo Testamento que forma parte del Pentateuco (Génesis, Exodo, Levítico, Numérico y Deuteronomio).

En el que se describen los acontecimientos que tuvieron como resultado la salida del pueblo de Israel de Egipto, el abandono de la esclavitud y el logro de la libertad en la Tierra de Promisión.

Se suele aceptar generalmente como un hecho histórico alguno de sus relatos y se fecha entre el 1580 y el 1215 antes de Cristo.

Se puede dividir en cuatro partes: Preparación de la salida de Egipto; Salida de Egipto; La Alianza y Leyes sobre el culto.

EXOTERICO

Es lo contrario a Esotérico; lo que se divulga y conoce públicamente.

EXOTÉRICO

Común, accesible para la mayoría, lo contrario de Esotérico.

EXOTERISMO

EXOTERISMO: Es el concepto opuesto al esoterismo*.

Por tanto incluye todas las doctrinas y enseñanzas de tipo filosofico-religioso que no se ven limitadas a un número determinado de miembros de la comunidad y que, por tanto, son susceptibles de ser divulgadas.

EXTERIORIZACIÓN

EXTERIORIZACIÓN: Sinónimo de Bilocación, Desdoblamiento, Ubicuidad.

Transferencia de sensibilidad en un sujeto en trance o hipnosis.

EXTRANJERO

EXTRANJERO: Forastero, símbolo del desvalimiento y de la provisionalidad en que transita por la tierra el hombre, según todas las religiones que consideran el otro mundo como verdadera patria del género humano.

F

F

F: Para los musulmanes la letra "F" representa el decimoséptimo nombre o atributo divino: Fattah, que significa "el que abre".

Posee un valor numérico de 489, y su categoría es la de Amable.

Tiene la cualidad, que en este caso es vicio, de la hostilidad, y pertenece al elemento fuego.

Su genio se llama Latyush y el ángel guardián es Sarhma'il.

Corresponde al islamismo y la cultura árabe.

FADY

FADY: Para los malgaches es una especie de amuleto que posee un carácter religioso, tabú, destinado a ahuyentar los malos espíritus y granjearse el favor de los buenos.

Término relacionado con magia, amuletos, sistemas oraculares.

FAISÁN

FAISÁN: En las representaciones mitológicas, especialmente de la antigua China, simbolizaba sobre todo por su canto y sus danzas la armonía cósmica; la voz y el batir de las alas se comparaban con el trueno, las tormentas, la lluvia y la primavera.

Se le considera vinculado al principio yang (yinyang); en el decurso de las estaciones del año el faisán se transformaba en serpiente, asociada al principio yin y viceversa.

En la antigüedad y la Edad Media el faisán dorado se asimilaba al ave fénix.

FÁLICO

FÁLICO: Toda cosa perteneciente al culto sexual, o de un carácter exteriormente sexual, tal como el lingam y el yoni indos, emblemas de la potencia generadora obscena que les atribuye el pensamiento occidental

[La devoción a los ritos fálicos es hija de la interpretación de la letra muerta del simbolismo de la naturaleza y de los conceptos groseramente materialistas de su dualismo en todos los credos exotéricos

(Clave de la Teosofía, 279).]

FANKENHAUSER

Alfred Fankenhauser (1890-1973)

Astrólogo alemán. Mantenía la teoría que mediante la astrología —que es también psicología— el individuo puede encontrar un camino hacia la magia, lo cual le permitirá aprovecharse de los poderes que hay dentro de él, o en su entorno.

Escribió distintas obras sobre la materia, analizando de forma especial la influencia del planeta Mercurio y su significación en la actualidad.

Término asociada a la astrología o astronomía.

FARO

FARO: Simboliza en el arte paleocristiano el puerto celestial adonde arribará el alma después de esa travesía erizada de peligros que es la vida mundial; en el barroco simbolizó la vida del cristiano ejemplar (porque ha enseñado a los demás el rumbo a seguir).

FAROLILLO

FAROLILLO: En líneas generales participa del símbolo de la lámpara; los hallamos sobre todo en los templos y jardines japoneses, donde representa la luz y la claridad espiritual.

FASCES

FASCES: Los haces de varas que en la antigua Roma simbolizaron y significaron la autoridad de los cónsules y otros magistrados y que eran llevados delante de éstos por los loctores (añadiendo una segur cuando la comitiva salía a despoblado).

FATALIDAD

FATALIDAD: La fatalidad, tal como vulgarmente se la comprende, supone la decisión anticipada e irrevocable de todos los sucesos de la vida, cualquiera que sea su importancia.

Si este fuese el orden de las cosas, el hombre sería una máquina sin voluntad.

¿De qué le serviría su inteligencia, puesto que estaría invariablemente dominado en todos sus actos por la fuerza del destino ? Si semejante doctrina fuese verdadera, sería la destrucción de toda libertad moral; no existiría responsabilidad para el hombre, y por consiguiente, ni bien ni mal, ni crímenes, ni virtudes.

Dios, soberanamente justo, no podría castigar a su criatura por faltas que no dependía de ella dejar de cometer, ni recompensarla por virtudes, cuyo mérito no le correspondería. Semejante ley le sería además la negación del progreso, porque el hombre que todo lo esperase de la suerte, nada intentaría para mejorar su posición, puesto que no sería ni de mejor ni de peor condición.

Sólo en lo que respecta a la muerte está el hombre sometido a un dominio absoluto de la inexorable ley de la fatalidad, porque no puede sustraerse al fallo que fija el término de su existencia, ni al género de muerte que debe interrumpir su curso.

Término relacionado con magia, amuletos, sistemas oraculares.

FAUSTO

Expresión usada en alquimia.

Nombre de un personaje legendario que, sin embargo, se cree que existió en realidad.

Son varios los Faustos que parecen superponerse unos a otros.

En todo caso, se le considera como el prototipo de la persona que acepta vender su alma al diablo para conseguir ciertos favores terrenales.

Se cree que las primeras andanzas del histórico Fausto —sabio alemán que vivió en el s. XVI y cuyo nombre auténtico era Georg Sabellicus Faustus— se iniciaron en Praga, en donde es probable que conociera a Paracelso* y a otras grandes figuras del hermetismo de la época.

Parece ser que de Praga, Fausto pasó a Wittenberg, acompañado siempre de su fiel criado y ayudante Wagner, ciudad en la que aseguraba haber realizado un viaje al infierno llevando a Belcebú como cabalgadura, para lo cual se había hecho voluntariamente invisible.

En realidad, debió realizar no pocos viajes, pues su buen amigo el doctor Jonás de Leipzig, dice que Fausto logró llevar a cabo un viaje por el mundo entero en tan sólo ocho días. Lo que sí parece más cierto es que debió conocer a la perfección todas las ciencias herméticas, incluida la alquimia*. Este arte lo practicó, según él, en la abadía de Maulbronn, en donde poseía un perro dotado de facultades sobrenaturales.

Su renombre fue muy grande ya que el propio emperador Carlos V no dudó en hacerlo llevar a su palacio, en cierta ocasión en que se encontraba en Innsbruck.

Se dice que hizo aparecer ante el monarca a la ya fallecida emperatriz y a una serie de personajes históricos entre los que se encontraba Alejandro Magno. Fuere como fuese, el caso es que el emperador se mostró muy complacido y le hizo un importante regalo.

En 1528 fue expulsado de Inglostadt por realizar, indiscriminadamente, prácticas mágicas. De allí regresó a Praga, en donde llevó a cabo nuevas invocaciones. De Praga pasó a Venecia y posteriormente a Holanda, en donde hizo curaciones milagrosas. Lutero lo excomulgó y lo encarceló. Finalmente había llegado la hora de concluir su pacto con el diablo y, según cuentan, éste le hizo perecer de una forma terrible. Es precisamente entonces cuando empieza la leyenda que tantos frutos daría en el arte. Marlowe, Göethe y Mann, en la literatura, y tantos otros grandes autores, en el campo de la música y de la pintura, inmortalizarían su nombre.

Ciertos estudiosos consideran que el Fausto histórico fue el doctor Johann Faust (1480-1540), hijo ilegítimo de un rico campesino de Knittlingen.

A veces también se lo identifica con Johannes Faust, editor de Maguncia.

FAUSTO

Johannes Georgius Sabellicus Faustus Junior Hidelbergensis, mago que, al parecer, nació en 1480 en la ciudad de "Kundalingen", Alemania y su historia se ha convertido en leyenda por todos los ámbitos del mundo. Fue un individuo que obtuvo su magia a través de un pacto firmado con el Demonio en la ciudad de Praga hacia el año de 1515.

El pacto duró 24 años, al término de los cuales murió inexplicablemente en una posada de Werthenberg (Alemania).

Sus amigos encontraron sus restos regados por toda la habitación.

FAYENZA

FAYENZA: Pasta vítrea resultante de la fusión de arenas con un alto contenido en sílice y minerales de cobre, (lo que le da un característico color verdoso o azulado que trata de imitar a piedras como la turquesa o el lapislázuli), con la que se fabricaban multitud de objetos rituales y adornos, tales como estatuillas o amuletos.

FECUNDIDAD

FECUNDIDAD: Los romanos divinizaron esta admirable cualidad que perpetúa el linaje humano, y la representaron bajo diversos símbolos; unas veces como una mujer que lleva en la mano izquierda un cuerno de la abundancia y con la derecha conduce un tierno infante; otras veces la pintaban casi desnuda, echada al pie de un árbol, apoyando el brazo izquierdo sobre una cesta de frutas y rodeando con el derecho un globo adornado de estrellas, alrededor del cual había cuatro niños de tierna edad.

FELICIDAD

FELICIDAD: La felicidad no depende de lo que pasa a nuestro alrededor, sino de lo que pasa dentro de nosotros; la felicidad se mide por el espíritu con el cual nos enfrentamos a los problemas de la vida.

La felicidad es un asunto de valentía; es tan fácil sentirse deprimido y desesperado.

La felicidad es un estado de la mente. No somos felices en tanto no decidamos serlo.

La felicidad no consiste en hacer siempre lo que queremos; pero si en querer todo lo que hagamos.

La felicidad nace de poner nuestros corazones en nuestro trabajo y de hacerlo con alegría y entusiasmo.

La felicidad no tiene recetas; cada quien la cocina con el sazón de su propia meditación.

La felicidad no es una posada en el camino, sino una forma de caminar por la vida.

Concepto usado en el contexto de la filosofía, filósofos, pensamientos, ideas, reflexiones

FERGUSON

FERGUSON: Marilyn Ferguson (1938-) Escritora norteamericana, una de las figuras más destacadas del movimiento de la New Age.

En el año 1980, Ferguson publicó su obra bestseller La conspiración de Acuario en la que avanza la transformación que se produciría, tanto a nivel social como personal, en la década de los ochenta, y la aparición de una nueva escala de valores.

Según la autora esta revolución deberá llevarse a cabo sin estructuras jerárquicas, y sólo a través de una serie de personas que han modificado esencialmente su mentalidad.

El hecho cierto es que actualmente existe un buen número de personas poseedoras de una nueva espiritualidad que ya actúan a distintos niveles de la sociedad.

A partir de 1975.

M. Ferguson es la editora de la revista Brain and Mind Bulletin en la que se publican una serie de ensayos sobre los grupos individuales de la llamada «conspiración de acuario».

Expresión asociada a la Nueva era.

FERMENTACIÓN

FERMENTACIÓN: Para muchos pueblos, en particular africanos y amerindios, simboliza el espíritu encerrado en la materia y la imaginación desbordante.

Por ello y por sus efectos se atribuía a las bebidas fermentadas la capacidad de comunicar saberes esotéricos, de ahí su utilización frecuente en ceremonias rituales.

Como los procesos de la fermentación son similares a los de la putrefacción a veces los alimentos fermentados participan del simbolismo de los excrementos.

En la alquimia significa la "maduración" y transmutación de las sustancias orgánicas, por lo que se quiso ver en ella la transición del estado de la muerte al de la vida.

Levadura.

FETICHE

Término relacionado con magia, amuletos, sistemas oraculares.

Ídolos, representaciones primitivas de divinidades adoradas en culturas indígenas africanas, euroasiáticas y polinesias.

FETICHE

Entre los seguidores del vudú son los amuletos que evitan algún hechizo.

FETICHE

Amuleto al que le atribuyen propiedades especiales de índole supersticiosa.

En ciertas tribus africanas el fetiche es un objeto de índole reverencial al que se le ofrecen sacrificios para que sean escuchadas las súplicas que se le dirigen.

FETICHES

FETICHES: En África occidental, en particular, objetos usuales, como figuras de madera o barro o miembros de animales a los que se considera provistos de energías capaces de ayudar a proteger; a veces son objeto de acciones rituales, por ejemplo, perforados con clavos que simbólicamente deben desviar hacia el fetiche las enfermedades evitando que las contraiga el portador.

Término relacionado con magia, amuletos, sistemas oraculares.

FETICHISMO

FETICHISMO: Representa una evolución posterior del dinamismo, corriente que afirma la existencia de una fuerza de índole mística en los objetos.

Hay dos tipos de fetichismo: el fetichismo dinámico en el que se incluirían los amuletos* y talismanes; y, en segundo lugar, un fetichismo anímico, en el que se rinde culto a los objetos por poseer espíritu.

En todo caso, el fetichismo no constituye una religión sino un culto.

Término relacionado con magia, amuletos, sistemas oraculares.

FIAT

FIAT: El sonido es el factor primero en el proceso creativo por medio del cual el Fiat creador se convierte en la actividad permanente que responde a los doce grupos de Jerarquías que forman el Zodíaco.

Término asociada a la astrología o astronomía.

FICINO

Marsilio Ficino (1433-1499) Filósofo y hermetista italiano nacido en Florencia.

Junto con Nicolás de Cusa constituye uno de los máximos exponentes del platonismo renacentista.

Las teorías mágico-astrológicas de Ficino están expuestas en los tres libros del De vita.

En ellos identifica a las almas celestes con las estrellas, y considera que los astros influyen no sólo en los fenómenos de la naturaleza sino también en los comportamientos humanos.

Según él, la magia y la astrología permiten que el hombre pueda leer los lazos secretos que unen el universo y, a través de la creación de imágenes y amuletos, le ayudan a defenderse del poder de los astros, y también a ir adueñándose y sirviéndose de ese mismo universo.

Término asociada a la astrología o astronomía.

FIGURAS DE ARENA

FIGURAS DE ARENA: Las que incluso en pleno siglo XX realizan los navajos con arenas de diferentes colores y que representan principalmente los mitos de la Creación.

Subrayan la dualidad del hombre y de la mujer, el padre Cielo y la madre Tierra, las cuatro plantas sagradas, etc.

FILALETEO

Irineo Filaleteo (1612- ?) Alquimista inglés de noble origen, cuyo verdadero nombre pudo ser el de Starkey, el cual aparece como comentarista de su obra.

Para otros investigadores, se trataría de Thomas de Vaughan, hermano de Henry de Vaughan, uno de los más importantes poetas religiosos de la Inglaterra de su tiempo, conocido también como alquimista.

En cualquier caso, todo ello no es más que pura especulación, pues como dice Fulcanelli*, que siente un gran respeto por este notable alquimista, «es un enigma vivo cuya personalidad nunca pudo descubrirse».

El seudónimo de Irineo Filaleteo, con el que trató, y consiguió, cuidadosamente de ocultar su verdadera personalidad, es un apelativo simbólico que viene a significar «amigo pacífico de la verdad» Filaleteo fue considerado como uno de los más importantes alquimistas de su tiempo.

Sus obras, entre las que destaca La puerta abierta al 7alacio cerrado del rey, posee el clásico estilo críptico de todas las obras alquímicas, por mucho que se esforzara en dejar claros ciertos conceptos de la Gran Búsqueda al lector.

La vida de Filaleteo constituyó una inquietud constante ya que, por un lado, deseaba dar a conocer los descubrimientos y hallazgos que había hecho; pero, al mismo tiempo, tenía miedo de que la publicación de los logros de su trabajo pudiera ocasionarle graves problemas.

Filaleteo es uno de los grandes alquimistas que advierte de la auténtica realidad del llamado Oro alquímico: «El oro es el más perfecto de todos los metales, es el Padre de nuestra Piedra y, no obstante, nada tiene que ver con la materia, pues la materia de la Piedra es la semilla contenida en el oro.» Como era costumbre establecer en los textos alquímicos clásicos, La puerta abierta al palacio cerrado del rey está plagada de equívocos con los que se pretendía confundir al lector profano.

Parece ser que Filaleteo viajó bastante por Europa, llevando a cabo notables transmutaciones filtro mágico Poción que se preparaba para despertar determinados sentimientos en la persona que lo bebía, la cual ignoraba su existencia, pues el filtro solía mezclarse con otra bebida corriente.

Entre los filtros más utilizados estaba el filtro amoroso, confeccionado a partir de numerosas recetas que, por lo general, resultaban muy complicadas.

Era necesario que para la eficacia del filtro se siguieran determinados rituales en el curso de su elaboración.

Expresión usada en alquimia.

FILALETES

Eugenio (Philaletes). Nombre rosacruz adoptado por Tomás Vaughan, ocultista medieval inglés y filósofo del fuego

Era también un gran alquimista.

Expresión usada en alquimia.

FILOSOFÍA ECLÉCTICA

FILOSOFÍA ECLÉCTICA: Uno de los nombres dados a la Escuela neoplatónica de Alejandría.

Concepto usado en el contexto de la filosofía, filósofos, pensamientos, ideas, reflexiones

FILOSOFÍA

FILOSOFÍA: Significa Amor al Conocimiento.

Todo lo que se engloba dentro de una filosofía tiene por objetivo el erradicar la ignorancia.

Concepto usado en el contexto de la filosofía, filósofos, pensamientos, ideas, reflexiones

FILOSOFOS DE FUEGO

FILOSOFOS DE FUEGO: Calificativo dado a los Rosacruces durante la Edad Media.

Concepto usado en el contexto de la filosofía, filósofos, pensamientos, ideas, reflexiones

FILOSTRATO

FILOSTRATO: (Philostratus) (Griego). Un biógrafo de Apolonio de Tiana, que describió la vida, viajes y aventuras de este sabio filósofo.

Concepto usado en el contexto de la filosofía, filósofos, pensamientos, ideas, reflexiones

FINDHORN

Expresión asociada a la Nueva era.

Secta fundada en Escocia el año 1962 por Dorothy McLean que defiende una postura panteísta, animando a los adeptos a comunicarse con los espíritus.

Creen en la existencia de las hadas, los elfos y seres mitológicos.

FINDHORN

Es un pueblo que se encuentra en la parte norte de Escocia y en el que durante 1962 los hermanos Caddy y Dorothy McLean lograron cultivar plantas y hortalizas de tamaño gigantesco en un terreno —en realidad era un aparcamiento para caravanas al parecer tan estéril que ni siquiera crecían hierbajos en él.

Tales éxitos los atribuyeron no sólo a los métodos de cultivo biológico sino también a los espíritus de la naturaleza con los que colaboraban.

El caso adquirió rápidamente notoria celebridad, y empezaron a llegar de todas partes curiosos e interesados.

Se creó entonces la Fundación Findhorn en la que, desde hace más de tres décadas, se imparten cursos de desarrollo personal en una labor incesante de nuevos experimentos evolutivos, constituyendo una de las comunidades más florecientes de la llamada Nueva Era.

FIORAVANTI

FIORAVANTI: Leonardo Fioravanti (1551?-1588) Médico y hermetista italiano que gozó de las simpatías del virrey de Nápoles, cuyo palacio era centro de los alquimistas venidos de toda Europa.

Fioravanti se trasladó posteriormente a España, en donde también alcanzó gran reputación, no sólo como médico sino también como reputado mago y alquimista.

Fue uno de los promotores del llamado Círculo de El Escorial, grupo de hermetistas y alquimistas que bajo la discreta y oficiosa protección del rey Felipe II se reunían en aquella población para intercambiar sus conocimientos.

Expresión usada en alquimia.

FLAGÆ

FLAGÆ: (Hermético). Nombre dado por Paracelso a una clase particular de genios o ángeles guardianes

[Son equivalentes a los ángeles guardianes de los cristianos y a los pitris o antecesores de los ocultistas. (Doctrina Secreta, I, 242). Espíritus que conocen los secretos del hombre; espíritus familiares; espíritus que se pueden ver en los espejos y revelan cosas secretas

(F. Hartmann). -Cada niño, al nacer, recibe un genio o espíritu familiar, y estos espíritus instruyen a veces a sus discípulos aun desde su más tierna edad. Muchas veces les enseñan a hacer cosas muy extraordinarias

Hay en el universo un número incalculable de tales genios, y de ellos podemos aprender los misterios del Caos, a causa de estar en relación con el Misterio magno

Estos espíritus familiares son llamados Flagæ

Véase: Hartmann, Los Elementales (Pneumatología), págs. 20 y siguientes.

Expresión usada en alquimia.

FLAMEL

Nicolás Flamel (1330?-1418?) es el prototipo del alquimista medieval. Para Fulcanelli «fue el más famoso y popular de los filósofos franceses». La vida de Flamel transcurrió durante muchos años tranquilamente, como escribano público, hasta que inesperadamente cayó en sus manos el libro que habría de transformar su vida. «No estaba hecho de papel ni de pergamino, como suele suceder, sino con cortezas de tiernos arbustos, Se trataba del Libro de las figuras, que encerraba en sus imágenes todo el secreto de la obra alquímica.

Afirma Flamel que cuando estaba a punto de perder la esperanza de entender las enigmáticas figuras de su libro, decidió hacer una promesa a Dios y Santiago de Galicia, para impetrar la interpretación de dichas figuras

Fuera o no fuera real la peregrinación de Flamel, el alquimista cuenta que encontró en la ciudad española de León a un mercader francés el cual , una vez que conoció el trabajo del peregrino le presentó a un médico judío, hombre de gran sabiduría. Grabado de Dure-ro, La melancolía, 1514.

Expresión usada en alquimia.

FLAMENCO

FLAMENCO: Los Upanishad lo relacionan con el simbolismo de la luz.

FLAUTA

FLAUTA: Atributo frecuente de la vida pastoril.

El sonido de la flauta ha tenido variadas interpretaciones como voz de los ángeles o de seres míticos o hechizados.

En las danzas de los derviches giróvagos el sonido de las flautas de caña simboliza el lamento del alma separada de Dios y que anhela el retorno a las esferas celestiales.

FLOR AZUL

FLOR AZUL: Símbolo de la poesía en la novela de Novalis "Heinrich von Ofterdingen", que estableció la imagen de nostalgia o anhelo de infinito característicos de los románticos y de la poesía en general.

FLORÓN

FLORÓN: Ornamento arquitectónico-escultórico del estilo gótico que representa una flor grande estilizada en forma de cruz y sirve de remate a torres, pináculos, chapiteles y agujas.

FLUDD

Expresión usada en alquimia.

Robert Fludd (1574-1637), teósofo inglés que ingresó en la Orden de la Rosa Cruz.

Defensor a ultranza de las tesis de este movimiento, afirmaba que todas las cosas proceden de Dios y están destinadas a volver a El finalmente.

El hombre es el microcosmos que se corresponde estrechamente con el universo o macrocosmo.

Dios es un arquetipo de todo lo que existe y opera en el mundo por medio de dos principios complementarios y antagónicos, la luz y la tiniebla, el acto y la potencia.

Entre sus obras destacan: Apología compendiaria Fraternitatem de Rosae Cruce (1616), Tractus apologeticus integratem societatis de Rosae Cruce defendens (1617) y De naturae ecretis (1618).

FLUDD

Robert Fludd Médico, alquimista y ocultista inglés.

Estudió en Oxford y llegó a ser miembro del Colegio Real de Físicos.

Estudioso en profundidad de Paracelso* viajó por toda Europa, y es probable que perteneciera a la Fraternidad Rosacruz*.

Fludd postulaba que era necesario adentrarse en el conocimiento de las estructuras del universo si se quería lograr un mayor conocimiento de uno mismo.

Insiste, al igual que otros hermetistas, en la relación e interacción existentes entre el macro y microcosmos, afirmando que entre Dios y el mundo se encuentra el alma universal..

FLUÍDO ASTRAL

FLUÍDO ASTRAL: Es el Athanor de los alquimistas

El Eter universal. (Doctrina Secreta, II, 119).

Expresión usada en alquimia.

FORMAS

FORMAS: Según Paul Guillaume, las formas corresponden en nuestra percepción y en nuestro pensamiento a otras formas parecidas de los procesos nerviosos.

En este sentido, lo circular es igual al círculo y a lo cí-clico, y el cuadrado se identificaría con el cuaternario y el cuatro; así pues, la forma aparece «como intermediario entre el espíritu y la materia».

Según Cirlot, las formas planas tienen, en general, un carácter más espiritual que las volumétricas, y éstas una mayor correspondencia con los elementos del macrocosmos.

Concepto usado en el contexto de la filosofía, filósofos, pensamientos, ideas, reflexiones

FORTALEZA

FORTALEZA: Tiene carácter simbólico general de refugio, protección, a veces de retiro voluntario y diálogo interior con Dios o con uno mismo.

FORTITUDO

FORTITUDO: Personificación de una virtud cardinal, la fortaleza o valentía, con los atributos más habituales, que son la maza, la espada, el escudo, es estandarte de la victoria.

FORTUNA MAYOR

FORTUNA MAYOR: Figura de la geomancia* que constituye el símbolo de la realeza, del esplendor y la pompa, así como del homenaje y la victoria.

Se la relaciona con atributos tales como el oro, el fuego y el sol.

Término relacionado con magia, amuletos, sistemas oraculares.

FORTUNA MENOR

FORTUNA MENOR: Figura de la geomancia* que simboliza el éxito social repentino, aunque inestable e inmerecido.

Se relaciona con el fuego y el sol.

Término relacionado con magia, amuletos, sistemas oraculares.

FÓSFORO

FÓSFORO: (Phosphoros) (Griego). Literalmente: "portador de luz"

Nombre dado a Lucifer o planeta Venus, el lucero de la mañana, que brilla en el horizonte antes de aparecer la aurora

Tiene exactamente el mismo significado que Lucifer

(Véase esta palabra).

FOSS DE HEINDEL

FOSS DE HEINDEL: , Augusta.

Esoterista rosacruz y astróloga; nació en 1864; murió en 1949.

Presidió durante casi tres décadas The Rosicrucian Fellowship de Oceanside, California y fue editora y colaboradora de The Rosicrucian Magazine.

Escribió: The Birth of the Rosicrucian Fellowship; Musical Scale in the Scheme of Evolution; Astrology and the Ductless Glands (trad. esp. La Astrología y las glándulas endógenas, Evolution from the Rosicrucian Standpoint (Evolución desde el punto de vista Rosacruz. Espíritus apegados a la Tierra.

En colaboración con su esposo, el ocultista Max Heindel, fue autor de The Message of the Stars (El Mensaje de las Estrellas, y Astrodiagnosis (Astrodiagnosis, Sintes, Barcelona, 1931.

Término asociada a la astrología o astronomía.

FRANKENHAUSER

Alfred Frankenhauser (1890-1973) Astrólogo alemán.

Mantenía la teoría de que mediante la astrología — que es también psicología— el individuo puede encontrar un camino hacia la magia, lo cual le permitirá aprovecharse de los poderes que hay dentro de él, o en su entorno.

Escribió distintas obras sobre la materia, analizando de forma especial la influencia del planeta Mercurio y su significación en la actualidad.

Término asociada a la astrología o astronomía.

FRAZER

Concepto usado en el contexto de la filosofía, filósofos, pensamientos, ideas, reflexiones

James Frazer (18541941), es uno de los grandes investigadores del mundo de la religión, defensor de la idea de estudiar el desarrollo religioso del mundo desde el punto de vista antropológico, ya que a su juicio la "edad de la religión" es anterior a la "edad de la magia" y la agricultura condicionó las ideas de la religión de épocas anteriores.

Su obra está recogida en los doce volúmenes de "La Rama Dorada".

FRAZER James Frazer

Antropólogo y escritor inglés.

Partiendo del estudio de los ritos religiosos primitivos de la Italia central formuló una teoría evolucionista de la cultura (de la magia a la religión y al conocimiento científico).

Fruto de sus investigaciones sobre la materia fue su conocida obra The Golden Baugh (La rama dorada).

En ella describe la historia de la evolución de los mitos, los motivos de las creencias populares y de la religión primitiva. Frazer se interesa fundamentalmente por los sacrificios, los ritos carnavalescos, la magia de la fertilidad y los tabúes. Acuñó el término «magia de la simpatía» que se basa en la magia analógica y la magia de contacto.

Según él, ciertos objetos que estuvieron en contacto alguna vez pueden seguir actuando unos sobre otros, incluso a grandes distancias.

FRESA

FRESA: De ésta especie se conoció solo la variedad pequeña durante toda la Edad Media; por la hoja trilobulada simbolizó la Trinidad y por ser planta rastrera pese a la excelencia del fruto representó las virtudes de la humanidad y la modestia.

El color del fruto que además mira hacia abajo se tomó por símbolo de la sangre de Cristo o de los mártires; la flor de cinco pétalos representaba las cinco heridas de Cristo.

La fruta en su madurez podía aludir a la nubilidad de una doncella; en ocasiones se tomó por símbolo de la afición a los placeres mundanos.

FRUTOS

FRUTOS: Símbolo de madurez, de evolución terminada; son variados los que concretamente simbolizan la plenitud, la fecundidad.

La fruta prohibida del Paraíso, que la Biblia no define con exactitud, en la artes plásticas se ha adaptado a las condiciones de cada país para representarla como manzana, racimo de unas, cerezas, higo, etc., y simboliza obviamente la tentación que induce a pecar.

FUEGO VIVIENTE

FUEGO VIVIENTE: Algunas sectas denominan de esta forma místicamente a la divinidad.

FUEGOS ARTIFICIALES

FUEGOS ARTIFICIALES: El espectáculo pirotécnico y fundamentalmente ambivalente que aúna los simbolismos del agua, la luz, el fuego, las estructuras de obra y el color, la potencia destructiva y la euforia producida por la combustión de la pólvora negra (salitre, azufre y carbón).

Los primeros fuegos artificiales festivos que tienen fecha concreta fueron los de 1379 organizados en Vicenza; a partir del siglo XIV van deviniendo "espectáculo total" artístico y alcanzaron su máximo esplendor con empleo de alegorías y muy variados simbolismos en la cultura festiva del barroco, o en época actual con las escenificaciones" de F. Heller que ambicionaban la categoría de teatro pirotécnico.

FUELLE

FUELLE: Estrecha relación simbólica con el aliento o respiración; en el taoísmo es emblema del vínculo entre los cielos y la tierra, en donde la tapa superior representaba el cielo y la inferior la tierra.

FUENTE DE VIDA

FUENTE DE VIDA: Alegoría del poder redentor de Cristo.

El arte paleocristiano ideó ya la representación como recipiente de agua o manantial cubierto adonde van a beber los animales, más adelante combinada con los cuatro ríos del Paraíso o la figuración de Todos los Santos.

FULCANELLI

FULCANELLI: (1877?-1932?) Famoso alquimista francés cuya personalidad constituye todo un misterio.

Incluso no se sabe a ciencia cierta su nombre, ya que para algunos sería Julien Champagne, mientras que para otros investigadores se trataría de Eugéne Canseliet, comentarista de su obra y con seguridad discípulo suyo. No obstante, Canseliet siempre negó tal supuesto, rechazando igualmente ser el autor de las dos famosas obras que se le atribuían, y negándose a facilitar el menor dato de su maestro. Pero sí afirma, en el prólogo de una de las ediciones de Lar moradas filosofales, que Fulcanelli llevó el detalle de la práctica, mucho más lejos que ningún otro alquimista, con una intención de notable generosidad hacia los que «trabajan», a los que considera sus hermanos.

Sc cree que Fulcanelli logró descubrir la piedra filosofal* poco antes de 1930, y se piensa que este hallazgo tuvo mucho que ver con su desaparición aparente o real—, que suele situarse pocos años más tarde.

Las dos famosas obras de Fulcanelli son la ya citada, Las moradas filosofales y El misterio de las catedrales, ambas escritas con tan notable profundidad y belleza que han ejercido una influencia definitiva sobre la literatura alquímica contemporánea.

Para Fulcanelli el verdadero sentido de la Gran Obra es «la expresión material y tangible del desenlace de un largo proceso de despertar místico». La alquimia* es para él una ascesis, una técnica de iluminación en la que se conjugan de modo perfecto el plano material y el espiritual. El denominado arte regio no puede ser para él como tampoco lo fue para sus más lustres antecesores— una simple técnica de transmutación química, por muy excelente y compleja que llegue a ser, y aunque con ella se consigan los resultados más sorprendentes.

El método de Fulcanelli es diferente del que emplearon sus predecesores, y consiste en describir con minuciosidad todas las operaciones de la obra, tras haberla dividido convenientemente. De esta forma va tomando cada una de las fases del trabajo, explicándolas y dándoles una oportuna conclusión.

Como anécdota vale la pena mencionar el hecho ocurrido en un laboratorio parisino durante los años 30, que tuvo como protagonistas al escritor Jacques Bergier y al propio Fulcanelli. Un encuentro en el que ambos mantuvieron una conversación sobre el espinoso terna de la energía nuclear. En el transcurso de la entrevista el alquimista advirtió de los peligros que se podían correr: «Le puedo asegurar — comentó—. que la liberación de la energía nuclear es más fácil de lo que se pueda creer. Pero hay que tener muy en cuenta que la radiactividad producida puede envenenar la atmósfera del planeta. Además es posible fabricar explosivos atómicos con algunos gramos de metal, y arrasar ciudades enteras. Se lo digo claramente —insistió— los alquimistas conocen estos peligros desde hace mucho tiempo.»

Esta conversación tuvo lugar mucho antes de que se arrojaran las bombas atómicas sobre las ciudades japonesas de Hiroshima y Nagasaki y constituye toda una profecía fatal de lo que habría de suceder. También como dato curioso merece reseñarse el hecho de que al final de la II Guerra Mundial, los servicios secretos americanos hicieron cuanto estuvo en su mano para descubrir el paradero de Fulcanelli, una búsqueda que resultó totalmente infructuosa. Parece ser que los Estados Unidos querían descubrir todos los secretos de la energía nuclear, antes de que lo hicieran los sabios oficiales.

En su obra El misterio de las catedrales escrita en 1922, Fulcanelli va analizando y estudiando de forma minuciosa las tallas que figuran en las fachadas de las catedrales de París y Amiens, en el palacio de Jacques-Coeur y en la mansión Lallement, de Bourges. Mediante dicho estudio va desgranando, punto por punto, el trabajo alquímico con gran detalle. Al mismo tiempo va ofreciendo al iniciado las claves de la obra cuidando, sin embargo, de que aquellas no caigan en manos del vulgo. Al terminar la obra, Fulcanelli hace unas advertencias meridianas afirmando que la naturaleza no abre a todos, de forma indiscriminada, la puerta de su santuario: «Nadie puede aspirar a la posesión del gran secreto —dice—si no se armoniza la existencia personal con el diapasón de las investigaciones emprendidas... No basta con ser estudioso, activo y perseverante, si se carece de un principio sólido y de una base concreta; si el entusiasmo inmoderado ciega la razón, si el orgullo tiraniza el buen criterio o si la avidez se desarrolla bajo el brillo intenso de un astro de oro. La ciencia misteriosa requiere mucha precisión, exactitud y perspicacia en la observación de los hechos; un espíritu sano, lógico y ponderado; una imaginación viva pero sin exaltación; un corazón ardiente y puro...»

La segunda de sus obras, Las moradas filosofales debe considerarse como un complemento de la primera. Según Canseliet, Fulcanelli entendió siempre la expresión «moradas filosofales» como aquellos soportes simbólicos de la verdad hermética, fuera cual fuera su naturaleza e importancia. En este sentido, tanto podía tratarse de una pequeña figura conservada en una vitrina, de una pieza reproducida en papel como de todo un monumento arquitectónico: catedral, iglesia, castillo o palacio. En esta segunda obra cabe mencionar el dato curioso de que Fulcanelli se detiene en la figura de Cyrano de Bergerac. Le trata de manera muy distinta a como lo hizo Rostand en su obra dramática. No es, por tanto, el personaje pintoresco del narigudo espadachín, sino el iniciado, el alquimista consumado, al que incluye en la lista de los más grandes. Men-

ciona el pasaje de una de las obras de Cyrano en la que éste hace referencia a la lucha simbólica entre la salamandra y la rémora. A juicio de Fulcanelli ese es uno de los mayores exponentes de los conocimientos alquímicos de Bergerac.

Expresión usada en alquimia.

G

G

G: Octava letra del alfabeto español que situada entre los brazos abiertos de un compás forma parte de los emblemas masónicos.

Para los musulmanes la letra "G", bajo la forma GH, representa uno de los nombres divinos, Ghafur o Gaffar, el "indulgentísimo".

Según el Dawah es el "Gran Perdonador", cuya cifra representativa es mil.

Pertenece al elemento tierra, y tiene por genio a Arkupush y de ángel guardián a Nukha'il.

GACELA

GACELA: Símbolo de la celeridad, en la India, por ejemplo, lo relacionaban con el aire y el viento.

En el mundo semítico suele tomarse por epítome de la belleza, sobre todo en relación con sus ojos.

Se le atribuía una agudeza visual fuera de lo común; en ocasiones el cristianismo la toma por símbolo de la revelación espiritual que todo lo penetra.

En las artes pláticas desempeña más a menudo papel de víctima, perseguida o muerta por las fieras, con lo cual simbolizaba todo aquello que por noble y desvalido arriesga la aniquilación a embates de la brutalidad; en estas figuraciones la interpretación psicoanalítica halla además la imagen de las tendencias autodestructivas que naces del inconsciente.

GAIA

GAIA: teoría de Gaia. En 1979 el científico británico James Lovelock propuso una teoría según la cual debía considerarse a la Tierra como un ser viviente, confirmando así las intuiciones de numerosas generaciones le místicos. Lovelock trataba de explicar con su teoría las anomalías observadas por los científicos desde hace mucho tiempo: los mares no tienen el grado de salinidad que deberían tener, pues los cálculos efectuados por medio de ordenador respecto a la sal transportada por los ríos hasta el mar indican que, en la actualidad, la concentración salina debería ser mucho mayor.

La atmósfera no contiene la proporción de dióxido de carbono que correspondería a un planeta de la edad de la Tierra, el cual debería ser prácticamente inexistente.

Por otro lado, los cálculos basados en las leyes de la termodinámica sugieren muy claramente que, después de cinco mil millones de años, nuestro planeta tendría que ser una masa inerte, fría y carente de vida.

Lovelock explicó todas estas anomalías sugiriendo que la estabilidad de nuestra atmósfera sólo podía explicarse suponiendo que ésta estuviera ligada a la biosfera, término que engloba la totalidad de las especies animales y vegetales existentes en la Tierra.

Y yendo todavía más lejos propuso que la litosfera (la parte sólida del planeta), la biosfera y la atmósfera constituían un sistema integrado.

Dicho sistema sería el cuerpo gigantesco de una entidad viva, el ser de mayor tamaño existente en el sistema solar.

La tarea más importante de la humanidad consiste en cuidar de la salud de este organismo, a fin de que las condiciones ambientales no se deterioren y se rompa el equilibrio del sistema.

Bautizó a este gran ser vivo con el nombre de Gaia (Gea), que era el nombre que los antiguos griegos daban a la diosa de la Tierra.

Expresión asociada a la Nueva era.

GALGO

GALGO: En las imágenes medievales significa la percepción, porque el galgo reconoce a su señor mejor que ningún otro.

GALIGAI

la Galigai (1576-1617) Famosa ocultista italiana cuyo verdadero nombre fue Eleanora Dori.

Esposa del aventurero italiano Concini, ejerció una notable influencia sobre María de Médicis, reina de Francia.

Entre los favores que la Galigai logró de la reina figura el que se concediera a su marido el título de mariscal.

Al final, su esposo cayó en desgracia y fue asesinado.

Ella corrió una suerte parecida: fue condenada por bruja y condenada a muerte.

Término relacionado con magia, amuletos, sistemas oraculares.

GAMAHEU O GAMATHEI

GAMAHEU O GAMATHEI: (Alquimia). Piedras con caracteres y pinturas mágicas, que están dotadas de poderes recibidos de influencias astrales

Pueden ser hechas por arte o de un modo natural

Amuletos; encantos

(F. Hartmann).

Término relacionado con magia, amuletos, sistemas oraculares.

GANSO

GANSO: Un ganso primigenio tuvo gran papel en la mitología egipcia, bien por haber puesto el huevo del mundo o bien, otras versiones por haber sido lo primero que nació de él.

Además los gansos salvajes eran mediadores entre los cielos y la tierra tanto en Egipto como en China.

En Grecia estuvo consagrado a Afrodita, en Roma a Juno; era símbolo del amor, de la fecundidad, de la fidelidad conyugal y también de la vigilancia, atendiendo que los gansos del Capitolio evitaron la destrucción de éste en 387 a. de C., cuando Roma fue asaltada por lo galos.

En Rusia, Asia central y Siberia es apelativo cariñoso entre cónyuges.

Para los celtas tenía significados próximos a los del cisne; lo mismo que éste era mensajero del mundo espiritual.

GARZA

GARZA: En ocasiones considerada ave sagrada en Egipto, prestó su figura al ave benu (fénix).

Por su largo pico simbolizó a veces, como también el ibis, la sabiduría oculta que se averigua ahondando en las cosas, o bien la curiosidad, que mete el pico en todas partes.

En la Edad Media fue símbolo de Cristo al igual que la mayoría de las aves que matan.

La garza gris por su plumaje ceniciento simbolizó la penitencia. Una garza con una piedra blanca en el pico simboliza la taciturnidad.

Según Plinio la garza derrama lágrimas cuando está afligida, por lo cual representó a Cristo en el monte de los Olivos.

GASTROMANCIA

GASTROMANCIA: Arte adivinatoria que recibe también el nombre de lecanomancia.

Se basa en la interpretación de la forma se la llama de una vela que se ha colocado en un recipiente de cristal redondo y lleno de agua.

También se da el mismo nombre a otra arte adivinatoria en la que se interpretan los sonidos que se originan cuando se arrojan pequeños guijarros en recipientes que contienen agua.

La gastromancia parece ser muy antigua, ya que en el Génesis hay un versículo que sin duda se refiere a ella.

Término relacionado con magia, amuletos, sistemas oraculares.

GAUQUELIN

Michael Gauquelin (1928-) Conocido astrólogo francés que llevó a cabo numerosos estudios estadísticos con los que pretendió demostrar la influencia que los planetas ejercen sobre el ser humano.

En sus numerosas investigaciones estadísticas encontró que varios miles de importantes militares habían nacido bajo el influjo dominante de Marte. Algo similar sucedía con más de tres mil intelectuales, nacidos bajo el influjo de Saturno, etc.

Gauquelin aseguraba que sus investigaciones confirmaban la teoría de Ptolomeo, según la cual la profesión de una persona o, mejor dicho, las características necesarias para el ejercicio de una determinada profesión se hallan vinculadas a los planetas.

También estudió la influencia de la herencia astral, llegando a la conclusión de que los hijos nacen durante la ascensión o culminación del mismo planeta que tuvieron sus padres en su nacimiento.

Gauquelin fue uno de los máximos exponentes de la escuela astrológica que recibe el nombre de matemático-estadística.

Término asociada a la astrología o astronomía.

GEBER

GEBER: (730?-765?) Famoso alquimista sufí* árabe, nacido en Khufa, en la Arabia meridional. Abu Djabir ibn Hayyan al-Sufi, más conocido en Occidente por Geber, fue llamado admirativamente «rey de los árabes y príncipe de los filósofos», siendo para muchos el más grande de los filósofos herméticos que produjo el Islam.

Geber adquirió muy pronto un gran renombre por su maestría y erudición en un vasto campo de disciplinas que incluían desde la astrología y astronomía hasta la filosofía y la música, pasando por la medicina y las matemáticas.

Geber escribió tal inmensa cantidad de tratados ---si bien la extensión de los mismos no sea equiparable en muchos casos a los de un libro normal de nuestros días que es lógico pensar que se trataba de un ser superdotado. Una de sus obras más importantes es la Summa de la perfección, en la que se puede hallar por primera vez uno de los principios fundamentales de la alquimia*: todos los metales están compuestos de dos elementos básicos: el azufre y el mercurio de los filósofos.

Pero tanto el uno como el otro no corresponden a los elementos químicos conocidos por estos nombres; simplemente hacen referencia a dos elementos constitutivos de la materia, y reciben esos nombres para despistar al profano. El azufre de los filósofos contendría la naturaleza caliente y seca, mientras que el mercurio incorporaría lo frío y húmedo.

Geber afirmaba que todos los cuerpos químicos incluyen los cuatro elementos primordiales: tierra, agua, aire y fuego, de los que ya había hablado Aristóteles. Identificaba esos elementos en una determinada sustancia mediante sucesivas destilaciones. Cuando éstas se verificaban sobre materias orgánicas obtenía cuatro sustancias: un líquido que para él era equivalente al unía, un aceite de características inflamables en el que suponía que se encontraba el elemento aire; una sustancia combustible que equiparaba al fuego y, por último una especie de residuo mineral que equivaldría al elemento tierra.

Sherwood Taylor, al referirse a este gigante de la alquimia*, escribe: «Geber pensaba que, de esta manera, el alquimista podía obtener el elemento completamente frío de su "agua", el elemento totalmente húmedo de su "aceite", el seco de su "tierra'', y el cálido de su "tintura".

Este último término parece designar a una sustancia que anuncia la Piedra ,filosofale, pues la describe como un cuerpo transparente, brillante, lustroso y rojo.

Cabe pensar que dicho elemento faltaba en los metales vulgares y estaba presente en el oro.

Después de haber obtenido esos "elementos puros", el alquimista los mezclaba según proporciones muy específicas a fin de elaborar el elixir conveniente. Éste se aplicaba a un metal cualquiera, de una manera por demás complicada, y entonces se producía la transmutación.»

En el campo de la filosofía y de la mística Gebcr participó de manera intensa en el sufismo* y, en consecuencia, en sus trabajos alquímicos buscaba no tanto la transmutación de los metales como la del propio individuo.

Expresión usada en alquimia.

GEMAS

GEMAS: En tanto que minerales raros, duros, duraderos, brillantes y susceptibles de talla y pulimento, con frecuencia son símbolo de "estrellas ocultas en el seno de la Tierra", reflejo de la verdad o de la luz divina en este mundo, aparte los numerosísimos significados específicos: ágata, amatista, cristal, diamante, esmeralda, jade, jaspe, turquesa, zafiro.

La elección de las gemas para adorno de coronas reales, de los pectorales del Sumo Sacerdote en el Antiguo Testamento, etc., guarda relación con esos significados simbólicos, lo mismo que las empleadas, supuestamente, en el ornato de los edificios y las ciudades utópicas, los castillos mágicos o celestiales de los cuentos, la Jerusalén celeste, etc.

GÉMINIS

GÉMINIS: Tercer signo zodiacal que asume la significación del concepto de los gemelos*.

Al mismo tiempo representa una determinada característica del proceso cósmico en la rueda de las transformaciones.

Según Cirlot, también corresponde al misterio de Géminis el hecho de que todo objeto posea siempre dos elementos: uno variante y otro invariante.

Término asociada a la astrología o astronomía.

GEMOLOGÍA ASTROLÓGICA

GEMOLOGÍA ASTROLÓGICA: Estudio de las relaciones existentes entre las piedras preciosas y los planetas.

Tales estudios son muy antiguos y fueron practicados por las culturas orientales.

Así, por ejemplo, en Babilonia los astrólogos comparaban los siete planetas conocidos entonces: Luna, Venus, Mercurio, Saturno, Júpiter, Marte y el Sol con los siete colores del espectro solar.

Ahora bien, la asignación de las piedras preciosas a los planetas reviste una notable dificultad ya que tanto en la Antigüedad como en la Edad Media se consideraba que todas las piedras preciosas de color rojo eran rubíes, las verdes eran esmeraldas, las amarillas topacios y las azules zafiros.

Tampoco se han puesto de acuerdo los astrólogos en qué colores deben atribuirse a los planetas descubiertos más recientemente: Urano, Neptuno, Plutón y Quirón.

Según la gemología, las piedras mensuales son las piedras del nacimiento, que el portador elige de acuerdo con el mes de su nacimiento.

Las correspondencias zodiacales serían las siguientes: a Aries le corresponde el jaspe rojo, la calcedonia, el rubí, la cornalina y el sardónice; a Tauro, la cornalina naranja, la esmeralda, el cuarzo rosa y la turmalina verde; a Géminis el topacio, el ónice y ágata; a Cáncer, el jacinto, el sardo y el heliotropo; a Leo, el cuarzo amarillo, el jaspe y el sardónice.

A Virgo, el berilo, el zafiro, la esmeralda y el jaspe marrón; a Libra, el topacio amarillo, el ópalo, el berilo, el jaspe y la perla; a Escorpio, el sardo, la crisoprasa y el berilo; a Sagitario, el jacinto, la turquesa, el jaspe azul y la calcedonia; a Capricornio, el granate y el ojo de gato; a Acuario, el diamante, el cristal de roca y la venturina; y, por último, a Piscis, la amatista, el zafiro y la hematita genio Deidad secundaria que guiaba a los seres humanos.

Posiblemente, en un principio constituyó una fuerza creadora.

Era sinónimo del daimon en el sentido de espíritu de una divinidad.

Los genios benignos son protectores y podrían compararse con los ángeles de la guarda.

Por el contrario, los genios maléficos son los espíritus de los muertos que no fueron debidamente enterrados.

En algunas mitologías eran espíritus creadores.

Más tarde el nombre fue utilizado como personificación de las fuerzas de la naturaleza.

Término asociada a la astrología o astronomía.

GEOECIA

GEOECIA: Antiguo nombre con que se llamaba a la Magia Negra.

Término relacionado con magia, amuletos, sistemas oraculares.

GEOMANCIA

GEOMANCIA: Exactamente es «la adivinación por la tierra».

La técnica adivinatoria se podía realizar de dos maneras.

La primera se hacía con tierra; se recogía polvo del suelo y se echaba sobre una superficie lisa.

Se originabais así una serie de figuras que poseían un significado que permitía predecir los acontecimientos futuros.

La segunda forma se realiza en el mismo suelo y constituye una modalidad que ha sido utilizada durante muchos siglos, especialmente en el mundo árabe, de donde pasó a Europa.

El adivino arroja piedrecitas al suelo, o bien con un bastón hace unos agujeros en la tierra a distancias irregulares.

Después cuenta las piedras arrojadas o los agujeros formados y siguiendo un sistema bastante complicado los distribuye por grupos.

Actualmente se emplea el sistema de escribir un número de puntos dispuestos sobre varias líneas en un papel.

Con los puntos o los agujeros hechos se forman doce figuras y seguidamente se dibujan las doce casas de los signos zodiacales.

Según la casa en que se encuentre, cada figura tiene su propio sentido.

En el moderno esoterismo la geomancia es el conocimiento de las líneas o lugares de fuerza existentes en la Tierra, la cual, siguiendo la teoría de Gaia* es un organismo vivo y se encuentra atravesada por vías nerviosas.

La radiestesia permite descubrir tales líneas o corrientes telúricas.

Utilizando estos antiquísimos métodos los druidas celtas, por ejemplo, encontraban estos lugares por medio de una varilla mágica muy similar a los báculos de los obispos cristianos.

Investigadores de esta materia descubrieron que gran número de iglesias y lugares de culto antiguo estaban situados de forma que si se unían unos con otros formaban una línea recta.

El feng-shui* es una modalidad de la geomancia.

Término relacionado con magia, amuletos, sistemas oraculares.

GH

GH: (Sánscrito). En sánscrito, es la décimoctava letra de su alfabeto, y se pronuncia como la g suave acompañada de leve aspiración

Es símbolo de uno de los vasos que parten del corazón para ramificarse por todo el cuerpo

(Râma Prasâd).

GIMNUNGAGAP

GIMNUNGAGAP: (Escandinavo). Literalmente: "taza o copa de ilusión"; el abismo de la gran profundidad [o Caos], o el abierto golfo sin orillas, sin principio ni fin, que en lenguaje esotérico llamamos "Matriz del Mundo", el primordial Espacio viviente

La taza que contiene al Universo, y de ahí su nombre de "copa de ilusión".

GINECOCRACIA

GINECOCRACIA: El gobierno de las mujeres, según las raíces griegas, cuya forma pura no se ha dado sino en el dominio de la leyenda (amazonas).

Concepto usado en el contexto de la filosofía, filósofos, pensamientos, ideas, reflexiones

GINZBURG

GINZBURG: Carlo Ginzburg (1939-) Historiador italiano que descubrió el curioso culto de los benandanti en 1966.

Esta secta de tipo rural de la que no se tenía la menor noticia salió a la luz en unos documentos inquisitoriales de los ss. XVI y XVII de la ciudad de Udine. Los benandanti debían abandonar su cuerpo cuatro veces al año y volar hasta determinados lugares en los que luchaban con los malandanti, una especie de brujos que se esforzaban en aniquilar la fertilidad de los campos de cultivo.

Ginzburg comprobó también que en zonas periféricas de Europa se han conservado restos de un antiquísimo culto a la fertilidad notablemente vinculado a la creencia en las brujas.

Recogió todas sus observaciones en el libro Aquelarre, en el que demuestra que los benandanti no fueron un caso aislado, sino que constituyeron una manifestación más del culto a los muertos muy extendido por la Europa más oriental.

Término relacionado con magia, amuletos, sistemas oraculares.

GIORDANO BRUNO

GIORDANO BRUNO: En la madrugada del 17 de febrero de 1600, Giordano Bruno, condenado por la Inquisición, murió supliciado en la hoguera: 400 años después, la Iglesia Católica lamenta haber quemado vivo al filósofo dominico, pero sigue negándose a rehabilitarlo.

Concepto usado en el contexto de la filosofía, filósofos, pensamientos, ideas, reflexiones

GIRASOL

GIRASOL: Por el aspecto solar y el color, así como por su heliotropismo, es evidente símbolo solar y de la majestad en diversas culturas. En el cristianismo ha simbolizado el amor de Dios, el alma, el pensamiento constantemente vuelto hacia la contemplación de Dios y, en ese mismo sentido, la oración; en parte dicho simbolismo es bastante reciente ya que la planta era de origen americano y fue traída a Europa por H. Cortés.

GLADIOLO

GLADIOLO: Planta iridácea, de flores vistosas que poseen un aroma parecido a la violeta.

En la medicina popular se le atribuyen propiedades curativas casi milagrosas.

En magia se da también este nombre al puerro silvestre o ajipuerro, cuyo jugo tiene un efecto astringente que se emplea en la curación de las heridas, y a modo de analgésico o calmante.

Durante la Edad Media reutilizó como amuleto, y los mineros de esa época lo usaban como protector contra los demonios de las minas.

Término relacionado con magia, amuletos, sistemas oraculares.

GOECIA

GOECIA: Término que procede del griego y que viene a significar «magia negra».

La goecia es una forma de nigromancia, en la que se trata de utilizar el conjuro de los muertos y la ayuda de fuerzas infernales para dañar a determinadas personas o suscitar en ellas bajas pasiones.

Su contraria sería la teurgia o magia blanca.

Término relacionado con magia, amuletos, sistemas oraculares.

GOETIA

GOETIA: Magia para evocar a los malos espíritus, o "Ciencia del Demonio".

En la época medieval, la Goetia se hizo disciplina y pasó a ser impartida en algunas escuelas de Toledo y Salamanca.

Profesores Árabes enseñaban Nigromancia y en sus clases no vacilaban en repetir a sus alumnos la célebre sentencia en latín: "Eritis sicut Dei", Seréis Como Dioses y Abrevareis en la Fuente del Poder.

Término relacionado con magia, amuletos, sistemas oraculares.

GORRO FRIGIO

GORRO FRIGIO: En cierto sentido es un símbolo fálico.

En la mitología clásica, el héroe troyano Paris ostenta un gorro frigio.

Su color rojo tiene posiblemente un sentido de sacrificio, ya sea propio o ajeno; éste último sería el caso de los revolucionarios franceses de 1789.

GOTAMA O GAUTAMA

GOTAMA O GAUTAMA: (Sánscrito). Nombre de un richi, fundador del sistema filosófico nyâya

Véase: Gautama y Filosofía nyâya.

Concepto usado en el contexto de la filosofía, filósofos, pensamientos, ideas, reflexiones

GRAFOMANCIA

GRAFOMANCIA: Arte adivinatoria la cual se realiza mediante la escritura.

Recibe también el nombre de psicometría de la escritura o grafología intuitiva.

Conviene decir que esta forma de predicción nada tiene que ver con la grafología científica.

Término relacionado con magia, amuletos, sistemas oraculares.

GRÂHYA

GRÂHYA : (Sánscrito). Que ha de percibirse; que será percibido; perceptible; cognoscible: esto es, los objetos de percepción.

Concepto usado en el contexto de la filosofía, filósofos, pensamientos, ideas, reflexiones

GRÂHYA-SAMÂPATTI

GRÂHYA-SAMÂPATTI: (Sánscrito). Conocimiento de los objetos, cosas cognoscibles. (M. Dvivedi, Comentario de los Aforismos de Patañjali).

Concepto usado en el contexto de la filosofía, filósofos, pensamientos, ideas, reflexiones

GRAN INVOCACIÓN

GRAN INVOCACIÓN: Mántram de gran poder dado a conocer por el Maestro Tibetano.

Fue pronunciada por primera vez por el propio Cristo, durante el Festival de Wesak de 1945.

Su difusión está promovida por la Escuela Arcana.

Está traducida a más de 70 idiomas.

Es utilizada diariamente por millones de personas.

La oración futura de la nueva Religión Mundial

Expresión asociada a la Nueva era.

GRAN MADRE

GRAN MADRE: La Gran Madre, o Gran Diosa forma parte de los cultos más ancestrales, ya que en los tiempos prehistóricos no se conocían, especialmente en Europa, dioses masculinos.

La Gran Madre era un ser inmortal, inalterable y todopoderoso.

Se le atribuían las fases de la luna correspondientes al cuarto creciente, luna llena y cuarto menguante.

Esta división tripartita dio lugar en la mitología griega a tres correspondencias divinas: las diosas Selene, Afrodita y Hécate.

Expresión asociada a la Nueva era.

GRAN OBRA

GRAN OBRA: Expresión hermética de la alquimia* que también recibe las denominaciones de Gran Magisterio y Ars Magna.

En principio, y en su forma más superficial, la Gran Obra consistiría en lograr la transmutación de los metales en oro.

Para el auténtico alquimista, sin embargo, semejante transformación no sería más que la manifestación externa de su propia transmutación interior.

Es un hecho que tanto el alquimista occidental como el oriental «trabajaban» sobre sí mismos, es decir, sobre su plano físico y psicológico, al igual que sobre el espiritual y el moral. Muchos textos alquímicos están de acuerdo en ensalzar las virtudes que debe tener el alquimista a la hora de iniciar su obra: qa de sentirse en plena sintonía con lo que está haciendo, ha de mostrarse sabio y también inteligente, dedicando mucho tiempo a la meditación y a la oración.

Así pues, no se trata de meras manipulaciones químicas, aunque éstas resulten imprescindibles.

La Gran Obra es, en definitiva, .a transformación del adepto en auténtica piedra filosofal; pues, como dice el alquimista: «Transformaos vosotros mismos de piedras muertas en piedras vivas.»

Expresión usada en alquimia.

GRANATE

GRANATE: Piedra preciosa compuesta de doble silicato de alúmina y de hierro o de otros óxidos metálicos, lo que hace que su color varíe entre el rojo pálido y el oscuro.

Es muy apreciada en magia, y en la Antigüedad se la consideraba como un talismán* que protegía contra los rayos y la peste, por lo que fue tenida en gran estima durante las cruzadas de la Edad Media.

También en el ocultismo místico se considera al granate como una piedra benéfica, ya que protege a su portador de los pensamientos deshonestos; además, fortalecía la fuerza moral de su poseedor.

Una variedad del granate es el carbunco, al que se le atribuían también grandes poderes curativos.

GRANO

El estudioso J. G.Frazer tituló dos de los doce volúmenes que componen su magna obra "La Rama de Oro" publicada en 1933, con el nombre de "Spirits of the Corn and of the Wild".

En ellos explica la importancia que posee el grano en diversos pueblos agrícolas que han llegado a divinizarlo e incluso a representar una ceremonia de la muerte del espíritu del grano.

GRANO

El de la simiente representa la vida, la multitud de posibilidades todavía no reveladas.

El grano que muere en el seno de la tierra para que pueda nacer una planta simboliza el ciclo eterno de muerte y nuevo comienzo, el sacrificio y también la resurrección espiritual del humano.

GRIS

GRIS: Hecho de negro y blanco a partes iguales, es el color de la meditación, de la justicia que compensa a todos para equilibrar; también el color de los dominios intermedios, por eso la superstición popular se lo adjudica a los muertos vivientes y espíritus vagabundos: Para el cristianismo, el color de la resurrección de los muertos y el del manto que lleva Cristo como juez del mundo.

GRITO

GRITO: Casi todas las culturas utilizaron el grito de guerra como manifestación y símbolo de la combatividad; en general el grito suele expresar también la alegría de vivir y la energía; eran usuales las exclamaciones extáticas en las festividades de la Antigüedad grecorromana, por lo general relacionadas con celebraciones o misterios de la fecundidad.

Término relacionado con magia, amuletos, sistemas oraculares.

GROF

GROF: Estanislav Grof (1931-) Psiquiatra checo, uno de los representantes más destacados de las nuevas corrientes de la Psicología.

Grof abandonó el viejo continente en 1967, instalándose en Estados Unidos en donde reside.

Trabajó en el Instituto Esalen, de Big Sur, Carolina, considerado como el Centro más importante del movimiento de Potencial humano*.

Es una autoridad reconocida en la utilización prudente y controlada del LSD y de las drogas psicodélicas.

Entre 1978 y 1982 fue presidente de la Asociación Internacional de Psicología Transpersonal.

Posteriormente abandonó sus investigaciones sobre los estados extraordinarios de conciencia, mediante el uso de sustancias psicodélicas, para desarrollar un modelo que integrase las diferentes escuelas de psicología en un sistema coherente y unitario.

Las investigaciones llevadas a cabo por Grof, a lo largo de más de treinta años, le permitieron adoptar una nueva visión de la psicología del individuo, que le llevó a afirmar que los problemas de la personalidad no tienen su origen en traumas infantiles, como asegura el psicoanálisis freudiano, sino en experiencias traumáticas vividas por el feto en el claustro materno, o bien durante el parto.

Partiendo de esta base desarrolló lo que denomina «terapia del aliento holotrópico» que presenta cierta semejanza con las terapias del llamado *segundo nacimiento**. De este modo, el método permite experimentar de nuevo el propio nacimiento, y descubrir así las raíces del comportamiento neurótico del sujeto. Grof ha desarrollado también la interesante teoría que las imágenes del cielo y el infierno pueden estar relacionados con la experiencia fetal y con el parto.

Expresión asociada a la Nueva era.

GRULLA

GRULLA: En la China y Japón, símbolo de larga vida y de la inmortalidad (zancos), pues creían que alcanzaba hasta mil años.

El color blanco de su plumaje se interpretaba como símbolo de pureza y las plumas rojas de la cabeza eran señal de energía vital y afinidad con el fuego.

En la India por el contrario era el epítome de la alevosía y la traición.

Para ciertos pueblos africanos la grulla coronada es símbolo de la palabra y el pensamiento, sin duda por su actitud aparentemente meditativa.

Como es ave migratoria y regresa puntualmente en

primavera, ha simbolizado a ésta; por ello y por su notable cortejo (danzas nupciales) también simbolizó el
amor y la alegría de vivir entre los griegos y romanos.
por ser devoradora de serpientes remite a Cristo para
los cristianos.

GUÉNON

René Guénon (1886-1951) Filósofo y teórico francés
del esoterismo.

Nacido en el seno de una familia burguesa, acomo-
dada y conservadora, Guénon elaboró, a juicio del
tratadista R. de Becker, «un sistema metafísico ante
cuyo poder de seducción resulta difícil mostrarse
insensible».

Cursó estudios de bachillerato en la ciudad de Blois,
en la que había nacido, para pasar después al famoso
Colegio Rollin de París, con ánimo de estudiar la carrera de matemáticas, según era el deseo de su padre.

Sin embargo, la vena esotérica y espiritualista que
había en él le obligó a abandonar esa carrera para dedicarse a buscar nuevos contactos dentro del mundo
de lo hermético.

En la primera década del s. XX funcionaba en París
una escuela hermética dirigida por Gérard Encause,
más conocido por su seudónimo de Papus, ocultista que había alcanzado cierto prestigio, gracias a la
publicación de sus últimas obras. Guénon se puso en
contacto con el maestro esotérico, y de eso modo se
inició en el mundo del hermetismo.

Fundó poco después una revista, La Gnosis, que le
sirvió como tribuna desde la que expresó sus ideas
metafísicas. Por entonces se sintió muy influido por
dos teóricos que colaboraban en la revista; uno de
ellos, León Champennaud, terminó convirtiéndose al
Islam; el otro, Albert de Pouvourville, le introdujo en
el esoterismo chino.

Por esos años Guénon se interesó vivamente por la filosofía hindú y por el simbolismo de la Cruz. Al mismo
tiempo ingresó en la Gran Logia de Francia y empezó
a exponer sus ideas que la masonería y la Iglesia católica eran las depositarias de la Tradición de Occidente.

En 1912 conoció a un pintor de origen sueco, un
tal John Gustave, que le introdujo en el esoterismo
musulmán y en la mística sufí. En ese mismo año
Guénon se convirtió a la religión musulmana, adop-
tando el nombre de Abdel Wahed-Yahia, «El servidor

del Único»; una conversión que por diversos motivos
mantuvo en secreto.

Parece un hecho indiscutible que la razón de este
paso tan decisivo dado por Guénon —al que tanto in-
teresaban otras filosofías y que, además de ser masón
había tenido una formación católica muy fuerte— ,
hay que buscarla en la enorme fuerza que ejerció
sobre él la intensidad del esoterismo musulmán, muy
secreto y cerrado.

Por otro lado, el Islam es la última de las tres grandes
corrientes religiosas que parten del tronco bíblico; y
que al ser la más joven. también es la que está más
vinculada a la Tradición.

Poco antes de concluir la 1ª Guerra Mundial —en la
que tuvo la suerte de no participar— se trasladó a
Argelia para ocupar un puesto de profesor en una pequeña población al norte del país. Ese fue su primer
contacto con el mundo árabe; no obstante, regresó
pronto a París para desempeñar un puesto de profesor de filosofía en su propia ciudad natal de Blois. Y
poco después de la muerte de su esposa, en 1930, se
trasladó a Egipto, instalándose definitivamente en El
Cairo.

Allí permanecerá, aislado del mundo de Occidente,
escribiendo sus obras y convertido en un auténtico
patriarca árabe hasta 1951, fecha en que murió como
un fiel creyente musulmán.

Entre las obras dejadas por Guénon, hay tres que
revisten una particular importancia. La primera es La
crisis del Mundo moderno, escrita en 1927 y generadora de una fuerte polémica que todavía no ha
acabado de calmarse. En ella el autor no sólo descree
del predicamento que pueda tener Occidente sobre
Oriente, sino que se encuentra plenamente convenci-
do que nuestra civilización se halla abocada al fracaso.
Tal postura, que no esconde una visión catastrofista
y que se muestra abiertamente enfrentada al pensamiento occidental, no podía ser bien vista, ni siquiera
admitida, por las mentes académicas de su tiempo.

Guénon advierte en sur obra que el camino hacia
la destrucción final es irreversible. Será necesario
esperar a que este ciclo finalice, ya que no es posible
oponerse al destino. Y este ciclo es el Kali-Yuga, según
la teoría esotérica hindú, la época de hierro, caracterizada por abundantes cataclismos y conflictos,
que son la consecuencia del período de degradación
que ha venido experimentando la raza humana. «La

civilización moderna —escribe Guénon en su obra—
tiene su razón de ser; y aunque con ella termine un
ciclo, se puede afirmar que así debe ser; que viene
a su tiempo y a su lugar». Pero no por eso dejará de
ser juzgada según la palabra evangélica: «Es necesario que haya escándalo, pero ¡ay de aquel por quien
llegue el escándalo!» Son unas frases que no dejaban
resquicio de duda de la visión tajante y trágica que el
autor tenía sobre nuestro mundo occidental.

La segunda obra capital de Guénon, de claro contenido esotérico. es El Rey del Mundo. En ella expone
la idea de la existencia de un gran centro iniciático
universal, la Agartha, que se encuentra en un lugar secreto de Asia. Este centro, que figura en muchas tradiciones herméticas, tanto orientales como occidentales, está gobernado por un Maestro cuyos poderes
ocultos son inconmensurables: es el Rey del Mundo.
A este respecto procede decir que resulta un tanto
paradójico que un hombre tan crítico con otros movimientos esotéricos, y con figuras cuya talla espiritual
no puede cuestionarse, no dude en dar por buena
una teoría que, por muy simbólica que se presente, se
enclava en los dominios de la más pura leyenda.

La tercera y más representativa de sus obras es El reino de la cantidad y los signos de los tiempos, escrita
cuando ya se encontraba en El Cairo, completamente
insertado en el mundo árabe. En esta obra vuelve a
profundizar en los temas tocados en la primera de las
ya citadas, La crisis del mundo moderno.

Aunque muchas de las afirmaciones hechas por Guénon se muestren muy acertadas, es necesario resaltar
que el tono en que las envuelve resulta ciertamente
hostil. Y es ésta una hostilidad que no se paró en ba-
rras, pues tan pronto atacó a la teosofía y al espiritismo como a la decadencia del mundo occidental. Pero
no se detuvo aquí, ya que grandes figuras mundiales
del momento, como fueron Gandhi o Tagore, sufrieron la crítica de su palabra enojada. incluso no dudó
en atacar a pensadores de talla espiritual tan reconocida corno Aurobindo o Vivekananda. Y si en otros
tiempos manifestó respeto por la Iglesia católica, más
tarde no le importó oponerse al misticismo cristiano,
ni ridiculizar la metafísica católica. Sin duda alguna
está presente una notable contradicción en esta gran
figura del esoterismo teórico.

**Concepto usado en el contexto de la filosofía, filóso-
fos, pensamientos, ideas, reflexiones**

GUIJA

GUIJA: Sistema variopinto que busca la comunicación
con entidades adimensionales.

Se pueden obtener respuestas ciertas e inciertas a la
vez.

Debería prohibirse a menores de 21 años por los peligros de obsesión y posesión, ya que se abren puertas
a entidades astrales que pueden resultar muy difíciles
de controlar.

**Término relacionado con magia, amuletos, sistemas
oraculares.**

GUIRNALDA

GUIRNALDA: Símbolo del encadenamiento existente
entre todas las cosas del universo.

Antiguamente se colgaban guirnaldas en las puertas
de los templos cuando en ellos se celebraba una fiesta, como símbolo de unión de unas cosas con otras.

GUSANO

GUSANO: Por ser animal que vive en la inmundicia y
muchas veces bajo tierra, para algunos pueblos signi-
fico la vida que renace de la oscuridad y la muerte.

En la Edad Media se contaminó de los siguientes
significados de la serpiente, por lo cual revistió algún
carácter diabólico.

H

H

H: La novena letra del alfabeto español y séptima de sus consonantes tiene para los musulmanes .Su significado es doble y muy especial, según se trate de "h" o de "h" con un punto de acentuación debajo.

La primera representa el quinto nombre de Dios, Hadi", que significa el Guía. Su cifra de atri3uto es de 20 y su categoría "amable". Posee la .validad o el vicio de la hostilidad y pertenece a elemento fuego. El perfume que le corresponde de acuerdo con el Dawah y las tablas del Jawahiru'l Khamsah, es el sándalo blanco. Su genio se llama Hush y el ángel guardián Durba'il.

La segunda H es el octavo nombre de Dios: Haqq que que significa Verdad. Su cifra o atributo es de 108 y su categoría compuesto. Su virtud, en este caso vicio, es el odio y pertenece al elemento tierra. El perfume es el azafrán. Su genio se llama Ayush y su ángel guardián Tankafil.

Corresponde al islamismo y la cultura árabe.

HABLA

HABLA: A parte de los numerosos simbolismos específicos de los fonemas y los signos alfa y omega, letras omega, tav), en general se ha tomado por símbolo de capacidad creadora de Dios; muchas religiones consideran la palabra de Dios el logos, como acto inicial de la creación; es así la expresión de la razón inmanente a todas las cosas que existen.

HAITUKA

HAITUKA: (Sánscrito). Adjetivo derivado de hetu (causa)

Causado por, dependiente de, causal

Como substantivo, el sectario de la filosofía mîmânsâ.

Concepto usado en el contexto de la filosofía, filósofos, pensamientos, ideas, reflexiones

HARAPOS

HARAPOS: Símbolo de la pobreza material aunque a veces, y sobre todo en los cuentos, sirven para disfrazar la riqueza interior, con lo que expresa la superioridad de lo esencial sobre las meras apariencias.

HARBACH

HARBACH: (Gaspar). Alquimista célebre, que en el año 1646 fue nombrado alquimista particular del rey Cristiano IV de Dinamarca.

Expresión usada en alquimia.

HARCHA

HARCHA : (Sánscrito). Alegría, gozo, deleite, placer, contento.

Expresión usada en esoterismo, espiritualidad, desarrollo personal..

HARMAGUEDON

HARMAGUEDON: Lugar donde se enfrentarán las fuerzas del mal con Jesús, que aparece mencionado en el Apocalipsis de San Juan dentro del pasaje de las "siete copas".

HARNER

HARNER: Michael Harner (1925-) Antropólogo estadounidense, considerado uno de los principales teóricos del movimiento ocultista y espiritista conocido como Nueva Era..

En el año 1959, Hamer, que por entonces era profesor agregado de antropología en la New School for Social Research, de Nueva York fue invitado para realizar un trabajo de campo con los indios conibo del Amazonas peruano. Durante un año vivió con los indígenas, llegando a establecer una relación de confianza con ellos.

No obstante, lo que Hamer se proponía era algo más que un mero trabajo de antropología. Deseaba experimentar por sí mismo lo que significa ser un chamán*. Para ello, y entre otras cosas, probó una bebida hecha a base de plantas y lianas que los indios llaman ayahuasca que le sumió en una experiencia visionaria. Desde entonces Hamer se ha convertido en una de las principales autoridades en materia de chamanismo, continuando sus estudios antropológicos con otras tribus, El profesor Hamer ha publicado diversas obras sobre la materia, entre las que destacan Hallucinogenics and Shamanism y The wat of the Shaman (Las pociones del chamán).

Expresión asociada a la Nueva era.

HARPRECHT

HARPRECHT: Sabio alquimista, autor de la Lámpara de Sal de los Filósofos, obra impresa en 1658, y que no hay que confundir con otra de igual título debida a Sendivogius.

Expresión usada en alquimia.

HAZ DE ESPIGAS

HAZ DE ESPIGAS: Símbolo común de las cosechas, de la plenitud y la prosperidad.

En los ritos de la recolección el primer haz o el último tenían propiedades particulares, que podían resultar nocivas si no se cumplía con el ceremonial adecuado, por ejemplo regalarlo o echarlo en el sembrado del vecino.

En tanto que unión de muchos elementos análogos el haz reviste diversos significados simbólicos parecidos a los del ramo.

HEBRÓN O KIRJATH-ARBA

HEBRÓN O KIRJATH-ARBA: La ciudad de los Cuatro Kabires, pues Kirjah-Arba significa "la ciudad de los Cuatro"

En dicha ciudad, según la leyenda, un Isarim o Iniciado encontró la famosa tabla esmeraldina en el cuerpo muerto de Hermes.

Expresión usada en alquimia.

HECHICERA

HECHICERA: La palabra inglesa witch (bruja, hechicera) es derivada de la voz anglosajona wicce y de la alemana wissen (saber, conocer) y wikken (adivinar)

Las hechiceras eran al principio llamadas "mujeres sabias", hasta el día en que la Iglesia se empeñó en seguir la ley de Moisés, que condenaba a muerte a toda "bruja" o hechicera

[Véase: Magia y Magia negra.]

Término relacionado con magia, amuletos, sistemas oraculares.

HECHIZO

HECHIZO: Acción mágica que, por lo general, se realiza con fines malignos.

En ocultismo, sin embargo, el hechizo puede tener un objetivo benéfico.

En principio, el hechizo forma parte de los rituales practicados en la magia negra*, y sus métodos se basan en el mal de ojo* y el conjuro.

Término relacionado con magia, amuletos, sistemas oraculares.

HELECHO

HELECHO: Los helechos, en todas sus variedades, están consideradas hierbas mágicas. En la Edad Media se utilizaba como un amuleto protector, ya que, según la tradición popular, es una planta a la que teme el demonio de manera especial. También forma parte del folclore la creencia de que el helecho sólo florece dos veces al año y en fechas muy señaladas: el día de san Juan, es decir, en el solsticio del verano septentrional (24 de junio), y en el día de Navidad, que vendría a representar el solsticio invernal. La magia negra también se ha aprovechado notablemente de esta planta.

HELMONT

Jan Baptista van (15771644).

Médico y alquimista belga, discípulo de Paracelso.

Viajó mucho y obtuvo gran fama como hombre de ciencia y místico, siendo el primero que usó el término "gas".

Autor de: Hortus Medicinae; Ausgang der Artznen Kunst; etcétera.

Expresión usada en alquimia.

HELVETIUS o HELVECIO

(1625-1709) Ocultista, médico y alquimista suizo.

Nació en la pequeña localidad de Kothen, siendo su verdadero nombre Johan Friedrich Schweitzer.

Helvetius manifestó durante mucho tiempo un profundo escepticismo por la alquimia*.

Sin embargo, y tras recibir la visita de un personaje enigmático un tal Elías— que resultó ser un consumado alquimista, se convirtió en un adepto del Arte Real. Al parecer, Elías había realizado ante sus ojos la transmutación física de varios metales.

Posteriormente, le fue mostrando el proceso de la obra alquímica, todo lo cual reveló Helvetius en su tratado Vetulus aureus.

Llegó a ser médico personal del príncipe de Orange,

en cuya corte practicó activamente el arte alquímico.

Mediante la piedra filosofal que le proporcionó un desconocido, consiguió fabricar oro del plomo en La Haya, en 1666, según atestigua el célebre filósofo Spinoza.

Expresión usada en alquimia.

HEMAN

HEMAN: (Sánscrito). Oro. El planeta Mercurio, a causa de su color amarillo.

Término asociada a la astrología o astronomía.

HEMATITES

HEMATITES: Mineral de color rojizo, formado por óxido de hierro cristalizado.

Desde tiempos remotos al hematites se le consideró como un remedio muy eficaz contra todo tipo de hemorragias debido, sin duda, a la acción que ejerce el óxido de hierro sobre la coagulación sanguínea.

En magia y ocultismo se utilizaron las maceraciones y calcinaciones del hematites como elemento protector contra el mal de ojo*.

En la gemoterapia moderna se emplea el hematites por su acción sobre el chalina* raíz.

HENO

HENO: En tanto que hierba seca y en cierto sentido "muerta", en la Biblia simboliza el carácter pasajero de lo terrenal y de la vida humana.

HEPATOSCOPIA

HEPATOSCOPIA: Forma de predicción que se utilizó en la Antigüedad para hacer pronósticos vitales.

Se realizaba examinando el hígado de los animales, una vez eran éstos sacrificados.

Se dice que de este modo se predijeron las muertes de muchos personajes famosos, entre ellos Alejandro Magno.

Término relacionado con magia, amuletos, sistemas oraculares.

HEPTAGON

HEPTAGON: (Griego). El número siete, que los pitagóricos consideraban como un número perfecto y religioso

Era llamado Telesphoros porque por medio de él todo cuanto hay en el universo y en la humanidad es conducido a su fin, esto es, a su culminación

(Doctrina Secreta, II, 637).

HERMÉTICA

Expresión usada en alquimia.

Doctrina mágica conformada por elementos del misticismo cristiano y alusiones a técnicas de curación vinculadas a divinidades pre-cristianas.

La piedra angular del hermetismo reza: "todo lo que esté arriba está también abajo".

HERMÉTICA

Cualquiera doctrina, o escritura relacionada con las enseñanzas esotéricas de Hermes, que, considerado ya como el Thoth egipcio o ya como el Hermes griego, era el dios de la Sabiduría entre los antiguos, y según Platón, "descubrió los números, la geometría, la astronomía y las letras"

Aunque en su mayor parte los escritos herméticos eran considerados como espurios, con todo fueron altamente encomiados por San Agustín, Lactancio, Cirilo y otros

Según las palabras de Mr. J. Bonwick, dichos escritos "están más o menos retocados por los filósofos platónicos que había entre los primitivos cristianos (tales como Orígenes y Clemente de Alejandría), que pretendían probar sus argumentos cristianos apelando a estos venerados escritos paganos, si bien no pudieron resistir a la tentación de hacerles decir un poco más de los debido"

A pesar de lo que decían algunos hábiles e interesados autores de que enseñaban el monoteísmo puro, los libros herméticos o trimegísticos son puramente panteísticos

La Deidad de que se hace mención en ellos es definida por Pablo como aquella en que "nosotros vivimos y nos movemos y tenemos nuestro ser" -a pesar del "en Él" de los traductores.

HERMETISMO

HERMETISMO: Doctrina esotérica que arranca de los escritos Alejandrinos, posiblemente originaria del mismo Hermes Trismegisto, fuente de sabiduría, de quien tomó su nombre la filosofía hermética.

Concepto usado en el contexto de la filosofía, filósofos, pensamientos, ideas, reflexiones

HÉROE

HÉROE: Según la interpretación psicoanalítica de los sueños y los cuentos populares, suele ser la personificación de las fuerzas victoriosas del yo.

HÉROES CULTURALES

HÉROES CULTURALES: Personajes que unas veces surge en figura de animal y otras veces toma figura humana para crear o aportar una planta o un animal útil, o como fundador de una institución; tales son también los antepasados míticos y los héroes epónimos fundadores de clanes.

Concepto usado en el contexto de la filosofía, filósofos, pensamientos, ideas, reflexiones

HERRADURA

HERRADURA: En muchos lugares se le atribuye la propiedad de alejar las desgracias y traer buena suerte, tal vez en relación con los aspectos positivos del simbolismo del caballo.

HERRERO

HERRERO: El oficio de herrero está considerado sagrado en algunas culturas. En el plano hermético hay una estrecha vinculación en entre la metalurgia y la alquimia*.

El hierro está ligado al mundo astral, ya que el primer hierro conocido por el hombre e de origen meteórico (Cirlot). Marte es en astrología* el planeta que está vinculado al hierro.

Expresión usada en alquimia.

HETERODOXO

HETERODOXO: (Del griego héteros, otro y doxa, opinión). Este adjetivo se aplica a todo lo que no está conforme con la doctrina fundamental de cualquiera secta o sistema, especialmente del dogma católico-romano. Es lo opuesto a ortodoxo.

Concepto usado en el contexto de la filosofía, filósofos, pensamientos, ideas, reflexiones

HETEROMANCIA

HETEROMANCIA: (Voz derivada del griego). Adivinación fundada en el vuelo de las aves.

Término relacionado con magia, amuletos, sistemas oraculares.

HETUMAT

HETUMAT: (Sánscrito). Causado, causativo, que tiene una causa; que trata de las causas; razonado.

Concepto usado en el contexto de la filosofía, filósofos, pensamientos, ideas, reflexiones

HIALOSCOPIA

HIALOSCOPIA: Sinónimo de Catoptromancia.

Término relacionado con magia, amuletos, sistemas oraculares.

HIDROMANCIA

Término relacionado con magia, amuletos, sistemas oraculares.

Método adivinatorio que se realiza por medio de la observación de líquidos, analizando las formas y colores que adopta la espuma de aquellos al hervir.

Otra forma —mucho más antigua—consistía en observar las ondas que formaba el agua de la superficie de un estanque, dedicado a la diosa Afrodita, cuando se le arrojaban objetos.

También se practicaba la hidromancia en el templo de Deméter.

HIDROMANCIA

Es el método de la adivinación mediante el agua.

HIEDRA

HIEDRA: Al igual que todos casi siempre verdes, símbolo de la inmortalidad; en la cultura etrusca lo fue de la procreación y el renacimiento (a menudo en relación con la panterta).

El color invariablemente verde y su carácter de planta trepadora que parece "abrazarse" hizo de ella el símbolo de la amistad y la fidelidad; en la antigua Grecia los recién casados eran agasajados con ramos de hiedra.

Por esa necesidad de apoyarse en otra planta más fuerte sirvió también como símbolo de la feminidad.

El intenso color verde y el vigor de esta planta hicieron de ella símbolo de potencia vegetativa y sensualidad, de ahí su destacado papel en las báquicas y dionisíacas; así, por ejemplo, las ménades, las bocantes, los sátiros y los silenos llevaban coronas de hiedra y adornaban con ella sus tirsos.

HIERÁTICO

HIERÁTICO: (Del griego hieratikos). Sagrado; sacerdotal; perteneciente o relativo a las cosas sagradas o a los sacerdotes

Esta palabra se aplica a cierta clase de antiguas letras o escrituras egipcias y a ciertos estilos en el arte.

Concepto usado en el contexto de la filosofía, filósofos, pensamientos, ideas, reflexiones

HIERBAS DE LAS BRUJAS

HIERBAS DE LAS BRUJAS: Se suele dar este nombre genérico a ciertas plantas, como el beleño*, la belladona* y el estramonio*, todas ellas de la familia de las solanáceas y con poderosos componentes alucinógenos, que eran utilizadas por las brujas en la composición de ungüentos, tinturas y pociones mágicas.

Término relacionado con magia, amuletos, sistemas oraculares.

HIEROMANCIA

Malicia o método predictivo que se practicaba estudiando las entrañas de los animales que se sacrificabais en rituales sagrados.

Este tipo de prácticas fue muy corriente no sólo en Oriente, sino también en Grecia y Roma.

A veces recibe el nombre de hieroscopia.

HIEROSCOPIA O HIEROMANCIA

Arte de adivinación basado en el examen de las entrañas de las víctimas y en la observación de todas las circunstancias que concurrían en la celebración de un sacrificio u otra ceremonia religiosa.

HIEROSCOPIA

HIEROSCOPIA: Método de adivinación, utilizando las entrañas de animales sacrificados para dicho objetivo.

Término relacionado con magia, amuletos, sistemas oraculares.

HÍGADO

HÍGADO: Muchos pueblos lo consideraron sede de la energía vital y de los deseos, como también de la cólera y el amor.

Observando los hígados de los animales creían poder adivinar los acontecimientos futuros; entre los babilonios y sobre todo los etruscos existió un complejo sistema de interpretaciones.

Comiendo hígado se lograba neutralizar los efectos de un hechizo, según algunas creencias.

HILAR

HILAR: El hilar es un símbolo de la creación y del mantenimiento de la vida, ya que el hilo es un elemento de conexión, tanto en el plano espiritual, como en el material y social.

El Zohar* tiene al hilo en gran estima, como uno de los símbolos más antiguos que se conocen.

Tanto las parcas como las hadas —al igual que otras muchas figuras legendarias y folklóricas— se entregan al simbólico trabajo del hilado.

HILO

HILO: Símbolo universal de unión, por ejemplo los Upanishad mencionan un hilo que une este mundo con otro, así como a todos los seres entre sí.

También se comparan con un hilo del decurso del tiempo y la vida del individuo (Moiras).

El hilo de Ariadna es, según la leyenda griega del Minotauro, un ovillo que Ariadna, la hija del Rey Minos, le dio a Teseo y le sirvió a éste para entrar en el laberinto y volver a encontrar luego la salida, símbolo proverbial del conocimiento que es la guía por la cual deberíamos orientarnos.

HILOZOÍSMO

HILOZOÍSMO: (Del griego hylé, materia, y zoon, cosa viviente). Doctrina según la cual toda materia está dotada de vida

Filosóficamente entendido, el hilozoísmo es el más elevado aspecto del panteísmo

Es la única escapatoria posible del absurdo ateísmo basado en la letal materialidad, y de las aun más absurdas concepciones antropomórficas de los monoteístas

Entre el uno y las otras está su propio terreno completamente neutral

(Doctrina Secreta, II, 167).

**Concepto usado en el contexto de la filosofía, filóso-
fos, pensamientos, ideas, reflexiones**

HINSÂKARMAN

HINSÂKARMAN: (Sánscrito). Operación mágica practicada con intención de dañar a uno.

**Término relacionado con magia, amuletos, sistemas
oraculares.**

HIPNAGOGO

HIPNAGOGO: El que tiene ensueños entre dormido y
despierto. (M. Treviño).

**Expresión usada en esoterismo, espiritualidad, desa-
rrollo personal..**

HIPNOMANCIA

HIPNOMANCIA: Arte de adivinar los sueños o de
interpretarlos. (M. Treviño).

**Término relacionado con magia, amuletos, sistemas
oraculares.**

HIPÓCRATES

HIPÓCRATES: (Hyppocrates, griego). Famoso médico
de Cos, una de las Cícladas, que floreció en Atenas
durante la invasión de Artajerjes, y libró dicha ciudad
de una terrible pestilencia

Fue llamado "padre de la Medicina"

Habiendo aprendido su arte de las tablas votivas
ofrecidas por los enfermos curados en los templos de
Esculapio, llegó a ser un iniciado y el más hábil sanador de su tiempo, en términos que casi fue deificado

Su saber y conocimientos eran vastísimos

De sus escritos, dice Galeno que eran verdaderamente la voz de un oráculo

Murió a la edad de cien años (361 antes de JC).

**Concepto usado en el contexto de la filosofía, filóso-
fos, pensamientos, ideas, reflexiones**

HOGAR

HOGAR: Lugar de rico simbolismo: la casa, la compañía humana, la mujer.

Desempeñó papel importante en las nociones religiosas de muchos pueblos; se han descubierto enterramientos prehistóricos junto al hogar y este ha servido

en muchas ocasiones como lugar de culto.

A su vez los cultos del hogar abundan, especialmente
en las religiones del ámbito cultural indogermánico; el
hogar es muchas veces el centro espiritual de la casa,
donde se guarda el fuego sagrado; entre los romanos
era la morada de los genios protectores de la casa,
los lares, a quienes se ofrecían liberaciones junto al
hogar; la diosa griega del hogar, Hestia, tomó entre
los romanos el nombre de Vesta.

HOJA

HOJA: Símbolo del reino vegetal en sentido amplio
y muy empleado como motivo ornamental en las
culturas de labradores.

En el Oriente asiático simboliza la felicidad y la prosperidad; una rama con hojas es el signo de colaboración de varios de un mismo fin.

En el cristianismo tres hojas (trébol) significa la Trinidad y un cuadrifolio de la Cruz, los cuatro Evangelios
o la virtudes cardinales, así como siete hojas aluden a
los dones del Espíritu Santo.

La hoja de higuera cubrió las vergüenzas de Adán y
Eva después del pecado original y simboliza por tanto
el pudor.

HOLOGRAMA

HOLOGRAMA: Término que procede de dos voces
griegas que vienen a significar «representación o
imagen total». Forma fotográfica producida por
rayos láser, que da la impresión de que las imágenes
reproducidas tienen formas tridimensionales.

Dato curioso del holograma es que una parte del objeto fotografiado puede servir para reproducir todo el
objeto, aunque éste aparezca de forma menos nítida.

En 1969, un neurólogo de la Universidad de Stand-
ford, Karl Pribram, comprobó que si se extirpaba del
cerebro la casi totalidad de las células que rigen la
función de la memoria, ésta pervivía en el resto de las
células cerebrales.

Esta experiencia le llevó a concluir que el cerebro
es una especie de holograma, en el que el todo está
incluido en la parte, y la parte en el todo.

Tales descubrimientos indujeron al físico atómico
David Bohm a destacar la relación existente entre las
ciencias y la mística. El cerebro percibe el universo
holográfico y, al mismo tiempo, participa en él como

un holograma.

Es muy probable que las investigaciones de la física lleguen a un punto --de hecho, ya se está llegando a ello— en que la materia y lo inmaterial apenas se diferencien.

El paradigma holográfico daría, de este modo, explicación y consistencia a muchas de las hasta ahora incomprensibles manifestaciones de los místicos.

Expresión asociada a la Nueva era.

HOMBRE

HOMBRE: El ser humano mismo, así como diversas partes y procesos del organismo humano han servido en muchas culturas como símbolos en relación con las circunstancias exteriores; estuvo muy difundida la interpretación del hombre como un microcosmos que guarda muchas analogías con el universo o macrocosmos. Son así mismo muy frecuentes las correspondencias que han sugerido las partes, los órganos o las sustancias constituyentes del cuerpo, por ejemplo los huesos, en tanto que estructura de soporte con la tierra; la cabeza, en tanto que sede del espíritu, con el fuego; los pulmones, órganos de la respiración, con el aire; la sangre, materia líquida y nutricia, con el agua. Buena parte de la medicina antigua se fundaban en las supuestas correspondencias entre los fenómenos del cuerpo humano y los del mundo en general (Zodiaco). Un hombre, a veces es el atributo del evangelista Mateo.

HOMEOGÉNESIS

HOMEOGÉNESIS: Formación de seres análogos, dentro de una misma agrupación zoológica.

Concepto usado en el contexto de la filosofía, filósofos, pensamientos, ideas, reflexiones

HOMEOMERÍA

HOMEOMERÍA: Con este nombre designaba Anaxágoras los elementos primitivos de la materia, con los cuales se formó el mundo en virtud de la ley de atracción.

Concepto usado en el contexto de la filosofía, filósofos, pensamientos, ideas, reflexiones

HOMOGENEIDAD

HOMOGENEIDAD: Palabra derivada del griego homos "mismo" y genos "especie"

Lo que es de una misma naturaleza todo ello, indiferenciado, no compuesto, como se supone que lo es el oro.

Concepto usado en el contexto de la filosofía, filósofos, pensamientos, ideas, reflexiones

HOMÚNCULI IMAGUNCULÆ

HOMÚNCULI IMAGUNCULÆ: Imágenes o figuritas hechas de cera, barro, madera, etc., usadas en la práctica de la magia negra, brujería y hechicería, para estimular la imaginación y dañar a un enemigo, o para afectar a una persona ausente de una manera oculta y a distancia

(F. Hartmann).

Término relacionado con magia, amuletos, sistemas oraculares.

HOMÚNCULO

HOMÚNCULO: Término ocultista. Se trata de un pequeño ser humano y, sin embargo, carente de cuerpo físico y, por tanto, de sexo y de peso. Paracelso* aseguraba haberlo creado a partir de esperma y sangre.

Muchos otros ocultistas, posteriores a él, intentaron producir homúnculos siguiendo las directrices del gran hermetista, sin resultado alguno.

Término relacionado con magia, amuletos, sistemas oraculares.

HOMÚNCULOS

HOMÚNCULOS: Pequeños seres humanos hechos artificialmente, engendrados del sperma viri sin ayuda del organismo femenino. (F. Hartmann). Los homúnculos de Paracelso son un hecho en alquimia, y muy probablemente lo serán también en química

(Doctrina Secreta, II, 364). Estos diminutos seres, creados artificialmente por medio de procedimientos espagíricos, (alquímicos o químicos, según la química de Paracelso y sus prosélitos) tienen forma humana y son de naturaleza gaseosa o etérea, transparentes, incórporeos, pero dotados de inteligencia

Existen relatos circunstanciados de la producción de algunos homúnculos, entre otros los del famoso conde de Kueffstein, chambelán de la emperatriz María Teresa

Este conde y el abate Geloni se encerraron en el

laboratorio de un convento en Calabria, y por espacio de cinco semanas, día y noche, estuvieron trabajando con hornillos encendidos

Después de este tiempo lograron crear nada menos que diez homúnculos

El modus operandi lo describe Paracelso en su tratado De Natura rerum

Véase: Isis sin velo, I, 133-134 y 465; Figuier, L'Alchimie et les Alchismistes, edic. de 1860, págs. 78-79; Christian, Histoire de la Magie, pág. 447; Goethe, Fausto, segunda parte, etc., etc.

Término relacionado con magia, amuletos, sistemas oraculares.

HONDA

HONDA: Con el arco y la flecha, una de las armas capaces de herir a distancia, más antiguas, aún hoy usada por los pastores con gran puntería. También David fue pastor y por su pelea con el gigante Goliat figura entre los "honderos" más conocidos, simbolizando como tal cómo la maña del pequeño que puede vencer al grandulón, o a la superioridad del intelecto sobre la fuerza bruta. En algunas culturas amerindias es atributo del dios trueno.

HORÂ-ZÂSTRA

HORÂ-ZÂSTRA: (Sánscrito). Título de una obra astronómica compuesta por Varâhamihira. Dicha obra ha llegado a nosotros incompleta, pues de ella sólo queda una tercera parte

(Weber, Indische Literatur-geschichte).

Término asociada a la astrología o astronomía.

HORÂ

HORÂ: (Sánscrito). Hora. La mitad de un signo del Zodíaco. (Râma Prasâd).

Término asociada a la astrología o astronomía.

HORMIGA

HORMIGA: Como la abeja, símbolo de laboriosidad y de colectividad organizada; por costumbre de almacenar víveres, también de la previsión sabia, como por ejemplo Prov. 6,6 y 30,25. El Physiologus alude a estas propiedades: "Así deja de alimentarte de carnes tú también, oh humano y toma el grano almacenado en reserva". En la India simboliza por su actividad inalcanzable la vanidad de todas las acciones terrenales. Entre los pueblos africanos el hormiguero se relaciona con diversas concepciones cosmogónicas y en ocasiones con la fecundidad de la mujer, quien puede alcanzarla sentándose sobre uno de ellos.

HORMUS

HORMUS: Una de las principales danzas de los lacedemonios, en la cual los jóvenes de ambos sexos, colocados de un modo alternado y cogidos de las manos, danzaban circularmente

Según las tradiciones más antiguas, estas danzas circulares había sido instituidas a imitación del movimiento de los astros. Los cantos con que se acompañaban dichas danzas se dividían en estrofas y antistrofas; en las primeras se daban vueltas de oriente a occidente; en las segúndas, se seguían un movimiento opuesto; la pausa que hacía el coro deteniéndose, se llamaba epodo

(Noel, Dict. De la Fable).

HORNO

HORNO: De obvia relación con el fuego, cobra importancia sobre todo en la alquimia y en relación con los procesos de transmutación de los metales, del agua, el aire, la tierra, etc., y los procesos místicos y morales vinculados a aquellos. En especial el horno del panadero alude simbólicamente a la matriz, de donde el ser introducido en el horno puede simbolizar el retorno a la felicidad del estado embrionario y el quemarse en el horno podría interpretarse como símbolo de muerte y resurrección.

Expresión usada en alquimia.

HOROSCOPIA

HOROSCOPIA: Arte de predecir los sucesos de la vida de una persona basándose en su horóscopo. Relacionados como están los Lipikas con el destino de cada hombre y con el nacimiento de cada niño, cuya vida se halla trazada en la Luz astral (no de un modo fatalista, sino sólo porque lo futuro, lo mismo que lo pasado, está siempre vivo en lo presente), puede de ellos decirse que ejercen una influencia marcada en la ciencia de la horoscopia

Debemos admitir, quieras que no, la verdad de esta ciencia

(Doctrina Secreta, I, 131).

Término asociada a la astrología o astronomía.

HORÓSCOPO

HORÓSCOPO: Término que procede de dos voces griegas, ora y skópeo que significan «observación o estudio de la hora.

La medición del tiempo y el comienzo de las operaciones resultaba muy importante en las prácticas mágicas.

Se da el nombre de horóscopo al conjunto de predicciones relacionadas con la posición de los astros en el momento del nacimiento de urna persona.

También se llama así el punto de la eclíptica es decir, el curso que aparentemente tiene el Sol en la esfera celeste, que se encuentra en el horizonte en el momento en que nace el sujeto.

Término asociada a la astrología o astronomía.

HORTULANUS

HORTULANUS: Autor de un extenso comentario del documento alquímico titulado Tabla esmeraldina.

Expresión usada en alquimia.

HOUSTON

HOUSTON: Jean Houston, norteamericana considerada una de las teóricas más importantes del movimiento de corte ocultistas Nueva Era.

Expresión asociada a la Nueva era.

HUESOS

HUESOS: En tanto que parte dura y relativamente incorruptible del organismo animal, muchos pueblos, sobre todos los cazadores situaron en aquéllos el espíritu o fuerza vital.

De ahí la costumbre de consumir las carnes pero devolviendo a la tierra, a las aguas o al fuego los huesos del animal cazado, a fin de garantizar la continuidad de la especie.

HUEVO FILOSOFAL

HUEVO FILOSOFAL: Al referirse a esta expresión alquímica, dice Fulcanelli*: «...Esta vasija indispensable y secretísima recibió nombres diversos, escogidos con la intención de ocultar a los profanos, no sólo su verdadero destino, sino también su composición...

En general, se le llama huevo filosófico o León ver-

de.» Así pues, por la expresión «huevo filosofal» se debe entender el contenido de las sustancias que se colocan en el matraz, a fin de que sufran las transformaciones producidas por el fuego del horno.

HUEVO

HUEVO: El huevo tuvo siempre un significado importante y su simbolismo se encuentra presente en numerosas culturas.

En principio, puede representar el Caos primordial, anterior a la creación del mundo.

Para los antiguos egipcios era un símbolo del germen y del misterio de la vida.

En la magia de la antigua Roma se aconsejaba romper la cáscara del huevo para destruir las propiedades negativas de éste: y en las fiestas de Ceres, los sacerdotes llevaban en la procesión un huevo, como símbolo del mundo.

Los chinos creían que el hombre procedía de un huevo caído del Cielo.

Todas estas representaciones simbólicas encuentran una expresión en nuestros días con la tradición del huevo de Pascua, que pretende constituir un símbolo de la inmortalidad.

También en Teosofía* se utiliza este término, denominándose huevo áureo al aura magnética que envuelve al ser humano, y que presenta una forma oval.

HUEVOS DE PASCUA

HUEVOS DE PASCUA: Desde los tiempos primitivos, los huevos eran simbólicos. Había el "Huevo mundano", en el cual estuvo contenido Brahmâ durante la gestación, llamado por los indos Hiranyagarbha, y el Huevo mundano de los egipcios, que procede de la boca de la "Deidad increada y eterna", Knef, y que es emblema del poder creador

Había luego el Huevo de Babilonia, que incubó Ishtar [la Venus babilónica], y que, según se dice, cayó desde el cielo al río Eufrates

Por esta razón los huevos de color estuvieron en uso en todos los años durante la primavera en casi todos los países, y en Egipto se cambiaban como símbolos sagrados en la estación primaveral, que fue, es y siempre será emblema de nacimiento o de renacimiento cósmico y humano, celeste y terrestre

Los colgaban en los templos egipcios y aun hoy día se

los ve suspendidos en las mezquitas mahometanas.

HUEVOS

HUEVOS: En Egipto, los huevos estaban consagrados a Isis y por esta razón los sacerdotes egipcios no los comían nunca

(Doctrina Secreta, I, 392). -Véase: Isis.

HUMO

HUMO: Símbolo de la unión entre el cielo y la tierra o la materia y el espíritu.

La columna de humo deviene a veces simbólico de eje del mundo.

HUSO

HUSO: por su movimiento de giro regular simbolizó el carácter inexorable de las leyes del Destino, o universales, como del eterno retorno; interpretable también, a veces, como símbolo sexual.

HYLÉ

HYLÉ: (Griego). Substancia o materia primordial. Esotéricamente es el sedimento homogéneo del Caos o Gran Abismo

El primer principio de que fue formado el Universo objetivo

[Véase: Ilus.]

Concepto usado en el contexto de la filosofía, filósofos, pensamientos, ideas, reflexiones

I

I

I: Novena letra del alfabeto inglés y décima del hebreo. Como número significa en ambos uno, y también diez en el hebreo (véase: J), en el cual corresponde al nombre divino Jah, el lado o aspecto masculino del ser hermafrodita, o sea el Adam macho-hembra, del cual hovah (Jah-hovah) es el aspecto femenino

Esta letra está simbolizada por una mano con el dedo índice doblado, para mostrar su significado fálico. [La I (breve) es la tercera letra del alfabeto sánscrito, y la Î (larga) es la cuarta.]

IARU (CAMPOS DE)

IARU (CAMPOS DE): Conocidos también como "Campos de los Cañaverales" o "Campos de las Juncias". Representación idealizada para los egipcios de un lugar del Más Allá donde tras el fallecimiento vivirían "los bienaventurados", esto es, aquellos difuntos que habían sido justos en su vida terrenal.

ICHTHYS

ICHTHYS : (Griego). El Hombre-pez, Oannes o Jonás. (Véase Ichthus).

ICTIOMANCIA

ICTIOMANCIA: Arte adivinatoria muy en uso en la antigua Grecia, consistente en el análisis de las entrañas de los peces, o bien en los movimientos que ejecutaban. Tanto en Hierápolis como en Licia existían oráculos cuyas predicciones estaban basadas en la observación de peces sagrados destinados exclusivamente para estos fines adivinatorios.

Término relacionado con magia, amuletos, sistemas oraculares.

IDEOS

IDEOS: En las obras de Paracelso, esta palabra tiene igual significado que Caos, o Mysterium Magnum, como lo denomina dicho filósofo

[Véase: Iliados.]

Expresión usada en alquimia.

ILECH CRUDUM

ILECH CRUDUM: (Alquimia). La combinación de un

cuerpo formada de sus tres principios constituyentes representados por la sal, el azufre y el mercurio, o sea: cuerpo, alma y espíritu, respectivamente, los elementos de la tierra, del agua y del fuego

(F. Hartmann).

Expresión usada en alquimia.

ILECH MAGNUM

ILECH MAGNUM: (Alquimia). El poder curativo específico de la medicina. (Id.).

Expresión usada en alquimia.

ILECH PRIMUM, ILEIAS, ILEADUS

ILECH PRIMUM, ILEIAS, ILEADUS: (Alquimia). El primer principio; poder primordial; causación. (Id).

Expresión usada en alquimia.

ILECH SUPERNATURALE

ILECH SUPERNATURALE: (Alquimia). La unión de las influencias astrales superior e inferior. (F. Hartmann).

Expresión usada en alquimia.

ILEIADES

ILEIADES: (Alquimia). El elemento del aire; el principio vital. (Id).

Expresión usada en alquimia.

ILÍADOS

ILÍADOS: En Paracelso este término tiene igual significado que Ideos. (Véase esta palabra). - Materia primordial en estado subjetivo.

Expresión usada en alquimia.

ILIÁSTER

ILIÁSTER: Nombre dado por Paracelso* a la sustancia o materia prima* que, según él, era la base de todo lo que existe.

De esta sustancia original surgieron un ser masculino y positivo, un ser femenino y negativo y una tercera entidad o caos.

El iliáster comprendía tres principios, azufre*, mercurio* y sala cuya unión constituye la materia del cuerpo, formado, a su vez, por los cuatro elementos primordiales: tierra, fuego, agua y aire.

Expresión usada en alquimia.

ILLA-AH, ADAM

ILLA-AH, ADAM: (Hebreo). Adam Illa-ah es el Adán celeste, superior, en el Zohar.

Expresión usada en alquimia.

ILUMINADOS DE AVIGNON

ILUMINADOS DE AVIGNON: Sociedad fundada el siglo XVIII y consagrada esencialmente a la alquimia y la astrología, que en el año 1760 adoptaron las obras de Swedenborg como fundamento de su esoterismo.

Expresión usada en alquimia.

IMAGEN

IMAGEN: Conjunto de formas y figuras que poseen un grado de unidad y de significación. En teosofía* se afirma que ciertos pensamientos, o vibraciones de la conciencia, tienen la capacidad de crear imágenes exteriores perfectamente definidas.

Según Herbert Read —crítico inglés considerado como el más profundo estudioso del arte moderno—, la imagen, como manifestación de todas las artes visuales, es una forma de pensamiento. Esto nos lleva a las teorías de ciertos esoteristas, caso de Tritemio* y, a otro nivel, Atanasius Kircher, que consideraban que el mundo puede constituir un inmenso conjunto de signos que están esperando que se les interprete debidamente. En ciertas prácticas de la magia negra se trabaja sobre una imagen o representación de la persona ausente para actuar sobre ella; en esto consiste la magia por analogía.

IMAGO MUNDI

IMAGO MUNDI: Representación del mundo que, apartándose de toda cartografía, expresa su significado mitográfico: es decir, una interpretación del mundo mediante imágenes o elementos que lo representan de una forma simbólica.

Tanto el arte medieval, como las artes herméticas se han valido de una serie de formas e imágenes para expresar el significado metafísico del mundo.

En Oriente, los mandalas, constituyen un claro ejemplo de este mismo concepto.

Expresión usada en alquimia.

IMPRESIONES

IMPRESIONES: Efectos de una imaginación dañina,

que puede originar varias afecciones corporales, enfermedades, malas conformaciones, estigmas, monstruos (labios leporinos, acefalía, etc.), molas, marcas, nevos maternos, etc. (F. Hartmann)

Acerca de la poderosa influencia que tiene la imaginación de la madre sobre el feto, consúltese Isis sin velo, tomo I, págs. 394 y siguientes de la edición inglesa.

Término relacionado con magia, amuletos, sistemas oraculares.

INCESTO

INCESTO: Para C. G. fung* el incesto simboliza el ansia de unión que experimenta el individuo con la esencia de uno mismo, es decir, «el proceso de individuación».

No era otro, al parecer, el motivo que llevaba a los dioses de las diferentes mitologías a engendrar hijos mediante la práctica del incesto.

INCINERACIÓN

INCINERACIÓN: Símbolo de la purificación completa, de la transmutación de la materia en sustancias volátiles (alturas, humo), por decirlo así espiritualizadas; importante como rito funerario y en la alquimia.

Fuego.

INCONSCIENTE COLECTIVO

INCONSCIENTE COLECTIVO: El reconocido psicólogo Carl G. Jung estableció la existencia de un nivel básico de la psique, similar y equivalente en cada individuo, reflejo mental de la estructura física del cerebro.

Cuando un fenómeno paranormal es provocado por la mente de un individuo y es presenciado por varios sujetos, se dice que proyectó un mensaje al Inconsciente Colectivo de los presentes o testigos.

Concepto usado en el contexto de la filosofía, filósofos, pensamientos, ideas, reflexiones

INCONSCIENTE

INCONSCIENTE: En el psicoanálisis freudiano, el inconsciente es el conjunto de contenidos psíquicos que no se muestran de una forma directa, pero que, sin embargo, pertenecen a la totalidad del alma, y que representan la condición básica para la comprensión de todos sus procesos.

Parapsicólogos, hermetistas y ocultistas, por su parte, afirman que del inconsciente se desprenden fuerzas psíquicas que adquieren una dimensión independiente y pueden, entre otros fenómenos, provocar apariciones.

INCUBO

Término relacionado con magia, amuletos, sistemas oraculares.

Elemento o espíritu demoníaco de sexo masculino que, según la tradición popular y la demonología, se evocaba en el mundo astral y que, una vez aparecido, mantenía relaciones carnales con las mujeres que lo habían atraído.

INCUBO

El ocultismo señala a los Incubos como seres del Bajo Astral, o Demonios, que atacan sexualmente a las mujeres.

En el folclore europeo medieval, el Incubo es un demonio masculino que busca el trato carnal con las mujeres mientras éstas duermen.

Según la leyenda, el Incubo y su contraparte femenina, el Súcubo, eran ángeles caídos.

Se creía entonces que la unión con un Incubo producía demonios, brujas y niños deformes.

INCUBOS

A lo largo de la historia la demonología católica ha afirmado que existen demonios masculinos y femeninos capaces de tener contacto sexual con los humanos.

En otras culturas también existen entidades similares.

Y, lejos de ser un mito antiguo, para algunas personas la existencia de esas criaturas es una realidad actual y constatable.

INCUBOS Y SÚCUBOS, serían pues, seres sobrenaturales, pero capaces de materializarse en nuestro universo tridimensional con cuerpos reales y físicos, con carne, sangre y esperma.

Los íncubos son, según la tradición, demonios con forman de varón cuya misión es cohabitar con mujeres humanas, y los súcubos, diablesas femeninas que fornicarían con los hombres.

INDUMENTARIA

INDUMENTARIA: Según la tradición bíblica, una consecuencia del pecado original después de la desnudez paradisíaca, por haber aparecido entonces el pudor; en muy distintas maneras y mediante formas y colores simboliza la adaptación social y el rango social; indica con frecuencia el oficio y, por supuesto, la procedencia étnica.

Las ropas blancas, muchas veces de un blanco luminoso de la corporeidad o la ha superado (los ángeles, los transfigurados, los bienaventurados, etc.).

Un cambio de indumentaria suele ser emblema de entrada en un nuevo período de vida, de ingreso en una comunidad diferente, etc.; por ejemplo el hecho de tomar los hábitos indica como un segundo bautizo y la renuncia a las cosas del mundo.

INTROSPECCIÓN

INTROSPECCIÓN: Acto de analizarse interna o íntimamente, es decir, estudio de la propia alma y personalidad.

Disciplina seguida por casi todas las escuelas espirituales para lograr el conocimiento de las más altas verdades y de los más profundos arcanos del espíritu y del universo.

Conociendo el propio "Yo", microcosmos, podemos conocer al macrocosmos "Dios".

Concepto usado en el contexto de la filosofía, filósofos, pensamientos, ideas, reflexiones

INVISIBILIDAD

INVISIBILIDAD: Según Fulcanelli* los grandes señores rosacruces* poseían «ese privilegio extraño y paradójico» de la invisibilidad.

Son, pues, invisibles porque son desconocidos, si bien nada tiene que ver esta característica con cualquier otra especulación de índole mágica.

El llamado sol niger de los alquimistas se relacionaba también con este mismo término.

Expresión usada en alquimia.

INVOCACIÓN

Término relacionado con magia, amuletos, sistemas oraculares.

Conjuro mágico mediante el cual se pretende atraer la ayuda de espíritus y seres superiores.

La invocación tiene un mayor campo en la llamada magia* negra, si bien no es exclusiva de ésta.

En los conjuros más sencillos, o en la magia ritual, la invocación se realiza simplemente mediante la pronunciación del nombre.

Antiguamente, la magia utilizaba el término latino invocatio, que ya en sí misma poseía una fuerza psíquica notable.

INVOCACIÓN

Llamar mediante una plegaria o rezo a algún ser espiritual.

En el espiritismo, se denomina al procedimiento en que un Médium entra en trance e intenta establecer contacto con los espíritus.

INVOCACIÓN

Evocar energía espiritual o seres espirituales mediante la suplica, la oración o Mántram.

Ver también la Gran Invocación.

ISAAC EL HOLANDÉS

ISAAC EL HOLANDÉS: Alquimista que vivió a finales del s. xv. Citado por Fulcanelli* como una figura notable del Arte Regio.

Sin embargo, parece que hubo dos alquimistas, padre e hijo, que llevan el mismo nombre, por lo que sus obras se confunden.

Es probable que fuera el padre el inventor de un tipo especial de horno alquímico.

Expresión usada en alquimia.

ISLA BLANCA

ISLA BLANCA: Esta denominación se aplicaba a Ruta, la primitiva Zveta-dvîpa, relacionada con la Atlántida. (Doctrina Secreta, II, 155, 333).

ISLA FILOSÓFICA

ISLA FILOSÓFICA: Expresión utilizada por los alquimistas para designar una especie de película en forma de menisco que constituía la primera manifestación del proceso de coagulación de la Gran Obra*.

Según dice Fulcanelli* esta isla filosófica se va desarrollando, espesando y ganando en extensión, bajo la continua acción del fuego, hasta convertirse en una masa fundida: lo cual muestra al alquimista que está marchando por el buen camino, ya que la fase más delicada del trabajo es cuando la primera coagulación de la piedra, de consistencia untuosa y ligera, aparece en la superficie y flota sobre las aguas.

Expresión usada en alquimia.

ISLA MALDITA

ISLA MALDITA: Corresponde, según Cirlot, al castillo negro de muchas leyendas.

Es un lugar en el que se producen apariciones infernales, encantamientos, tormentas y peligros.

Constituye la antítesis de la isla esencial o bienaventurada, contraponiendo el mundo inferior al superior.

En todo caso constituye un símbolo más de la polaridad que contrapone el mundo inferior al superior.

ISLA SAGRADA

ISLA SAGRADA: Isla de igual belleza, situada en un vasto mar interior que, en época remota, se extendía en el Asia central

Estaba habitada por los últimos restos de la Raza que precedió a la nuestra

Tales restos eran los "Hijos de la Voluntad y del Yoga", que sobrevivieron al gran cataclismo que sumergió la Lemuria

De dicha isla, según se dice, no queda hoy día otra cosa que una especie de oasis rodeado de la horrible aridez del gran desierto de Gobi

(Doctrina Secreta, II, 230-231)

-Véase: Hijos de Dios.

ISLA

ISLA: En tanto que dominio cerrado al que no se accede fácilmente, suele significar lo especial o perfecto, y aparece en diferentes circunstancias (por ejemplo los sueños) como el lugar de la realización de los deseos utópicos que sólo alcanzaran en un futuro.

Con frecuencia, un Más Allá donde se vive sin preocupaciones, como la isla de los bienaventurados de la leyenda griega, donde van y continúan viviendo los elegidos de los dioses después de la muerte física.

En sentido negativo puede simbolizar también la tendencia a rehuir la compañía de los demás y "aislarse"

queriendo evitar las dificultades de la vida cotidiana.

IUSTITIA

IUSTITIA: Justicia, figuración de esta virtud cardinal, por lo general como personaje femenino, similar a la Diké de los griegos.

Atributos habituales: balanza, espada, venda en los ojos; a veces con cuerno de la abundancia, ramo de olivo, libro de la Ley.

En ocasiones, como "justicia cumplida", con la cabeza de un decapitado en el regazo.

IZQUIERDO

IZQUIERDO: En las artes adivinatorias y predictivas, todo cuanto tiene que ver con el lado izquierdo posee un sentido adverso y desfavorable.

También en ciertas corrientes psicoanalíticas existe una llamada «corriente de la izquierda» que tiene un simbolismo vinculado con la muerte.

Por el contrario, en la superstición popular, el lado izquierdo adquiere un valor positivo; así, por ejemplo, el que una persona sienta zumbidos o vibraciones en el oído izquierdo es un signo de que se está hablando favorablemente de ella; un parpadeo incontrolado del ojo izquierdo es también síntoma de buenas noticias.

J

J

J: Undécima letra del alfabeto español y octava consonante que para los musulmanes representa el tercer nombre de Dios: Jami, es decir el Que Reúne.

Posee una cifra valorativa de 114.

Su categoría es dual, de Terrible y Amable. Tiene la cualidad del amor y pertenece al elemento agua.

Su perfume es la canela, el genio que la preside es Nulush y el ángel guardián Kalka'il. Entre los masones es la inicial de la columna del primer vigilante.

JABALÍ

Animal de simbología rica, pero ambigua y contradictoria.

En la mitología hindú constituye una de las encarnaciones del dios Vishnú; en Babilonia y otras culturas semíticas y mesopotámicas, el jabalí también estaba considerado como un animal sagrado.

En la mitología y las leyendas celtas se hallaba relacionado con el poder de los druidas, por lo que también entrañaba valores positivos.

Sin embargo, el jabalí puede ser un símbolo de desenfreno y osadía temeraria.

JABALÍ

En la imaginería de los celtas expresaba la combatividad; representado con frecuencia en sus monedas, aunque no consta que fuese objeto de culto propiamente dicho.

A diferencia del cerdo su simbolismo es predominantemente positivo, excepto cuando aparece como imagen del demonio (que devasta la viña deñ Señor, Sal.80, 14).

JABALINA

JABALINA: Azagaya, de las más antiguas entre las armas punzantes y arrojadizas, al principio sería un simple madero aguzado o endurecido, luego un asta con punta de madera, bambú, hueso o metal.

Un perfeccionamiento ulterior fue el arpón.

JACINTO

Silicato de circonio de color rojo, utilizado en joyería.

El jacinto o circón se ha empleado frecuentemente en manipulaciones mágicas y en diversos tipos de curas, desde la Edad Media.

En la gemoterapia actual se emplea por su actuación positiva sobre el llamado «ojo frontal» o «tercer ojo».

También recibe el mismo nombre de jacinto una planta de la familia de las liliáceas, cuyo aceite y cocción tiene propiedades curativas.

JACINTO

Esta flor de color azul violeta ha sido utilizada alguna vez en la simbología cristiana para representar la prudencia, o la nostalgia del Paraíso.

A partir del siglo XV abundan las imagenes marianas con el manto color jacinto (más o menos azul ó púrpura).

JACQUES-COEUR

Jacques-Coeur (1420-?) Tesorero mayor del rey Carlos VII de Francia, Jacques-Coeur adquirió notable fama de adepto a la alquimia*. Para algunos investigadores de las artes herméticas, poseía «el don precioso de la Piedra en blanco», lo que quiere decir que podía transmutar los metales viles en plata.

Es probable que debido a este poder transmutatorio se le concediera el cargo de tesorero real.

Fuera como fuese, Jacques-Coeur dejó en su hermoso palacio de Bourges una amplia muestra de los símbolos alquímicos, entre los que figura en lugar preponderante la concha de Santiago o de Compostela, poseedora de un amplio simbolismo hermético.

Expresión usada en alquimia.

JADE

JADE: Piedra muy dura de aspecto jabonoso y color verde cuya composición es muy parecida a la del feldespato.

El jade fue muy utilizado por los chinos, desde el tercer milenio antes de nuestra era.

Se le concedía, en esta tradición, la virtud de poseer la esencia de la inmortalidad.

Por tal motivo se le utilizó abundantemente en ritos y en conjuros.

También en las culturas mesopotámicas fue una piedra muy estimada, con la que se hacían numerosos amuletos, especialmente para las mujeres, pues facilitaba el parto.

En otras culturas, como la árabe, el jade es asimismo muy apreciado dentro del ámbito del ocultismo.

En la actual gemoterapia se considera que actúa benéficamente sobre el chakra* cardíaco.

JAGAT-TRAYA

JAGAT-TRAYA: (Sánscrito). Los tres mundos: el cielo, la tierra y el mundo inferior.

JAGERNATH

JAGERNATH: (Carro de). Véase: Jagan-nâtha. -El dicho popular: "el que puede ver por un breve instante al enano (al Jagernath) montado en el carro, no tendrá más renacimientos", atrae el día de dicha fiesta a centenares de miles de devotos

El carro en cuestión es sólo una alegoría, que significa en realidad el cuerpo humano

El verdadero significado de aquel dicho, por consiguiente, es que aquel que puede ver o encontrar al Espíritu (Jagernath, o el "enano") entronizado en su cuerpo, no tendrá más renacimientos, puesto que entonces puede estar seguro de hallarse emancipado del pecado

Y asimismo, impedido por la grosera y fanática idea de que aquel que muere aplastado bajo las ruedas del carro de Jagernath está salvado, muchos hombres se arrojan debajo del carro sagrado

La causa de tantas vidas así perdidas es el haberse olvidado mucho tiempo ha de la clave de tan sagrada alegoría, cuya significación real es que mientras el Espíritu (Jagernath) va montado en el carro del cuerpo, si puede uno aplastar y destruir sy uo inferior o alma animal, asimilando así su Yo espiritual al Espíritu (o sea al séptimo Principio), está salvado

(Nobin K. Bannerji).

Aquellos que por espacio de dos siglos han atacado duramente la fiesta del Carro de Jagernath considerándola como una "diablería pagana" y una "abominación a los ojos del Señor", no habrían hecho mal en reflexionar un poco sobre la explicación anterior, añade Subba Bow a guisa de comentario.

Expresión usada en esoterismo, espiritualidad, desarrollo personal..

JAIMINI

JAIMINI: (Sánscrito). Un gran sabio, discípulo de Vyâsa, el transmisor e instructor del Sâma-veda, que, según se supone, recibió él de su guru.

Es también el célebre fundador y autor de la filosofía Pûrva Mîmânsâ.

Concepto usado en el contexto de la filosofía, filósofos, pensamientos, ideas, reflexiones

JALA-RÛPA

JALA-RÛPA: (Sánscrito). Literalmente, "de forma o cuerpo acuoso". Uno de los nombres de Makara (el signo zodiacal Capricornio)

Es uno de los más ocultos y misteriosos signos del Zodíaco; figura en la bandera de Kâma, dios del amor, y guarda relación con nuestro Ego inmortal

(Véase: Doctrina Secreta).

Término asociada a la astrología o astronomía.

JALAJA

JALAJA: (Sánscrito). Literalmente, "nacido en el agua", el pez; el loto.

JALENDRA

JALENDRA: (Jala-indra) (Sánscrito). El Océano, como rey de las aguas; Varuna, como dios de las aguas.

JALEZVARA

JALEZVARA: (Jala-îzvara) (Sánscrito). Igual significado que Jalendra.

JÂLIKA

JÂLIKA: (Sánscrito). Mago, hechicero, encantador, juglar.

Término relacionado con magia, amuletos, sistemas oraculares.

JÁMBLICO

JÁMBLICO: Jámblico (245-325?) Filósofo griego, cuya escuela neoplátonica tuvo una enorme influencia en siglos posteriores.

Permaneció largo tiempo en Alejandría, en donde probablemente entró en contacto con las corrientes herméticas allí existentes.

Jámblico se propuso revitalizar las filosofías pitagórica

y platónica, como respuesta al creciente influjo del cristianismo en el plano no sólo religioso, sino también cultural.

Se le atribuyeron implicaciones alquímicas.

Le fueron adjudicados distintos tratados herméticos aparecidos tras su muerte.

Entre sus obras más famosas figura una Antología de las doctrinas pitagóricas a la que dedicó diez volúmenes, de los cuales sólo han llegado cuatro hasta nosotros.

Concepto usado en el contexto de la filosofía, filósofos, pensamientos, ideas, reflexiones

JARAS

JARAS: (Sánscrito). Vejez. Nombre alegórico del cazador que por equivocación mató a Krishna; nombre que muestra la grande ingenuidad de los brahmanes y el carácter simbólico de todas las Escrituras del mundo en general

Como dice muy acertadamete el Dr. Crucifix, masón de grado elevado, "para preservar el misticismo oculto, propio de su orden, de todos los que no sean de su propia clase, los sacerdotes inventaron símbolos y jeroglíficos para encerrar sublimes verdades".

JARDÍN

JARDÍN: Término simbólico empleado en hermetismo, debido a que en los jardines —al margen del significado que pueda tener su disposición y ordenamiento-- se pueden guardar tesoros.

En alquimia* es un término utilizado ampliamente.

El alquimista escocés Alexander Seton*, más conocido por el sobrenombre de El Cosmopolita, menciona un espejo que le mostró Neptuno en el jardín de las Hespérides, y en el que vio toda la Naturaleza al descubierto.

También Fulcanelli* hace referencia a este jardín simbólico cuando afirma que si el adepto quiere «aprovecharse de las manzanas maravillosas del jardín de las Hespérides», ha de aportar a la Gran Obra lo mejor de sus cualidades.

Este jardín de las Hespérides está guardado por un monstruoso dragón, con el que el adepto ha de mantener una terrible batalla.

JARRA

JARRA: En el arte de la India simbolizó la fecundidad que desborda y la plenitud, también la bebida de la inmortalidad.

En China fue símbolo del cielo y sobre todo del trueno (por el ruido que se produce al golpear una jarra vacía).

En el cristianismo primitivo hallamos con frecuencia una jarra de cuya boca desbordan enredaderas o donde van a beber los pájaros, lo cual remite al agua de vida que contiene; con frecuencia las jarras simbolizan los cuatri ríos del Paraíso, a veces el Jordán.

JERARQUÍA

JERARQUÍA: Ese grupo de seres espirituales, en los planos internos del sistema solar, que son las fuerzas inteligentes de la naturaleza y controlan los procesos evolutivos.

Estos seres están divididos en doce Jerarquías.

Dentro de nuestro esquema planetario, o sea el esquema de la tierra, existe un reflejo de esta Jerarquía, denominada por el ocultista, la Jerarquía oculta.

Esta Jerarquía está compuesta de Chohanes, Adeptos e Iniciados que trabajan a través de sus discípulos y, por ese medio, en el mundo.

Concepto usado en el contexto del esoterismo.

JEROGLÍFICO

JEROGLÍFICO: Son ideogramas formados por imágenes esquemáticas de objetos.

El jeroglífico encierra un sentido de enigma, de misterio.

Los más conocidos son los egipcios que, al mismo tiempo, resultan los más complejos, por lo que su conocimiento e interpretación estaban reservados a la casta de los sacerdotes.

Pero, al margen de esta escritura ancestral egipcia, el jeroglífico se ha empleado en muchas otras de índole hermética.

Los alquimistas, por ejemplo, recurrieron a ella en numerosas ocasiones.

El ejemplo más notable puede hallarse en el llamado Liber Mutus al que hace referencia Nicolás Flamol* , que estaba compuesto exclusivamente por «figuras jeroglíficas».

JERUSALÉN CELESTE

JERUSALÉN CELESTE: Al estudiar el texto del Apocalipsis de san Juan sobre la Jerusalén celeste, René Guénon* establece un paralelismo entre las doce puertas a las que se refiere el evangelista y los doce signos del zodíaco*.

En este sentido, la visión profética del autor se expresaría en una lógica simbólica, considerando la Jerusalén celeste como una «ciudad nueva», de características salvadoras.

JESUS FREAKS

JESUS FREAKS: Movimiento que apareció el año 1967 en San Francisco (California) durante el apogeo de la moda hippie.

Llevan el pelo largo al estilo de Jesús, y se dedican a estudiar la Biblia, a la oración y a acoger personas que deseen llevar a cabo un retiro espiritual.

Defienden haber encontrado la respuesta a sus necesidades de libertad en la fraternidad y el amor en Cristo.

Concepto usado en el contexto de la filosofía, filósofos, pensamientos, ideas, reflexiones

JILGUERO

JILGUERO: La superstición creyó que se alimentaba de abrojos, pero durante la Edad Media la belleza en símbolo de Cristo (y sobre todo del niño Jesús); además representaba el alma del creyente, purificada por lo padecimientos.

JINETE

JINETE: Símbolo de la voluntad capaz de dominar la fuerza bruta (incluso las estatuas ecuestres de príncipes europeos participan todavía este simbolismo).

En el Apocalipsis y una vez abiertos los primeros cuatro sellos aparecen sucesivamente cuatro jinetes, el del caballo blanco, el del rojo, el del negro y el del pajizo; el primero posiblemente simboliza a Cristo victorioso, los otros tres son ángeles exterminadores de la guerra, el habre y la peste.

JÑÂTAVYA

JÑÂTAVYA: (Sánscrito). Concebible, cognoscible; que será o debe ser conocido; para ser conocido.

Concepto usado en el contexto de la filosofía, filósofos, pensamientos, ideas, reflexiones

JÑÂTRI

JÑÂTRI: (Sánscrito). Que sabe o conoce; docto, instruido.

Concepto usado en el contexto de la filosofía, filósofos, pensamientos, ideas, reflexiones

JÑEYA

JÑEYA: (Sánscrito). Que debe conocerse o saberse; lo cognoscible, el objeto del conocimiento.

Concepto usado en el contexto de la filosofía, filósofos, pensamientos, ideas, reflexiones

JUDÍO ERRANTE

JUDÍO ERRANTE: Leyenda muy extendida por Occidente que hace referencia al judío Ahasvero, condenado a vagar incesantemente por el mundo en una existencia interminable.

La leyenda afirma que Ahasvero no fue otro que un zapatero judío, de nombre Isaac, que se negó a que Jesús descansara en su tienda, camino del Calvario.

El posible simbolismo de tal mito puede relacionarse (Cirlot) con la leyenda del «eterno joven».

Para Jun* que se ocupó de este tema, el «judío errante» no sería más que un símbolo alusivo a la parte imperecedera del hombre.

JUEGO DE LA OCA

JUEGO DE LA OCA: Este juego tenía, y tiene, un significado mucho más importante que el de una mera diversión.

Se trata de un símbolo de contenido esotérico profundo.

Para los alquimistas es el laberinto popular del arte sagrado, y un compendio de los principales jeroglíficos* de la Gran Obra*.

JYOTICHA

JYOTICHA: (Jyotisha) (Sánscrito). Astronomía y astrología; uno de los Vedângas [partes del Veda.]

K

K

K: Para los musulmanes la letra "K" posee una doble valoración, ya que se considera como K.' y como "KH".

La primera representa el decimoprimer nombre 7, atributo de la divinidad, "Kati", que significa 'Suficiente".

Posee una valoración numérica de 111 y una categoría de amable.

Su cualidad es el amor.

Pertenece al elemento agua y el per-'une que se atribuye es el de las hojas de rosas blancas.

El nombre de su genio es Kadyush y el del ángel guardián Kharurail.

La forma "KH" representa el vigesimocuarto nombre de la divinidad, "Khabiq", es decir, Creador.

Posee una cifra representativa de 731. Su categoría es la de compuesto, mientras que su cualidad, en este caso vicio, es el odio.

Pertenece al elemento tierra y su perfume es el violeta.

Su genio se llama Dalayush, y su ángel guardián es Mahkail.

Corresponde al islamismo y la cultura árabe.

KALID

KALID: Autor de una obra de alquimia titulada Tratado de las Tres Palabras.

Expresión usada en alquimia.

KAMEA

KAMEA: (Hebreo). Un amuleto, generalmente un cuadrado mágico.

Término relacionado con magia, amuletos, sistemas oraculares.

KANÂDA

KANÂDA: (Sánscrito). Nombre de un sabio, autor de los Aforismos vaizechika.

Véase: Filosofía vaizechika.

Concepto usado en el contexto de la filosofía, filósofos, pensamientos, ideas, reflexiones

KANYÂ

KANYÂ: (Sánscrito). Virgen o doncella. [La Virgen: sexto signo del Zodíaco indo, correspondiente a Virgo, o a Virgo-Scorpio cuando nadie más que los iniciados sabían que existían doce signos

Virgo-Scorpio iba entonces seguido de Sagitario

En el medio, o sea en el punto de unión, donde ahora está Libra, y en el signo actualmente llamado Virgo, se insertaron dos signos místicos que permanecieron ininteligibles para los profanos

(Subba-Row: Los doce Signos del Zodíaco).]

Término asociada a la astrología o astronomía.

KAPILA

KAPILA: Sabio hindú fundador de la filosofía sankhya a quien algunas veces se ha tomado por encarnación de Visnú y de Agni.

Concepto usado en el contexto de la filosofía, filósofos, pensamientos, ideas, reflexiones

KARKA

KARKA: (Sánscrito). Cuarto signo del Zodíaco indo, correspondiente a Cáncer.

Término asociada a la astrología o astronomía.

KÂRMANA

KÂRMANA: (Sánscrito). Magia, hechicería, operación mágica; que encanta, hechiza o fascina; perteneciente a las acciones, o nacido de ellas.

Término relacionado con magia, amuletos, sistemas oraculares.

KARMIN

KARMIN: (Sánscrito). Hombre de acción, el que sigue el Karmamârga, o sendero de las obras, en contraposición al jñânin, u hombre de conocimiento.

Concepto usado en el contexto de la filosofía, filósofos, pensamientos, ideas, reflexiones

KARNAIM

KARNAIM: (Hebreo). Provisto de cuernos; atributo de Ashtoreth y Astarté

Los cueron simbolizan el elemento masculino, y convierten la deidad en un ser andrógino

Isis está representada a veces también con cuernos

Compárese asímismo la idea de la luna en su cuarto creciente -símbolo de Isis- como provista de cuernos.

KARTRA

KARTRA: (Sánscrito). Hechizo, encanto, prestigio, ensalmo.

Término relacionado con magia, amuletos, sistemas oraculares.

KCHANA

KCHANA: (Kshana) (Sánscrito). Un instante incalculablemente breve: la 90ma. parte o fracción de un pensamiento, la 4500ma

parte de un minuto, durante la cual ocurren en esta tierra de noventa a cien nacimientos y otras tantas muertes

[En general, significa: momento, instante; momento favorable, ocasión oportuna; vacación, fiesta o día feriado. -Manilal Dvivedi lo define diciendo: Kchana o momento es aquella porción infinitesimal de tiempo que ya no puede dividirse más

Y según la doctrina mâdhyamika de los Kchanâs o momentos, todas las cosas están constituídas sólo de una serie no interrumpida de momentos presentados a nuestra conciencia

El universo, con todos sus fenómenos, no es más que una incesante e inmediata sucesión de estados de propiedades. (M. Dvivedi, Coment. a los Aforismos de Patañjali)

Esta explicación aclara, notablemente el sentido de los Aforismos siguientes: "La sucesión de cambios de estado en las propiedades es causa de la diversidad de formas o modificaciones que experimenta el substratum." (III, 15). "Del samyana sobre los momentos y la sucesión de ellos, viene el conocimiento discernidor." (III, 52)

"Sucesión es la serie de modificaciones percibidas en relación con los momentos, y que sólo se conoce al fin de dicha serie, o sea en la última modificación". (IV, 33).]

Concepto usado en el contexto de la filosofía, filósofos, pensamientos, ideas, reflexiones

KCHETRA O KCHETRAM

KCHETRA O KCHETRAM: (Kshetram) (Sánscrito). El "Gran Abismo" de la Biblia y de la Cábala; caos, yoni;

prakriti; espacio. [He aquí otros significados de esta palabra: campo, llanura, terreno, sitio, lugar santo; mirada; medio; materia, cuerpo; matriz; vida, etc

En el Bhagavad-Gîtâ, cap. XIII, versíc. 1, se lee: "Este cuerpo " es llamado Medio (Kchetra)"; pero en el caso presente son admisibles otras acepciones de la palabra Kchetra, tales como residencia o morada, terreno, campo, materia, cuerpo, etc

Residencia, porque la materia, tanto si es organizada (cuerpo humano, animal, planta), como si es inorgánica (mineral), es morada del Espíritu; campo, porque es el terreno en que se siembran las buenas o malas semillas y en donde se cosechan los frutos de nuestras obras; cuerpo, porque es el vehículo de nuestro Yo individual.]

Concepto usado en el contexto de la filosofía, filósofos, pensamientos, ideas, reflexiones

KELLY

KELLY: Edward Kelly (1527-?) Ocultista, aventurero y falso alquimista inglés, amigo y consejero de John Dee*, con el que trabajó, primero en Inglaterra y, posteriormente, en Praga.

Estudió en Oxford de donde terminó siendo expulsado.

Parece ser que poseía una personalidad magnetizadora, capaz de influir profundamente sobre ciertas personas.

En todo caso logró ejercer un nefasto dominio sobre el ya mencionado Dee.

Tras una serie de engaños y estafas por los que fue condenado en Inglaterra, huyó a la corte de Praga, en donde anunció al rey Rodolfo II que había logrado alcanzar la piedra filosofal, deslumbrando inicialmente tanto al monarca como a sus cortesanos más allegados.

Pero, más tarde. el monarca sospechó de él y le mandó encerrar en un calabozo. Kelly intentó huir y halló la muerte en el intento. Se dijo de él que se sirvió de la nigromancia, y otras prácticas diabólicas.

Expresión usada en alquimia.

KEN WILBER

KEN WILBER: Nacido en 1949 en la ciudad de Oklahoma, Ken Wilber vivió en muchos lugares durante sus años de escuela ya que su padre trabajaba para la fuerza aérea.

Terminó sus estudios secundarios en Lincoln, Nebraska y comenzó la carrera de medicina en la Duke University. Durante el primer año de estudios comenzó a leer psicología y filosofía tanto de oriente como de occidente.

Perdiendo interés por la medicina, regresó a Nebraska para estudiar bioquímica.

Luego de algunos años se aleja del mundo académico para dedicarse totalmente al estudio independiente y a escribir sus propios libros.

Con 16 libros sobre espiritualidad y ciencia traducidos en varios idiomas y publicados en veinte países, Wilber es hoy en día el autor académico más traducido de los Estados Unidos.

Es reconocido como un importante representante de la psicología transpersonal, corriente que emerge hacia fines de los años sesenta a partir de la psicología humanista y que se relaciona fundamentalmente con la inclusión de la dimensión espiritual del ser humano.

Por la profundidad y originalidad de su pensamiento ha sido llamado "el Albert Einstein de la Consciencia".

Expresión asociada a la Nueva era.

KERAUNOSCOPIA

KERAUNOSCOPIA: (Del griego Keraunos, rayo). Una especie de adivinación que se practicaba por medio de la observación del rayo.

Término relacionado con magia, amuletos, sistemas oraculares.

KETU

KETU: (Sánscrito). El nodo descendente en astronomía; la cola del Dragón celeste, que ataca al Sol durante los eclipses; es también un cometa o meteoro

[Significa asimismo: enseña, bandera; marca, señal; jefe, caudillo.]

Término asociada a la astrología o astronomía.

KEVALIN

KEVALIN: (Sánscrito). El que cree en la doctrina de la unidad del Espíritu.

Entre los jainas, un Arhat. (P. Hoult).

Concepto usado en el contexto de la filosofía, filóso-

fos, pensamientos, ideas, reflexiones

KHANDA-KÂLA

KHANDA-KÂLA: (Sánscrito). Tiempo finito o condicionado, en contraposición al tiempo infinito, o sea la eternidad: Kâla.

Concepto usado en el contexto de la filosofía, filósofos, pensamientos, ideas, reflexiones

KHOLMUKHA

KHOLMUKHA: (Sánscrito). El planeta Marte, a causa de su color encendido o rojizo.

Término asociada a la astrología o astronomía.

KHORDÉHS

KHORDÉHS: (Persa). Las veintiocho constelaciones, en las cuales se hallan repartidos los doce signos del Zodíaco. (Zend-Avesta).

Término asociada a la astrología o astronomía.

KHÜNRATH

Heinrich Khünrath (1555-1601) Alquimista alemán. Doctorado en medicina por la universidad de Basilea, ejerció la profesión en distintas ciudades alemanas.

Fue un sincero discípulo de la obra de Parcelso* y escribió varios tratados sobre magia.

Su obra sobre alquimia* Amphiteatrum Sapientae Aeternae, de estilo denso y difícil, y publicada algunos años después de su muerte, fue tenida como uno de los tratados alquímicos más importantes de su tiempo.

Fulcanelli* lo considera también un notable alquimista, al que cita ampliamente en sus obras.

Expresión usada en alquimia.

KIRCHER ANASTASIO

KIRCHER ANASTASIO: Sabio jesuíta alemán, nacido en el año 1602.

Escribió numerosas obras, entre ellas el Ædipus Ægyptiacus, y fue autor de varios inventos, tales como el pantómetro y la linterna mágica

Descifraba con suma facilidad los jeroglíficos egipcios, y obró repetidas veces la llamada "palingenesia de las plantas", esto es, hacía revivir una planta seca, muerta, quemada y reducida a cenizas, según lo atestiguan numerosas personas graves y fidedignas, y está detalladamente escrito en una compilación titulada Anécdotas de Medicina, publicada en 1766

Luis Figuier, en su curiosa obra La Alquimia y los Alquimistas, trata de dar una explicación científica a tan notable fenómeno.

Expresión usada en alquimia.

KIRCHMAIER, JORGE GASPAR

KIRCHMAIER, JORGE GASPAR: Sabio alemán, nacido en Uffenheim en 1615

Estudió las lenguas orientales y escribió gran número de obras sobre asuntos muy diversos

Figura entre los autores que han escrito sobre alquimia.

Expresión usada en alquimia.

KIRKEBY

Famoso alquimista que, con algunos otros, obtuvo privilegio del rey Enrique VI de Inglaterra para fabricar en sus Estados oro y elixir de larga vida, porque, según consta en el acta de concesión, "han encontrado el medio de transmutar indistintamente todos los metales en oro".

Expresión usada en alquimia.

KOHL

KOHL: Término utilizado por los alquimistas de la Edad Media para designar su medicina universal. Procede de la voz árabe al-kohol que, según Fulcanelli* significa polvo sutil. El término alcohol que se ha empleado posteriormente para designar un líquido de características etílicas nada tiene que ver con ese significado alquímico.

Expresión usada en alquimia.

KOILÓN

KOILÓN: (Griego). Literalmente: "vacío". -Con este nombre Mrs. Annie Besant y Mr. Leadbeater han designado a la substancia que contiene los prototipos espirituales de todas las cosas, lo mismo que sus elementos, donde son engendrados y donde evolucionan

(Véase: Eter del Espacio, artículo publicado en Sophía, 1908).

Concepto usado en el contexto de la filosofía, filóso-

fos, pensamientos, ideas, reflexiones

KOKAB

KOKAB: (Caldeo). Nombre cabalístico asociado con el planeta Mercurio.

Es también la Luz astral.

Término asociada a la astrología o astronomía.

KOLS

KOLS: Una de las tribus de la India central, muy dada a la magia. Sus individuos eran considerados como grandes hechiceros.

Término relacionado con magia, amuletos, sistemas oraculares.

KORIDWEN

KORIDWEN: (Celta). El principio femenino en sus múltiples atribuciones míticas

Es la Materia primordial, la Naturaleza, la Noche, la Luna, etc

La leyende atribuye a Koridwen dos hijos: Creiz-viou, la bella dispensadora de todos los bienes, y Avank-du, el negro y feo monstruo, autor de males sin cuento. (E. Bailly).

KORTÜM

KORTÜM: Asociado con Baehrens, publicó varias disertaciones sobre alquimia, cuyos títulos son: De la Disolución filosófica, Sobre la Teosofía químico-mística, Sistema del Arte hermético, etc.

Expresión usada en alquimia.

KOSMOS

KOSMOS: (Griego). El Universo, considerado como distinto del mundo, que puede significar nuestro globo o la Tierra

[La palabra Kosmos, escrita con K, se aplica a todo el universo; mientras que Cosmos, con C, se aplica sólo a la porción del universo constituída por nuestro sistema solar

Véase: Cosmos.]

Concepto usado en el contexto de la filosofía, filósofos, pensamientos, ideas, reflexiones

KOTÎ

KOTÎ: (Sánscrito). Punta, cúspide; enmienda, excelencia. Una cantidad equivalente a diez millones de unidades

También significa lomo. "El lomo (Kotî) es denominado Talâtala"

(Uttara-Gîtâ, II, 27).

KRAKE

KRAKE: (Plural kraken) Pulpo gigante, que con sus ocho tentáculos pasó a simbolizar desde muy antiguo el espíritu diabólico y los abismos en general, incluidos los infernales; tal vez sirvió de modelo para la cabeza de la gorgona Medusa.

KRISHNAMURTI

KRISHNAMURTI: Filósofo indio nacido el año 1897 en el sur de la India, que fue presentado por Annie Besant como una encarnación de Dios en los años veinte.

A partir de 1930 rechazó cualquier vinculación con el movimiento teosófico, señalando que él no defendía ningún tipo de ideología, sino que defendía la solución de los problemas humanos a través de una correcta relación de los unos con los otros.

Niega el ser un maestro y niega la existencia de autoridades espirituales.

Concepto usado en el contexto de la filosofía, filósofos, pensamientos, ideas, reflexiones

KRITTIKÂ

KRITTIKÂ: (Sánscrito). El tercer asterismo o mansión lunar, que comprende las Pléyades, y cuyo signo es un cuchillo; la quincena obscura de la luna

Véase: Krishna.

Término asociada a la astrología o astronomía.

KRITTIKÂS

KRITTIKÂS: (Sánscrito). Las Pléyades. Las siete nodrizas de Kârttikeya, dios de la guerra. [En la mayor parte de las obras se lee que las Pléyades son seis

Esto requiere una explicación. Cuando los dioses entregaron a Kârttikeya a las Krittikâs (o Pléyades) para que lo criaran, éstas eran solo seis, y por esta razón Kârttikeya es presentado con seis cabezas; pero cuando la fantasía poética de los primeros simbologistas arios hizo de ellas las esposas respectivas de los siete Richis, su número llegó a siete, siendo seis de ellas visibles y la séptima oculta

Sus nombres son: Ambâ, Dulâ, Nitatui, Abrayantî, Maghayantî, Varchayantî y Chapunikâ. Algunos autores las designan con nombres distintos

Sea como fuere, los siete Richis fueron hechos esposos de las siete Pléyades antes de la desaparición de la séptima. De otra suerte, ¿cómo podían los astrónomos indos hablar de una estrella que nadie podía ver sin la ayuda de los más potentes telescopios? -Las Pléyades están relacionadas con los más grandes misterios de la Naturaleza oculta y completan el más secreto y misterioso de todos los signos astronómicos y religiosos

(Doctrina Secreta, II, 580-581 y 654-655).]

Término asociada a la astrología o astronomía.

KRÛRA-LOCHANA

KRÛRA-LOCHANA: (Sánscrito). El "de mal de ojo" [o "de aspecto terrible".] Término aplicado a Zani, al planeta Saturno indo.

Término asociada a la astrología o astronomía.

KÜBLER-ROSS

KÜBLER-ROSS: Elizabeth Kübler-Ross, médica suiza que se ha especializado en un tipo de investigaciones sobre la muerte.

En sus obras defiende la teoría de que la muerte es una experiencia hermosa y nada traumatizante para el moribundo.

Asimismo ha profundizado en el estudio de ciertos fenómenos paranormales, como pueden ser los viajes astrales* y el tema de la reencarnación*

Expresión asociada a la Nueva era.

KUMBHA

KUMBHA: (Sánscrito). Undécimo signo del Zodíaco indo, correspondiente a Acuario.

Término asociada a la astrología o astronomía.

KUNCKEL

KUNCKEL: (Juan). Célebre alquimista alemán del siglo XVII. Entre varios descubrimientos de importancia que hizo, fue el del medio de obtener el fósforo en estado de pureza

Admitía la transmutación de los metales y llegó a fijar la cantidad de piedra filosofal necesaria para ejecutar dicha operación

Escribió varias obras notables y curiosas, entre las cuales merece atención especial Laboratorium chymicum.

Expresión usada en alquimia.

KÛRMA-RÂJA

KÛRMA-RÂJA: (Sánscrito). La reina de las tortugas, la tortuga fabulosa que sostiene al mundo sobre su potente dorso.

KÛTASTHA

KÛTASTHA: (Sánscrito). Que está en la cumbre o en lo alto; situado en lo alto; que medita sobre la esencia o substancia universal; que reside en esta substancia y participa de su identidad (Burnouf y Leupol).

Inmóvil, inmutable, firme; altísimo, excelso, supremo, absoluto, permanente, eterno; el Espíritu universal (Thomson); el Espacio.

L

L

L: La letra "L" representa entre los musulmanes el duodécimo nombre o atributo divino de Dios: "Latif", que posee una cifra numérica de 129.

Significa benigno y su categoría es la de amable.

Posee la cualidad o vicio de la separación y pertenece al elemento tierra.

El perfume que se le atribuye es el de las manzanas, cuenta con el genio Adyush y su ángel es Tataíl.

Corresponde al islamismo y la cultura árabe.

LAENA

LAENA: (Latín). Una vestidura con la cual los augures romanos se cubrían la cabeza mientras estaban contemplando el vuelo de las aves.

Término relacionado con magia, amuletos, sistemas oraculares.

LAGAR MÍSTICO

LAGAR MÍSTICO: Alegoría medieval y figuración simbólica de Cristo, bien pisando la uva en un lagar o siendo prensado a su vez, ya que el pasaje de Isaias 63,3 fue interpretado por los padres de la Iglesia como alusión a la Pasión de Cristo.

LAGO

LAGO: Al igual que el estanque, se interpreta a menudo como ojo abierto de la Tierra.

Morada frecuente de entidades subterráneas como las hadas, las ninfas, las ondinas, etc., que atraen a los humanos para llevarlos a las profundidades de su reino.

En la interpretación de los sueños suele simbolizar lo femenino, o el inconsciente.

LAHGASH

LAHGASH: (Cábala). Lenguaje secreto; encantación esotérica; casi idéntico al significado místico de Vâch [el oculto poder de los Mantras.]

LAKCHA

LAKCHA: (Laksha) (Sánscrito). Marca, señal, signo, nota; engaño, fraude. Se llama también lakcha, lak-châ, lak, lakh o lac una cantidad equivalente a cien mil unidades, sea en especie, dinero u otra cosa cualquiera.

LAKCHYA

LAKCHYA: (Sánscrito). Notable. Como substantivo: marca, signo, objeto a que uno aspira.

LAMPADOMANCIA

LAMPADOMANCIA: Técnica de adivinación que se practica mediante la observación de una lámpara o una vela.

Si la llama se dividía, el augurio no era favorable.

Si, por el contrario, la llama se mantenía firme la predicción era positiva.

En las tradiciones populares y en el mundo de las supersticiones, las características de la llama de una vela revelan distintas circunstancias para quienes la ven, o para sus dueños.

Término relacionado con magia, amuletos, sistemas oraculares.

LANZA

LANZA: Símbolo de la guerra, que posee también notables connotaciones sexuales.

No obstante, para Ramón Llull* constituye un símbolo de rectitud.

En la leyenda del Grial* aparece una «lanza sangrante» a la que se ha identificado con la lanza de Longinos, relacionándola con la Pasión.

Según Evola*, en ciertos textos artúricos la sangre asume un papel cada vez más importante, hasta el punto que el Grial se convierte en sangreal.

LAPISLÁZULI

LAPISLÁZULI: Piedra mineral de color azul intenso.

Se la consideró por los sacerdotes egipcios como «la piedra celestial», y en este sentido fue tenida, tanto en Mesopotamia como en la América precolombina, como un símbolo del cielo nocturno.

Se creía también que albergaba poderes mágicos que fomentaban la amistad y la armonía, siendo un buen antídoto contra el miedo.

Se la utilizaba también para combatir la epilepsia y los desmayos.

Fue muy empleada en la medicina árabe y en la hindú.

La moderna gemoterapia utiliza el lapislázuli por su actuación sobre el chafa de «el tercer ojo».

LÁSCARIS

Famoso y enigmático alquimista de cuyos datos biográficos nada se sabe.

Fulcanelli* lo considera «un ilustre vástago de la alquimia*, y se refiere a él en numerosas ocasiones.

Parece ser que se puede afirmar su existencia entre los años 1680 y 1740, en los que dio repetidas muestras de su generosidad, entregando muestras de su polvo de proyección a numerosos adeptos de esa época.

Nunca quiso, sin embargo, que su identidad fuera conocida.

Expresión usada en alquimia.

LAUREL

LAUREL: Arbusto muy simbólico que estaba dedicado en la Antigüedad a Apolo y a la victoria.

Se le atribuían propiedades purificadoras, tanto a nivel físico como moral.

En otro sentido, al premiar a un poeta o artista con la corona de laurel, se estaba reconociendo no sólo el mérito de dicho sujeto sino también el valor intrínseco de su actividad.

El laurel expresa la idea de que no se consigue el triunfo sin lucha.

LECHE DE LA VIRGEN

LECHE DE LA VIRGEN: Expresión hermética utilizada en alquimia*, con la que se designaba —siempre de una forma muy críptica—, la sustancia básica de la obra*, sobre la que operaban los «filósofos» o alquimistas, sometiéndola a complejas manipulaciones.

Expresión usada en alquimia.

LECHE

LECHE: Al ser el primero y más completo de los alimentos simboliza, en muchas culturas no sólo la fecundidad, sino también el alimento espiritual y la inmortalidad.

En el Antiguo Testamento iba siempre asociado a la miel, como un símbolo de gran fecundidad.

Se empleó también en ciertas celebraciones mistéricas de la Antigüedad.

LECHO DE PROCUSTO

LECHO DE PROCUSTO: Procusto o Procrusto, era un famoso bandido del Ática, que hacía tender a sus víctimas sobre un lecho de hierro, haciéndolas ajustar exactamente a la longitud del mismo, a cuyo fin les cortaba las extremidades de las piernas si éstas eran más largas, o las estiraba con fuerza mediante una cuerda si eran más cortas.

Esta alegoría, de que se habla varias veces en las obras teosóficas, se aplica principalmente a aquellos dogmáticos que se empeñan en ajustar de un modo forzado y violento una idea determinada a su propio criterio o a una norma preestablecida.

LECHUZA

LECHUZA: En el sistema jeroglífico del antiguo Egipto la lechuza simbolizaba la noche, la muerte y el frío.

Dentro del mundo de la superstición, el grito de la lechuza se consideraba corno mal augurio, incluso como señal de muerte.

Según afirmaba Alberto Magno* el corazón y la pata derecha de la lechuza, colocadas sobre una persona dormida, tenían el poder de hacerle responder a todas cuantas preguntas se le formulasen.

Dada su capacidad para ver en la oscuridad, y su postura grave y como reflexiva, se la ha tomado como símbolo de la sabiduría que vence a la oscuridad y a la ignorancia.

Para el cristianismo, que le adjudicó simbolismos contradictorios, también puede ser una representación del propio Jesús, al considerarla como una luz que alumbra en la oscuridad.

LEGUMBRES

LEGUMBRES: Sus vainas simbolizan corrientemente lo corporal, en tanto que envoltura del alma y el espíritu.

LENGUA DE LOS DIOSES

LENGUA DE LOS DIOSES: Expresión hermética que posee un significado muy parecido al de gaya ciencia o gay saber, por lo que se encuentra muy vinculada a la cábala* y al lenguaje de los pájaros*.

LENGUA

LENGUA: Por su forma y movilidad se compara a menudo con una llama.

En algunos pueblos del África negra y por ser el órgano de la palabra, se le pone en relación con los aspectos generales de la fecundidad y, por tanto, con la lluvia, la sangre y el semen.

LENGUAJE DE LOS DIOSES DEVA-NÂ-GARÎ, EN SÁNSCRITO

LENGUAJE DE LOS DIOSES DEVA-NÂGARÎ, EN SÁNSCRITO: Con este nombre se designa el alfabeto y el lenguaje sánscrito más frecuentemente empleado, sobre todo en el sur de la India.

LENGUAJE DE LOS HIEROFANTES

LENGUAJE DE LOS HIEROFANTES: Es un lenguaje universal que tiene siete "dialectos", por decirlo así, cada uno de los cuales se refiere y está apropiado a uno de los siete Misterios de la Naturaleza

Cada uno de ellos tiene su simbolismo propio

(Doctrina Secreta, I, 329).

LENGUAJE DEL MISTERIO

LENGUAJE DEL MISTERIO: Lenguaje secreto sacerdotal usado por los sacerdotes iniciados, que lo emplean únicamente cuando discuten materias sagradas

Cada nación tiene su propia lengua de "misterio", desconocida de todos, a excepción de aquellos que han sido admitidos en los Misterios

[Las razas prehistóricas tenían su lenguaje de misterio, que no es una lengua fonética, sino gráfica y simbólica

En la actualidad, son poquísimos los que la conocen, siendo para la masa de la humanidad, desde hace unos 5.000 años, una lengua absolutamente muerta

Sin embargo, la mayor parte de los gnósticos, griegos y judíos ilustrados la conocieron y emplearon, si bien de un modo muy diferente

Doctrina Secreta, I, 606.]

LEO

LEO: Es el quinto signo zodiacal, y corresponde a la fuerza solar, al fuego, a la voluntad.

Se halla ligado a los sentimientos y a las emociones.

Su color es el amarillo oro.

Término asociada a la astrología o astronomía.

LEÓN ROJO

LEÓN ROJO: Expresión hermética que corresponde, según los filósofos, a la misma materia de la obra, en la que se halla oculta la sal* alquímica, y que se ha de trabajar para llegar a conseguir el oro alquímico.

Expresión usada en alquimia.

LEÓN VERDE

LEÓN VERDE: Expresión hermética, utilizada por algunos alquimistas para designar al elemento transformador, mediante el cual de las materias impuras surgirá el oro.

Fulcanelli* escribe: «...es el primer agente magnético empleado para preparar el disolvente —que algunos también llaman Alkaest—... y recibe este nombre de León verde, debido no tanto a su coloración verde como al hecho de que no ha adquirido todavía las características minerales que distinguen químicamente al estado adulto del estado naciente...»

Expresión usada en alquimia.

LEÓN

LEÓN: Símbolo hermético que corresponde, según Schneider, al elemento Tierra, mientras que el león alado correspondería al elemento Fuego.

En ambos casos simboliza la lucha continua, y también la luz solar, la mañana, la dignidad real y la victoria.

Ahora bien, el estado o posición del león implica un significado particular.

Así, por ejemplo, el león joven corresponde al sol naciente, mientras que si está enfermo o viejo representaría al sol poniente, en el ocaso.

LEOPARDO

LEOPARDO: Frecuentemente símbolo de ferocidad agresiva, espíritu de lucha o soberbia.

En China estaba vinculado a la Luna y se contraponía al significado solar del león.

Por el contrario, los mitos africanos lo relacionan con

la luz de la aurora.

En la Antigüedad grecorromana fue atributo de Artemis y de Dionisio, simbolizaba el vigor y la fecundidad, y como tal tenía intervención en las celebraciones dionisíacas y báquicas; por sus impresionantes saltos se comparaba con las ménades.

LEOPOLDO I

Este emperador colmó de favores al monje Venzel Zeyler por haber éste transformado en presencia suya estaño en oro, y de él se cuenta que también obró tal transformación.

Expresión usada en alquimia.

LEVÂNAH

LEVÂNAH: (Hebreo). La luna, considerada como planeta y como una influencia astrológica.

Término asociada a la astrología o astronomía.

LEY DE CAUSA Y EFECTO

LEY DE CAUSA Y EFECTO : (Ley de Acción y Reacción) - Karma*

Concepto usado en el contexto de la filosofía, filósofos, pensamientos, ideas, reflexiones

LEY DE CONSECUENCIA

LEY DE CONSECUENCIA: La Ley de Consecuencia es la ley natural de justicia, la que decreta que aquello que el hombre siembra será lo que recoja.

Lo que somos, lo que tenemos, todas nuestras buenas cualidades, son el resultado de nuestra labor del pasado; y de ahí nuestros talentos.

Lo que nos falta, física, moral o mentalmente, es debido a no haber aprovechado ciertas oportunidades del pasado o a no haberse presentado éstas, pero alguna vez, en alguna parte, se nos presentarán otras y recuperaremos lo perdido.

En cuanto a nuestras obligaciones y deudas con los demás, la ley de consecuencia también se ocupa de ello.

Lo que no pudo liquidarse en una vida, pasará a las futuras.

. La muerte no cancela nuestras obligaciones, así como no por irnos a otra ciudad pagamos las deudas que teníamos aquí.

La ley del renacimiento suministra un nuevo alrededor-ambiente, pero en él están antiguos enemigos. Y los conocemos a veces, porque cuando nos encontramos a algunas personas por vez primera, sentimos como si la hubiéramos conocido toda la vida.

Concepto usado en el contexto de la filosofía, filósofos, pensamientos, ideas, reflexiones

LHAGPA

LHAGPA: (Tibet). El planeta Mercurio [simbolizado por una "mano"

-Véase: Voz del Silencio, II.]

Término asociada a la astrología o astronomía.

LIBRA

LIBRA: Séptimo de los signos del zodiaco* vinculado al simbolismo del siete.

Es signo de armonía y de equilibrio, tanto en el plano cósmico como en el psíquico.

Libra está representado por la balanza, que marca el equilibrio entre el bien y el mal.

Es símbolo de armonía interior y de comunicación entre el lado izquierdo —inconsciente, materia— y el derecho —conciencia, espíritu—.

Término asociada a la astrología o astronomía.

LIBRE ALBEDRIO

Doctrina metafísica que sostiene que el hombre posee una facultad que le hace capaz de elegir entre dos acciones posibles.

Se opone a la predestinación.

Concepto usado en el contexto de la filosofía, filósofos, pensamientos, ideas, reflexiones

LIBRE ALBEDRÍO

El hombre no es fatalmente arrastrado al mal, los actos que realiza no están escritos de antemano, los crímenes que comete no son resultado de un fallo del destino.

Puede elegir una existencia en la que sentirá las solicitaciones del crimen, ya a consecuencia del medio en que esté colocado, ya en virtud de las circunstancias que sobrevengan, pero siempre es libre de obrar o de no obrar.

Así, pues, I libre albedrío existe en el estado de espíritu para la elección de la existencia y de las pruebas, y en estado corporal en la facultad de ceder o de resistir a las solicitudes a que voluntariamente nos hemos sometido.

Sin libre albedrío el hombre no tiene culpa del mal, ni mérito por el bien, lo cual está en tal modo reconocido, que en el mundo se proporciona siempre la censura o el elogio a la intención, es decir, a. la voluntad y quien dice voluntad dice libertad.

El hombre no puede, pues, buscar excusa para sus faltas en su organización, sin abdicar de su razón y de su condición de ser humano para asimilarse al bruto. Si de tal manera aconteciese respecto del mal, igualmente sucedería respecto del bien.; pero cuando el hombre realiza éste, se da buen cuidado en hacerse un mérito de ello, sin atribuirlo a sus órganos, lo cual prueba que instintivamente no renuncia, a pesar de la opinión de algunos sistemáticos, al más bello privilegio de su especie: la libertad de pensar.

LIBRE

LIBRE: Balanza

LICANTROPÍA

Término relacionado con magia, amuletos, sistemas oraculares.

Supuesta transformación de un ser humano en lobo.

El nombre procede del rey Licaón, personaje de la mitología griega, al que Júpiter transformó en lobo, en castigo por su afición al canibalismo.

Las leyendas sobre el llamado hombre lobo hacen referencia simbólica a la parte más irracional del ser humano.

LICANTROPÍA

Del griego lobo (Lycos) y hombre (Anthropos).

Trastorno psicosomático, en el que el enfermo cree ser un animal salvaje.

Presenta una sintomatología de fiereza hos-

til y ansiedad.

LICÁNTROPO

LICÁNTROPO: Hombre lobo, según leyendas y supersticiones populares, hombre que al ponerse un cinturón o una camisa de pelo de lobo adquiere características lobunas, como la fuerza y ferocidad homicida.

LÍCNIDE

LÍCNIDE: Cariofilácea, flor de los prados de Europa y el norte de Asia, de color rojo brillante, fue símbolo mariano en el arte cristiano del Medioevo.

LICNOMANCIA

LICNOMANCIA: (del griego lychnos, llama, y manteia, adivinación). Como expresa su nombre, es la adivinación por medio de la llama, según su intensidad, color, dirección, etc.

Término relacionado con magia, amuletos, sistemas oraculares.

LILLY

LILLY: John Lilly, psicólogo estadounidense que se hizo especialmente famoso a raíz de la publicación de su libro El centro del ciclón en la década de los años 70.

Lilly describía en la obra sus propias experiencias de ampliación —o de alteración— de la conciencia mediante técnicas de meditación e hipnosis, sin descartar tampoco el uso de las drogas alucinógenas.

Expresión asociada a la Nueva era.

LIMBUS MAJOR [O LIMBUS MAGNUS]

LIMBUS MAJOR [O LIMBUS MAGNUS]: (Latín). Término usado por Paracelso para designar la materia primordial (alquímica); "tierra de Adam"

[El mundo en conjunto: la matriz espiritual del universo; el Caos en que está contenido aquello de que está hecho el mundo

-(F. Hartmann).]

Expresión usada en alquimia.

LIMÓN

LIMÓN: En el judaísmo simboliza el corazón humano; en la Edad Media representó la vida y la protección frente a las fuerzas que la amenazan, como los hechizos, los envenenamientos, las pestes, etc.

Acompañó a los difuntos en la sepultura y tuvo papel en diversas ceremonias, bautismos, bodas, confirmaciones y comuniones; hacia el final de la Edad Media pasó a simbolizar la pureza y fue atributo mariano.

LINCE

LINCE: En la simbología medieval representó con frecuencia al Diablo, atribución habitual de muchos animales de pelaje pardo-rojizo.

Se le atribuía la facultad de ver a través de las paredes y las tapias, por lo que aparece en las figuraciones de los cinco sentidos como personificación de la vista.

LIRA

LIRA: Simboliza la armonía divina y las relaciones entre los cielos y la tierra.

En la Biblia suele tocarse la lira para dar gracias al Señor o elogiarle.

Era atributo del dios griego Apolo así como símbolo general de la música y la poesía; a su sonido se le atribuyeron efectos mágicos (por ejemplo en el mito de Orfeo) y la virtud de amansar las fieras.

En sentido estricto la lira griega era, con la cítara, el instrumento de cuerda (éstas en número de 7) más difundido en la Antigüedad.

LIRIO DE LOS VALLES

LIRIO DE LOS VALLES: Muguet, de múltiples usos medicinales, de donde la frecuente atribución a Cristo y María (en la escenas de la Anunciación reemplaza en ocasiones al Lirio) simbolizando la "salud, o salvación del mundo".

LIRIO

LIRIO: El lirio blanco es antiguo y muy común símbolo de la luz; además sobre todo en el arte cristiano, representa la inocencia, la pureza y la virginidad, en particular en relación con las figuraciones marianas y, más particularmente, la Anunciación por el Arcángel Gabriel; posiblemente se trata de la sublimación de un simbolismo originariamente fálico, atribuido al lirio por la notable forma de pistilo.

Un lirio que sale de la boca de Cristo representado como Supremo Juez simboliza la misericordia.

La expresión bíblica "Lirio de los valles" alude a la entrega de quien confía en Dios.

El lirio es además antiquísimo símbolo de la realeza, de ahí su destacado papel en heráldica, aunque los significados son variables y puede remitir también, por ejemplo al patronazgo de María o, destacando en particular los tres pétalos, a la Trinidad.

LL: Esta letra, doble por su figura, pero simple por su sonido en castellano y en catalán, no existe en la lengua sánscrita; con todo, hay en esta lengua varios términos en que se presenta repetida la L, como en kolovallî y otras, sin que por ello, lo mismo que en italiano, se altere el sonido de dicha letra

Así, la palabra referida se pronuncia kolaval-lî.

LLAMA DE TRES LENGUAS

LLAMA DE TRES LENGUAS: Esta llama, que nunca se extingue, es la Tríada espiritual imperecedera: Âtmâ, Buddhi y Manas, o mejor dicho, el fruto de este último principio asimilado por los dos primeros, después de cada vida terrestre

Los cuatro pabilos de esta Llama son el Cuaternario, o sean los cuatro principios inferiores, perecederos, incluso el cuerpo físico

(Doctrina Secreta, I, 257).

LLAMA SANTA

LLAMA SANTA: Llama Santa o sagrada es el nombre que los cabalistas asiáticos orientales (semitas) dan al Anima Mundi o "Alma del Mundo"

Los Iniciados eran conocidos con la denominación de "Hijos de la Llama Santa".

LLUVIA

Las rogativas para la lluvia que se celebran en los países católicos tienen su precedente en el paganismo

En tiempos de pertinaces sequías, las mujeres paganas, después de haber ayunado, llevaban en procesión las estatuas de los dioses

Iban con los pies desnudos y sueltos los cabellos, y al punto empezaba a llover a cántaros, como dice Petronio: Et statim urceatim pluebat

(Dictionn. Philosophique, sub voce Idolatrie).

LLUVIA

Se interpreta en todo el mundo como símbolo de los influjos celestes sobre la tierra, de la fecundidad, y con frecuencia de la fecundación de la tierra por el cielo (las gotas de lluvia como semen de los dioses); por analogía, representa la influencia espiritual o sobrenatural de los dioses en el mundo.

LOGOS

Concepto usado en el contexto de la filosofía, filósofos, pensamientos, ideas, reflexiones

Este término griego, "razón" o "palabra" ha sido empleado por gran cantidad de religiones en el sentido de aplicarlo a la existencia de una norma o verdad fundamental implícita en el orden del Universo, que conforma todo orden moral y social.

Destaca su empleo por parte de los cristianos primitivos para equipararlo a Dios desde la eternidad y encarnarlo posteriormente en Jesucristo e incluirlo como Verbo o Segunda Persona de la Trinidad.

Evangelio de San Juan (1;1): "En el principio existía el Verbo, el Verbo estaba con Dios, y el Verbo era Dios".

LOGOS

Voz griega que significa «palabra», «razón».

Este término ha gozado de distintos significados en filosofia, ciencia y religión.

El logos seria, en todo caso, un principio fundamental que permitiría explicar la esencia de las cosas.

En el cristianismo adquiere un sentido divino; así, por ejemplo, en el evangelio de San Juan, el Logos es Dios eternamente existente.

Por su parte los neoplatónicos (Filón de Alejandría) consideraban al logos como un agente intermediario entre Dios y el mundo.

Para algunos teósofos seria la manifestación del Dios oculto.

En definitiva, el Logos es la vida y la luz espirituales «que combaten a la noche.

LOHITÂNGA

LOHITÂNGA: (Sánscrito). El planeta Marte. [Llamado así debido a su color rojo (lohita).]

Término asociada a la astrología o astronomía.

LOKA

LOKA: Palabra sánscrita que se refiere a un determinado estado de conciencia.

Ver Abhidarma Kosa.

Concepto usado en el contexto de la filosofía, filósofos, pensamientos, ideas, reflexiones

LOLATVA

LOLATVA: (Sánscrito). Anhelo, afán, codicia, avidez, pasión; agitación, inquietud, impaciencia, volubilidad.

Concepto usado en el contexto de la filosofía, filósofos, pensamientos, ideas, reflexiones

LONGINO, DIONYSIUS KASSIUS

LONGINO, DIONYSIUS KASSIUS: Célebre crítico y filósofo, que nació a principios del siglo III (hacia el año 213). Era un gran viajero que asistió en Alejandría a las lecciones de Ammonio Saccas, fundador del neoplatonismo, pero era más bien un crítico que un partidario

Porfirio (el judío Malek o Malchus) fue discípulo suyo antes de serlo de Plotino

Dicen de él que era una biblioteca viviente y un museo ambulante

Hacia el término de su vida fue profesor de literatura griego de Zenobia, reina de Palmira, la cual pagó sus servicios acusándole ante el emperador Aurelio de haberla aconsejado rebelarse contra él, por cuyo delito Longino y varios otros fueron condenados a muerte por el emperador en el año 273

(Glosario de la Clave de la Teosof.).

Concepto usado en el contexto de la filosofía, filósofos, pensamientos, ideas, reflexiones

LUCAS, PABLO

LUCAS, PABLO: Viajero francés, que a principios del siglo XVIII recorrió el Oriente a expensas del rey.

En Bursa encontró un derviche llamado Usbeek, con quien tuvo algunas pláticas acerca de la filosofía hermética

Escribió un curioso relato de su viaje por el Asia Menor, en que narra multitud de hechos prodigiosos de que fue testigo y que él mismo confiesa que difícilmente son creíbles.

Expresión usada en esoterismo, espiritualidad, desarrollo personal..

LUCHA

LUCHA: Son varios los pueblos que celebran luchas rituales simbolizando, por ejemplo, el combate entre el orden y el caos así como el triunfo final de aquél.

También se organizaban luchas en primavera, por ejemplo entre los seños, representando el triunfo de la fecundidad y de la vida sobre la muerte y los rigores del invierno, al tiempo que procuraban invocar mágicamente dicho resultado.

LUCIÉRNAGA

LUCIÉRNAGA: Por su capacidad para alumbrar la oscuridad con sus propios recursos, en ocasiones ha simbolizado el ánima que sobrevive después de la muerte.

En China era el atributo tradicional de los estudiantes pobres (porque no tenían otra luz con que alumbrarse para leer sus libros).

LUIS DE NEUS

LUIS DE NEUS: Alquimista, natural de la Silesia. En el año 1483, hizo en la corte de Marburgo y en presencia de gran número de testigos, algunos experimentos con su tintura filosófica para transformar el plomo en oro puro

En vista del éxito feliz de tales operaciones, Juan Dornberg, ministro del landgrave Enrique III, le exigió que le revelara el secreto, y habiéndose el alquimista negado a sus pretensiones, fue encerrado en una cárcel, donde murió de hambre

Este y otros casos que podrían relatarse, muestran cuan atinadas y justas eran las reglas trazadas en el libro De Alchymia, atribuído a Alberto el Grande, y que deben servir de norma a los alquimistas para llegar a la grande obra

La primera de estas reglas es la siguiente: "El alquimista será discreto y callado; no revelará a nadie el resultado de sus operaciones"

Otra de dichas reglas dice así: "Evitará (el alquimista) tener relación alguna con los príncipes y señores".

Expresión usada en alquimia.

LULIO O LULL

LULIO O LULL: (Lully) Raimundo Alquimista, adepto y filósofo, nació en el siglo XIII, en la isla de Mallorca. Cuéntase de él que, en un momento de necesidad,

hizo para el rey Eduardo III de Inglaterra varios millones de "rosas nobles" de oro, y ayudándole así a proseguir victoriosamente la guerra

Fundó varios colegios para el estudio de las lenguas orientales, y el cardenal Jiménez de Cisneros, uno de sus protectores, le tenía en gran estima, lo mismo que el Papa Juan XXI

Murió en 1314, a una edad muy avanzada

La literatura ha conservado muchas extravagantes historias acerca de Raimundo Lulio, que formarían una novela sumamente extraordinaria

Era el hijo mayor del Senescal de Mallorca, de quien heredó cuantiosos bienes

[Raimundo Lulio compuso varias obras de gran mérito, tales como Arbor scientiæ, Lógica nova, Ars Magna, vasto sistema de filosofía que resume los principios enciclopédicos de la ciencia de su tiempo, y clasifica de una manera ordenada todos los conocimientos humanos, formando ingeniosas combinaciones para lograr con ellas rápidos progresos en las ciencias

Es notabilísimo su "Libro de Amigo y Amado" (Libre d'amich é d'amat), verdadera obra mística y de ocultismo de buena ley, de la cual, para muestra, traducimos el pasaje siguiente: "Decía el Amigo al Amado [la Divinidad, Brahma]: Tú eres todo y existes en todo y con todo

A ti quiero darme todo, con tal que to te posea todo y tú me poseas todo

Respondió el Amado: Si tú me posees todo, ¿qué tendrán tu hijo, tu hermano y tu padre? Contestó el Amigo: Tú eres tan absolutamente todo que puedes hasta ser todo de cada uno que se dé todo a ti"

Es verdaderamente triste -decía nuestro malogrado hermano D. Francisco de Montoliu- ver como se falsea el texto de la obra en la traducción castellana, añadiendo frases enteras que no se hallan en el texto lemosín, tan sólo para aplicarlo a la ortodoxia reinante

En su obra De nova Logica, obra rarísima impresa en Valencia, en el año 1512, Lulio expone la evolución casi lo mismo que en las obras teosóficas, partiendo del mineral o piedra (Lapis) y pasando sucesivamente por la llama (Flamma), el vegetal (Planta), el bruto (Brutum), el hombre (Homo), el cielo (Celum, sic), el ángel (Angelus) y llegando a Dios (Deus), que está en el punto más elevado de la escala de evolución.]

Expresión usada en alquimia.

LUZ SIDERAL

LUZ SIDERAL: Nombre que Paracelso y otros filósofos herméticos han dado a la Luz Astral.

Expresión usada en alquimia.

M

M

M: Decimoquinta letra del alfabeto español, que para los musulmanes representa el decimotercer atributo divino: Malih, que significa Rey.

Posee una cifra referencial de 90 y su categoría es la de Terrible.

Su cualidad es el amor y pertenece al elemento fuego.

El perfume es el membrillo, su genio o jinn se llama Majbush y el ángel guardián que le corresponde es Ruyail.

Corresponde al islamismo y la cultura árabe.

MACHAGISTIA

MACHAGISTIA: Magia, tal como en otro tiempo se enseñaba en Persia y Caldea, y elevada en sus prácticas ocultas a la categoría de magismo-religión

Platón, al hablar de Machagistia o Magismo, hace notar que es la más pura forma del culto de las cosas divinas.

Término relacionado con magia, amuletos, sistemas oraculares.

MACROCOSMO

MACROCOSMO: (Griego). Literalmente, el "Gran Universo" o Kosmos. [Es el Universo, el gran mundo, incluyendo todas las cosas visibles e invisibles. (F. Hartmann)

El Universo en contraposición al hombre (microcosmo, o pequeño universo)

Tanto el macrocosmo como el microcosmo tienen una constitución septenaria.]

Expresión usada en alquimia.

MACROCOSMOS

MACROCOSMOS: Literalmente el gran universo, o Dios manifestándose por medio de SU cuerpo, el sistema solar.

El gran universo o sistema solar, lo contrario a microcosmos, pequeño mundo o sea el hombre manifestado por medio de su cuerpo físico.

El Universo con sus planetas, sus estrellas y sus signos zodiacales; el mundo en general, en contraposición con el microcosmos; el mundo de lo pequeño y especialmente el hombre.

Microcosmos.

Concepto usado en el contexto de la filosofía, filósofos, pensamientos, ideas, reflexiones

MADA

MADA: (Sánscrito). Orgullo, soberbia; uno de los pecados capitales o "enemigos internos", que ha de vencer aquel que desea la liberación

Mada significa también embriaguez, incontinencia, desenfreno, pasión, delirio, frenesí, locura, temeridad, lascivia, lujuria.

Concepto usado en el contexto de la filosofía, filósofos, pensamientos, ideas, reflexiones

MADERA

MADERA: Por ser uno de los más antiguos e importantes de entre los materiales utilizados por la humanidad, ha sido vinculada con frecuencia a la materia en general y, en particular, la materia prima; estrechas relaciones simbólicas, además, con los campos semánticos 'energía vital', 'maternidad', 'protección'.

En China era uno de los cinco elementos, el correspondiente al este y a la primavera.

MADHYAMA

MADHYAMA: (Sánscrito). Este término aplica a alguna cosa sin principio ni fin. Así, de Vâch (Sonido, el Logos femenino, o sea la contraparte femenina de Brahmâ) dícese que existe en varios estados, uno de los cuales es el de Madhyama [o Mâdhyama], lo cual equivale a decir que Vâch es eterno en un sentido: "el Verbo (Vâch) era con Dios, y en Dios", porque ambos son uno

[En el sistema vedantino, Madhyama es el tercer aspecto de Vâch.]

Concepto usado en el contexto de la filosofía, filósofos, pensamientos, ideas, reflexiones

MADURACIÓN

MADURACIÓN: Término hermético-alquimico para designar un procedimiento por el cual el oro naciente tenía todas las cualidades específicas del oro adulto, utilizando el mercurio como agente principal.

También se denominaba esta técnica, según manifiesta Fulcanelli*, Confirmatio, término que aparece en algunos manuscritos antiguos.

Expresión usada en alquimia.

MAGDHIM

MAGDHIM: (Caldeo). Término equivalente a "alta sabiduría" o filosofía sagrada, y del cual deriva la voz magismo y magia.

Término relacionado con magia, amuletos, sistemas oraculares.

MAGIA ANALÓGICA

MAGIA ANALÓGICA: Un sortilegio analógico basado en la creencia en una relación tan estrecha entre la imagen (o el símbolo) de la persona representada y ella misma, que cuanto se haga con la imagen (defixión) la alcanzará a ésta; por ejemplo, matar a una persona agujereando su retrato.

Término relacionado con magia, amuletos, sistemas oraculares.

MAGIA BLANCA O "BENÉFICA"

MAGIA BLANCA O "BENÉFICA": La Magia así llamada es la Magia divina, libre de egoísmo, de anhelo de poder, de ambición, de lucro, y que tiende únicamente a hacer bien al mundo en general y al prójimo en particular

El más leve intento encaminado a utilizar los propios poderes anormales para la satisfacción personal hace de dichos poderes hechicería o magia negra.

Término relacionado con magia, amuletos, sistemas oraculares.

MAGIA CEREMONIAL

MAGIA CEREMONIAL: La Magia, según los ritos cabalísticos, obraba, como afirmaban los rosacruces y otros místicos, invocando Poderes espiritualmente más elevados que el hombre, y ejerciendo imperio sobre los elementales que son muy inferiores a él en la escala de la existencia

(Glosario de la Clave de la Teosofía).

Término relacionado con magia, amuletos, sistemas oraculares.

MAGIA NEGRA

MAGIA NEGRA: (Ocultismo). Hechicería; necroman-

cia, o evocación de los muertos, y otros abusos egoístas o interesados de poderes anormales

Este abuso puede ser hecho sin intención; pero así y todo, siempre es "magia negra", cuando y dondequiera se produzca fenomenalmente algo por el mero objeto de una satisfacción personal

-Véase: Magia.

Término relacionado con magia, amuletos, sistemas oraculares.

MAGIA

Término relacionado con magia, amuletos, sistemas oraculares.

Son las actitudes espirituales y mentales, así como también las prácticas rituales, realizadas con el propósito de controlar y modificar la realidad.

La Brujería se conoce también como Magia Negra.

Aleister Crowley* lo define como "El arte de producir modificaciones de acuerdo a la voluntad".

MAGIA

Todo cuanto vive, todo cuanto alienta todo cuanto tiene una conciencia que está evolucionando, está creando constantemente magia.

Una magia que vista esotéricamente tiene tres absolutos aspectos, que es el Misterio, el Sacramento y la Liturgia; constituyen la arquitectura, por decirlo de alguna manera, de la Magia Organizada.

Ya se considere la magia del Creador en su relación con el Universo que es su campo de expresión, con un ser humano o con un simple átomo de materia, todo de debe al mismo principio de la Magia Organizada.

En los Ashramas de la Jerarquía se presta un énfasis muy especial sobre el estudio de la magia, por cuanto la Magia constituye los elementos básicos de lo que el discípulo tiene que entender por Iniciación.

MAGIA

Antigua ciencia y práctica de los poderes ocultos de la Naturaleza para comunicarse con seres súper-físicos o ejercer dominio sobre los planos inferiores y producir efectos visibles.

Se clasifica en Teurgia (magia natural o blanca) de carácter benéfico, y Goecia, (magia negra) maléfica.

La magia es un procedimiento mediante el cual pueden realizarse ciertas cosas no realizables bajo las leyes ordinarias conocidas.

Algunos hombres han investigado las leyes de la Naturaleza, desconocidas para la mayoría, y se han convertido en adeptos para manipular las fuerzas sutiles. Emplean sus poderes para ayudar a los demás seres cuando su ayuda puede realizarse en armonía con las leyes que rigen su crecimiento.

Otros que también han estudiado esas leyes, haciéndose capaces de manipular las fuerzas ocultas del universo, emplean sus conocimientos con fines egoístas para obtener poder sobre sus semejantes.

A los primeros se les llama "blancos", y "negros" a los segundos. Ambos emplean las mismas fuerzas, estando la diferencia en el motivo que les impulsa.

El mago blanco está impulsado por el amor y la benevolencia. Si bien no obra esperando la recompensa, el alma se desarrolla portentosamente como resultado de su empleo de la magia. Pone sus talentos a rédito y está ganando el ciento por uno.

El mago negro, por otra parte, se encuentra en un triste estado, porque se ha dicho que "el alma que peque morirá", y todo cuanto hagamos contrariamente a las leyes de Dios, producirá inevitablemente el deterioramiento de las cualidades anímicas. El mago negro, gracias a sus conocimientos y artes, puede, algunas veces durante varias vidas, mantener su puesto en la evolución, pero seguramente llegará un día en el que el alma se desintegrará y el Ego volverá a lo que pudiéramos llamar salvajismo.

Respecto a este asunto dice Max Heindel: "La magia negra se está practicando mucho más comúnmente de lo que uno se podría suponer, algunas veces en forma inconsciente, pues la línea divisoria puede consistir únicamente en el motivo.

No obstante, si abusamos de nuestro conocimiento superior, aunque seamos Más refinados en la satisfacción de nuestras pasiones, el resultado parece que será ciertamente desastroso".

MAGIA

Las prácticas difundidas entre muchos pueblos prehistóricos y naturales, así como en la superstición popular, mediante las cuales se aprende a movilizar fuerzas ocultas y forzar a los espíritus y otras potencias superiores con objeto de conseguir un resultado favorable (magia blanca) o de perjudicar a alguien (magia negra).

Los mágicos (hechiceros, brujos, chamanes) atribuyen sus poderes a algún animal, objeto natural o espíritu, y desde luego sus facultades muchas veces extraordinarias, remiten a las fuerzas psíquicas que son objeto de estudio de la psicología analítica y la parapsicología.

Cuenta con procedimientos y ritos de protección, fecundidad, sanación, ataque, influencia sobre los elementos, etc. utilizando la concentración mental, las fórmulas mágicas como los conjuros, los ademanes, los cánticos, las danzas, los trances, los éxtasis, las acciones imitativas (magia analógica), los objetos poderosos (magia icónica), y determinados instrumentos (sonoros, como carracas, zambombas, zumbadores y similares, o varas, figuras, mascaras); en las operaciones mágicas también pueden intervenir, por ejemplo, los recortes de cabellos o uñas de una persona, que funciona entonces "pars pro toto".

MAGISMO

MAGISMO: La filosofía o doctrina de los antiguos sacerdotes (magos) persas.

Término relacionado con magia, amuletos, sistemas oraculares.

MAGNES

MAGNES: Expresión empleada por Paracelso y los teósofos medievales

Es el espíritu de la luz, o Âkâza

Era un término muy usado por los alquimistas de la Edad Media

[Algunas veces se ha dado el nombre de Magnes al Caos

(Doctrina Secreta, I, 367)

-Véase: Luz Astral.]

Expresión usada en alquimia.

MAGNETISMO CÓSMICO

MAGNETISMO CÓSMICO: La fuerza universal de atracción y repulsión, conocida ya desde los tiempos de Empédocles y perfectamente descrita por Kepler.

Los llamados "siete hijos-hermanos" de Fohat representan y personifican las siete formas de magnetismo cósmico, denominadas en Ocultismo práctico los "Siete Radicales", cuya generación cooperativa y activa son, entre otras energías, la electricidad, el magnetismo, el sonido, la luz, el calor, la cohesión, etc.

(Doctrina Secreta, I, 169, 540).

Expresión usada en alquimia.

MAGNETISMO

MAGNETISMO: Quien primero habló sobre el magnetismo, como una forma de influencia causada en el individuo, fue Van Helmont*, en 1636.

Cien años más tarde, el médico austriaco Franz Mesmer* trabajó intensamente sobre esta forma de hipnosis.

Existen dos clases de magnetismo: animal y vital; en ambos casos se trataría de fenómenos debidos a la acción de determinadas energías o fluidos*.

En ocultismo se supone que ciertas personas pueden ejercer un determinada influencia magnética mediante pases de mano o mediante la emisión de cierto tipo de energía.

Expresión usada en alquimia.

MAGNUM OPUS

Expresión usada en alquimia.

(Latín). En alquimia, es la consumación final, la "Grande Obra" (Grand' Âuvre); la producción de la "Piedra filosofal" y del "Elixir de Vida", que si bien es considerado como un mito por algunos escépticos, está lleno de significación mística y debe admitirse simbólicamente.

MAGNUM OPUS

(lat.). En alquimia, es la "Grande Obra", la consumación final, la producción de la Piedra Filosofal y del Elixir de Vida.

MAGNUS LIMBUS O YLIASTER DE PARACELSO

MAGNUS LIMBUS O YLIASTER DE PARACELSO: Es el "Padre-Madre" dentro del Espacio, antes de aparecer en él; es la matriz universal del Kosmos, personificada en el carácter dual del Macrocosmo y Microcosmo, o sea el universo y nuestro globo (Los cabalistas de la Edad media aplicaban al hombre la palabra Microcosmo; pero la filosofía antigua llamaba a la Tierra el microcosmo del Macrocosmo, y al hombre el producto entre ambos.), por Aditi-Prakriti, la Naturaleza espiritual y física.

Según la explicación de Paracelso, "el Limbus magnus es el semillero del cual se han desarrollado todas las criaturas, de igual modo que un árbol se desarrolla de una pequeña semilla; con la diferencia, sin embargo, de que el gran Limbus recibe su origen del Verbo de Dios, mientras que el Limbus menor (la semilla o esperma terrestre) lo recibe de la tierra.

El gran Limbus es el germen del cual han procedido todos los seres, y el pequeño Limbus es cada ser primario (ultimate) que reproduce su forma y que a su vez ha sido producido por el grande.

El Limbus pequeño tiene todas las cualidades del grande, de igual modo que un hijo posee una organización similar a la de su padre".

(Doctrina Secreta, I, 364).

Expresión usada en alquimia.

MAGO O MÁGICO

MAGO O MÁGICO: De Mag o Maha. Esta palabra es la raíz de la cual deriva el término "mágico"

El Maha-âtmâ (Grande Alma o Espíritu) de la India tenía sus sacerdotes en los tiempos anteriores a los Vedas

Los magos eran sacerdotes del dios del fuego; los encontramos entre los asirios y los babilonios, lo mismo que entre los persas adoradores del fuego

Los tres Magos, denominados también Reyes, de quienes se dice que hicieron presentes de oro, incienso y mirra al infante Jesús, eran adoradores del fuego, como los demás, y astrólogos, puesto que vieron la estrella del recién nacido

El sumo sacerdote de los parsis, en Surat, es designado con el nombre de Mobed

Otros hacen derivar dicho nombre de Megh; Meh-ab significa alguna cosa grande y noble

Los discípulos de Zoroastro eran llamados meghestom, según dice Kleuker.

El término Mago o Mágico, en otro tiempo un título honorífico y de distinción, ha decaído por completo de su verdadero significado

Siendo antiguamente sinónimo de todo cuanto era honorable y digno de respeto, del que estaba en posesión de la ciencia y sabiduría, ha degenerado en un epíteto para designar un impostor, farsante y juglar; un charlatán, en una palabra, o uno que "ha vendido su alma al diablo", que hace mal uso de su saber y lo emplea para fines reprobables y peligrosos, según las enseñanzas del clero y una masa de necios supersticiosos que creen que el mago es un brujo y un "encantador"

Dicha palabra deriva de Magh, Mah, en sánscrito Maha (grande), y significa un hombre muy versado en la ciencia esotérica

Pero los cristianos, según parece, olvidan que Moisés era también un mago, y Daniel, "Príncipe de los magos, astrólogos, caldeos y adivinos"

(Daniel, V, 11)

-(Isis sin velo, I, XXXIV).

Término relacionado con magia, amuletos, sistemas oraculares.

MAGO

Término relacionado con magia, amuletos, sistemas oraculares.

En el mundo grecorromano eran considerados sacerdotes zoroástricos, aunque luego esta palabra derivó hacia todos aquellos que practicaban el ocultismo.

MAGO

El mago, primer arcano del tarar la figura representa a un hombre que lleva en la mano izquierda una varita mágica y en la derecha una bola.

Es símbolo muy antiguo, que en la interpretación moderna del tarot se considera como representación de la energía masculina y de la decisión necesaria para iniciar una empresa.

MAGOS

MAGOS: (Magi, en latín). Nombre de los antiguos sacerdotes hereditarios y adeptos instruídos de la Persia y de la Media; palabra que deriva de Maha, grande, que más tarde se transformó en mog o magh, que en pelvi significa sacerdote.

Porfirio los describe (Abst., IV, 16) diciendo: "Los hombres instruidos que entre los persas están dedicados al servicio de la Divinidad son llamados Magos", y

Suidas nos informa que "entre los persas, los amantes de la sabiduría (philalethai) son conocidos con el nombre de Magos".

El Zend-Avesta (II, 171, 261) los divide en tres grados: 1) Los Herbeds o "novicios"; 2) Mobeds o "maestros", y 3) Destur Mobeds, o "maestros perfectos".

Los caldeos tenían unos colegios parecidos, como también los egipcios, cuyos hierofantes de los Misterios, tales como se practicaban en Grecia y Egipto, eran idénticos a los Destur Mobeds.

Término relacionado con magia, amuletos, sistemas oraculares.

MAGUS

MAGUS: (Latín). En el Nuevo Testamento significa sabio, un hombre sabio de los caldeos.

En inglés se usa con frecuencia para designar un mago, un hacedor de prodigios cualquiera.

En la Sociedad Rosacruz es el título de los miembros más elevado de grado IX; el Magus supremo es el Jefe de la Orden en la sección "externa".

Los magos de la "interna" son desconocidos, excepto de aquellos que pertenecen al grado VIII.

Término relacionado con magia, amuletos, sistemas oraculares.

MAHAT-TATTVA

MAHAT-TATTVA: (Sánscrito). La primera de las siete creaciones, llamadas, respectivamente, en los Purânas: Mahat-tattva, Bhûta, Indriya, Mukhya, Tiryakzrotas, Urdhvazrotas y Arvâkzrotas, [Literalmente: "el gran elemento"; lo mismo que âdi-tattva, y probablemente se denomina así porque, como raíz primordial que es, incluye en su grandeza todos los demás elementos

(Bhagavân Dâs)

-En la filosofía sânkhya, Mahat-tattva o Mahâ-tattva es Mahat, Buddhi o Gran Principio, primera y principal producción del Prakriti.]

Concepto usado en el contexto de la filosofía, filósofos, pensamientos, ideas, reflexiones

MAHATMA

MAHATMA: Término sánscrito que puede traducirse por "magnánimo" y que representa el titulo que se da en la India a las grandes personalidades espirituales, como fue el caso de Gandhi.

Concepto usado en el contexto de la filosofía, filósofos, pensamientos, ideas, reflexiones

MAIESTAS DOMINI

MAIESTAS DOMINI: En el arte cristiano, figuración simbólica de la majestad eterna de Cristo triunfante, éste entronizado y visto de frente, por lo general, y rodeado de una mandorla, con la mano derecha levantada y el Libro de la Vida en la izquierda; en muchas ocasiones aparece con los símbolos de los evangelistas, o acompañado de los 24 ancianos del Apocalipsis.

MAKARA

MAKARA: (Sánscrito). "Cocodrilo". -Décimo signo del Zodíaco, equivalente al Capricornio de los europeos

Esotéricamente, es una mística clase de devas

Entre los indos, es vehículo de Varuna, dios de las aguas

[Makara significa cocodrilo, o más bien un monstruo acuático asociado siempre con el agua

(Doctrina Secreta, I, 412)

-Es un monstruo marino provisto de una especie de trompa algo parecida a la del elefante, y en el cual cabalga Varuna, dios del océano

Signo del Zodíaco equivalente a nuestro Capricornio y representado en forma de un animal que tiene la cabeza y las patas delanteras de antílope, y el cuerpo y cola de pez

-Véase: Kâma-deva, Makaram y Makara-ketu.]

Término asociada a la astrología o astronomía.

MAL DE OJO

Término relacionado con magia, amuletos, sistemas oraculares.

Prácticamente todas las culturas y religiones mantienen la creencia de que el ojo puede causar el mal con tan sólo mirar.

Esta acción ha motivado la búsqueda de formas que combatan el valor psicológico de este maleficio, que en algunos pueblos tiene, todavía hoy, un gran poder.

MAL DE OJO

Forma de vampirismo muy extendida, sobre todo, en Italia.

Se trata de una influencia de tipo maléfico que, según el ocultismo, puede ejercer una persona sobre otra mirándola de cierta manera.

MAL

MAL: Todo lo que impide el desarrollo evolutivo.

Concepto usado en el contexto de la filosofía, filósofos, pensamientos, ideas, reflexiones

MALINA

MALINA: (Sánscrito). Sucio, negro, manchado por el pecado, criminal. Como substantivo: mancha, pecado, crimen, vicio, defecto, imperfección.

MALVA

MALVA: Herbácea de las regiones templadas del hemisferio Norte, tuvo aplicaciones medicinales.

Desde la Antigüedad sus hojas fueron difundido símbolo de una petición de perdón; en el arte cristiano se presenta algunas veces, con idéntico significado.

MANANTIAL

MANANTIAL: Símbolo común de las fuerzas vivificantes, de la pureza, de la fecundidad que desborda; son numerosos los pueblos, por ejemplo los griegos, que solían personificarlos como deidades femeninas.

En la Biblia, frecuente símbolo de vida eterna y renacimiento; también símbolo mariano.

C.G .Jung considera el manantial como símbolo de la inagotable energía psíquicoespiritual.

MANCIA

MANCIA: Término que procede de la voz griega *manteia* adivinación.

Las manejas, o «artes adivinatorias» son muy variadas en el universo del ocultismo.

Básicamente pueden dividirse en adivinatorias y conjeturales, según el ámbito individual o colectivo a que se refieran.

Término relacionado con magia, amuletos, sistemas oraculares.

MANCIAS

MANCIAS: Se les llama así a las diversas y variadas técnicas adivinatorias, algunas muy antiguas, obtenidas mediante diferentes métodos, como son: la bola de cristal, las cartas, las rayas de la mano.

Término relacionado con magia, amuletos, sistemas oraculares.

MANDALA NRITYA

MANDALA NRITYA: (Sánscrito). Danza circular, como la de las gopîs (zagalas) en torno de Krishna y Râdhâ. (Véase: Danza).

MANDALA

Diagrama redondo que representa una particular relación cósmica y espiritual.

La concentración en él conforma un método del budismo mahayana y theravada que pretende ir más allá de las apariencias de las cosas y penetrar en el vacío a través del cual el ser humano se identifica con el absoluto.

MANDALA

Término sánscrito que significa «centro» o «círculo».

Son diagramas o representaciones simbólicas del universo que se utilizan en ciertas prácticas meditativas, especialmente en el budismo tibetano.

Constituye un instrumento para vincular el microscomos (hombre) con el macrocosmos (universo).

MANDARLA

MANDARLA: Aureola en forma de almendra, participa en cierta medida del simbolismo de ésta.

El arte cristiano desde sus comienzos la reservó a las figuraciones de la majestad de Cristo o María.

MANGALA

MANGALA: (Sánscrito). El Marte indo. El planeta Marte, identificado con Kârttikeya, dios de la guerra.

Término asociada a la astrología o astronomía.

MANGONARIA

MANGONARIA: (Ocultismo). Poder mágico mediante el cual los cuerpos pesados pueden levantarse sin gran esfuerzo físico; suspensión mágica; levitación

Ordinariamente este fenómeno se ejecuta cambiando la polaridad de dichos cuerpos respecto a la atracción (gravedad) de la tierra

(F. Hartmann)

Véase: Levitación y Etrobacia.

Término relacionado con magia, amuletos, sistemas oraculares.

MANÍA

MANÍA: (Griego). Entusiasmo, furor divino, transporte religioso, inspiración de los dioses

Platón enumera cuatro clases de manía:

1) musical;

2) teléstica o mística;

3) profética; y

4) la perteneciente al amor

El entusiasmo, en la verdadera acepción de la palabra, aparece cuando aquella parte del alma que está por encima del intelecto se halla exaltada hasta los dioses, de quienes proviene su inspiración

Una de estas manías (especialmente la amorosa) puede ser suficiente para hacer remontar el alma a su divinidad y bienaventuranza primitivas; pero existe una íntima unión entre todas ellas, y la progresión ordinaria por la cual se encumbra el alma es, en primer lugar, por el entusiasmo musical, después por el teléstico o místico; 3) por el profético, y finalmente por el entusiasmo del Amor

(Véase: Zanoni, Introducción).

Concepto usado en el contexto de la filosofía, filósofos, pensamientos, ideas, reflexiones

MANSIÓN DE DOLOR

MANSIÓN DE DOLOR: La tierra, el "valle de lágrimas", como se le ha calificado. (Voz del Silencio, I)

En el plano físico es donde reina el dolor más intenso

Por esta razón se ha dado a nuestra tierra el nombre de "infierno"

Véase: Myalba.

MANTEQUILLA

MANTEQUILLA: Portadora de energías cósmicas, especialmente en la India.

MÁNTICA

MÁNTICA: Conjunto de ritos y doctrinas para desarrollar las artes de la adivinación.

Término relacionado con magia, amuletos, sistemas oraculares.

MANTO

MANTO: Símbolo de protección, así el Manto de la Virgen en el arte cristiano del Medioevo, y de majestad, como el manto real.

A veces el símbolo alude a la persona del portador; otras veces asume un significado parecido al del velo.

MANTRA-TANTRA-ZÂSTRAS

MANTRA-TANTRA-ZÂSTRAS: (Sánscrito). Obras que tratan de encantamiento, pero especialmente de magia.

Término relacionado con magia, amuletos, sistemas oraculares.

MANTRIKÂZAKTI

MANTRIKÂZAKTI: (Mantrikâshakti) (Sánscrito). El poder o la potencia oculta de los sonidos, palabras, letras o números místicos de los mantras

[La influencia de la música es una de sus manifestaciones

El poder del mirífico nombre inefable es la corona de este zakti

Doctrina Secreta, I, 312.]

Término relacionado con magia, amuletos, sistemas oraculares.

MAR

MAR: Símbolo de la inagotable potencia vita, pero también de los abismos que todo lo tragan; desde la perspectiva del psicoanálisis representa el doble aspecto de la Gran Madre que da y quita, premia y castiga; como reserva de incalculables tesoros y, al mismo tiempo, morada de seres que se ocultan en las tinieblas, también representa lo inconsciente.

En tanto que superficie de extensión inabarcable, también es símbolo del infinito, significando sobre todo para los místicos la absorción del yo individual en la divinidad. Agua.

MARABÚ

MARABÚ: Cigüeña

MARFIL

MARFIL: por su color blanco y su incorruptibilidad simboliza la pureza y la perseverancia.

Torre de marfil

MÂRGAZÎRCHA

MÂRGAZÎRCHA: (Sánscrito). (De mriga-zîrcha, "cabeza de antílope"). Nombre derivado de una constelación de tres estrellas, figurada por una cabeza de antílope

Mes constituído por la segunda quincena de noviembre y la primera de diciembre

Antiguamente era el primer mes del año, por lo cual se le denomina también âgrahâyana "principio de año", y es el mejor de todos porque entonces las cosechas están en sazón, y además se han mitigado los excesivos calores a consecuencia de las lluvias periódicas.

Término asociada a la astrología o astronomía.

MARÍA LA JUDÍA

MARÍA LA JUDÍA: También llamada la Hebrea o la Profetisa.

Primera mujer alquimista de la que se tiene noticia, aunque también pueda tratarse de un personaje simbólico, representante de la importancia que lo femenino tiene en el proceso alquímico.

Parece ser, sin embargo, que María fue un personaje real que vivió en Alejandría, en el s. IV de nuestra era.

Se le atribuye la invención de un recipiente cerrado que se introducía en líquido hirviente y en el que se calentaba la materia: de ahí procede la expresión «baño maría».

Expresión usada en alquimia.

MARIPOSA NOCTURNA

MARIPOSA NOCTURNA: Porque le atrae la luz irresistiblemente, hasta el punto que llega a quemarse en ella, simbolizaba el amor místico, abnegado y desinteresado del alma hacia la luz divina.

MARTE

MARTE: En griego Ares, dios de la guerra y guardián

de los campos en la mitología clásica.

En sentido astronómicoastrológico, el planeta de brillo rojizo, ya conocido en la Antigüedad, porque es presencia muy notable en el cielo durante los períodos favorables.

Para la alquimia es el hierro, en astrología, metales.

Término asociada a la astrología o astronomía.

MARTINES DE PASQUALLY

MARTINES DE PASQUALLY: (1715-?) Maestro esotérico seguidor de las teorías de Swedenborg*.

Martines que era católico, de origen portugués y judío, nació en Grenoble.

Aunque se le adjudican calificativos que van desde místico y mago hasta charlatán, es evidente que fue un importante maestro esotérico. Sus indiscutibles poderes psíquicos, que le convertían para algunos en un auténtico taumaturgo, le decidieron a fundar en 1754 una especie de secta u orden secreta, que recibió el nombre de los Elegidos Cohen, con una clara referencia al esoterismo hebreo.

Los Cohen formaban una especie de rito masónico, con sus correspondientes grados o niveles, en el que prevalecía una serie de técnicas de tipo mágico.

Se practicaban la evocación de los espíritus, las palabras mágicas, las teorías astrológicas y las fórmulas y círculos cabalísticos.

El objetivo último de la orden era elevar la condición espiritual del ser humano conduciéndole, mediante los secretos de la Kabbalah*, la alquimia* y la adivinación, a niveles superiores del espíritu.

La escuela de Pasqually atrajo a muchos discípulos.

Expresión usada en alquimia.

MARTINI

MARTINI: Profesor de filosofía en Helmstadt, célebre por sus diatribas contra la alquimia. Un día, en una de sus lecciones públicas, mientras se desataba en improperios contra los buscadores de la piedra filosofal y aducía argumento tras argumento contras sus doctrinas, un gentilhombre extranjero que estaba allí presente le interrumpió de muy buenos modos y le propuso una discusión pública

Después de haber refutado uno por uno todos los argumentos del profesor, el gentilhombre pidió que

le facilitaran al punto un crisol, un hornillo y plomo, y acto continuo operó la transmutación; convirtió dicho metal en oro y lo ofreció a su estupefacto adversario diciéndole: Domine, solve mi hunc syllogismum (Señor, resuélveme este silogismo)

Esta demostración tan patente causó la completa conversión de Martini, que, en la edición siguiente de su Tratado de Lógica, se expresa en estos términos: "Nada diré contra la verdad de esta arte, puesto que no puedo rechazar los testimonios de tantas personas honradas que aseguran haber visto con sus propios ojos la sublimación de los metales y haberla ejecutado ellas mismas

Mentir sería aquí una locura, sobre todo para un discípulo de la Sabiduría"

(Figuier, L'Alchimmie et les Alchimistes, pág. 246).

Expresión usada en alquimia.

MARTINISTAS

MARTINISTAS: Sociedad fundada en Francia por un gran místico llamado Marqués de Saint Martin, discípulo de Martínez Pasqualis

Fue establecida primeramente en Lión, como una especie de sociedad masónica oculta, cuyos miembros creían en la posibilidad de comunicarse con los espíritus planetarios, los dioses menores y los genios de las esferas ultramundanas

Luis Claudio de Saint Martin, nacido en el año 1743, comenzó su vida como un brillante oficial del ejército, pero abandonó la carrera militar para consagrarse al estudio y a las belles lettres, y acabó por ser un ferviente teósofo y discípulo de Jacobo Boehme

Trató de hacer volver la masonería a su primitivo carácter de Ocultismo y Teurgia, pero fracasó en su empeño

En primer lugar, hizo que su "Rito rectificado" constara de diez grados, pero éstos quedaron reducidos a siete, debido al estudio de las órdenes masónicas originales

Los masones se lamentan de que Saint Martin introdujo ciertas ideas y adoptó ritos "que están en desacuerdo con la historia arqueológica de la masonería"; pero otro tanto hicieron antes que él Cagliostro y Saint Germain, lo mismo que todos los que conocían bien el origen de la francmasonería.

Expresión usada en alquimia.

MÁS ALLÁ

MÁS ALLÁ: En muchas culturas la imagen simbólica de la vida después de la muerte; el reino de los vivos y de los difuntos estaban separados, en muchas de esta concepciones, por un río que era necesario franquear (barca), por lo general evitan, sin embargo, una descripción exacta del Más Allá, representado según los casos por la sala de los bienaventurados, el Paraíso, los cielos, así como por el Purgatorio, los Infiernos o un mundo subterráneo no bien definido.

MASA

MASA: Símbolo de la materia que aún no ha cobrado forma, o de la unión entre el agua y la tierra.

A veces la acción de amasar remite a la sexualidad masculina y el acto de creación.

Concepto usado en el contexto de la filosofía, filósofos, pensamientos, ideas, reflexiones

MÁSCARA

MÁSCARA: pieza que recubre el rostro, hecha de diversos materiales, mediante la cual el portador pretende disfrazarse y personificar aquello que la máscara representa.

En todo uso de máscaras hay un trasfondo de concepciones magico-religiosas.

Los portadores encarnan a dioses y demonios que suelen intervenir con carácter festivo en danzas de máscaras cuya finalidad es el conjuro, la magia de la caza o el rito de iniciación.

A veces la máscara es el emblema de una sociedad secreta.

Casi todas las máscaras tratan de espantar, de ahí los rasgos entre grotescos y tristes, y la combinación del semblante humano con formas animales.

Hacia finales de la Antigüedad grecorromana, una máscara recordaba que "la vida es una ficción" prefigurando el tema del gran teatro de mundo.

MATERIA PRIMA

MATERIA PRIMA: Término alquímico que, según los alquimistas que lo utilicen presenta diferentes significados.

Se la designa con infinidad de nombres: mercurio, bronce, oro, plomo, sal, azufre, sangre, agua de vida, lapis, veneno, espíritu, etc.

En principio sería la materia primigenia, a partir de la cual se inicia la obra*, y en tal sentido constituye una de las grandes claves de la alquimia*.

Podría ser, asimismo, la llamada masa confiesa, conjunto de sustancias empleadas para iniciar el proceso. Paracelso* la denomina «madre de todos los elementos», y dice de ella que ocupa y llena toda la región etérea. Por su parte, Evola* considera que la Materia Prima es un estado que el alquimista trata de superar eliminando la ley de la dualidad entre el yo y el no-yo.

En todo caso, representa la búsqueda fundamental del alquimista para reducir las sustancias con las que va a trabajar a un estado anterior al de su propia creación; es decir, reproducir la obra de la Creación.

Un proceso que constituiría el principio del secreto alquímico.

Expresión usada en alquimia.

MATERIA

MATERIA: Espíritu y Materia son dos polos o aspectos bajo los cuales se manifiesta el Logos. Como Ser absoluto que es, la Divinidad suprema, es a la vez Espíritu y Materia

La Materia es la Madre del mundo, así como el Espíritu es el Padre. La vida del Logos aparece como Espíritu; su Mâyâ, como Materia. (Annie Besant, Sabiduría Antigua, 364)

En otros términos: la naturaleza inferior del Logos, la material, es origen o matriz de todos los seres, mientras que su naturaleza superior, la espiritual, es el vital Elemento que los anima y sostiene: "Todos los seres que vienen a la existencia, sean animado o inanimados, son producto de la unión de la Materia con el Espíritu". (Bhagavad-Gîtâ, XIII, 26)

La Materia, por lo tanto, es eterna, increada e indestructible, mientras que las formas de la misma, que constituyen el mundo de Mâyâ o de ilusión, son creadas, transitorias y cambiantes; no son permanentes ni tienen verdadera realidad

En el universo manifestado no hay materia muerta. La Materia es viva, y así podemos afirmar que "no hay fuerza sin materia, ni materia sin fuerza"; una y otra están unidas en indisoluble maridaje

Se halla en contínuo movimiento, tomando forma bajo cada estremecimiento o vibración de vida y adaptándose a cada cambio de movimiento. (Sabiduría Antigua, 55, 142)

La actividad esencial de la Materia consiste en su naturaleza receptiva. Al recibir impulsos de vida, se organiza en formas, y éstas se mantienen gracias a tales impulsos, mientras que se disgregan en cuanto cesa dicha influencia

(Id., 366)

La Materia es también el factor indispensable, la base o vehículo necesario, una condición sine qua non para la manifestación de las fuerzas o agentes físicos (luz, calor, electricidad, etc.) en el plano físico. (Doctrina Secreta, I, 536)

La Materia ofrece diversos grados de densidad según sea el plano o subplano al que corresponda. Su grado de vitalidad es asimismo muy diverso

Así, la materia del plano mental es mucho más sutil que la del plano astral, y ésta, a su vez, lo es mucho más que la del plano físico

Por esta razón, la una atraviesa y penetra fácilmente a la otra

En el plano físico vemos diferentes estados de materia: sólido, líquido y gaseoso, pero investigando más profundamente, encontramos un cuarto estado, el etéreo, que a su vez existe en cuatro estados perfectamente definidos como los de sólido, líquido y gaseoso. (Sabid. Ant., 57-58).

Según la filosofía Sânkhya, el Prakriti o Pradhâna es la Materia primaria, caótica o inmanifestada, raíz de la Materia y causa material del universo

Opuestamente al Purusha (Espíritu), que es simple, el Prakriti es una substancia compuesta constituída por los tres gunas (modos o cualidades), denominados respectivamente sattva, rajas y tamas, que no son meros accidentes de la Materia, sino que son de su misma naturaleza y entran en su composición, como los ingredientes que integran un producto

Los tres gunas se hallan únicamente difundidos en la naturaleza material; existen en toda las criaturas determinando el carácter o condición individual, por la proporción en que se hallan reunidos en cada uno de los seres

(Véase: Gunas)

El Prakriti es un principio ilimitado, universal, la materia cósmica, que se presenta como una masa sutil, informe, sin diferenciación o manifestación alguna

Pero, gracias a su incesante actividad y a su potencia productora, es la causa material de los diferentes desarrollos, manifestaciones, formas o productos de la Materia

Así, pues, la Materia se presenta en dos estados distintos: 1) Materia indiferenciada, inmanifestada, caótica, informe, raíz o esencia de la Materia (Mûlaprakriti), eterna causa material del universo físico, y 2) Materia diferenciada o manifestada, que constituye las innumerables formas o diferenciaciones materiales accidentales o transitorias de la masa de Materia caótica o indiferenciada, formas que, después de una existencia más larga o más breve, se destruyen desvaneciéndose en el océano de materia informe o caótica de donde procedieron

El Prakriti es inconsciente, y toda su actividad se emplea exclusivamente en favor y provecho del Purusha, para su experiencia y para así conducirle al conocimiento de sí mismo

La asociación del Espíritu y la Materia se ha comparado con la alianza entre un paralítico (el consciente y a la par inactivo Purusha) y un ciego (el inconsciente pero activo Prakriti)

Si el ciego lleva a cuestas a su paralítico guía, pueden los dos juntos llegar al término de su peregrinación

No se confunda la Materia con la Substancia

(Véase esta palabra)

Véase también: Purusha, Prakriti y Mûlaprakriti.

Concepto usado en el contexto de la filosofía, filósofos, pensamientos, ideas, reflexiones

MATERIALISTA

MATERIALISTA: No lo es necesariamente sólo aquel que no cree ni en Dios ni en el alma, ni en la supervivencia de esta última, sino que también lo es toda persona que materializa lo puramente espiritual; aquellos que creen en una divinidad antropomórfica, en un alma capaz de arder en el fuego del infierno, en un infierno y un cielo como localidades, en lugar de estados de conciencia

Los "substancialistas" americanos, que constituyen una secta cristiana, son materialistas, como los son asimismo los "espiritualistas"

(Glosario de la Clave de la Teosofía).

Concepto usado en el contexto de la filosofía, filósofos, pensamientos, ideas, reflexiones

MATI

MATI: (Sánscrito). Opinión, creencia, parecer, sentencia, pensamiento, juicio, concepto, inteligencia, mente; determinación, consideración, estimación, propósito; meditación, devoción, culto, voto

Véase: Deona.

Concepto usado en el contexto de la filosofía, filósofos, pensamientos, ideas, reflexiones

MATRICES

MATRICES: (Alquimia). Los vehículos de las cosas, bases elementarias. (F. Hartmann).

Expresión usada en alquimia.

MATRIZ

MATRIZ: Símbolo evidente de fecundidad, pero también de protección y refugio; representa asimismo las fuerzas misteriosas y ocultas en general; el horno alquímico, donde ocurrían importantes transmutaciones físicas, místicas y morales, con frecuencia se comparó a una matriz

MÂYÂVAT

MÂYÂVAT: (Sánscrito). Mágico, ilusorio. Sobrenombre de Kansa.

Término relacionado con magia, amuletos, sistemas oraculares.

MECHA

MECHA: (Mesha) (Sánscrito). Primer signo del Zodíaco indo, correspondiente a nuestro Aries.

Término asociada a la astrología o astronomía.

MEFISTÓFELES

MEFISTÓFELES: Importante personaje del Fausto de Goethe, pero que también aparece en las antiguas leyendas germánicas.

Representa un demonio venido a la tierra para satisfacer las pasiones de Fausto, significando la antítesis de las buenas cualidades del sabio.

Mefistófeles como ángel malo es una mezcla de elementos luciféricos y satánicos, simbolizando los bajos instintos, los deseos equívocos y la astucia terrena, que sirven para proporcionarnos goces, riquezas, fama y poder en este mundo, aspectos que felizmente Fausto había desechado para entregarse a la búsqueda de la sabiduría.

Simbólicamente ha quedado el nombre de Mefistófeles como sinónimo de hombre de naturaleza perversa y diabólica.

Expresión usada en alquimia.

MELOTESIA

MELOTESIA: Un sistema de asignaciones que responde al principio microcosmo-smacrocosmos, según el cual los miembros y los órganos internos del cuerpo humano (microcosmos) guardan relación con los miembros del organismo universal (macrocosmos).

Concepto usado en el contexto de la filosofía, filósofos, pensamientos, ideas, reflexiones

MEMBRILLO

MEMBRILLO: En la Antigüedad simbolizó la felicidad, el amor y la fecundidad, y estuvo consagrado a Afrodita (Venus); de manera que la supuesta "manzana" fue probablemente un membrillo lo mismo que las doradas manzanas de las Hespérides.

En las ceremonias nupciales de Grecia, la mujer llevaba un membrillo a la casa del esposo como símbolo de la felicidad conyugal esperada.

MEMORIA

MEMORIA: Por memoria en general se entiende la facultad mental de recordar o retener el conocimiento de los pensamientos, actos y sucesos pasados; la facultad de reproducir impresiones anteriores mediante una asociación de ideas sugeridas principalmente por cosas objetivas o por alguna acción sobre nuestros órganos sensoriales externos

Esta facultad depende por completo del funcionamiento más o menos sano o normal de nuestro cerebro físico

Pero memoria es un nombre genérico, además de la memoria en general, tenemos:

1) La recordación (remembrance);

2) lo que los ingleses llaman recollection, y talvez

podríamos traducir como retentiva, y la

3) la reminiscencia. La recordación y la retentiva son los atributos y auxiliares de la memoria en general. La reminiscencia es una cosa enteramente distinta; los ocultistas y teósofos la definen diciendo que es "la memoria del alma", y, por lo tanto, no es física ni pasajera, ni depende de las condiciones fisiológicas del cerebro. La reminiscencia da al hombre la certeza de haber vivido antes y de tener que vivir de nuevo.

En efecto, como dice Wordsworth: "Nuestro nacimiento es sólo un sueño y un olvido; el alma que surge con nosotros, la estrella de nuestra vida, tuvo en otra parte su ocaso, y viene de lejos". (Clave de la Teosofía, págs. 124 y siguientes.) Por lo antes expuesto se explica el hecho de perder el hombre la memoria de sus existencias anteriores

Los antiguos griegos lo explicaban por medio de la ingeniosa alegoría del río Leteo, o río del olvido, cuyas tranquilas y silenciosas aguas tenían la virtud de hacer olvidar lo pasado

Lo que desaparece realmente es la memoria física o cerebral, que dura sólo el tiempo de una existencia o de parte de ella, pero queda la reminiscencia, el reflejo de los hechos pasados en la memoria del alma, como el perfume que deja una flor, reminiscencia muy vaga y aun del todo latente en la inmensa mayoría de las personas, pero que en determinadas condiciones (sonambulismo, éxtasis, etc.) se despierta como recuerdo vivísimo; hasta el punto que el hombre que ha llegado a una de las etapas superiores de la evolución se da cuenta clara y puntual de la dilatada serie de sus vidas pasadas.

Concepto usado en el contexto de la filosofía, filósofos, pensamientos, ideas, reflexiones

MENAT

MENAT: Especie de instrumento musical usado en ceremonias litúrgicas y mágicas.

Consistía en un contrapeso unido por dos cadenillas a un pectoral, (a modo de collar), y que era indistintamente colgado al cuello o sostenido con la mano.

Término relacionado con magia, amuletos, sistemas oraculares.

MENSAJE DE LAS ESTRELLAS

MENSAJE DE LAS ESTRELLAS: EL. Esta obra fundamenta la interpretación astrológica en un lenguaje al alcance de cualquier inteligencia y con la extraordinaria precisión que sólo puede dar la práctica de sus dos autores, Max Heindel y Augusta Foss de Heindel, ilustres astrólogos que aunaron su.

Algunos de sus tópicos son:

El zodíaco y la evolución;

Cada planeta y sus aspectos; Influencias de cada signo;

Personas de los doce signos;

Su "suerte" en la vida;

Efectos patógenos de los signos y planetas;

Las glándulas endocrinas;

Método de progresión y predicción; etc.

Título original: The Message of the Stars.

Término asociada a la astrología o astronomía.

MERCURIO

MERCURIO: Es el planeta más próximo al Sol, y observable a simple vista, por lo que fue conocido desde la Antigüedad, aunque las condiciones de su visibilidad son difíciles (sólo al amanecer y al anochecer) dada la cercanía del Sol.

Los alquimistas dieron su nombre al mercurio metálico (correspondencia de aquel planeta en la Tierra), base de la "materia prima" o de la "piedra filosofal", desde el momento en que éste figuró en la alquimia como uno de los tres elementos filosofales y principios universales, con la sal, y el azufre.

Representa lo volátil (spiritus).

Como planeta Mercurio, a diferencia de los "masculinos" Sol, Marte, Júpiter y Urano, o los "femeninos" Venus, Saturno y Neptuno, era hermafrodita, lo cual justificaba no pocas nociones sobre la reunión de los contrarios, esencial en la prácticas alquímicas.

A su vez el nombre de Mercurio proviene de una antigua divinidad romana del comercio, posteriormente asimilada al Hermes de los griegos; como mensajero de los dioses su símbolo es el caduceo que lleva en la mano.

Término asociada a la astrología o astronomía.

MERJET

MERJET: Instrumento óptico usado para medir el

zenit de las estrellas.

Utilizado para funciones como por ejemplo la de fijar la orientación norte-sur de los templos.

Término asociada a la astrología o astronomía.

METAFÍSICA

Concepto usado en el contexto de la filosofía, filósofos, pensamientos, ideas, reflexiones

Es una de las ramas de la Filosofía, basada en principios espirituales, que intenta ser como tal basándose en sus principios, propiedades y causas primarias.

METAFISICA

Periodo de investigación de fenómenos paranormales que va desde 1850 hasta los años 30.

Utilizaba técnicas de investigación no científicas y, por lo general, especulativas.

MEYKANDA

MEYKANDA: Santo tamil del siglo XIII autor del Sivajñana-bodham, texto clave en el desarrollo de la escuela del salva siddhanta.

Se supone que fue iniciado por un maestro a la edad de tres años y que fue entonces cuando recibió el nombre de "descubridor de la verdad".

Concepto usado en el contexto de la filosofía, filósofos, pensamientos, ideas, reflexiones

MICROCOSMOS MACROCOSMOS

MICROCOSMOS MACROCOSMOS: El establecimiento de paralelismos entre el microcosmos y macrocosmos es noción seguramente antiquísima, conocida ya en el Oriente Próximo desde las épocas más remotas: "Cielo arriba, cielo abajo; estrellas arriba, estrellas abajo; todo lo que está arriba también está abajo; bienaventurado tú si lo entiendes" (correspondencia, molestias, signaturas).

Quizás tenga su origen en un mito primitivo según el cual "todo" habría nacido de una única entidad anterior a la Creación.

El sistema de correspondencias aludido en una de las ideas esenciales de la astrología y, en muchos aspectos, también en la alquimia y la creencia en el mismo se ha mantenido desde la Antigüedad (tabula smaragdina), pasando por el pensamiento místico-simbólico medieval (por ejemplo el de Hildegarda von Bingen y Agrippa von Nettesheim), hasta la edad moderna con Boehme, Goethe, Novalis, y hasta versiones más recientes del esoterismo.

Tal sistema ha ejercido gran influencia en la creación de símbolos durante la Antigüedad y el Medioevo.

Concepto usado en el contexto de la filosofía, filósofos, pensamientos, ideas, reflexiones

MICROCOSMOS

Concepto usado en el contexto de la filosofía, filósofos, pensamientos, ideas, reflexiones

El pequeño universo, o el hombre manifestándose por medio de su cuerpo físico

MICROCOSMOS

El mundo pequeño que se contrapone al macrocosmos.

Boecio concibió esta denominación del hombre como "espejo del universo", siguiendo a Hildegarda von Bingen, Giordano Bruno, Leibniz y otros muchos, a partir del Renacimiento y especialmente de Agrippa con Nettesheim pasó a significar también el alma humana.

Macrocosmos

MIGMAR

MIGMAR: (Tibet). El planeta Marte. [Está simbolizado por un Ojo

"Contempla como Migmar, cubriendo su "Ojo con un velo carmesí, pasa majestuoso acariciando la tierra adormecida"

(Voz del Silencio, II).]

Término asociada a la astrología o astronomía.

MIJO

MIJO: Gramínea, alimento fundamental de las clases populares, en China tuvo consideración el símbolo de la fertilidad de la tierra y del orden natural.

MILITIA CRUCIFERA EVANGELICA

MILITIA CRUCIFERA EVANGELICA: Movimiento fundado por el alquimista Studion, en Nuremberg el año 1598, con ciertos matices rosacrucianos.

Buscaban la esperanza de la reforma general y la renovación del universo obtenido por la unión de los temas masculinos y femeninos: el soplo, la cruz gémica y el Libertador, con la sustancia primordial, la luz interior y la energía creadora.

Expresión usada en alquimia.

MIMETISMO

MIMETISMO: Se le conoce así a la facultad fisiológica que tienen algunos animales y plantas, mediante la cual modifican su apariencia asimilando la del medio que les rodea.

Concepto usado en el contexto de la filosofía, filósofos, pensamientos, ideas, reflexiones

MÎNA

MÎNA: (Minas) (Sánscrito). Lo mismo que Meenam. Duodécimo signo del Zodíaco indo, correspondiente a nuestro Piscis (los Peces).

MIRTO

MIRTO: Arborescente siempre verde, de flores blancas, que se da en las regiones cálidas; para los judíos fue símbolo de la benevolencia divina así como de paz y alegría.

En la Antigüedad estuvo consagrado a Afrodita y por tanto era símbolo del amor; al igual que todas las plantas de hoja perenne representaba también la inmortalidad.

A diferencia del laurel, que ciñe las sienes de los vencedores en combates sangrientos, la corona de mirto distingue a los que han alcanzado victorias no cruentas; los judíos las usaron para coronar a las novias, en signo de alegría, y también griegos y romanos entretejieron mirtos y rosas en las fiestas esponsales, con alusión a la diosa del amor y el matrimonio, Afrodita.

En la actualidad suele atribuirse a la corona nupcial de mirto el simbolismo de virginidad.

MISTAGOGÍA

MISTAGOGÍA: Voz derivada del griego. -Doctrinas e interpretaciones de los sagrados Misterios.

Concepto usado en el contexto de la filosofía, filósofos, pensamientos, ideas, reflexiones

MÍSTICA

Término relacionado con magia, amuletos, sistemas oraculares.

Es, teológicamente, la unión estrecha entre el hombre y la divinidad, mediante el amor y el conocimiento.

El misterio de lo mágico.

MÍSTICA

Teología.

Experiencia íntima y elevada, mediante la cual el alma humana entra en contacto con la divinidad.

Aunque su aparición depende de la Gracia de Dios, el hombre tiene la posibilidad de aproximarse a ese encuentro mediante la práctica del ascetismo.

MITHUNA

MITHUNA: (Sánscrito). Par, pareja, unión. Tercer signo del Zodíaco indo, correspondiente a nuestro Géminis, o los Gemelos.

Término asociada a la astrología o astronomía.

MITHYÂDHYAVASITI

MITHYÂDHYAVASITI: (Sánscrito). Perseverancia en el error; confirmación de un error por medio de un falso razonamiento.

Concepto usado en el contexto de la filosofía, filósofos, pensamientos, ideas, reflexiones

MITOLOGÍA ASTRAL

MITOLOGÍA ASTRAL: Mitología estelar, el conjunto de los mitos en donde aparecen los astros como divinidades o dioses de aspecto astral; es un concepto más amplio que el de culto astral, ya que no todos los mitos astrales son de carácter religioso.

Se halla en las culturas agrarias que han desarrollado civilización avanzada (Babilonia, Egipto, México y otras), centrada al rededor del Sol, la Luna, los planetas y algunas constelaciones, aunque nunca existió una religión astral pura.

Término asociada a la astrología o astronomía.

MOKCHOPÂYA

MOKCHOPÂYA: (Mokcha-upâya) (Sánscrito). Devoto que no piensa más que en la liberación final.

Concepto usado en el contexto de la filosofía, filósofos, pensamientos, ideas, reflexiones

MOLINO MÍSTICO

MOLINO MÍSTICO: Alegoría medieval que quiere poner de manifiesto la relación entre el Antiguo y el Nuevo Testamento: el trigo del Antiguo Testamento se lleva al molino místico y de su harina saldrá el pan de vida para los creyentes.

MONAS

MONAS: (Griego). Lo mismo que la palabra Mónada: "Uno", una unidad. En el sistema pitagórico, la duada emana del Monas superior y único, que, por lo tanto, es la "Causa primera".

Concepto usado en el contexto de la filosofía, filósofos, pensamientos, ideas, reflexiones

MONISMO

MONISMO: El Monismo, o doctrina de la Substancia única, es la más sutil forma de psicología negativa, que uno de sus defensores, el profesor Bain, denomina acertadamente "materialismo disfrazado"

Esta doctrina, que admite el pensamiento y los fenómenos mentales como radicalmente contrastados con la materia, los considera como los dos lados o aspectos de una sola y misma substancia en algunas de sus condiciones. (Doctrina Secreta, I, 149-150)

Llámase tambien Monismo o Advatismo (no dualismo) una de las escuelas de la filosofía Vedânta

Esta escuela admite la doctrina de la unidad o identidad del Âtmâ humano con el Paramâtmâ, esto es, la identidad del Espíritu universal; doctrina que se halla resumida y formulada en la palabras: "Tú eres Aquello (Brahman)" (Tat twam asi.) Véase: Advaita.

Concepto usado en el contexto de la filosofía, filósofos, pensamientos, ideas, reflexiones

MONOGÉNESIS

MONOGÉNESIS: Literalmente: "generación única". Generación directa, en la cual los seres vivos se reproducen directamente, y con fases de desarrollo idéntico, por huevo o por óvulo, en oposición con la digénesis o generación alternante

(Van Beneden).

Concepto usado en el contexto de la filosofía, filósofos, pensamientos, ideas, reflexiones

MONOIDEISMO

MONOIDEISMO: Etapa en que la mente tiene solo una idea o pensamiento concreto.

Concepto usado en el contexto de la filosofía, filósofos, pensamientos, ideas, reflexiones

MONOLITO

MONOLITO: Bloque grande de piedra erecto (menhir), puede constituir monumento por sí solo (pilar, columna, obelisco, estela) o ser elemento arquitectónico.

MORTERO

MORTERO: Junto con el pistilo o mano del mortero constituye una popular metáfora sexual.

MRIGAZIRAS

MRIGAZIRAS: (Sánscrito). El quinto asterismo lunar, figurado por una cabeza de antílope (mriga).

Término asociada a la astrología o astronomía.

MÛDHA

MÛDHA: (Sánscrito). Turbado, confuso; errado, cegado; iluso, insensato, irracional.

Concepto usado en el contexto de la filosofía, filósofos, pensamientos, ideas, reflexiones

MÛDHAGRÂHA

MÛDHAGRÂHA: (Sánscrito). Que tiene la imaginación extraviada; idea o intención desacertada; comprensión errónea.

Concepto usado en el contexto de la filosofía, filósofos, pensamientos, ideas, reflexiones

MUÉRDAGO

MUÉRDAGO: Planta parásita que vive sobre el tronco de ciertos árboles, especialmente el roble.

Era muy apreciado por los druidas celtas que lo recogían en el solsticio de invierno para utilizarlo en ritos de fecundidad.

Se ha empleado también en muchos otros rituales mágicos, ya que es portador de suerte y símbolo de la ventura familiar.

Antiguamente se creía que el muérdago podía curar la epilepsia.

MUJER

MUJER: El individuo femenino adulto de la especie humana, compañera del hombre como él lo es de ella; su situación en la sociedad ha variado mucho, sin embargo, en función de los posicionamientos morales, religiosos y culturales.

A partir del siglo XIX y conforme quedan relegados a un lugar secundario la familia y los modos de subsistencia basados en ella (la agricultura, las industrias manuales), tenidos desde el neolítico por campo de actividad propio y peculiar de la mujer, crece la independencia de ésta y su consideración social (también por influencia de los movimientos feministas).

En el judaísmo la figura de la mujer fue símbolo de Israel, de Jerusalén o de "Zion" incluso en la prolongación del concepto de mujer hacia los de hija y novia.

MUNDOS INFERIOR Y SUPERIOR

MUNDOS INFERIOR Y SUPERIOR: Los ocultistas y cabalistas concuerdan en dividir el universo en mundos superior e inferior, los mundos de Idea y los mundos de Materia

"Como es arriba, así es abajo", afirma la filosofía hermética

Este mundo inferior está formado según su prototipo: el mundo superior; y "toda cosa del inferior no es más que una imagen (o reflexión) del superior"

(Zohar, II, fol. 20 a.).

Expresión usada en alquimia.

MÛRTI

MÛRTI: (Sánscrito). Forma, signo y también faz. Así, Trimûrti significa: las "tres faces" o imágenes. [Cuerpo, forma corpórea, figura, imagen, aspecto, persona.]

MÚSICA DE LAS ESFERAS

MÚSICA DE LAS ESFERAS: Expresión empleada por Pitágoras, que fue el primero en descubrir una relación matemática entre las frecuencias de los varios tonos de la escala musical, y al postular que las órbitas de los planetas mostraban una relación similar basadas en su distancia del centro, conceptuó la relación mutua de sus órbitas como "la armonía de las esferas".

Concepto usado en el contexto de la filosofía, filósofos, pensamientos, ideas, reflexiones

MÚSICA

MÚSICA: La música debe considerarse como la más elevada de todas las artes, en suma, es un lenguaje universal, ya que se dirige a todos sin discriminación de razas, credos o cualquier otra distinción mundana.

Cuanto más elevado y espiritual es el individuo, más claro habla aquélla, y aun el salvaje se conmueve oyéndola.

El sutil Mundo del Pensamiento, donde están los cielos segundo y tercero, es el hogar del espíritu humano, el Ego, y también la esfera del sonido.

Por lo tanto la música tiene un grandísimo poder sobre el hombre.

En nuestra vida terrestre estamos exiliados de dicho hogar celestial y olvidamos nuestra herencia divina enfrascados en las ocupaciones materiales, pero si escuchamos el mensaje de la música, es como un aroma fragante, un eco del hogar, que nos recuerda aquel estado olvidado donde todo es alegría y paz.

De esta manera la música viene a ser para nosotros el lenguaje directo de comunicación con el mundo de los arquetipos mentales, donde los Espíritus, libres de la limitación de la forma, actúan en su propio reino.

Desde estas elevadas regiones espirituales se infiltran en los niveles bajos de la tierra fragmentos de melodías celestiales, lo que los músicos compositores han testificado, al oír en momentos de inspiración los temas a los que ellos después darán completo acabado para los seres confinados en la tierra, "construyendo puentes de ensueños" entre el mundo del tono y el de la forma.

La música celestial es un hecho y no una mera figura de lenguaje, y sus ecos nos llegan hasta este mundo físico.

Son nuestra posesión más preciosa, aunque son tan fugaces como la espuma y no pueden crearse permanentemente, como pueden crearse otras obras de arte: una estatua, un cuadro, un libro.

En el mundo físico el sonido muere tan pronto como nace.

Las experiencias del poeta son parecidas a las del músico, porque la poesía es la expresión de los más íntimos sentimientos del alma, en palabras que se ordenan de acuerdo con las mismas leyes de armonía y ritmo que rigen la expresión del espíritu en la música.

Expresión usada en alquimia.

Además, el poeta encuentra una inspiración magnífica en las imágenes y colores del Mundo del Deseo.

Concepto usado en el contexto de la filosofía, filósofos, pensamientos, ideas, reflexiones

MYSTERIUM MAGNUM

MYSTERIUM MAGNUM: (Latín). "El gran Misterio", expresión usada en alquimia y relacionada con la fabricación de la "Piedra filosofal" y el "Elixir de Vida". [Mysterium magnum es también la materia original, la materia de todas las cosas; la última esencia; la esencialidad de la naturaleza interior; la cualidad específica de la parte semimaterial de las cosas

Todas las formas proceden originalmente del Mysterium magnum, y todas vuelven a él al fin; el Parabrahman de los vedantinos

Según Jacobo Boehme, el Mysterium magnum es Dios. "Dios es lo más secreto y también lo más revelado. La obscuridad está ante los ojos, pero la angustia que hay en ella es incomprensible, a menos que la voluntad entre en ella, y entonces será sentida y experimentada si la voluntad pierde su luz". (Cuarenta Preguntas, I, 51)

"Los que hallen el Mysterium magnum sabrán lo que es; pero para el ateo es incomprensible, porque no quiere ni desea comprenderlo

Está aprisionado por la esencia terrestre hasta el punto de no poder atraer la voluntad al misterio de Dios". (Id., XVII, 13) -F. Hartmann) -Akâza; la Luz astral es la matriz del universo, el Mysterium magnum del cual nace por separación o diferenciación todo cuanto existe

(Doctrina Secreta, II, 538) -También se ha dado este nombre al Espíritu y al Caos

(Paracelso.) -Véase: Ideos.]

Expresión usada en alquimia.

MYSTERIUM

MYSTERIUM: (Latín). Esta palabra la explica el Dr. Hartmann, según los textos originales de Paracelso, como sigue: Según este gran rosacuz, "Mysterium es todo aquello de lo cual puede desarrollarse algo que está sólo germinalmente contenido en ello

Una semilla es el Mysterium de una planta; un huevo, el de un ave, etc." (Doctrina Secreta, I, 304).

N

N

N: Decimosexta letra del alfabeto español que para los musulmanes se corresponde con el decimocuarto nombre o atributo divino de Dios: Nur, que significa Luz.

Su categoría es la de Amable; posee un valor numérico de 256, siendo su cualidad o vicio el odio.

El perfume que se atribuye a la letra "n" es el jacinto, y cuenta con el jinn Damalyush y con el ángel Hulail.

Corresponde al islamismo y la cultura árabe.

NAICHKARMYA

NAICHKARMYA: (Naishkarmya = nis-karmya). Literalmente: "exención de acción"; inacción, inactividad, quietud, reposo; exención de toda obra o acción.

Concepto usado en el contexto de la filosofía, filósofos, pensamientos, ideas, reflexiones

NAIRUKTA

NAIRUKTA: (Sánscrito). Comentador, etimologista; basado en la etimología.

Concepto usado en el contexto de la filosofía, filósofos, pensamientos, ideas, reflexiones

NAKCHATRA

Término asociada a la astrología o astronomía.

(Nakshatra) (Sánscrito). Asterismo o mansión lunar. [Astro, lucero, constelación; asterismo: cada una de las veintisiete mansiones celestes que recorre la luna en su curso mensual

Los más antiguos manuscritos sánscritos referentes a la astronomía empiezan su serie de veintisiete Nakchatras con el signo de Krittikâ

(Doctrina Secreta, II, 581)

Andando el tiempo, su número llegó a veintiocho

Según se cuenta, los Nakchatras son las ventisiete Dâkchâyinis (o hijas de Dakcha), casadas con el dios Luna

Véase: Dâkchâyinîpati.

NAKCHATRAMÂLÂ

(Sánscrito). Zodíaco lunar, o sistema de los veintisiete

asterismos lunares.

NAKCHATREZA

(Nakchatra-îza) (Sánscrito). Literalmente: "reina de los astros nocturnos": la luna, que los aventaja a todos en brillantez.

NÂKCHATRIKA

(Sánscrito). Mes de unos veintisiete días aproximadamente, o la revolución de la luna.

NARANJA

NARANJA: Símbolo de la fecundidad, al igual que la mayoría de los frutos que tienen muchas pepitas o gajos.

NARCISO

NARCISO: Amarilidácea muy difundida, los griegos la vincularon simbólicamente con el sueño, porque después de la floración desaparece como replegándose en su bulbo, para resurgir al año siguiente de manera espectacular.

Se usaba para adorno de sepulturas, a fin de recordar el parentesco entre la muerte y el sueño.

En ocasiones fue símbolo de la primavera y la fecundidad.

En Asia lo es de la buena suerte.

Entre los árabes y por su tallo recto, representó la rectitud moral creyente que obedece a los mandamientos de Dios.

Fue símbolo mariano durante el Medioevo, probablemente por su parecido con el lirio.

NAVE DE CRISTAL

NAVE DE CRISTAL: Para los celtas, la muerte era un viaje hacia un mundo maravilloso, una isla misteriosa adonde se dirigían las almas navegando en una nave de vidrio o cristal

(E. Bailly).

NAVE FUNERARIA

NAVE FUNERARIA: El enterramiento de los difuntos en verdaderos barcos lo practicaban los vikingos, y así mismo los aborígenes de Oceanía.

Hay alineamientos de piedras (edad de bronce en el norte de Europa) o construcciones (navetas de las Baleares) que simulan la figura de un barco; todo ello se funda en la concepción del tránsito al Más Allá como un viaje.

NAVE

NAVE: Es símbolo clásico del viaje en su concepción más iniciática.

La nave es la representación del tránsito por la vida, y con tal significación se utilizó ya en las culturas mesopotámicas.

También se ha relacionado a la nave corno símbolo de la isla sagrada.

Guénon* escribió al referirse a este término simbólico: «La conquista de la gran paz puede contemplarse bajo la forma de una navegación.»

NECROCÓSMICA

NECROCÓSMICA: (Ocultismo). Visiones de suscesos futuros en el aire. (F. Hartmann).

Término relacionado con magia, amuletos, sistemas oraculares.

NECROMANCIA

NECROMANCIA: Arte adivinatoria que basa en la consulta del espíritu de los muertos.

En la Biblia, Saúl, primer rey de los israelitas, consulta al espíritu del profeta Samuel, invocada por la hechicera de Endor.

El término necromancia sufrió una connotación peyorativa al trasformarse sus practicantes en nigromantes o adeptos a la magia negra.

Término relacionado con magia, amuletos, sistemas oraculares.

NEGACIÓN ABSOLUTA

NEGACIÓN ABSOLUTA: Para nuestra limitada inteligencia, la Unidad Realidad, Parabrahman, lo Absoluto, la Esencia que está fuera de toda relación con la existencia condicionada, es Negación absoluta

(Doctrina Secreta, I, 43)

Pero esta Nada es el TODO. (Idem, I, 462).

Concepto usado en el contexto de la filosofía, filósofos, pensamientos, ideas, reflexiones

NEGATIVO

NEGATIVO: En la Radiestesia, es el momento en que el péndulo gira a la izquierda; al contrario de las manecillas del reloj.

Término relacionado con magia, amuletos, sistemas oraculares.

NEOMENIA

NEOMENIA: (Del griego neos, nuevo, y méné, luna). Fiesta que celebraban los antiguos a la reaparición de cada nueva luna

Era una de las prácticas más antiguas y universales antes del Diluvio

Al fin del cuarto menguante, cuando la luna en conjunción había cesado de parecer, la gente subía a un sitio encumbrado para percibir mejor la nueva fase, después de lo cual se practicaba el sacrificio.

NEOPLATÓNICOS

NEOPLATÓNICOS: Prosélitos del neoplatonismo, escuela de filosofía que apareció entre el segundo y tercer siglo de nuestra era, y fue fundada por Ammonio Saccas, de Alejandría

Es la misma que la de los filateos y de los analogistas

Se les daba también el nombre de teurgistas y otros varios

Eran los teósofos de los primeros siglos

El neoplatonismo es la filosofía platónica con la adición del éxtasis, el Râja-yoga divino

(Glosario de La Clave de la Teosofía)

Véase: Neoplatonismo.

Concepto usado en el contexto de la filosofía, filósofos, pensamientos, ideas, reflexiones

NEOPLATONISMO

NEOPLATONISMO: Escuela o movimiento filosófico que se extendió desde el s. III a. C. hasta el s. V de nuestra era.

El neoplatonismo recoge el legado de ciertos elementos platónicos y pitagóricos, más otros de origen oriental y judío, en el más puro estilo de la escuela de Alejandría.

El neoplatonismo concede al hombre una capacidad de trascendencia para poder entrar en contacto con el Uno, el Absoluto. Esta capacidad tiene un claro sentido místico.

La unión con el Uno representa, entre otras cosas, un alejamiento de la materia.

En este sentido, el neoplatonismo se vincula con el gnosticismo y las religiones mistéricas. La influencia que este movimiento filosófico tuvo sobre el hermetismo fue notable a partir del Renacimiento, época en que se hizo más conocido en Occidente.

Figuras sobresalientes del neoplatonismo fueron Plotino, Porfirio y Jámblico.

Concepto usado en el contexto de la filosofía, filósofos, pensamientos, ideas, reflexiones

NERGAL

NERGAL: (Caldeo). En las tablas asirias se le describe como el "gigante rey de la guerra, señor de la ciudad de Cutha"

Nergal es también el nombre hebreo del planeta Marte, asociado invariablemente con la mala suerte y el peligro

Nergal-Marte es el "derramador de sangre"

En astrología oculta es menos maléfico que Saturno, pero es más activo en sus asociaciones con los hombres y su influencia sobre ellos.

Término asociada a la astrología o astronomía.

NICOLÁS FLAMEL

NICOLÁS FLAMEL: (Alquimia)Uno de los más célebres alquimistas que han existido. Nació en Pontoise, aproximadamente en el año 1330

Era escritor público y librero jurado de la Universidad de París

Merced al descubrimiento de la priedra filosofal, según se asegura, adquirió inmensas riquezas, gran parte de las cuales invirtió en fundaciones pías y benéficas (iglesias, hospitales, asilos, etc.), algunas de las cuales no ha destruído todavía la mano implacable del tiempo

Se le atribuyen varias obras sobre el arte hermético: el Libro de las figuras jeroglíficas de Nicolás Flamel, traducido del latín al francés por P

Arnauls; el Sumario filosófico, el Tratado de las Lavaduras o el Deseo deseado. Esta última obra existe manuscrita en dos bibliotecas de París

Flamel, de costumbres sencillas, vivió siempre muy modestamente

Murió en 1418

En la fachada de su casa de la calle de Marivaux (París), veíanse esculpidos preciosos símbolos herméticos.

Expresión usada en alquimia.

NIDO

NIDO: Símbolo de protección y sosiego; en el arte medieval un nido con pájaros suele simbolizar la placidez del paraíso.

NIEBLA

NIEBLA: Símbolo de lo indeterminado, de transición de un estado a otro, o también de lo impreciso y fantástico.

En las concepciones mitológicas de muchos pueblos es la sustancia primigenia, lo que existía antes de que estuviese creado el mundo.

En las artes plásticas intentaron representarla, por ejemplo, los pintores japoneses.

NIEVE

NIEVE: Es de color blanco, pura, fría, por lo que constituye símbolo de la castidad y la virginidad; de adscripción mariana en la simbología del cristianismo.

NIGROMANCIA

NIGROMANCIA: (Del griego nekros, muerto, y manteia, adivinación). Evocación de los muertos para adivinar sucesos futuros

Una de las prácticas de la magia negra

Véase: Necromancia.

Término relacionado con magia, amuletos, sistemas oraculares.

NÎLÂMBARA

NÎLÂMBARA: (Sánscrito). Sobrenombre de Balarâma y del planeta Saturno.

Término asociada a la astrología o astronomía.

NIMITTA

NIMITTA: (Sánscrito).

1) Iluminación interior desarrollada por la práctica de la meditación

2) La causa eficiente espiritual, en contraposición a la causa material, Upâdâna, en la filosofía vedantina

Véase también pradhâna, en la filosofía sânkhya

[Nimitta tiene además las siguientes acepciones: marca, signo, señal, sello, vestigio, indicio; condición; causa, motivo, causa eficiente o instrumental; instrumento, augurio, presagio.]

Concepto usado en el contexto de la filosofía, filósofos, pensamientos, ideas, reflexiones

NIÑO

NIÑO: Símbolo de reflexión y de la inocencia, como tal lo citan a veces los evangelios "que os hagáis como los niños..."; así mismo suele ser símbolo de los comienzos y promesa de posibilidades aún no realizadas.

NIRBÎJA-SAMÂDHI

NIRBÎJA-SAMÂDHI: (Sánscrito). Meditación "sin semilla" o inconsciente. Es aquella meditación inconsciente, o sin una conciencia definida, en que, por efecto de la completa suspensión de las transformaciones (vrittis), la mente, o principio pensador, permanece en un perfecto estado de equilibrio, y queda sólo el siempre inalterable vidente (el Espíritu o Purusha), el único percibidor, en perfecto estado de Sattva

Este es el verdadero estado de Yoga supremo

Es un estado de completa absorción de la mente en el Espíritu y de omnisciencia intuitiva

Hay diversos procedimientos para lograr este resultado

En su Introducción al Yoga, la señora Besant pone unos ingeniosos ejemplos para dilucidar esta abstrusa cuestión

Seguid -dice- una cadena lógica de razonamiento, paso a paso, eslabón tras eslabón; no permitáis que la mente se desvíe lo mas mínimo de esta línea, y de ello resultará la fijeza mental

Cuando os hayáis remontado al último punto de vuestro razonamiento y hayáis llegado al último eslabón de esta cadena, cuando la mente ya no os pueda llevar más lejos, más allá de un punto en que nada podéis ver, entonces deteneos

Aferraos con todas vuestras fuerzas al punto supremo, al postrer eslabón de la cadena de vuestro razonamiento, y conservando la mente en perfecto equilibrio, quietud y fijeza, esperad tranquilos lo que viniere

Este último eslabón, la idea o pensamiento capital de la cadena del razonamiento, el residuo que queda, en la mente, del objeto de la meditación consciente, es lo que ha recibido el nombre de "semilla", y por este motivo se ha llamado a esta clase de meditación sabîja-samâdhi, o sea samâdhi "con semillas"

Si, una vez llegados a tal punto, desecháisa esta idea capital, o semilla, pero manteniendo con la mayor firmeza y cuidado la mente en la situación adquirida, en el punto más alto que hayáis alcanzado, resultará entonces la "meditación sin semilla"

El nirbîja-Samâdhi se ha designado también con los nombres de nirvikalpa-samâdhi y asamprajñâ-ta-samâdhi

-Véanse estas palabras.

Concepto usado en el contexto de la filosofía, filósofos, pensamientos, ideas, reflexiones

NIRGUNA

NIRGUNA: (Sánscrito). Atributo negativo; desligado o sin gunas (atributos), esto es, lo que está desprovisto de todas las cualidades, opuestamente a sa-guna, lo que tiene atributos o cualidades. (Véase: Doctrina Secreta, II, 100); v. gr. Parabrahman es nir-guna; Brahmâ es sa-guna. Nirguna es un término que indica la impersonalidad de la cosa de que se habla

[Nirguna: libre o exento de atributos, modos o cualidades (gunas)

Significa también desprovisto de mérito

Como quiera que ningún ser más o menos material está desprovisto de gunas, sólo puede calificarse de nirguna al Espíritu puro, el Purusha, el Alma en su estado de pureza esencial

-Véase: Gunas.]

Concepto usado en el contexto de la filosofía, filósofos, pensamientos, ideas, reflexiones

NIRÎZVARA-SÂNKHYA

NIRÎZVARA-SÂNKHYA: (Sánscrito). "Sânkhya ateísta" o sea "sin Señor o Dios"

Con este nombre se designa la filosofía sânkhya pro-

piamente dicha, en contraposición a la filosofía Yoga de Patañjali, o sezvara (sa-îzvara) sânkhya, esto es, sânkhya "con Señor o Dios", o teísta.

Concepto usado en el contexto de la filosofía, filósofos, pensamientos, ideas, reflexiones

NIRMATHYA

NIRMATHYA: (Sánscrito). El sagrado fuego producido por la frotación de dos pedazos de madera; el fuego llamado pavamâna en los Purânas

La alegoría aquí contenida es una enseñanza oculta

Véase: Pavamâna.]

NIRVICHÂRA

NIRVICHÂRA: (Sánscrito). "No deliberativo", "no reflexivo", sin reflexión, o sea sin ayuda de ningún proceso mental

Esto se refiere a la intuición ultrameditativa, en la que, sin el menor esfuerzo del pensamiento, aparecen de un modo instantáneo en la mente lo pasado y lo futuro, los antecedentes y consecuentes de un fenómeno presente

(Râma Prasâd)

Véase: Aforismos de Patañjali, I, 44).

Concepto usado en el contexto de la filosofía, filósofos, pensamientos, ideas, reflexiones

NIRVITARKA

NIRVITARKA: (Sánscrito). Sin raciocinio, sin disquisición, no razonador, no argumentativo. Este calificativo se aplica, entre otras cosas, a cierta clase de intuición (samâpatti), que Râma Prasâd denomina "intuición sin palabras"

Es aquel estado de lucidez mental en que las verdades de la Naturaleza brillan por sí mismas sin intervención de palabras

(Las Fuerzas más sutiles)

Véase: Intuición.

Concepto usado en el contexto de la filosofía, filósofos, pensamientos, ideas, reflexiones

NOCHE

NOCHE: En contraposición con el día, símbolo de la oscuridad misteriosa, de lo irracional, de lo inconsciente, de la muerte y también del seno materno que protege y da vida.

Un buey de los capiteles de las columnas románicas puede simbolizar la noche.

Mediodía.

NOMANCIA

NOMANCIA: (Voz derivada del griego). Adivinación por medio de las letras del nombre de la persona cuyo destino se desea saber.

Término relacionado con magia, amuletos, sistemas oraculares.

NOMBRE

NOMBRE: Pronunciar un nombre, no sólo es definir un ser (una entidad), sino también ponerlo, en virtud de la emisión de la palabra, bajo la influencia de una o más potencias ocultas

Para cada uno de nosotros, las palabras son lo que hace de ellas la Palabra al tiempo de nombrarlas

Las palabras y los nombres son benéficos o maléficos, dañinos o saludables, según las influencias ocultas que la suprema Sabiduría asignó a sus elementos, esto es, a las letras que los componen y a los números correlativos a dichas letras

(Doctrina Secreta, I, 121)

Grande es el poder de los nombres, y es conocido desde que los primeros hombres fueron instruídos por los Maestros divinos. (Id., II, 811)

Véase: Mantra.

NÓUMENO

NÓUMENO: (Griego). La verdadera naturaleza esencial del ser, como distinta de los ilusorios objetos de los sentidos [o en otros términos: la cosa, esencia o substancia desconocida, tal como es en sí misma, opuestamente al fenómeno, o sea la forma por medio de la cual aquélla se manifiesta a los sentidos o al entendimiento

Así, la chispa eléctrica es un fenómeno de la electricidad, etc.]

Concepto usado en el contexto de la filosofía, filósofos, pensamientos, ideas, reflexiones

NUBES

NUBES: Por su carácter de velo misterioso y porque forman parte del cielo, a menudo se creyó que era la morada dde los dioses, sobre todo cuando aparecen envolviendo cimas muy altas (por ejemplo la del Olimpo).

Es corriente que la divinidad se aparezca envuelta en nubes, como así sucede en la Biblia.

El Islam las considera símbolos de la completa imposibilidad de concebir a Alá antes de la Creación.

En China la nube que se desvanece en el cielo simboliza la transformación necesaria a que debe someterse el sabio para conseguir disolver su personalidad individual en el Todo infinito.

Como portadora de la lluvia, la nube también puede ser símbolo de la fecundidad.

NUDO

NUDO: Al igual que la red, el lazo o el entrelazado, el nudo expresa una idea de apresamiento. Puede entenderse como la situación del individuo no liberado, que sigue atado a su condición terrenal.

En magia la atadura tiene ese sentido de vinculación y servidumbre.

También en misticismo se habla de «deshacer el nudo», es decir, de encontrar el propio y auténtico Centro.

NUEVA ERA

NUEVA ERA: Es el nombre genérico dado a una corriente cultural nacida en siglo XX que emplea el esoterismo y el sincretismo religioso como forma de expresión, aunque no se considera una religión en si misma.

Aún cuando no se puede generalizar ya que es una corriente difusa con muchas ramificaciones, algunos sectores muestra, un rechazo del Cristianismo.

El experto investigador César Vidal Manzanares señala que la Nueva Era ha dado vida a grupúsculos como los rosacruces, los teósofos o los antropósofos.

No se presenta como una religión.

Frente a la enseñanza bíblica de la Trinidad que proporciona un papel único a Cristo, la Nueva era lo convierte en un maestro o en un extraterrestre que vino no a salvar a la Humanidad, sino a enseñarle algunas nociones de moral.

Frente a la enseñanza bíblica de que el hombre se

halla sujeto al pecado y morirá una sola vez debiendo enfrentarse con el juicio de Dios, la Nueva Era sostiene en que el pecado no existe y es sólo consecuencia de anteriores reencarnaciones.

Frente a la enseñanza bíblica que insiste en que la salvación nos viene dada por la gracia de Dios a través de la muerte de Cristo en la Cruz, la Nueva Era propugna un nuevo pelagianismo defensor de la idea de que el hombre puede obtener la salvación por sus propios medios.

Frente a la enseñanza bíblica acerca de un Dios personal, la Nueva Era afirma una noción del cosmos panteísta.

Frente a la enseñanza bíblica que insiste en la necesidad de orar, leer la escritura, ayunar..., la Nueva Era centra todo su interés en formas de meditación y ascesis personal.

Expresión asociada a la Nueva era.

NUEZ

NUEZ: Los santos Padres, y en particular San Gregorio Filón y otros, han considerado la nuez como el símbolo de la perfección

Así vemos que en la iglesia primitiva se ponían nueces en las tumbas de algunos cristianos para indicar su consumada virtud

Pero los escritores de los primeros siglos creían ver en dicho fruto el símbolo de Cristo, según se desprende de ciertos curiosos pasajes de San Agustín y de San Paulino

He aquí lo que dice este último autor: "En la nuez está Cristo; la materia leñosa de la nuez es Cristo porque en el interior de la nuez está el alimento; la cáscara está al exterior; pero por encima hay una corteza verde que es amarga

He aquí a Dios-Cristo velado por nuestro cuerpo, que es frágil por la carne, alimento por el verbo, y amargo por la cruz"

Véase: Martigny: Dictionnaire des Antiq. Chrét.

NUNTIUS

NUNTIUS: (Latín). El "Sol-Lobo", uno de los nombres del planeta Mercurio

Es el acompañante del sol, Solaris luminis particeps [partícipe de la luz solar.] Véase: Doctrina Secreta, II,

31, (3ra. Edic.).

Término asociada a la astrología o astronomía.

NUTRIA

NUTRIA: Es animal de simbolismo lunar.

En algunas culturas indias y Africanas su piel desempeña ciertas funciones en los ritos de iniciación.

En Europa se presenta a veces como guía de las ánimas.

NYAYA

NYAYA: Sistema filosófico hindú que pretende investigar analíticamente las verdades que llevan a la bienaventuranza y a la liberación del ciclo de existencias.

Concepto usado en el contexto de la filosofía, filósofos, pensamientos, ideas, reflexiones

O

O

O: La letra "o" se encuentra asociada al ritual masónico en los grados 17 y 32 del Rito Escocés.

Concepto propio de los masones, masonería.

OBELISCO

OBELISCO: Pilar muy alto, de cuatro caras iguales que van adelgazando de abajo arriba y terminando en un remate piramidal.

Era en Egipto, sobre todo durante las Dinastías XVIII y XIX, símbolo de culto a la divinidad solar; su extremo era lo primero que iluminaban los rayos de la aurora. por su forma apunta con énfasis en un sentido determinado, representan la unión entre la tierra y los cielos o el Sol.

Los antiguos egipcios solían erigir un par de obeliscos a las entradas de los templos.

Hasta la fecha se conservan unos 30 obeliscos en pie, o restablecidos, de ellos unos 14 en Roma (después de purificarlos mediante exorcismos y colocar una cruz en el remate); en Egipto sólo quedan de pie 5 obeliscos.

En el Renacimiento se construyeron muchas imitaciones, convertidos en elementos arquitectónicos ornamentales, y todavía hoy se erigen a veces con carácter monumental.

OBJETIVO

OBJETIVO: Lo referente a los objetos reales, exteriores; lo que podemos observar fuera de nosotros por medio de nuestros sentidos; opuestamente a lo subjetivo, o sea lo que se refiere a nuestro interior, a nuestro modo especial de sentir o de pensar

(Véase: Subjetivo).

Concepto usado en el contexto de la filosofía, filósofos, pensamientos, ideas, reflexiones

OBRA

OBRA: Término de profunda significación hermético-alquímica.

Constituye el conjunto de las fases del proceso alquímico y, básicamente, se divide en dos: obra menor y obra mayor.

En la primera, el alquimista se limita a recoger, mezclar, calentar y dejar «pudrir» la materia prima*, hasta que ésta queda purificada y preparada para ser sometida a la obra mayor.

En esta segunda etapa se irá ya en busca de la Piedra filosofal*.

Según la mayoría de los alquimistas, la obra menor es la más laboriosa y complicada; de modo que una vez concluida esta etapa, la segunda constituirá un trabajo mucho más fácil.

Expresión usada en alquimia.

OBSERVACIÓN

OBSERVACIÓN: Consiste en el empleo de los sentidos como medio de obtener informaciones correctas respecto de los fenómenos que ocurren a nuestro alrededor, viendo las cosas con claros y definidos contornos y en detalle.

La observación y la acción correcta generan lo que se denomina el alma consciente.

Concepto usado en el contexto de la filosofía, filósofos, pensamientos, ideas, reflexiones

OCA

OCA: La pata de oca posee un notable valor simbólico en el hermetismo.

Se la considera como símbolo de la sabiduría esotérica que poseían ciertos pueblos marinos de la antigüedad, que iniciaron una serie de singladuras por el Mediterráneo. En este sentido la concha de peregrino o de Compostela constituiría otra de las representa-cienes de este mismo saber oculto que, a través del mar ---al igual que las ocas y patos nadan en lagos y estanques— llevarían su saber a determinados enclaves. En alquimia* también se da el nombre de Oca al «mercurio filosófico».

OCTÁGONO

OCTÁGONO: El polígono regular de ocho lados, utilizado por los constructores del gótico como sistema de proporciones para trazar la planta de torres y columnas, conteniendo además alusiones simbólicas de universalidad y perfección.

OCULTISTAS BLANCOS Y NEGROS

OCULTISTAS BLANCOS Y NEGROS: Se los denomina también: ocultista de la mano derecha y de la mano izquierda, respectivamente.

Los que se dedican por completo y de una manera desinteresada a cumplir la voluntad divina, o que se esfuerzan en adquirir estas virtudes, son llamados "blancos"; los que son egoístas y obran contra el designio divino en el universo, son denominados "negros".

La abnegación expansiva, el amor y la devoción son las cualidades que caracterizan a los primeros; el egoísmo concentrado, el odio y la insolente arrogancia son las señales distintivas de los segundos.

Entre los unos y los otros hay una clase cuyos móviles son mixtos, y que han recibido la denominación de "grises".

[Véase: Annie Besant, Sabiduría Antigua, página 92.]

Término relacionado con magia, amuletos, sistemas oraculares.

OFIOMANCIA

OFIOMANCIA: (Del griego ophis, serpiente, y manteia, adivinación). Como expresa su nombre, era la adivinación por medio de las serpientes.

Este medio de saber el porvenir estaba muy en uso entre los antiguos, y se encuentran varios ejemplos de él en los poetas.

Consistía en sacar presagios de los diversos movimientos de dichos reptiles.

Término relacionado con magia, amuletos, sistemas oraculares.

OGHAM [U OGAM]

OGHAM [U OGAM]: (Celta). Misterioso lenguaje de las primitivas razas celtas, usado por los druidas. Una de las formas de este lenguaje consistía en la asociación de las hojas de ciertos árboles con las letras.

A esto se le daba el nombre de Beth-luis-nion-Ogham, y para formar palabras y frases se ensartaban en el orden debido las hojas en un cordón.

Godfrey Higgins indica que para completar la confusión se interponían entre dichas hojas otras que nada significaban.

-[Alfabeto simbólico, o más bien mágico, de que se servían los mystes antiguos para unos encantamientos cuyo carácter musical no puede ponerse en duda.

De dicho término derivan probablemente las voces musicales gama, gamma o gamut de los ingleses.

-E. Bailly.]

OJO

OJO: Mal de ojo. Influencia maléfica que, según la tradición popular y el ocultismo, puede provocar una persona sobre otra.

No hay que olvidar que el ojo posee una poderosa fuerza mágica.

El mal de ojo constituye una clara forma de vampirismo.

Según un experto: «Se ha querido ver en el mal de ojo una simple superstición, pero con toda seguridad la creencia popular se fundamenta en hechos reales.» Se encuentra muy difundido en Italia.

Término relacionado con magia, amuletos, sistemas oraculares.

OLAS

OLAS: Simbólicamente se hallan desde luego en relación con el agua, aunque prevalece en este caso la noción de movimiento, capaz de asumir bajo la figura de mar embravecida un carácter amenazador, aunque impersonal; de ahí que puedan simbolizar, no sólo la agitación y el movimiento, sino también aquellas fuerzas que el hombre no consigue dominar.

OLIMPIODORO

OLIMPIODORO: El último neoplatónico de fama de la Escuela de Alejandría.

Vivió en el siglo sexto, durante el reinado del emperador Justiniano.

Hubo varios escritores y filósofos de este nombre en las épocas anterior y posterior a Cristo, siendo uno de ellos el maestro de Proclo; otro, un historiador del siglo octavo, y algunos más.

(Glosario de la Clave de la Teosofía).

Concepto usado en el contexto de la filosofía, filósofos, pensamientos, ideas, reflexiones

OLIVO

OLIVO: Por ser uno de los más antiguos vegetales de utilidad económica, reviste un abundante simbolismo.

En Grecia estuvo consagrado a Atenea y simbolizó la energía espiritual y la luz del conocimiento (porque proporcionaba el aceite para las lámparas), la purificación (por el poder depurativo del aceite), la fecundidad y la longevidad (es árbol muy resistente y capaz de vivir siglos), la victoria y también la paz y la reconciliación (por el efecto calmante de su aceite).

En relación con la rama de olivo que llevaba en el pico a su regreso la paloma enviada por Noé desde el arca, en el cristianismo el olivo y sus ramas son signos de la reconciliación con Dios y de la paz.

OLLA

OLLA: Muy difundido símbolo de la matriz, y por tanto de la mujer, al igual que otros recipiente similares.

OLMO

OLMO: Árbol longevo, de madera dura y tenaz; en la antigua Grecia era símbolo de la muerte.

OLŒUS BORRICHIUS

OLŒUS BORRICHIUS: Autor de una obra en latín titulada De ortu et progressu chemiœ (Origen y progreso de la química), en la cual hace remontar la alquimia a los tiempos bíblicos, situando su cuna en los talleres de Tubalcaín.

Expresión usada en alquimia.

OMBLIGO

OMBLIGO: Según los mitos de distintos pueblos, símbolo del centro del mundo, es decir del lugar desde donde se inició la Creación.

Era célebre el Omphalos de Delfos, un bloque cilíndrico de piedra que era símbolo, al mismo tiempo, de la unión entre los dioses, los hombres y el reino de los muertos.

El ombligo del cielo se identificó, en ocasiones, con la estrella polar, alrededor de la cual parece girar la bóveda celeste.

La contemplación del ombligo como procedimiento de meditación sobre principios fundamentales cósmicos y humanos se halla tanto en el yoga hindú como en la Iglesia oriental.

OMEGA

OMEGA: Ultima letra del alfabeto griego y, sobre todo para los cristianos, símbolo del fin del mundo, de la consumación de los tiempos.

AlfaAlfa y Omega.

ONECH

ONECH: (Hebreo). El Fénix, así llamado de Enoch o Fenoch.

Porque Enoch (o Khenoch) significa literalmente iniciador e instructor, y por lo tanto, el Hierofante que revela el último misterio.

El ave Fénix se halla siempre asociada con un árbol, el místico Ababel del Korán, el Arbol de Iniciación o del Conocimiento.

ÓNFALO

ÓNFALO: Es un símbolo o representación del «centro» cósmico, en el que se produce la comunicación entre el mundo de los hombres, el de los muertos y el de los dioses.

Según numerosos investigadores esotéricos, la representación onfálica existió en pueblos muy diversos.

El ónfalo se representaba mediante la piedra llamada betilo, que tenía la forma de una pilastra.

Ciertos investigadores consideran que los menhires sagrados podrían tener este mismo significado.

ÓNICE

ÓNICE: También recibe el nombre de ónix.

Piedra semipreciosa variedad mineral de los cuarzos.

La utilización del ónice data de la más remota antigüedad, habiendo sido utilizada por las culturas más diversas con múltiples usos.

En China sólo la podía utilizar el emperador; entre los judíos formaba parte de las joyas incrustadas en el pectoral de ceremonias del Sumo Sacerdote.

Se decía que le ónice podía conceder el don de la invisibilidad a su portador. Se empleaba para fabricar ungüentos y elixires, tanto en medicina como en magia*.

ONICOMANCIA

Término relacionado con magia, amuletos, sistemas oraculares.

(Del griego ónyx, uña). Adivinación del porvenir, particularmente de los niños, por medio de un examen de los trazos o figuras que les quedan señalados en las uñas, frotándolas previamente con aceite y hollín y exponiéndolas luego al sol.

ONICOMANCIA

Técnica de adivinación por medio de manchas de aceite y hollín en las uñas de las manos.

ONIROCRACIA U ONIROCRICIA

ONIROCRACIA U ONIROCRICIA: Arte de explicar o interpretar los sueños. La onirocricia (u oneirocricia) -dice el sabio bibliófilo M. Paul Lacroix- es uno de los frutos del simbolismo oriental.

Llegó a ser un arte que tenía sus practicantes entusiastas, una ciencia que tenía sus promotores y doctores, una religión que tenía sus sacerdotes y sus fanáticos, una potencia que tenía sus esclavos sumisos y sus depositarios respetados.

Podía prometerse un porvenir brillante e ilimitado. Pero, por desgracia, la industria, hija de la codicia, se apoderó de ella y le hizo perder primero su dignidad y luego su poder; el charlatanismo, por último, la hizo caer en el mayor desprestigio, hasta el punto de que hoy día no tiene casi más devotos que la gente ignorante y supersticiosa.

Sin embargo, es posible que un día el arte onirocrítico, despojado de sus errores y prejuicios, deje de ser objeto de un desdén quizás excesivo y ocupe el honroso lugar de antiguos tiempos.

(Véase: Christian, Hit. De la Magie, págs. 442 y siguientes.

Véase también Erodinium.).

Término relacionado con magia, amuletos, sistemas oraculares.

ONIROCRÍTICO

ONIROCRÍTICO: (Onirokriticós, en griego). Intérprete de los sueños. -Epíteto de Mercurio.

Término relacionado con magia, amuletos, sistemas oraculares.

ONIROMANCIA

ONIROMANCIA: Práctica adivinatoria que consiste en predecir el futuro mediante la interpretación de los sueños.

Su antigüedad es muy remota, pues en textos caldeos

como la epopeya de Gilgamesh, escrita en el tercer milenio antes de nuestra era, se puede comprobar la importancia que alcanzan los sueños como elemento profético.

Por entonces ya se realizaban interpretaciones de sueños, y según tablillas encontradas, tanto en Sumeria corno en Babilonia se les atribuían augurios muy específicos.

El contenido de los sueños venía a ser una comunicación con los dioses, y lo que éstos decían tanto podía ser una advertencia como una premonición de hechos futuros.

No obstante, los babilonios que parece dominaban el arte de la interpretación onírica, eran ya muy cautos a la hora de hacer sus pronósticos ya que sabían que los sueños podían resultar engañosos.

En el Antiguo Testamento se concede a ciertos sueños un carácter trascendente, como el que tuvo Jacob, o el de Gedeón; no obstante, tal como se recomienda en el Deuteronomio, había que mostrarse muy prudentes a la hora de analizar y enjuiciar los sueños.

Por su parte, los griegos también concedieron gran importancia a la interpretación de los sueños. Homero establece claramente la diferencia existente entre sueños veraces y sueños falsos. Aristarco y Estrabón, siglos II y I a. C. reconocieron la importancia de los sueños proféticos. Aristóteles escribió un tratado sobre la predicción que se puede hacer por los sueños, aclarando que es importante considerar la trascendencia de algunos sueños proféticos, si bien es necesario dominar una compleja simbología para hacerlo adecuadamente.

En Roma, Cicerón, que no fue precisamente muy crédulo y criticó duramente a los augures en su obra Sobre las predicciones no dejó de tener muy en cuenta la importancia de los sueños proféticos. Al respecto recuérdese el sueño que tuvo Calpurnia, mujer de Julio César, sobre la inmediata muerte de éste; o el de Bruto en que se le anticipó su derrota ante las huestes de Marco Antonio y Octavio.

En nuestro tiempo, y al margen de las investigaciones realizadas sobre el mecanismo del sueño, todavía quedan ciertas parcelas referentes a los sueños proféticos y otros fenómenos que siguen dando al sueño un carácter oculto.

Término relacionado con magia, amuletos, sistemas oraculares.

ONOMANCIA

ONOMANCIA: Adivinación de sucesos futuros por el nombre de una persona, o sea por el valor numérico y anagramático de las letras que entran en el nombre y apellido de un individuo.

Término relacionado con magia, amuletos, sistemas oraculares.

ONOMATOMANCIA

ONOMATOMANCIA: Este género de adivinación se distingue de la onomancia en que deduce sus horóscopos, no de los nombres de las personas, sino de los lugares y de las cosas.

Término relacionado con magia, amuletos, sistemas oraculares.

OÓGENES

OÓGENES: Literalmente: "nacido de un huevo".

Sobrenombre de Eros, o el Amor, que salió de un huevo.

Término relacionado con magia, amuletos, sistemas oraculares.

OOMANCIA

OOMANCIA: Adivinación por medio de los signos o figuras que aparecen en los huevos.

Suidas atribuye el origen de este medio de adivinación a Orfeo, que enseñó la manera de percibir en la yema y la clara del huevo, en ciertas condiciones, lo que el ave de él nacida habría visto en torno suyo durante su breve vida.

(Doctrina Secreta, I, 188).

Véase: Ooscopia.

Término relacionado con magia, amuletos, sistemas oraculares.

OOSCOPIA

OOSCOPIA: Arte de adivinar por medio de los huevos.

Puede verse en Suetonio un caso de este género de adivinación.

Término relacionado con magia, amuletos, sistemas oraculares.

ÓPALO

ÓPALO: Piedra preciosa, variedad de sílice hidratada, que ofrece una gran pluralidad de cromatismos debido a las sustancias que la integran.

En magia* desempeña un destacado papel, dada su variedad de tonos y su sensibilidad al entorno.

En la superstición cl ópalo no está considerada como una piedra benéfica, pues se cree que su poseedor puede sufrir desgracias.

Se dice que posee una notable fuerza destructiva.

En la gemoterapia moderna tiene utilización, dado que actúa sobre el chakra laríngeo.

Sus elixires se utilizan en enfermedades genitales.

ORÁCULO

ORÁCULO: Término que procede de la voz latina oraculum, respuesta oral.

El oráculo es la respuesta dado por un dios o un ser superior, a través de un elemento mediador, como puede serlo un sacerdote, un médium, etc.

El oráculo se encuentra muy vinculado con la adivinación, y ambas responden al deseo humano de conocer el futuro, o de tener una respuesta adecuada para poder encararlo.

Famosos en la antigüedad fueron el templo de Amén, en Egipto, y los de Delfos y Olimpia, en Grecia.

Término relacionado con magia, amuletos, sistemas oraculares.

ORÁCULOS

ORÁCULOS: Contestaciones dadas por las divinidades, por boca de las pitonisas y de los sacerdotes del paganismo, a las consultas que ante sus ídolos se hacían.

También se daba el nombre de oráculo a una figura o imagen que representaba la deidad cuyas respuestas se pedían.

El más famoso de los oráculos era el de Delfos, pero eran asimismo muy renombrados los de Claros, Ammon, Serapis, Heliópolis y algunos más.

Hanse atribuído por unos al diablos.

Porfirio, Jámblico y otros filósofos platónicos admitían que los oráculos era expresados por "demonios", palabra que los antiguos cristianos tomaron en el sentido de "diablo", y no en el de "genio" o "divinidad", como debe entenderse.

(Véase: Daimon).

Opinan otros que los oráculos no son otra cosa que hábiles supercherías, de las cuales parece que han podido comprobarse no pocas.

(Véase: Diccionario filosófico, artículo Oracles).

La mayor parte de los oráculos tenían un carácter equívoco o de ambigüedad, de suerte que por su doble sentido podían interpretarse de diversas maneras, según se halla demostrado en numerosos ejemplos de la Historia antigua, como el expresado en el siguiente verso latino: Credo equidem Eacidas Romanos vincere posse, que tanto podía significar que los romanos podían vencer a los eácidos, como que éstos podían vencer a los romanos.

No se confundan estos oráculos con las predicciones que durante el "furor profético" hacen algunas personas dotadas de alto grado de espiritualidad.

(Véase: Chrestos).

Término relacionado con magia, amuletos, sistemas oraculares.

ORBE

ORBE: Una de las insignias imperiales, esfera culminada por una cruz simbolizando el poder del soberano cristiano.

Manzana.

OREJA

OREJA: Representa el oído, la comunicación y también la obediencia, es órgano de la percepción como el ojo, pero interpretado como oído espiritual también puede simbolizar la inspiración; la facultad de "oír" espiritualmente precede a la "visión" espiritual.

En la Antigüedad se creyó que la oreja era la sede de la memoria; el tirón de oreja, practica admitida ante los tribunales durante la Edad Media, era un recordatorio para el testigo y le intimaba a declarar la verdad.

El pabellón auditivo largo y ancho se consideraba, por ejemplo en China, como signo de buen juicio y capacidad de discernimiento y también como anuncio de longevidad.

En África la oreja cobra una significación sexual; la forma externa del órgano se considera fálica.

ORNITOMANCIA

ORNITOMANCIA: (Del griego ornis, aves y manteia, adivinación).

Modo de predecir sucesos futuros por medio del vuelo, grito o canto de las aves.

Término relacionado con magia, amuletos, sistemas oraculares.

ORNITOSCOPIA

ORNITOSCOPIA: Adivinación por el vuelo, el canto o la presencia de ciertas aves.

(M. Treviño).

Término relacionado con magia, amuletos, sistemas oraculares.

ORUGA

ORUGA: Como ser rastrero y similar al gusano, en ocasiones aparece como símbolo de bajeza y fealdad.

En la India, en cambio (porque luego se metamorfosea en ninfa y mariposa), simboliza la trasmigración de las almas.

OSA MAYOR

OSA MAYOR: Constelación) - Forma un triángulo cósmico con Sirio y las Pléyades.

Siendo nuestro sol uno de los 7 soles que dependen jerárquicamente del Logos de Sirio.

Origen de los siete Rayos.

Término asociada a la astrología o astronomía.

OSCURIDAD

OSCURIDAD: Las Tinieblas, aquello que en la interpretación del dualismo se opone al símbolo opuesto, el de la luz, o lo complementa.

OTTO-TACKENIUS

OTTO-TACKENIUS: Célebre alquimista que descubrió un procedimiento para obtener alkahest, menstruo o disolvente universal.

Expresión usada en alquimia.

OTZ

OTZ: (Hebreo). "Arbol", el Arbol del jardín del Edén, la doble vara hermafrodita.

El valor de las letras que componen dicha palabra son 7 y 9, siendo el siete el sagrado número femenino y el nueve el número de la energía fálica o masculina.

(Doctrina Secreta, I, 139 y II, 227).

OUIJA

OUIJA: Nombre conformado por las sílabas afirmativas de dos idiomas: el vocablo francés Oui y el alemán Ja, ambas significan "Si".

Es un instrumento constituido por una plancha pequeña de madera, suelta y con movilidad para desplazarse sobre una superficie en la que están trazadas las 27 letras del alfabeto y los números del 0 al 9.

Fue impulsada ampliamente en Inglaterra, a mediados del siglo XIX, por el ebanista y espiritista inglés Isaac Fould.

Permite obtener mensajes de los muertos.

Término relacionado con magia, amuletos, sistemas oraculares.

OUROBOROS

OUROBOROS: Dragón o serpiente que se muerde la cola.

Fue símbolo muy generalizado entre los gnósticos, que afirmaban que era «la serpiente universal que camina a través de todas las cosas».

Posee un profundo significado hermético.

En alquimia*, en donde se utiliza ampliamente, representa la idea de la unidad definitiva del espíritu y la materia; es, por tanto, símbolo del encuentro de los contrarios.

El ouroboros es el emblema de la unidad total del universo.

Los cuatro elementos retornan, finalmente, a los dos principios fundamentales de la materia alquímica: el mercurio y el azufre, lo fijo y lo volátil.

Representa, igualmente, al andrógino: la unión perfecta del principio dominante, o masculino, y del principio dominado, o femenino.

Expresión usada en alquimia.

P

P

P: Décimosexta letra en los alfabetos griego e inglés, y la decimoséptima en el hebreo, en el cual se designa con el nombre de pe, y está simbolizada por la boca, correspondiendo también, como en el alfabeto griego, al número 80.

Los pitagóricos la hacían asimismo equivalente a 100, y con un trazo horizontal sobre la misma, representa 400.000 Los cabalistas asociaban esta letra con el sagrado nombre de Phodeh (Redentor), aunque para ello no existe ninguna razón válida.

[En sánscrito, es la trigésimo quinta letra y la primera consonante labial, y suena como la de nuestro alfabeto; pero hay además una P aspirada, como en las voces phala, phena, etc., que se escribe ph, pero que no debe confundirse con el signo ph de varias lenguas antiguas y modernas (como en las palabras philosophic, philharmonisch, phosphoros, etc., en las cuales tiene sonido de f, puesto que la ph sánscrita suena como nuestra p acompañada de una leve aspiración.]

P Y CRUZ

P Y CRUZ: Generalmente llamado Lábaro de Constantino. Sin embargo, fue uno de los más antiguos emblemas de la Etruria antes del Imperio romano.

Era igualmente el signo de Osiris.

Tanto la cruz larga latina como la pectoral griega son egipcias, pues vemos muchas veces la primera en la mano de Horus.

"La cruz y el Calvario, tan comunes en Europa, se encuentran en el pecho de las momias".

(Bonswick). -[Véase: Crismón y Monograma de Cristo.]

PADÂRTHAS

PADÂRTHAS: (Sánscrito). Predicamento de las cosas existentes, así como llamados en el sistema de filosofía vaizechika o "atómico", fundado por Kanâda.

Esta escuela es uno de los seis Darzanas.

[Véase esta palabra.] -[Padârtha significa: objeto, materia, persona; categoría, atributo o predicado, o sean las categorías o clases a que se reducen todas las cosas o entidades físicas.

En el sistema de Kanâda se enumeran siete padâr-thas: substancia (dravya), cualidad (guna), acción (Karma), generalidad (sâmânya), particularidad (vize-cha), conexión o relación íntima (samavâya) y nega-ción o privación (abhâva).

Este último padârtha lo añadieron los autores que siguieron a Kanâda.]

Concepto usado en el contexto de la filosofía, filóso-fos, pensamientos, ideas, reflexiones

PALEOLÍTICO

PALEOLÍTICO: Término geológico de nueva invención, y que significa edad de "piedra antigua", en contraposición al término neolítico, la edad de piedra posterior o "más nueva".

Concepto usado en el contexto de la filosofía, filóso-fos, pensamientos, ideas, reflexiones

PALMERA

PALMERA: Sobre todo, la datilera, que alcanza hasta 20 m. de altura, de tronco flexible que los vientos no quiebran; puede vivir hasta 300 años.

Entre los babilonios era el árbol de los dioses.

En Egipto y en relación con el simbolismo del árbol de la vida, con frecuencia sirvió de modelo para la ornamentación de columnas.

Las ramas de palmera se usaron desde la Antigüedad como símbolo de la victoria, de la alegría y de la tre-gua en los juegos públicos.

Los griegos la consideraron árbol de la luz y la consa-graron a Helios y Apolo; su nombre griego, phoenix, apunta a una estrecha conexión simbólica con el mítico pájaro.

Sus hojas siempre verdes simbolizaron la vida eterna y la Resurrección en el arte cristiano, de ahí que apa-rezcan con frecuencia como atributos de los mártires.

Se la considera como símbolo del alma, por la figura del árbol.

PANTEISMO

PANTEISMO: Sistema filosófico que cree que la tota-lidad del universo es el único Dios y afirma la unidad substancial de Dios y el mundo, cuyos aspectos son modos de la subsistencia universal única.

La primitiva filosofía griega era panteísta, lo mismo

que algunos aspectos del hinduismo y del budismo.

En el mundo occidental destaca la propuesta filosófica de Spinoza : "Dios o la Naturaleza".

Concepto usado en el contexto de la filosofía, filóso-fos, pensamientos, ideas, reflexiones

PAÑCHIKARANA

PAÑCHIKARANA: (Sánscrito). Esta palabra significa literalmente "quíntuplo". Se ha traducido toscamente como división en cinco.

Significa el proceso u operación de una mínima parte de un tattva compuesto con las de otros.

Así, después del proceso, cada molécula del Prithivî tattva, por ejemplo, constará de ocho mínimas partes: y así sucesivamente.

En Ânanda, los tattvas son simples; en Vijñâna, y los siguientes, cada uno es quíntuplo, y por lo tanto cada uno de ellos tiene un color, etc.

(Râma Prasâd).

Concepto usado en el contexto de la filosofía, filóso-fos, pensamientos, ideas, reflexiones

PARABRAHM

PARABRAHM: [o Parabrahman] (Sánscrito). Literal-mente: "superior a Brahmâ". El supremo e infinito Brahma, lo "Absoluto", la Realidad sin atributos y sin segundo.

El principio universal, impersonal e innominado.

[El supremo Principio eterno, omnipresente, infinito, inmutable e inefable; el Único Todo Absoluto, la Única Absoluta Realidad, Aquello, lo supremo y eternamen-te Inmanifestado, que antecede a todo lo manifesta-do; Causa sin causa del universo, Raíz sin raíz de "todo lo que fue, es y será".

Parabrahman no es "Dios" por la razón de que no es un Dios.

Como dice el Mândûkya Upanishad, es Aquello "que es supremo y no supremo (parâvara)": es supremo como causa, no supremo como efecto.

Es, como Realidad sin segundo, el omni-inclusivo Kos-mos, o mejor dicho, el infinito.

Espacio cósmico, en el más elevado sentido espiritual, se entiende; es, en suma, el agregado colectivo del Kosmos en su infinitud y eternidad, el Aquello y Este

(Universo o Jagat), a los cuales no pueden aplicarse agregados distributivos.

Para nuestros sentidos y para la percepción de los seres finitos.

Aquello es No-Ser, en el sentido de que es la única Seidad (Beness); porque en este TODO se hala oculta su coeterna y coeva emanación o radiación inherente, que, convirtiéndose periódicamente en Brahmâ (la Potencia masculino-femenina), se despliega (transformándose) en el Universo manifestado.

-El Espíritu (o Conciencia) y la Materia son los dos símbolos o aspectos de Parabrahm, lo Absoluto, que constituyen la base del Ser condicionado, sea subjetivo o sea objetivo.

(Doctrina Secreta, I, 35, 36, 43).

-Véase: Brahma y Brahmá; Aquello, etc.]

Concepto usado en el contexto de la filosofía, filósofos, pensamientos, ideas, reflexiones

PARACELSO

Nombre simbólico adoptado por el más grande ocultista de los tiempos medievales, Felipe Bombast Aurelio Teofrasto de Hohenheim, nacido en Einsideln, cantón de Zurich, en 1493.

Fue el más hábil médico de su tiempo y el más renombrado por la curación de casi todas las dolencias mediante la virtud de talismanes que él mismo preparaba.

Jamás tuvo un amigo, antes al contrario, estaba rodeado de enemigos, de los cuales los más acérrimos eran los eclesiásticos y sus partidarios.

Que fue acusado de haber hecho pacto con el diablo, es cosa muy natural, así como no debe admirarnos que fuera al fin asesinado por un enemigo desconocido a la temprana edad de 48 años.

Murió en Salzburgo, dejando a la posteridad numerosas obras que son aun hoy día altamente apreciadas por los cabalistas y ocultistas.

Muchas de las cosas que dijo han resultado ser proféticas.

Era un clarividente de grandes facultades, uno de los más ilustrados y eruditos filósofos y místicos, un alquimista eminente.

La química le es deudora del descubrimiento del gas nitrógeno o ázoe.

-{A Paracelso, padre de la química moderna, como se le ha llamado, débese asímismo el descubrimiento de muchos preparados químicos y su aplicación al arte de curar.

Como médico, adquirió renombre universal.

He aquí una de sus máximas: "Si amas a tu prójimo, no digas: nada hay que hacer en tu caso; antes debes decir: yo puedo auxiliarte sin saber cómo.

Pero no hay que emprender las curas solamente con los medios contrarios, como hacían los antiguos, sino que hay que hacerlo también valiéndose de los medios semejantes; no sólo contraria contrariis, sino también similia similibus".

Desempeñó una cátedra en la Universidad de Basilea; escribió varias obras de suma importancia, llenas de pensamientos profundos y de ideas muy luminosas, entre las cuales merecen especial mención la Filosofía oculta, De Natura Rerum; De Generatione Hominis, etc.

Son asimismo notables sus trabajos acerca del arqueo, de la piedra filosofal, del alkaest, los homúnculos, etc., etc.

Su extraordinario saber y sus maravillosas obras atrajeron sobre él la envidia y el encono de numerosos adversarios, que se valieron de la calumnia y atribuyeron a Paracelso libros y escritos apócrifos para denigrarle.

Murió pobre, pues, dotado de elevados sentimientos altruistas, compartía sus bienes con los pobres.]

Expresión usada en alquimia.

PARÂGA

PARÂGA: (Sánscrito). La acción de marchar sin obstáculo, de seguir la propia inclinación. Paso de un astro por delante de otro; eclipse. Celebridad, fama.

Término asociada a la astrología o astronomía.

PARAMAPADÂTMAVAT

PARAMAPADÂTMAVAT: (Sánscrito). Más allá o por encima de la condición del Espíritu, "más supremo" que el Espíritu, rayando en lo Absoluto.

Concepto usado en el contexto de la filosofía, filósofos, pensamientos, ideas, reflexiones

PARAMÂRTHA

PARAMÂRTHA: (Sánscrito). Existencia absoluta. [La suprema realidad o verdad; la verdad entera; el objeto supremo.

-El Conocimiento puro; la reflexión evidente por sí misma, o que se analiza a sí misma.

(Voz del Silencio, III).

-Conciencia y existencia absolutas, que son Inconsciencia y No-Ser absolutos.

(Doctrina Secreta, I, 78).

Autoconciencia o conciencia verdadera.

Existe alguna diferencia en la interpretación del significado de Paramârtha entre los yogâchâryas y los madhyamikas, ninguno de los cuales, sin embargo, explica el verdadero sentido esotérico de dicha expresión. (Id., I, 75, nota).]

Concepto usado en el contexto de la filosofía, filósofos, pensamientos, ideas, reflexiones

PARAMÂRTHIKA

PARAMÂRTHIKA: (Sánscrito). El único verdadero estado de existencia, según la Vedânta.

[Uno de los tres estado de existencia, según los vedantinos: la única real y verdadera existencia.

(Doctrina Secreta, I, 35, 380).]

Concepto usado en el contexto de la filosofía, filósofos, pensamientos, ideas, reflexiones

PARANATELLONS

PARANATELLONS: (Griego). En la astronomía antigua se aplicaba este nombre a ciertas estrellas y constelaciones extrazodiacales, esto es, que se hallan por encima y por debajo de las constelaciones del Zodíaco. Eran en número de treinta y seis, asignados a los decans o tercios de cada signo.

Los paranatellons suben o bajan con los decans alternadamente; así, cuando Scorpio sale, Orión en su paranatellon se pone, del mismo mode que el Cochero.

Esto dio origen a la fábula de que a los caballos de Faetón, el Sol los asustaba con un Escorpión, y el Cochero caía en el río Po; esto es la constelación del río Erídano, que está por debajo de la estrella del Cochero.

Término asociada a la astrología o astronomía.

PARAVAIRÂGYA

PARAVAIRÂGYA: (Sánscrito). "Absoluto desprendimiento o desinterés, completa ausencia de deseos".

Es aquel estado de la mente en que sus manifestaciones se vuelven absolutamente potenciales y pierden todo poder de entrar en lo actual sin consentimiento del alma.

En dicho estado toda facultad superior aparece con facilidad en la mente.

(Râma Prasâd).

-Véase: Vairâgya.

Concepto usado en el contexto de la filosofía, filósofos, pensamientos, ideas, reflexiones

PAROKCHA

PAROKCHA: (Sánscrito). Aprehensión intelectual de una verdad.

[Lo que sólo puede considerarse mentalmente (P. Hoult).

-Lo que está fuera del alcance de la vista; invisible, imperceptible, ininteligible, obscuro.]

Concepto usado en el contexto de la filosofía, filósofos, pensamientos, ideas, reflexiones

PARVA O PARVAN

PARVA O PARVAN: (Sánscrito). Nudo, articulación; miembro; división, sección o capítulo de un libro; época o tiempo determinado; ocasión; momento favorable; período de tiempo; momento en que el sol entra en un signo del Zodíaco; fiesta o día consagrado.

-En lenguaje védico, ciertas épocas del mes lunar.

Término asociada a la astrología o astronomía.

PARVASANDHI

PARVASANDHI: (Sánscrito). Punto de unión de un parva; el momento preciso del novilunio o del plenilunio.

Término asociada a la astrología o astronomía.

PAUCHNA

PAUCHNA: (Sánscrito). El vigésimo octavo asterismo lunar, llamado también Revatí.

Término asociada a la astrología o astronomía.

PÉNDULO RADIESTÉSICO

PÉNDULO RADIESTÉSICO: Pieza de plomo, cuarzo o péndulo que se utiliza en la Radiestesia para encontrar lo que se busca u obtener respuesta a interrogantes de carácter premonitorio.

Término relacionado con magia, amuletos, sistemas oraculares.

PENOT, GABRIEL

PENOT, GABRIEL: Alquimista francés que consagró su vida entera a la defensa de las doctrinas de Paracelso y a los principios del hermetismo, a cuyo fin no titubeó en disipar una fortuna considerable con resultados poco satisfactorios.

Escribió numerosas obras acerca de estas materias y emprendió algunos viajes por Europa, y en 1617, reducido a la extrema miseria, murió en el hospital de Yverdún (Suiza).

Expresión usada en alquimia.

PENTACLO PITAGÓRICO

PENTACLO PITAGÓRICO: (Griego). Una cabalística estrella de seis puntas, con un águila en el vértice y un toro y un león debajo de la cara de un hombre.

Es un símbolo místico adoptado por los cristianos orientales y romanos, que colocan dichos animales junto a los cuatro evangelistas.

(Véase: Los cuatro animales).

PENTACLO

PENTACLO: (Griego). Una figura geométrica cualquiera, especialmente la conocida como doble triángulo equilátero, la estrella de seis puntas (como el pentaclo teosófico).

Se llama por otro nombre "Sello de Salomón", y en tiempos aun más anteriores, "Signo de Vishnú".

Es usado por todos los místicos, astrólogos, etc.

[Pentaclo es una figura formada por dos triángulos equiláteros que se entrecruzan regularmente formando una estrella de seis puntas.

Propiamente, es un objeto de cinco puntas llamado por otro nombre pentagrama.

Véase: Pantaclo, Pentácula, Pentagrama, Pentalfa y Sello de Salomón.]

PENTÁCULA

PENTÁCULA: (Latín). Placas de metal que tienen grabados o escritos símbolos mágicos.

Son utilizadas como amuletos, encantos, etc., contra las enfermedades causadas por malas influencias astrales.

(F. Hartmann).

Término relacionado con magia, amuletos, sistemas oraculares.

PENTÁGONO

PENTÁGONO: (Griego). De pente, cinco, y gonia, ángulo. Es una figura geométrica plana con cinco ángulos.

[El significado de esta figura es que el Manas es el quinto principio, y que el pentágono es símbolo del Hombre o Microcosmo, no sólo por tener cinco miembros, sino más bien por ser consciente o pensante.

(Doctrina Secreta, II, 609).

Así el Microcosmo (Hombre) se representa como un pentágono dentro del exágono o estrella de seis puntas, símbolo del Macrocosmo o Universo. (Id., I, 244).

Véase: Makaram y Pañchakaram.]

PENTAGRAMA

(Del griego pente, cinco, y gramme, línea).

Llamado también "pie de bruja" (Drufenfuss, en alemán), y es de frecuente uso en las operaciones mágicas.

Dispuesta la figura de manera que tenga una sola punta dirigida hacia arriba, significa teurgia, o magia blanca; y con dos puntas en dicha dirección, goecia, o magia negra.

La palabra pentagrama es sinónima de pentalfa, o pentaclo.

Véase: Pentaclo.

PENTAGRAMA

Figura o dibujo de una estrella de cinco puntas, que representa al hombre con los brazos y las piernas extendidas.

Utilizado en prácticas de Mántica y también como amuleto.

PFUEL

PFUEL: (Madame de). En 1751, esta señora con sus dos hijas fue a instalarse en Potsdam, en donde, bajo la protección y a expensas del rey Federico el Grande, se dedicó a profundas investigaciones referentes a la preparación artificial del oro por procedimientos alquímicos.

Expresión usada en alquimia.

PICO (PICUS) JUAN, CONDE DE LA MI-RÁNDOLA

PICO (PICUS) JUAN, CONDE DE LA MIRÁNDOLA: Célebre cabalista y alquimista, autor de un tratado "Sobre el Oro" y de otras obras cabalísticas. Retó a Roma y a la Europa entera en su intento de probar la divina verdad cristiana en el Zohar. Nació en 1463, y murió en 1494.

[Por su extraordinario ingenio, por sus vastísimos conocimientos y por sus altas virtudes, fue Pico de la Mirándola el asombro del mundo. El cardenal Belarmino le calificó de "máximo en ingenio y en doctrina"; Angelo Policiano, de "superior a todo excogitable elogio"; Sixto Senense, de "varón de ingenio prodigioso y usque ad miráculum consumadamente perfecto en todas las ciencias, artes y lenguas".

Se le ha llamado también "Fénix de su siglo y aun de los siguientes", y Erasmo dijo de él que era de "índole verdaderamente divina".

A los diez años era considerado como uno de los poetas y oradores más eminentes de Italia; a los catorce, se dirigió a Bolonia, en donde estudió derecho canónico a la vez que lo iba comentando; a los diez y ocho, sabía veintidós lenguas; pasó luego siete años recorriendo las principales universidades italianas y francesas.

A su regreso a Roma, publicó y esparció por todo el mundo literario novecientas proposiciones sobre todo cuanto se puede saber (de omni re scibili), ofreciéndose a defenderlas públicamente contra todos los que pretendiesen impugnarlas, y de todos ellos triunfó.

Algunos teólogos censuraron muchas de sus proposiciones, en vista de los cual el papa Inocencio VIII ordenó que se examinaran, y las trece que se hallaron dignas de reparo, Pico las defendió en una Apología que figura al principio de sus obras, acompañada de un Breve de Alejandro VI.

Es de notar que algunas de las novecientas proposiciones referidas versaban sobre la Cábala. Uno de los teólogos, declaró con autoridad magistral que todas las proposiciones de la Cábala debían ser condenadas como heréticas; y a la pregunta que le dirigió uno de los presentes acerca del significado de dicha palabra, contestó, sin detenerse, que "Cábala fue un pernicioso y maldito hereje que había escrito mil blasfemias contra Jesucristo, y que de él sus sectarios se llamaban cabalistas".

Debo hacer constar que estos datos los he tomado de un autor tan poco sospechoso como es el P. Feijoó, Maestro general de la Religión de San Benito.

(Cartas eruditas y curiosas, tomo 2do., Carta XXIII).]

Concepto usado en el contexto de la filosofía, filósofos, pensamientos, ideas, reflexiones

PICO DELLA MIRANDOLA

Giovanni Pico della Mirandola (1463-1494) Filósofo italiano del Renacimiento. Miembro de un aristocrático linaje principesco, Pico destacó desde joven por sus profundos y vastos conocimientos. Estudió en Bolonia y Ferrara, posteriormente estuvo en Padua, centro del aristotelismo y, finalmente, en París, para profundizar en la Sorbona sus conocimientos sobre la filosofía escolástica. Pico trató de recuperar el verdadero papel del humanismo, que consideraba deteriorado y convertido simplemente en un mero ejercicio literario.

Deseoso de demostrar «la concordia de todas las filosofías y de todas las religiones», pensó en organizar una reunión de sabios y filósofos en Roma. Para tal fin publicó un escrito, las Conclusiones filosóficas, cabalísticas y teológicas, en el que se incluían 900 tesis tomadas de las fuentes más diversas, desde Hermes Trimegisto* hasta Aristóteles, desde Platón hasta Averroes, sin marginar a santo Tomás de Aquino y la kabbalah.

Pico della Mirándola se interesó profundamente por las ciencias herméticas y ocultas. Su admiración por la magia* es notable, considerándola «el punto máximo de la filosofía natural». Para él, la magia permite al hombre aprehender el vínculo de «simpatía» existente entre las distintas partes del universo, «la contemplación más alta de las cosas más secretas y, por último, el conocimiento de toda la naturaleza». Dice Pico que la magia más que hacer milagros, sirve

fielmente milagros a la naturaleza; y la admiración
que genera en el hombre frente a la obra de Dios le
impulsa todavía más hacia la fe.

Sobre la astrología escribió un amplio tratado en doce
libros. En él hace un ataque contra la llamada «astrología adivinatoria», porque destruye totalmente cualquier libertad en el hombre, ya que le hace depender
de las estrellas. Sin embargo, su ataque no incluye a
la que considera «astrología matemática» o especulativa; es decir, aquella que trata de distinguir de modo
científico el influjo de los astros en los fenómenos
naturales.

Pico della Mirándola sintió cierta admiración por las
prédicas del monje Sayonarola, y algunas de sus tesis
filosóficas sufrieron la condena papal, contra la cual
tuvo que defenderse.

La obra de Pico, de la que no hay que olvidar sus teorías cristianas y positivas sobre el reinado del mundo
y la libertad de la voluntad, ejerció una considerable
influencia sobre personajes de la talla de Tomás Moro
o de Johannes Reuchlin*. Muy joven aún, con poco
más de treinta años, murió envenenado.

**Concepto usado en el contexto de la filosofía, filóso-
fos, pensamientos, ideas, reflexiones**

PIEDRA BLANCA

PIEDRA BLANCA: Signo de iniciación mencionado en
el Apocalipsis de San Juan.

Tenía grabada esta piedra la palabra premio, y era el
símbolo de aquella palabra dada al neófito que, en su
iniciación, había pasado victoriosamente por todas las
pruebas de los Misterios.

Era la poderosa cornalina blanca de los rosacruces
medioevales, quienes la tomaron de los gnósticos.

"Al que venciere le daré a comer del maná escondido
(el conocimiento oculto que, como sabiduría divina,
desciende de los cielos), y le daré una piedra blanca,
y en la piedra un nuevo nombre escrito (el "nombre
de misterio" del hombre interno o el Ego del nuevo
Iniciado), nombre que nadie conoce sino aquel que lo
recibe".

(Apoc., II, 17).

PIEDRA FILOSOFAL, LAPIS PHILOSO-

PHORUM

PIEDRA FILOSOFAL, LAPIS PHILOSOPHORUM: (Latín).
"Piedra de los filósofos". -Término místico perteneciente a la alquimia y que tiene un significado muy
distinto del que generalmente se le atribuye.

La Piedra filosofal se llama también "polvo de proyección".

Es el Magnum Opus [Grande Obra] de los alquimistas,
objeto que deben ellos alcanzar a toda costa, una
substancia que tiene la virtud de transmutar en oro
puro los más viles metales.

Místicamente, sin embargo, la Piedra filosofal simboliza la transmutación de la naturaleza animal e inferior
del hombre en la naturaleza divina y más elevada.

[La Obra sercreta de Chiram o Rey Hiram de la Cábala,
"una en esencia, pero tres en apariencia", es el Agente universal o Piedra de los filósofos.

La culminación de la Obra secreta es el perfecto hombre espiritual, en un extremo de la línea; la unión de
los tres Elementos es el oculto Disolvente del "Alma
del Mundo", el Alma cósmica o Luz astral, en el otro.

(Doctrina Secreta, II, 119).

Considerada desde el punto de vista puramente material, se ha establecido una diferencia entre la piedra
(o polvo) filosofal denominado gran magisterio, gran
elixir o quintaesencia, que es la de transmutar en oro
los metales viles, y la llamada pequeña piedra filosofal, pequeño magisterio, pequeño elixir o tintura blanca, que es menos perfecta que la otra y sólo puede
transmutar dichos metales en plata.

La piedra filosofal se presenta en diferentes formas
y colores (blanco, rojo, verde, amarillo, azul celeste,
etc.) Según Van Helmont tenía el color del azafrán en
polvo, y era pesada y brillante como pedazos de vidrio; Paracelso la describe como un cuerpo sólido de
color rubí oscuro, transparente, flexible, pero quebra-
diza a la vez.

Raimundo Lull (o Lulio) la designa algunas veces con
el nombre de carbúnculus; otros la presentan como
un polvo rojo; etc.

Las propiedades esenciales que atribuyen los alquimistas a la piedra filosofal son las siguientes; transmutar en oro o plata los metales viles (plomo, mercurio,
cobre, etc.); prevenir y curar toda clase de enfermedades, lo mismo agudas que crónicas, y prolongar la

vida humana mucho más allá de sus límites naturales, y por esta razón se ha considerado dicha substancia, tomada al interior, como el más precioso de todos los remedios.

Algunos autores espagíricos han atribuído a esta famosa piedra otra importante propiedad: la de formar artificialmente piedras preciosas, tales como diamantes, perlas y rubíes.

"Habéis visto, Sire -escribía Raimundo Lull al Rey de Inglaterra-, la maravillosa proyección que hice en Londres con el agua de mercurio que yo eché sobre el cristal disuelto; formé un diamante finísimo, del cual mandasteis hacer unas columnitas para un tabernáculo".

Otras virtudes aun más apreciables desde el punto de vista intelectual y moral, se han atribuído a este raro tesoro, y es que confiere a quien lo posee el don de sabiduría, y además, así como la piedra filosofal ennoblece los más viles metales y muda los guijarros en perlas finas, así también purifica el alma del hombre y extirpa de su corazón la raíz del mal y de todo pecado.

Acerca de la cantidad de piedra filosofal que ha de emplearse para producir sus efectos, varían considerablemente las opiniones de los alquimistas.

Kunckel admite que no puede convertir en oro más que dos veces su peso de otro metal.

Germspreiser afirma que puede llegar de treinta a cincuenta veces.

Arnaldo de Villanueva dice que una parte de ella basta para convertir en oro cien partes de metal impuro; Rogerio Bacón, cien mil partes; según expresa Raimundo Lull en su Novum Testamentum; no sólo puede cambiar el mercurio en oro, sino que comunica al oro así formado la propiedad de desempeñar a su vez el papel de una nueva piedra filosofal.

La preparación de este producto se ha mantenido siempre en el mayor secreto.

Verdad es que se han hecho vagas indicaciones sobre este punto, pero todas ellas están expresadas intencionalmente en un lenguaje muy obscuro, enigmático y frecuentemente contradictorio al parecer; pero "sólo entre esas contradicciones y en esas falsedades aparentes encontramos la verdad".

Y no era por egoísmo que los escritores herméticos tenían tan oculto su secreto; poderosas razones aducían ellos para no profanar y hacer público un misterio tan precioso que, de ser divulgado, produciría un trastorno tremendo en la sociedad humana.

"¡Pobre insensato! -exclama Artefio, apostrofando a su lector- ¿serías tan necio que creyeras que te vamos a enseñar abierta y claramente el más grande e importante de los secretos, y tomaras nuestras palabras al pie de la letra?" Muy expresivas son también las declaraciones de Arnaldo de Villanueva: "Oculta este libro en tu seno -dice- y no lo pongas en manos de los impíos, porque encierra el secreto de los secretos de todos los filósofos.

No debe echarse a los puercos esta margarita, porque es un don de Dios".

Véase: Alquimia, Tabla de Esmeralda, Bacon, Busadier, Charnock, Flamel (Nicolás), Helvecio, Kelley, Kirkeby, Luis de Neus, Lulio (o Lull), Lascaris, Martini, Paracelso, etc.)]

Expresión usada en alquimia.

PIEDRA FILOSOFAL

PIEDRA FILOSOFAL: Expresión de la alquimia* que constituye el objetivo de la obra*, y que recibe muy diversos nombres. La Piedra es el término de una larga y laboriosa operación en la que el alquimista pone todos sus esfuerzos, pero, al mismo tiempo y paradójicamente, su consecución también resulta muy accesible porque, como afirman muchos textos, se encuentra en todas partes.

Esta Piedra tiene una simbología muy amplia y constituye uno de los temas más fundamentales de toda la literatura alquímica. Como queda dicho, los nombres con que se la designa son tan variados, que en una obra aparecida en Londres a mediados del siglo XVII, y que lleva por título Los nombres de la Piedra de los Filósofos, se incluyen casi doscientos, entre los que figuran «leche de la virgen», «sombra del sol», «agua seca», «saliva de la luna» y otros igualmente peregrinos. Por su parte, Pernety, en su Diccionario, aparecido en París en 1787, hace figurar casi seiscientos nombres de la Piedra.

Fulcanelli* —de quien se afirma que llegó a conseguirla—, dice que según la lengua sagrada, la Piedra filosofal significa «piedra que lleva el signo del sol»; y que este signo solar viene caracterizado por su coloración roja, que puede variar de intensidad.

Como, al parecer, su fusibilidad es muy grande, algunos alquimistas la denominan «gran cera roja». A estas características hay que agregar, según el mismo Fulcanelli, otras propiedades químicas tales como el poder de penetración, la absoluta fijeza, la inoxidabilidad que la hace incalcinable, una extrema resistencia al fuego, y su total indiferencia ante la acción de los agentes químicos.

La Piedra filosofal, cuya exacta naturaleza jamás se menciona, tiene, como se puede apreciar, propiedades muy variadas. No obstante, su primera virtud es la capacidad que posee para trasmutar los metales en oro; si bien, a tal poder hay que darle una significación real y otra, no menos importante, figurada. Arnau de Vilanova* decía: «... Existe en la naturaleza una cierta materia pura que, descubierta y llevada a la perfección por el arte, convierte en sí misma a cuantos cuerpos imperfectos toca»; y en otra ocasión afirma que la Piedra filosofal cura todas las enfermedades. Ramón Llull* le otorga una serie de propiedades benéficas, y Mircea Eliade, al referirse a ella, dice que era el compendio de todas las viejas creencias mágicas. En todo caso, la consecución de la Piedra, dejando a un lado las tal vez inadecuadas propiedades que, en algunos casos le son atribuidas, representa para el alquimista no sólo la consecución de un preciadísimo tesoro, sino también la mayor de las dichas, en tanto que todo su persona queda trasformada al poseerla.

Expresión usada en alquimia.

PILLALOO CODI

PILLALOO CODI: (Tamil). Sobrenombre que en la astronomía popular se da a las Pléyades, y que significa "la gallina y los polluelos".

Es muy curioso que los franceses den también a esta constelación el nombre de Poussinière [La Pollera].

Término asociada a la astrología o astronomía.

PIPPALA

PIPPALA: (Sánscrito). El árbol del conocimiento; el místico fruto de aquel árbol "sobre el cual acudían Espíritus amantes de la Ciencia".

Esto es alegórico y oculto.

[Este fruto ha sido calificado de prohibido.

(Doctrina Secreta, II, 103).

Pippala o Azvattha es el nombre de la higuera sagrada (Ficus religiosa).

Véase: Haoma.]

PIPPALÂDA

PIPPALÂDA: (Sánscrito). Escuela de magia fundada por un adepto de este nombre, y en la cual se explica el Atharva-Veda.

Término relacionado con magia, amuletos, sistemas oraculares.

PIRRÓN

PIRRÓN: Filósofo griego que floreció en la segunda mitad del siglo IV antes de nuestra era.

Su sistema consistía en dudar de todo.

Al examinar una proposición cualquiera, su ánimo vacilaba entre el pro y el contra, de suerte que su juicio nunca era decisivo.

Sostenía que la justicia o la injusticia, la bondad o la maldad de las acciones humanas, dependían únicamente de las leyes del país, así como de sus usos y costumbres.

Este modo de discutir, sin afirmar ni negar, se llamó escepticismo o pirronismo.

Concepto usado en el contexto de la filosofía, filósofos, pensamientos, ideas, reflexiones

PIRRONISMO

PIRRONISMO: La doctrina del escepticismo tal como la enseñó primero Pirrón.

Su sistema era mucho más filosófico que la escueta negación de nuestros pirronistas modernos.

[Véase: Pirrón.]

Concepto usado en el contexto de la filosofía, filósofos, pensamientos, ideas, reflexiones

PISTIS SOPHIA

PISTIS SOPHIA: (Griego). "Conocimiento-Sabiduría". Un libro sagrado de los antiguos gnósticos o primitivos cristianos.

[La más grande autoridad moderna en cuestión de creencias gnósticas exotéricas, Mr. C. W. King, dice, hablando del Pistis Sophia, "aquel precioso monumento del gnosticismo".]

Concepto usado en el contexto de la filosofía, filósofos, pensamientos, ideas, reflexiones

PITÁGORAS

PITÁGORAS: (Pythagoras, griego). El más célebre de los filósofos místicos. Nació en la isla de Samos, hacia el año 586 antes de Jesucristo.

A lo que parece, viajó por todo el mundo y entresacó su filosofía de los diversos sistemas de que tuvo conocimiento.

Así, estudió las ciencias esotéricas con los bracmantes de la India, y la astronomía y la astrología en la Caldea y el Egipto.

Aun hoy día se le conoce en el primero de los citados países con el nombre de Yavanâchârya ("el maestro jonio").

Después de su regreso se instaló en Crotona, en la Magna Grecia, donde estableció una escuela [escuela itálica], a la cual muy pronto afluyeron todas las mejores inteligencias de los centros civilizados.

Su padre era un tal Mnesareo de Samos, hombre instruído y de noble cuna.

Pitágoras fue el primero que enseñó el sistema heliocéntrico, y era el sabio más versado en geometría de su siglo.

Creó también la palabra "filósofo", compuesta de dos términos que significan "amante de la sabiduría" (philo-sophos).

Como el más grande matemático, geómetra y astrónomo de la antigüedad histórica, así como el más eminente de los metafísicos y sabios, Pitágoras adquirió fama imperecedera.

Enseñó además la doctrina de la reencarnación, tal como se profesaba en la India, y muchas otras cosas de la Sabiduría secreta.

[Véase: (Las) Diez virtudes pitagóricas y Versos áureos, Régimen pitagórico, etc.]

Concepto usado en el contexto de la filosofía, filósofos, pensamientos, ideas, reflexiones

PLAGGON

PLAGGON: (Griego). Pequeña muñeca de cera que representaba las personas al natural y de que se servían para los encantamientos.

Término relacionado con magia, amuletos, sistemas oraculares.

PLANETAS

PLANETAS: La astrología* concede a los planetas una gran importancia, al atribuirles una influencia muy fuerte en la vida de los seres humanos.

No obstante, existen astrólogos que sólo toman en consideración las influencias resultantes de la posición planetaria como simples analogías.

Término asociada a la astrología o astronomía.

PLASTER O PLANTAL

PLASTER O PLANTAL: Término platónico para expresar el poder que moldea las substancias del universo dándoles formas apropiadas. (Five Years of Theos.).

Concepto usado en el contexto de la filosofía, filósofos, pensamientos, ideas, reflexiones

PLATÓN

PLATÓN: Un iniciado en los Misterios, y el más eminente filósofo griego, cuyos escritos son conocidos en el mundo entero. Fue discípulo de Sócrates y maestro de Aristóteles.

Floreció unos 400 años antes de nuestra era. [Desde una edad muy temprana se dedicó a las bellas artes, a la geometría, y en él los cálculos matemáticos se unieron al entusiasmo por lo bello.

Las lecciones de Sócrates despertaron su vocación filosófica. A la muerte de su maestro, concurrió a la escuela de Euclides, en Megara; visitó a los filósofos de la Magna Grecia y a los sacerdotes de Egipto, y más tarde fundó en Atenas una escuela, centro luminoso cuyos resplandores se difundieron a lo lejos.

Considera a Dios como causa y como substancia, como el Logos o verbo, que contiene las ideas eternas, tipos de todas las cosas. Admite que las ideas son innatas en el alma humana.

Demuestra que el alma es de origen divino y participa de la substancia divina; que es inmortal; que recibe el premio o castigo que merece por su proceder, y sostiene además que sale repetidas veces de esta vida, para volver a ella otras tantas.

La moral de Platón se distingue por su gran pureza.

Escribió este autor numerosas obras, entre las cuales merecen principal mención Timeo, Fedón o la inmortalidad del alma, Fedro, El Banquete, Georgias,

Eutifrón, Pitágoras, las Leyes, la República, importante tratado de política cuyas reglas se ha intentado algunas veces poner en práctica.

Murió en el año 348 antes de JC]

Concepto usado en el contexto de la filosofía, filósofos, pensamientos, ideas, reflexiones

PLEROMA

PLEROMA: Palabra griega que significa "plenitud" y que se suele aplicar por parte de los gnósticos al conjunto de eones o entidades míticas que aparecen por parejas en una escala decreciente desde la fuente, emanados del Primer Padre, constituyendo con él el verdadero universo de armonía, unidad y de luz, opuesto a la obscuridad.

Concepto usado en el contexto de la filosofía, filósofos, pensamientos, ideas, reflexiones

PLOTINO

PLOTINO: El más ilustre, más grande y más eminente de todos los neoplatónicos después de Ammonio Saccas, fundador de dicha escuela.

Era el más entusiasta de los filaleteos o "amantes de la verdad", cuyo objeto era fundar una religión basada sobre un sistema de abstracción intelectual, lo que es verdadera Teosofía, o toda la esencia del neoplatonismo.

Si hemos de creer a Porfirio, Plotino no reveló jamas el lugar de su nacimiento ni su fijación, su país natal ni su linaje. Hasta la edad de veintiocho años, nunca había podido encontrar un maestro o una doctrina que le satisficiese o llenara sus aspiraciones.

Entonces acertó oír a Ammonio Saccas, y desde aquel día continuó asistiendo a su escuela.

A los treinta y nueve años acompañó al emperador Giordano a la Persia y a la India, con el objeto de aprender la filosofía de estos países.

Murió a la edad de sesenta y seis años, después de escribir cincuenta y cuatro libros sobre filosofía.

Tan púdico era que de él se cuenta que "se sonrojaba al pensar que tenía cuerpo". Alcanzó el samâdhi (el supremo éxtasis o "unión con Dios", el Ego divino) varias veces durante su vida.

Como dice uno de sus biógrafos, "hasta un punto tal llevaba su desprecio por sus órganos corporales, que se negó a hacer uso de un remedio, considerando que era indigno de un hombre emplear medios de esta clase".

Leemos además que "cuando él murió, un dragón (o serpiente) que estaba debajo de su lecho, escurrióse por un agujero de la pared y desapareció", lo cual es un hecho significativo para el estudiante de simbolismo.

Plotino enseñó una doctrina idéntica a la de los vedantinos, esto es, que el Espíritu-Alma que emana del Principio-Uno deífico se reunía con El después de su peregrinación.

[Esta idea la expresó claramente al morir pronunciando las siguientes palabras: "Voy a llevar lo que hay de divino en nosotros a los que hay de divino en el universo".

Creía también en la reencarnación, y aunque al principio rechazaba la teurgia, acabó por admitirla plenamente.

Fue un hombre universalmente respetado y estimado, cuya instrucción y cuya integridad eran grandísimas.

Clemente de Alejandría habla muy alto en favor suyo, y varios Padres de la Iglesia eran secretamente discípulos suyos.

Sus obras fueron recopiladas por su discípulo Porfirio, que las distribuyó en seis partes llamadas Enéadas, porque cada una de ellas constaba de nueve libros.]

Concepto usado en el contexto de la filosofía, filósofos, pensamientos, ideas, reflexiones

PLUMAS

PLUMAS: Las plumas en la cabeza son un atributo de las Musas.

Isis llevaba, como símbolo de dignidad, una corona de plumas de avestruz. (Noël).

PNEUMA

PNEUMA: (Griego). Aliento; viento, aire; alma, espíritu; voz; la síntesis de los siete sentidos.

Concepto usado en el contexto de la filosofía, filósofos, pensamientos, ideas, reflexiones

POISSON

POISSON: Albert Poisson, químico y alquimista francés del s. XIX. El caso de Poisson es único por la precocidad con que se dedicó a la alquimia*, ya que parece que la empezó a practicar a los trece años

. En todo caso fue un alquimista puro que murió siendo muy joven, a los veinticuatro años.

Escribió varias obras sobre el tema, entre ellas una Historia de la alquimia, a la que Fulcanelli* se refiere repetidas veces.

Expresión usada en alquimia.

POLVO DE PROYECCIÓN

POLVO DE PROYECCIÓN: Uno de los varios nombres con que se designa la piedra filosofal.

(Véase: Busadier, Piedra filosofal).

Expresión usada en alquimia.

PORFIRIO

PORFIRIO: (Porphyrius). Filosófo neoplatónico y escritor sumamente distinguido, sólo inferior a Plotino como maestro y filósofo. Nació antes de la mitad del siglo III después de JC, en Tiro, razón por la cual era llamado Tirio, y según se supone, pertenecía a una familia judía.

Aunque completamente helenizado y pagano, su verdadero nombre Melek [o Malek] (rey) parece indicar que tenía en sus venas sangre semítica.

Los críticos modernos le consideran muy justamente como el más prácticamente filosófico y el más moderado de todos los neoplatónicos.

Escritor eminente, adquirió especial renombre por su controversia con Jámblico respecto a los males inherentes a la práctica de la Teurgia.

No obstante, acabó por convertirse a las ideas de su adversario.

Místico por nacimiento, siguió lo mismo que su maestro Plotino la disciplina Râja-Yoga pura, que conduce a la unión del alma con la Super-Alma o Yo superior (Buddhi-Manas).

Con todo, se lamentó de que a pesar de todos sus esfuerzos, no consiguió alcanzar dicho estado de éxtasis hasta llegar a los setenta años, mientras que Plotino le aventajaba en ese punto.

Esto era probablemente porque, así como su maestro tenía en el mayor desprecio la vida y el cuerpo físico, limitando las investigaciones filosóficas a aquellas regiones en que la vida y el pensamiento se hacen eternos y divinos, Porfirio dedicaba todo el tiempo a consideraciones sobre la aplicación de la filosofía a la vida práctica.

"El fin de la filosofía es para él la moralidad", dice uno de sus biógrafos; podemos casi decir la santidad, la curación de las flaquezas humanas, comunicar al hombre una vida más pura y vigorosa.

El mero saber, por verdadero que sea, no es suficiente por sí mismo, el saber tiene por objeto la vida en armonía con el Nous, "razón" -traduce su biógrafo.

No obstante, como quiera que nosotros interpretamos la palabra Nous, no en el sentido de "razón", sino en el de "mente" (Manas) o el divino Ego eterno del hombre, traduciríamos la idea esotéricamente diciendo: "el saber o conocimiento oculto o secreto tiene por objeto la vida terrestre en armonía con el Nous, o nuestro eterno Ego que se reencarna", lo cual se ajustaría mejor a la idea de Porfirio, como se ajusta más a la filosofía esotérica.

(Véase: Porfirio, De Abstinentia, I, 29).

De todos los neoplatónicos, Porfirio es el que más se acercó a la verdadera Teosofía, tal como ahora la enseña la Escuela secreta oriental. Esto lo demuestran todos nuestros modernos críticos y escritores que se han ocupado de la Escuela de Alejandría, porque Porfirio "sostenía que el Alma debiera estar, todo lo posible, libre de los lazos de la materia " estar dispuesta " a separar todo el cuerpo". (Ad Marcellam, 34).

Recomienda la práctica de la abstinencia diciendo que "nos asemejaríamos a los dioses si pudiésemos abstenernos de alimentos vegetales lo mismo que de los animales".

Acepta de mal talante la teurgia y el encantamiento místico, puesto que son impotentes para jurificar el principio noético (manásico) del alma; la teurgia puede "solamente purificar la parte inferior o psíquica, y hacerla capaz de percibir seres inferiores, tales como espíritus, ángeles y dioses".

(Agustín, De Civitate Dei, X, 9), exactamente lo mismo que enseña la Teosofía.

"No profanéis la Divinidad -añade- con las varias imaginaciones de los hombres; no injuriéis lo que es por siempre bendito (Buddhi-Manas), pues de lo contrario os cegaréis para la percepción de las verdades más importantes y más vitales". (Ad Marcellam, 18).

"Si queremos librarnos de los ataques de los malos espíritus, hemos de mantenernos libres de aquellas cosas sobre las cuales tienen poder los malos espíritus, porque éstos no atacan el alma pura que no tiene afinidad con ellos". (De Abstin., II, 43).

Esta es también nuestra enseñanza.

Los Padres de la Iglesia consideraban a Porfirio como el enemigo más acérrimo y más irreconciliable con el cristianismo.

Por último, y una vez más como en la moderna Teosofía, Porfirio -y con él todos los neoplatónicos, según San Agustín- "ensalzaban a Cristo a la vez que menospreciaban el cristianismo"; Jesús, afirmaban ellos, como afirmamos nosotros, "nada dijo por su parte contra las divinidades paganas, pero obraba milagros con ayuda de ellas".

"No podían llamarle, como sus discípulos, Dios, pero le honraban como a uno de los hombres más buenos y sabios". (De Civit. Dei, XIX, 23).

No obstante, "ni aun en el calor de la controversia parece haberse pronunciado apenas una palabra contra la vida privada de Porfirio".

Su sistema prescribía la pureza " y él la practicaba".

(Véase: Diccion. De Biografía cristiana, tomo IV, "Porfirio").

Concepto usado en el contexto de la filosofía, filósofos, pensamientos, ideas, reflexiones

PORTA, JUAN BAUSTISTA

PORTA, JUAN BAUSTISTA: Alquimista italiano, que, entre otros valiosos descubrimientos que se le deben, figura la manera de reducir los óxidos metálicos y de preparar las flores (óxido) de estaño, así como la de colorear la plata, la formación del árbol de Diana, etc.

Expresión usada en alquimia.

POSTEL, GUILLERMO

POSTEL, GUILLERMO: Adepto francés que nació en Normandía, en el año 1510. Su gran saber llegó a oídos de Francisco I, que le envió a Oriente en busca de manuscritos secretos.

Allí fue Postel admitido e iniciado en una Fraternidad oriental.

A su regreso a Francia, adquirió gran celebridad.

Fue perseguido por el clero, y por último encarcelado por la Inquisición, pero sus hermanos de Levante le libraron de su calabozo.

Su Clavis Absconditorum, clave de las cosas ocultas y olvidadas, es muy famosa.

Expresión usada en alquimia.

PRAKRITI

Concepto usado en el contexto de la filosofía, filósofos, pensamientos, ideas, reflexiones

Término sánscrito que apunta la idea de naturaleza como algo unitario, distinto del alma.

PRAKRITI-GUNA

(Sánscrito). Cualquiera de las tres cualidades o modos (gunas) de la naturaleza material (Prakriti).

PRAKRITI

Su nombre deriva de su función, como causa material de la primera evolución del Universo.

Podría decirse que se compone de dos raíces "par" manifestarse, y, "criíta" hacer, significando la causa que hizo manifestarse al universo.

PRASÂDA

PRASÂDA: (Sánscrito). Paz, tranquilidad, serenidad, placidez; gozo, contento; suavidad, dulzura; favor, gracia; dominio de sí mismo; iluminación, claridad, pureza mental.

Concepto usado en el contexto de la filosofía, filósofos, pensamientos, ideas, reflexiones

PRATYAKCHA

PRATYAKCHA: (Pratyakska) (Sánscrito). Percepción espiritual por medio de los sentidos. [Esta palabra tiene además las siguientes acepciones: evidencia ocular, percepción directa, conocimiento directo o inmediato, intuición, etc.; claro, patente, manifiesto, visible; directo, inmediato, intuitivo.]

Concepto usado en el contexto de la filosofía, filósofos, pensamientos, ideas, reflexiones

PRATYASARGA

PRATYASARGA: (Sánscrito). En la filosofía sânkhya, es la evolución intelectual del universo.

En los Purânas, es la octava creación.

PRATYAYA-SARGA

PRATYAYA-SARGA: (Sánscrito). Creación intelectual, según la filosofía sânkhya: la octava, llamada por otro nombre Anugraha.

Es "la creación de la cual tenemos una noción (en su aspecto esotérico), o a la que damos asentimiento intelectual, en contraposición a la creación orgánica".

(Doctrina Secreta, I, 492).

PRATYAYA

PRATYAYA: (Sánscrito). Conocimiento; inteligencia; noción, idea; instrumento, medio de acción; causa o agente cooperante; causa, motivo; costumbre, práctica; proceder; meditación piadosa; creencia; convicción; evidencia, certeza.

PRECESIÓN DE LOS EQUINOCCIOS

PRECESIÓN DE LOS EQUINOCCIOS: Debido a la precesión de los equinoccios, el Sol se mueve hacia atrás a través de los doce signos del Zodíaco a la velocidad aproximada de un grado de espacio cada 72 años, y a través de cada signo (30 grados de espacio) en unos 2.100 años y en torno de todo el círculo en 26.868 años.

Esto es debido a que la Tierra no gira sobre un eje estacionario.

Su eje tiene un movimiento lento, oscilante, propio, parecido al de un trompo que ha perdido parte de la fuerza con que fue lanzado, describiendo así un círculo en el espacio, por lo que, una estrella tras otra se convierten en Estrella Polar sucesivamente.

Debido a este movimiento oscilante, el Sol no cruza el Ecuador por el mismo sitio todos los años sino un poco más atrás, y de ahí el término de "precesión de los equinoccios", porque el equinoccio "precede": viene demasiado pronto.

Por ejemplo, al ocurrir el nacimiento de Cristo, el equinoccio de primavera ocurría aproximadamente a los siete grados del signo zodiacal Aries. Durante

los dos mil años que han transcurrido desde aquel momento a nuestros días, el Sol se ha movido "hacia atrás" alrededor de 27 grados, así que ahora está cerca de los 10 grados del signo Piscis.

PRESAGIO

PRESAGIO: Agüero, signo o signos de sucesos futuros. Lo que se verifica en el mundo de los efectos existe en el mundo de las causas, y puede, bajo ciertas circunstancias, revelarse aun antes de entrar en el plano de los efectos.

(F. Hartmann).

Aunque generalmente se consideran como sinónimas las palabras presagio y augurio, se ha establecido una distinción entre ambas.

Por augurio se entienden los signos buscados e interpretados según las reglas del arte augural; y por presagio, las señales que se ofrecen fortuitamente, y que cada cual interpreta de un modo vago y arbitrario. (Noël).

PRINCIPIOS

PRINCIPIOS: Son los elementos o esenciales originales, las diferenciaciones fundamentales, sobre y de las que se han formado todas las cosas.

Empleamos dicho término para designar los siete aspectos individuales y fundamentales de la Realidad única universal en el Kosmos y en el hombre.

De ahí también los siete aspectos en su manifestación en el ser humano: divino, espiritual, psíquico, astral, fisiológico y simplemente físico.

[En el hombre, lo mismo que en el Cosmos o universo, se cuentan siete Principios.

Cada principio humano tiene correlación con un plano, un planeta y una raza, y los principios humanos están, en cada plano, en correlación con las séptuples fuerzas ocultas, algunas de las cuales (las de los planos superiores) tienen un poder tremendo.

(Doctrina Secreta, I, 19).

Se han expuesto diversas clasificaciones de los principios humanos.

En primer lugar, tenemos la vulgarísima y elemental

división binaria en cuerpo y alma, sustentada hoy día por gran número de psicólogos ortodoxos, a pesar de la división ternaria en cuerpo, alma y espíritu, claramente expresada por San Pablo (I Tesalom, V, 23; Hebr., IV, 22) y por varios Santos Padres (Orígenes, San Clemente de Alejandría, etc.).

Tenemos luego la división cuaternaria, según se halla descrita en el sistema Târaka-Râja-Yoga, fundada en los cuatro principales estados de conciencia del hombre, esto es: estado despierto o de vigilia, de sueño con ensueños, de sueño profundo sin ensueños, y de éxtasis trascendente, los cuales corresponden respectivamente a los cuatro principios humanos: cuerpo físico, alma animal e intelectual, alma espiritual, y Espíritu.

Hay también la división quinaria o vedantina, que considera en el hombre cinco kozas o envolturas llamadas Annamaya Koza (o cuerpo físico), Prânamaya Koza (que comprende el principio vital o Prâna y el doble etéreo o cuerpo astral), Manomaya Koza (alma animal y las porciones inferiores del Manas o principio intelectual), Vijñânamaya Koza (alma intelectual o esencia mental), y Ânandamaya Koza (alma espiritual o Buddhi).

En esta clasificación no se halla incluído el Âtman, que por razón de ser universal, no lo consideran los vedantinos como principio humano.

Hay, por último, la clasificación esotérica, o mejor dicho, semiesotérica, llamada septenaria, cuyos siete principios, empezando por el superior, se enumeran generalmente de este modo:

1) Âtman (Espíritu);

2) Buddhi (alma espiritual);

3) Manas (mente o alma humana);

4) Kâmarûpa (alma animal, asiento de los instintos, deseos y pasiones);

5) Prâna (vida, o sea la porción de Jîva que el cuerpo físico se ha apropiado);

6) Linga-zarîra (cuerpo astral, o doble etéreo, vehículo de la vida), y

7) Sthûla-zarîra (el cuerpo físico, moldeado sobre el Linga-zarîra) (Doctrina Secreta, I, 177 y II, 627).

En rigor, sólo deben contarse seis Principios, puesto que el Âtman o Âtmâ no se ha de considerar como tal, puesto que es un rayo del Todo Absoluto y es la síntesis de los "seis". (Id., I, 252, 357).

Los materialistas acogerán sin duda con burlona sonrisa la afirmación de que existen en el hombre tantas almas, desde el momento en que se niegan a admitir una sola, considerando que el cuerpo físico constituye la totalidad del ser humano.

Esto es simplemente cuestión de nombre, puesto que a la vez que los escépticos niegan con empeño la existencia del alma, tal como nosotros la expresamos, ninguno de ellos dejará de admitir que en el hombre hay un algo, llámese como se quiera, que es centro o asiento de los instintos, deseos y pasiones (alma animal), lo mismo que del pensamiento, de la razón o del genio (alma humana), etc.

Pero hablando en lenguaje estrictamente esotérico, el hombre, como unidad completa, está compuesto de cuatro Principios fundamentales y los tres Aspectos de ellos en esta tierra.

En las enseñanzas semiesotéricas, estos cuatro y tres se han denominado siete Principios para facilitar su comprensión al vulgo.

Los eternos Principios fundamentales son:

1) Âtman o Jîva, "Vida única" que impregna al Trío monádico (Uno en Tres, y Tres en Uno);

2) Envoltura áurea; así llamada porque el substratum del aura que envuelve el hombre es el universalmente difundido Âkâza primordial y puro, la primera película en la ilimitada extensión del Jîva, la inmutable Raíz de todo;

3) Buddhi, porque éste es un rayo del alma espiritual universal (Alaya), y

4) Manas (el Ego superior), porque procede del Mahat, "Gran Principio" o Inteligencia cósmica, primer producto o emanación del Pradhâna

(Véase esta palabra), que contiene potencialmente todos los gunas (atributos).

Los tres Aspectos transitorios producidos por estos cuatro Principios fundamentales, son:

1) Prâna, aliento de vida. A la muerte de un ser viviente, el Prâna vuelve a ser Jîva. Este aspecto corresponde al Âtman. 2

) Linga-zarîra o Forma astral, emanación transitoria del Huevo o Envoltura áurea. Esta forma precede a la formación del cuerpo viviente, y después de la muerte se adhiere a éste, disipándose sólo con la desaparición de su último átomo (excepción hecha del esqueleto). Corresponde a la Envoltura áurea.

3) Manas inferior o Alma animal, reflexión o sombra del Buddhi-Manas, teniendo la potencialidad de ambos, pero dominado generalmente por su asociación con los elementos del Kâma. Este aspecto corresponde a los Principios fundamentales Buddhi y Manas.

Como quiera que el hombre inferior es el combinado producto de dos aspectos -físicamente, de su Forma astral, y psicofisiológicamente del Kâma-Manas-, no es considerado ni siquiera como un aspecto, sino como una ilusión. (Doctrina Secreta, III, 493, 494).

Los siete Principios humanos de la constitución septenaria corresponden a los siete Principios cósmicos, según se expresa a continuación: Âtmâ corresponde al Logos inmanifestado; Buddhi, a la Ideación universal latente; Kâma-rûpa, a la Energía cósmica (caótica); Linga-zarîra, a la Ideación astral, que refleja las cosas terrestres; Prâna, a la esencia o energía vital, y Sthúla-zarîra, a la Tierra. (Id., II, 631)

En la constitución septenaria del hombre, no deben considerarse los diversos Principios como entidades separadas entre sí, como envolturas concéntricas y sobrepuestas a la manera de las diferentes capas de una cebolla, sino al contrario, como puntos, unidos, entremezclados en cierto modo, pero independientes uno de otro y conservando cada uno un estado esencial y vibratorio distinto; siendo siempre cada Principio inferior el vehículo de su inmediato superior, excepción hecha del cuerpo físico, que es el vehículo (upâdhi) de los otros seis.

Por último, en esta misma clasificación, los siete Principios se agrupan en dos series, que constituyen, por una parte, la Tríada superior, o sea la Individualidad espiritual, perenne e indestructible formada por Âtman, Buddhi y Manas, y por otra, el Cuaternario inferior, o sea la Personalidad transitoria y perecedera, integrada por los cuatro Principios inferiores: el Kâma-rûpa, con la porción inferior o animal del Manas; el Prâna, el Linga-zarîra y el cuerpo físico.

El hombre real y verdadero es el Manas superior; es la entidad que se reencarna, llevando como rastro kármico las potencialidades buenas y malas de sus encarnaciones o vidas anteriores.

Cuando el Manas se ha fundido en el Âtma-Buddhi, el hombre se ha convertido en un dios.]

Concepto usado en el contexto de la filosofía, filósofos, pensamientos, ideas, reflexiones

PRITHAGBHÂVA

PRITHAGBHÂVA: (Sánscrito). Separación, separatividad; individualidad; diferencia; diversidad; la esencia o substancia individual; cualidad individual; la naturaleza, existencia o condición diversa.

Concepto usado en el contexto de la filosofía, filósofos, pensamientos, ideas, reflexiones

PRITHAKTVA

PRITHAKTVA: (Sánscrito). Diversidad, variedad, multiplicidad; divisibilidad, separatividad, separación, distinción; individualidad, simplicidad, unidad, especialidad.

Concepto usado en el contexto de la filosofía, filósofos, pensamientos, ideas, reflexiones

PROCLO

PROCLO: (Griego). Escritor y filósofo místico griego, conocido como comentador de Platón.

Era designado con el sobrenombre de Diadoco.

Vivió en el siglo V y murió a los 75 años de edad, en Atenas, en el año 485 después de JC Su último ferviente discípulo y prosélito, y traductor de sus obras, fue Thomas Taylor de Norwich, que, según dice el Hermano Kenneth Mackenzie, "era un místico moderno que adoptó la fé pagana por ser la única verdadera, y sacrificaba palomas a Venus, una res cabría a Baco y " se proponía inmolar un toro a Júpiter", pero se lo impidió su patrona.

[Proclo, filósofo neoplatónico, estudió con Plutarco y Siriano, a quien sucedió en la dirección de la escuela de Atenas.

Fue tan docto en las ciencias naturales como en la teurgia.

Deseoso de elevar el paganismo por medio de un sistema de interpretación mística, consideraba como revelación divina los himnos órficos y los oráculos caldeos.

La mayor parte de sus obras se ha perdido, pero se conservan numerosos tratados filosóficos y comentarios a Platón.]

Concepto usado en el contexto de la filosofía, filóso-

fos, pensamientos, ideas, reflexiones

PROFECÍA

PROFECÍA: Predicción de acontecimientos futuros en virtud del don de profecía, que es distinto al de predicción.

Con cierta habilidad natural o adquirida cualquier persona puede predecir, pero sólo los profetas y videntes pueden profetizar.

Término relacionado con magia, amuletos, sistemas oraculares.

PROTILO

PROTILO: [Del griego prôtos, primero, e yle, materia] [Neologismo empleado en química para designar la primera substancia primordial, homgénea.] Es la hipotética materia primitiva [de que se formaron los elementos de los cuerpos.

La palabra protilo es debida a Mr. Crookes, que dio tal nombre a la premateria, si es que así puede llamarse a la substancia primordial y puramente homogénea, sospechada, si no realmente descubierta todavía, por la ciencia en la última composición del átomo.

Análoga a protoplasma, la palabra protilo -dice aquel eminente químico- "expresa la idea de la materia original primitiva que existía antes de la evolución de los elementos químicos".

Es la substancia indiferenciada.

Vibrando en el seno de la Substancia inerte, Fohat la impulsa a la actividad y dirige sus primeras diferenciaciones en todos los siete planos de la Conciencia cósmica, y así hay siete protilos, que sirven respectivamente de bases relativamente homogéneas, que en el curso de la creciente heterogeneidad, en la evolución del universo, se diferencian formando la maravillosa complejidad que ofrecen los fenómenos en los planos de percepción.

(Doctrina Secreta, I, 350).]

Expresión usada en alquimia.

PSICOLOGÍA

PSICOLOGÍA: La ciencia del alma, antiguamente: una ciencia que servía de base imprescindible para la fisiología; mientras que en nuestros días sucede al revés: la psicología está basada (por nuestros grandes hombres de ciencia) en la fisiología.

Concepto usado en el contexto de la filosofía, filósofos, pensamientos, ideas, reflexiones

PSICOPATÍA

PSICOPATÍA: Desorden o perturbación de las funciones mentales.

Concepto usado en el contexto de la filosofía, filósofos, pensamientos, ideas, reflexiones

PURVA MIMANSA

Concepto usado en el contexto de la filosofía, filósofos, pensamientos, ideas, reflexiones

Escuela filosófica hindú que enseña que el origen divino de los Vedas, y la recta observancia y entendimiento, es necesario para la salvación.

PÛRVA-MÎMÂNSÂ

(Sánscrito). "Mîmânsâ anterior"; una de las seis escuelas o sistemas filosóficos de la India.

-Véase: Filosofía pûrva-mîmânsa.

PÛRVAPAKCHA

PÛRVAPAKCHA: (Sánscrito). La primera quincena del mes lunar; la primera parte de un argumento.

Término asociada a la astrología o astronomía.

PYKÜLL

PYKÜLL: En 1705, el general Payküll, que peleaba contra los suecos, cayó prisionero y fue condenado a muerte por el rey Carlos XII de Suecia.

Para salvar la vida, comprometióse a fabricar todos los años un millón de escudos de oro por medio del procedimiento que le reveló un oficial polaco llamado Lubinsky, que a su vez lo aprendió de un sacerdote griego de Corinto.

Aceptado el trato, se procedió a la operación con todas las precauciones que el caso requería.

El rey había encargado a Hamilton, general de artillería, que vigilara atentamente los trabajos del alquimista.

Este mezcló los ingredientes, junto con su tintura, en presencia de Hamilton, y les añadió cierta cantidad de plomo, y haciendo fundir las materias así preparadas, operó la transmutación, de la que resultó una masa de oro que sirvió para acuñar 147 ducados.

Se acuñó, además, una medalla conmemorativa, del peso de dos ducados, que llevaba esta inscripción: Hoc aurum arte chimicâ conflavit Holmiœ 1706, O. A. V. Payküll.

En la operación referida se hallaban presentes el general Hamilton, el abogado Fehman, el químico Hierne y otras personas revestidas de carácter oficial.

Según el informe del citado químico, bastaba una parte de la tintura solidificada para cambiar en oro seis partes de plomo. -Louis Figuier, de quien he tomado estos datos, califica de "habil escamoteo" la referida transmutación, apoyándose sin duda en el informe que dio el célebre químico Berzelius, fundado en el examen de unos documentos que, según parece, Payküll había entregado al general Hamilton y en los cuales revelaba su secreto.

(Figuier, L'Alchimie et les Alchimistes).

Expresión usada en alquimia.

Q

Q

Q: Vigésima letra del alfabeto español que para los musulmanes representa el decimonoveno nombre o atributo divino de Dios, y el trigesimoséptimo epíteto más sublime de Dios según el Corán.

Es Qadir, el Poderoso.

Posee una categoría de Compuesto, siendo su vicio el deseo.

Pertenece al elemento agua, su perfume es la naranja y cuenta con el genio Shamyush y con el ángel guardián Itrail.

Inicial de la palabra alemana Quelle (fuente), usada en los estudios sobre el Nuevo Testamento para designar una hipotética colección de las sentencias de Jesús que habría sido recogida en los Evangelios de Mateo y Lucas.

QUINARIO

QUINARIO: Constituye el símbolo de los cinco elementos, generalmente representado por la estrella de cinco puntas.

Más formalmente es la representación del hombre, al que se puede ver con brazos y piernas extendidos en algunos dibujos de corte hermético.

Un buen número de amuletos tienen asimismo su fundamento en el cinco.

QUINTAESENCIA

QUINTAESENCIA: Conocido término alquímico de ambigua y poco clarificada entidad.

Se le considera como la síntesis de los cuatro elementos, por lo que dejaría de ser uno más para convertirse en una especie de elixir o esencia que los englobaría adecuadamente.

Podría considerarse también como una panacea, ya que contendría la esencia más pura de todos los elementos integrantes.

QUIROLOGÍA

QUIROLOGÍA: Técnica que estudia las características de la mano, con objeto de explicar la personalidad y carácter de la persona en cuestión.

Se analiza la forma de la mano, los dedos, líneas y

promontorios de la palma.

Tanto la quirología como la quiromancia* carecen de bases estadísticas de interpretación, por lo que ésta queda sometida al criterio personal y subjetivo del realizador.

Algunos investigadores herméticos consideran la quirología como un medio importante a la hora de ayudar a organizar la existencia, ya que según ellos en la mano está reflejado el futuro de la persona.

Término relacionado con magia, amuletos, sistemas oraculares.

QUIROMANCIA

QUIROMANCIA: Técnica, arte o mancia que intenta predecir el futuro mediante el estudio de las características de la mano, si bien, por lo general, se reduce al análisis de las líneas de aquella.

La quiromancia tiene una gran antigüedad, pues la mano constituyó desde siempre un instrumento de la inteligencia humana, por lo que su estudio podría revelar particularidades del individuo y de su circunstancia vital.

Al igual que en la quirología* no existen bases interpretativas para llevar a cabo estudio alguno, limitándose al análisis de las llamadas «cinco grandes líneas»: la de la vida, de la cabeza, del corazón, de la fortuna y de la salud.

La quiromancia experimentó un notable auge a partir del s. XVIII estableciéndose a partir de entonces una correspondencia entre los montículos de la mano, sus líneas y planos, con determinadas particularidades astrológicas. Ciertos quirománticos afirman que los sucesos más importantes vividos por la persona dejan huellas indelebles en la estructura de las líneas de la mano.

Término relacionado con magia, amuletos, sistemas oraculares.

R

R

R: Vigésimo primera letra del abecedario español, que para los musulmanes representa el vigésimo nombre o atributo divino de Dios: Rabb, que quiere decir Señor.

Su categoría es la de terrible y posee la virtud de la amistad.

Corresponde al islamismo y la cultura árabe.

RABDOMANCIA

RABDOMANCIA: Técnica o método predictivo cuyo elemento básico consistía en una varita, o varitas, que se lanzaba sobre el suelo o sobre una mesa y cuya disposición adquiría un determinado significado.

Posteriormente, este tipo de varillas se utilizaron para detectar metales y capas subterráneas de agua.

En este sentido se puede decir que es la antecesora del péndulo*.

Término relacionado con magia, amuletos, sistemas oraculares.

RADHAKRISNAN

Sarvepalli Radkakrisnan (1888-1975), filósofo hindú que estudió en diversas universidades de la India y del extranjero.

También tuvo una gran actividad política desempeñando puestos importantes como el de embajador en la URSS o el de vicepresidente del partido del Congreso y presidente de la Unión India (1962-1967).

Su pensamiento se basaba en que la religión de la India es única, aunque se halle expresada en las múltiples corrientes existentes en el país; frente al materialismo, apoyaba un Vedanta idealista como lugar de encuentro de todas las religiones.

Realizó una labor de traducción y difusión de los textos hindúes, como los Upanisades, el Bhagavadgita...

Concepto usado en el contexto de la filosofía, filósofos, pensamientos, ideas, reflexiones

RAGNY

RAGNY: Sabio alquimista que, según refiere M. Kopp en su Historia de la Química, obtuvo, en 1440, autorización del rey Enrique VI de Inglaterra para fabricar en sus Estados oro y elixir de larga vida.

Esta autorización se hizo extensiva a otros alquimistas, tales como Kirkeby, Cobler, Trafford, Bolton, Metsle, etc.

Expresión usada en alquimia.

RAIN

RAIN: (G. F. de). Jurisconsulto austríaco que en 1680 declaró que todos cuantos dudaran de la existencia de la piedra filosofal se hacían culpables del crimen de lesa majestad, atendido que muchos emperadores de Alemania habían sido entusiastas alquimistas.

Expresión usada en alquimia.

RAJAS

Concepto usado en el contexto de la filosofía, filósofos, pensamientos, ideas, reflexiones

Cualidad de acción, energía, actividad, pasión y emoción de acuerdo con la filosofía Samkya.

RÂJASA

(Sánscrito). Adjetivo derivado de Rajas: pasional, activo, enérgico, violento, agitado, apasionado, instintivo.

RÂJASÎ

(Sánscrito). La condición moral de una persona dominada por la pasión o el instinto.

RANA

RANA: En alquimia* representa un símbolo de transición de lo heterogéneo a lo homogéneo y, en general, del elemento tierra al de agua, y viceversa.

Para la señora Blavatsky*, la rana era un símbolo de creación y resurrección.

El folclore y la tradición popular mencionan generalmente a la rana como un elemento de transformación: el paso del príncipe a la rana, es un claro ejemplo de ello.

Pertenece a la serie de animales lunares por su vinculación con el agua.

Expresión usada en alquimia.

RÂSÂYANA

RÂSÂYANA: (Sánscrito). Alquimia; química; veneno; elixir de larga vida; alquimista.

Los râsâyanas constituyen una secta química de la India antigua.

(Swâmi Vivekânanda).

Expresión usada en alquimia.

RÂZI

RÂZI: (Rashi) (Sánscrito). Una división astrológica, la sexta, referente a Kanya (Virgo), sexto signo del Zodíaco.

[La voz râzi significa también signo del Zodíaco en general, y tiene además otros significados: masa, montón, conjunto, agregado, multitud, etc.]

Término asociada a la astrología o astronomía.

REBIS

REBIS: Término alquímico que vendría a significar «cosa doble» y que corresponde a la sustancia resultante de la fusión del azufre y del mercurio alquímicos.

A partir de la consecución de la rebis es posible culminar con éxito la obra.

Expresión usada en alquimia.

RELIGION ASTRAL

RELIGION ASTRAL: Recientemente se ha empleado esta forma para designar al conjunto de creencias y prácticas religiosas relacionadas con las estrellas propias de la antigua sociedad grecorromana.

No se puede decir que hubiera una religión astral organizada como tal, con un sacerdocio, dogmas y escritos sagrados, pero ello no significa que dejara de existir un tipo bien caracterizado de creencia muy difundida e influyente.

Se extendió por el mundo griego y romano debido a la profunda influencia que ejercieron algunos escritos de carácter místico atribuidos a un supuesto rey Nechepso y a un sacerdote de nombre Petosiris.

Debido a ellos fueron divinizadas las estrellas, identificadas frecuentemente con divinidades tradicionales, e incluso se constituyó una jerarquía en relación con el zodiaco, incluyendo diez decanos y trescientos sesenta monodiari.

Se recurría a la práctica astrológica y se atribuía importancia capital al horóscopo.

Los planetas eran considerados dominadores del mundo, estando en sus manos el destino de los hombres.

Término asociada a la astrología o astronomía.

RESONANCIA MÓRFICA

RESONANCIA MÓRFICA: Término acuñado por el fisiólogo británico Rupert Sheldrake para denominar el fenómeno de difusión de ciertos patrones de conducta y comportamiento entre los animales salvajes. Las primeras investigaciones de estos hechos se realizaron en los años veinte en la universidad de Harvard.

Según palabras de Sheldrake para describir la resonancia mórfica, si se les enseña a unos ratones una habilidad nueva en un determinado lugar del globo, todos los animales de la misma raza, en todo el mundo, tenderán a aprender esa misma habilidad con rapidez, aunque no exista el menor contacto o comunicación física entre ellos.

Y cuanto mayor sea el número de los ratones que aprendan dicha técnica, más fácil les resultará ponerla en práctica a los siguientes, estén donde estén.

Entre sus muchos experimentos para comprobar su teoría, Sheldrake también experimentó con niños, obteniendo idénticos resultados positivos.

Expresión asociada a la Nueva era.

RETROSPECCIÓN

RETROSPECCIÓN: El examen de los sucesos del día en orden invertido.

Es una práctica de gran valor, pues tiene como objetivo un trabajo de armonización consciente y el desarrollo del "poder de devoción", resultando de ello: a) La restauración de la armonía del cuerpo físico en un tiempo más corto que el requerido por el cuerpo de deseos durante el sueño, quedando una mayor porción de la noche para actuar en los mundos internos. b) Se elimina parcial o totalmente la experiencia post mortem en las regiones del Purgatorio y el Primer Cielo. c) La asimilación por parte del espíritu de la experiencia del día, desarrollándonos a lo largo de líneas que estaban reservadas para vidas futuras. d) La expulsión de los sucesos indeseables de nuestra memoria subconsciente, quedando borrados los pecados y comenzando en consecuencia a brillar nuestras auras que atraerán la atención del Maestro de acuerdo al crecimiento anímico que se vaya obteniendo.

Método de Retrospección: 1) Acostarse temprano y laxar el cuerpo físico. 2) Examinar los sucesos del día en orden inverso, comenzando por los acontecimientos de la noche y siguiendo con los de la tarde, del mediodía y de la mañana, tratando de reproducir en la mente cada escena y cuanto tuvo lugar con la mayor fidelidad. 3) Juzgar si nuestras acciones y palabras comunicaron el significado que se deseaba o si dieron una falsa impresión, exagerando o disminuyendo el verdadero alcance de los hechos. 4) Examinar nuestra actitud moral en relación con cada escena o suceso, criticándonos si así lo merecemos o alabándonos si lo hecho fuera digno de elogio, sintiéndolo todo tan vivamente como sea posible, con verdadera contrición o alegría. 5) Como suele ser difícil permanecer despierto hasta terminar el ejercicio, sentarse en el lecho hasta que sea posible acostumbrarse a realizarlo.

Concepto usado en el contexto de la filosofía, filósofos, pensamientos, ideas, reflexiones

REUCHLIN, JUAN

REUCHLIN, JUAN: Distinguido filósofo y filólogo alemán; eminente cabalista y ocultista.

Nació en Pfortzheim en 1455, y en su primera juventud fue diplomático.

En cierto período de su vida desempeñó el alto cargo de juez del Tribunal de Tubinga, donde continuó por espacio de once años.

Fue amigo de Pico de la Mirándola, maestro e instructor de Erasmo, Lutero y Melanchton, y por este motivo se le califica de "Padre de la Reforma".

Sufrió crueles persecuciones por parte del clero por la glorificación que hizo de la cábala hebrea.

Murió en 1552 en la mayor miseria, destino común de todos los que en aquellos días atacaban la letra muerta de la Iglesia.

Concepto usado en el contexto de la filosofía, filósofos, pensamientos, ideas, reflexiones

RHAZES

RHAZES: Célebre alquimista árabe del siglo IX. Recorrió el Oriente y España; dirigió los estudios científicos en Bagdad y en Ray; publicó dos notables enciclopedias médicas que por espacio de mucho tiempo han servido de base para la enseñanza;

hizo importantes descubrimientos químicos y dio a conocer gran número de compuestos nuevos, tales como el oropimente, el rejalgar, el bórax, algunas sales de mercurio, varios compuestos arsenicales, etc.

"El gran secreto de la química -decía- es más bien posible que imposible; sus misterios no se revelan sino a fuerza de trabajo y asiduidad, pero ¡que triunfo cuando el hombre puede levantar una punta del velo que cubre la Naturaleza!" -En sus escritos, llevaba la reserva y la prudencia a veces hasta un grado extremo.

Al describir el procedimiento para la fabricación del aguardiente, inventado por él, empieza así: "Toma de alguna cosa desconocida la cantidad que quieras (Recipe aliquid ignotum, quantum volueris)".

Expresión usada en alquimia.

RICHTHAUSEN

RICHTHAUSEN: Amigo íntimo de un adepto llamado Labujardière. En 1648 heredó de éste cierta cantidad de piedra filosofal, con la que se presentó al emperador Fernando III de Bohemia, que estaba muy versado en la filosofía hermética, y en presencia del cual, después de haber tomado todas las precauciones que eran del caso, se hizo la operación transmutatoria dirigida por el conde de Rutz, director de las minas.

Con un grano del polvo de Richthausen se transformaron dos libras y media de mercurio en oro, con el cual el emperador hizo acuñar una medalla que en 1797 se conservaba aun en la Tesorería de Viena.

Con otra parte del mismo polvo, Fernando III hizo una nueva proyección en Praga, en 1650, y con el oro resultante se fabricó otra medalla que en el siglo pasado (XVIII) figuraba todavía en la colección del castillo imperial de Ambras, en el Tirol.

En virtud de estos hechos, el emperador concedió a Richthausen el título de barón del Caos, y con tal nombre recorrió toda la Alemania haciendo proyecciones.

Su operación más famosa fue la que en 1658 hizo ejecutar el Elector de Maguncia, quien convirtió en oro cuatro onzas de mercurio.

Para más detalles, consúltese: Louis Figuier: L'Alchimie et les Alchimistes, 3ra. Edición, pág. 248.

Expresión usada en alquimia.

RIKCHA

RIKCHA: (Riksha) (Sánscrito). Cada una de las veinti-siete constelaciones que forman el Zodíaco.

Cualquiera estrella fija o constelación.

[Como adjetivo, significa: cortado, dividido.]

Término asociada a la astrología o astronomía.

RIPLEY, JORGE

RIPLEY, JORGE: Eminente alquimista inglés del siglo XV. Hizo interesantes estudios acerca de la ciencia hermética.

Compuso el famoso tratado de Las Doce Puertas, en el cual explica el procedimiento para la preparación de la Quintaesencia o Piedra filosofal, sirviénsose para ello de unos términos alegóricos que recuerdan al punto los que Goethe pone en boca de Fausto en la pintoresca escena del domingo de Pascua.

Ofreció cien mil libras de oro a los caballeros de Rodas cuando esta isla fue atacada por los turcos en 1460.

Su dignidad eclesiástica, como canónigo de Bridling-ton, no le libró de ser públicamente acusado de hechicería por sus contemporáneos.

Expresión usada en alquimia.

RIPLEY

George Ripley (1415-1490) Monje alquimista británi-co.

Inició su carrera eclesiástica como monje agustino.

Tuvo que abandonar esta orden religiosa al ser acusa-do de hechicería.

A partir de ese momento, Ripley se entregó completa-mente a la consecución de la Gran Obra*.

Estuvo en Lo-vaina, Roma y Rodas, lugar en el que, según se dice, logró culminar sus trabajos alquímicos, lo que le permitió donar una gran suma a los caballe-ros hospitalarios para la defensa de aquel lugar contra los ataques de los turcos.

Pasó sus últimos años en Inglaterra, como canónigo regular.

Expresión usada en alquimia.

RODOLFO II

(1552-1612) Emperador de Alemania.

Desde muy joven dio muestras de sentirse profunda-mente atraído por el mundo de lo oculto.

Llegado al trono del Sacro Imperio Germánico en 1576, se entregó a sus aficiones favoritas, dejando el gobierno en mano de ministros y consejeros.

Su corte fue lugar de encuentro para magos, cabalis-tas y, sobre todo, alquimistas, cuyo número llegó a varios centenares.

Protector de cuantos tuvieran que ver seriamente con el ocultismo, estuvo rodeado de notables personajes del ámbito hermético, sin olvidar figuras de gran pres-tigio científico como Tycho Brahe y Kepler.

Se ha querido achacar su total dedicación al herme-tismo a cierta tendencia maníaco depresiva de su carácter, de la que dio muestras durante su reinado.

Expresión usada en alquimia.

ROGER BACON

ROGER BACON: Celebérrimo fraile franciscano que floreció en Inglaterra en el siglo XIII.

Era un alquimista que creía firmemente en la exis-tencia de la piedra filosofal, y era también un gran mecánico, químico, físico y astrólogo.

En su tratado de la Admirable Fuerza del Arte y de la Naturaleza, hace algunas indicaciones acerca de la pólvora, y predice el empleo del vapor como fuerza propulsora; describe, además, la prensa hidráulica, la campana de buzos y el calidoscopio.

Contruyó también una famosa cabeza de bronce provista de un aparato acústico, la cual pronunciaba oráculos.

[Por su vastísima inteligencia, la más grande que ha tenido Inglaterra, dióse a Rogerio Bacon el calificativo de Doctor Admirable.

Hizo notables descubrimientos en las ciencias físi-co-químicas, tales como el papel que representa el aire en la combustión, las propiedades de varias sales, la acción de los lentes y de los cristales convexos, las lentes acromáticas, etc.

Escribió también obras sobre alquimia (Espejo de los Secretos, El Meollo alquímico).

Véase: Bacon.]

Expresión usada en alquimia.

ROQUETAILLAD

ROQUETAILLAD: Conocido más generalmente con el nombre de Rupescissa. Famoso alquimista que expuso un procedimiento para preparar la piedra filosofal con la sal marina.

Atribuyó al magisterio mayor la propiedad de transmutar en oro cien partes de metal impuro.

(Véase: Rosario filosófico).

Expresión usada en alquimia.

ROSARIO FILOSÓFICO

ROSARIO FILOSÓFICO: Título de una obra de Arnaldo de Vilanova, en la cual se describe un procedimiento para preparar la piedra filosofal.

En la obra referida dice su autor: "Aquel que conoce la sal y su preparación, posee el secreto oculto de los antiguos sabios".

Expresión usada en alquimia.

RUBÍ

RUBÍ: Variedad del corindón rojo, muy apreciada en joyería por su dureza y brillo, que la hacen cercana al diamante.

Se le considera en magia* como un símbolo de la prudencia.

Las alteraciones que se produzcan en su coloración serán prueba de la presencia de enemigos.

Es amuleto* muy benéfico para su portador, a quien protege de maldiciones.

RUEDA

RUEDA: Expresión simbólica para representar un mundo o globo.

La "Gran Rueda" es la duración total de nuestro ciclo de existencia o mahâkalpa, esto es, la revolución completa de nuestra cadena especial de siete globos o esferas, desde el principio hasta el fin.

Las "Ruedas pequeñas" significan las Rondas, de las cuales hay siete también.

(Doctrina Secreta, I, 72, nota).

La palabra "rueda" se aplica igualmente a los ciclos repetidos de acaecimiento o de manifestación, tales como los estados alternativos de nacimiento y muerte (véase: Samsâra), así como a los de actividad y reposo del universo designados con los nombres respectivos de manvantara y pralaya, que constituyen la "Rueda de Brahma".

(Powis Hoult).

RUNA

RUNA: Elementos mágicos pertenecientes a las culturas nórdicas.

Las runas ya aparecen en la Edda, una de las sagas nórdicas de mayor antigüedad, en la que se alude a misteriosos elementos mágicos que se encuentran en el septentrión de Europa.

Las runas son en realidad veinticuatro signos grabados en otras tantas tablillas de piedra, que se utilizaban para efectuar todo tipo de adivinaciones, y de las que se creía que encerraban poderes mágicos.

Término relacionado con magia, amuletos, sistemas oraculares.

RUNAS

RUNAS: (Escandinavo). El idioma y los caracteres rúnicos constituyen la lengua y el alfabeto del misterio y sacerdotales de los antiguos escandinavos.

Las runas derivan de la voz rûna, secreto.

De consiguiente, ni la lengua ni los caracteres pueden comprenderse ni interpretarse bien sin poseer la clave de los mismos.

Así es que mientras las runas escritas, que constan de dieciséis letras, son conocidas, las antiguas, compuestas de trazos y signos, son indescifrables.

Se les ha dado el nombre de caracteres mágicos.

"Es evidente -dice E. W. Anson, verdadera autoridad en materia de tradiciones y creencias de los antiguos escandinavos- que las runas, debido a varias causas, fueron, aun en Alemania, consideradas propiamente como misteriosas y dotadas de una virtud sobrenatural".

Según se dice, fueron inventadas por Odín.

[Estos caracteres se grababan sobre tablas o bastones de madera llamados bastones rúnicos.

También se denominan runas los mismos conocimientos transmitidos de esta manera.

(Los Eddas, traducción de A. de los Ríos).]

Término relacionado con magia, amuletos, sistemas

S

S

S: Vigésimo segunda letra del alfabeto español que para los musulmanes representa tres nombres o atributos divinos de Dios.

Por una parte, es Samad que quiere decir Establecido.

Posee una valoración numérica de 134, siendo su categoría la de terrible.

Posee la cualidad o vicio de intimidad y pertenece al elemento aire.

El perfume que le corresponde es nuez moscada.

Su genio o jinn se llama Kalapush y el ángel guardián es Ahjmail.

También es Sami, decimoquinto nombre de Dios, que significa Auditor.

Posee una valoración numérica de 180. Su categoría es la de compuesto y su cualidad o vicio, el deseo.

Pertenece al elemento agua y su genio se llama Favush.

En cuanto al ángel guardián, es Hamwakil.

En tercer lugar encontramos a Thabit, vigésimo tercer atributo de Dios, que puede traducirse por Estable.

Su valoración numérica es de 903 y su categoría de terrible.

La virtud o vicio que le corresponde es el odio; su perfume el alóe blanco. El jinnes Twahyush y el ángel guardián Mikail (Miguel).

Hay también una cuarta acepción en base a la fórmula "SH", que corresponde al vigésimo primer nombre de Dios, Shafi que se traduce por el que Acepta.

Posee una valoración numérica de 406, siendo su atributo el de amable, mientras que el vicio que tiene es la hostilidad.

Pertenece al elemento fuego y el perfume es el áloe blanco.

Su jinn se llama Tasyush y el ángel guardián Amrail.

Corresponde al islamismo y la cultura árabe.

SABBAT

SABBAT: En la medianoche de ciertos sábados del año —30 de abril, 24 de junio y 21 de diciembre, especialmente— y en lugares muy apartados, se celebra el sabbat, aquelarre o gran reunión de brujas y brujos, con acompañamiento de diversos demonios o con el mismo Satanás, según afirma la tradición popular.

Los tratadistas distinguen entre el sabbat mayor, o reunión de gran importancia, y el más humilde sabbat menor.

Término relacionado con magia, amuletos, sistemas oraculares.

SAGITARIO

SAGITARIO: Noveno signo del zodíaco* que al parecer de ciertos hermetistas simbolizaría el nexo entre el cielo y la tierra, al incluir al hombre completo, en su triple vertiente: animal, espiritual y divina.

Término asociada a la astrología o astronomía.

SAHADEVA

SAHADEVA: (Sánscrito). Literalmente: "que tiene a Dios consigo".

Nombre del más joven de los cinco príncipes pândavas.

Hijo de Mâdrî, segunda esposa de Pându, pero engendrado místicamente por Dasra, segundo de los hermanos gemelos Azvins.

Estaba muy versado en la ciencia astronómica.

Término asociada a la astrología o astronomía.

SAINT GERMAIN, CONDE DE

SAINT GERMAIN, CONDE DE: Los escritores modernos hablan de él como un personaje enigmático. Federico II de Prusia solía decir de él que era un hombre a quien nadie había podido llegar a comprender.

Muchas son sus "biografías", y todas ellas son a cual más descabellada y extravagante.

Algunos le consideraban como un dios encarnado; para otros era un hábil judío alsaciano.

Lo único que se sabe de cierto es que el conde de Saint Germain (cualquiera que fuese su verdadero nombre patronímico) tenía derecho a su nombre y título, porque había comprado una propiedad llamada San Germano, en el Tirol italiano, y había pagado al Papa el título.

Era de una gallardía y finura no comunes; su inmensa erudición y sus facultades linguisticas eran innega-

bles, pues hablaba el inglés, el italiano, el francés, el español, el portugués, el alemán, el ruso, el sueco, el danés y muchas lenguas eslavas y orientales con la misma facilidad que su lengua nativa.

Era inmensamente rico; jamás recibía una moneda de nadie -en realidad no aceptó nunca un vaso de agua ni partió pan con persona alguna-; antes al contrario, hacía los más extraordinarios presentes de soberbia joyería a todos sus amigos y aun a las familias reales de Europa.

Su talento como músico era maravilloso, tocaba todos los instrumentos, pero el violín era el favorito.

"Saint Germain rivalizaba con el mismo Paganini", decía de él un belga octogenario, en 1835, después de oir al "genoese maestro". "Es Saint Germain resucitado que toca el violín en el cuerpo de un esqueleto italiano", exclamaba un barón italiano que había oído tocar a ambos.

-Nunca pretendió poseer poderes espirituales, pero dio pruebas de tener derecho a tales pretensiones.

Solía pasar en un éxtasis profundo de 37 a 49 horas sin despertar, y entonces sabía todo cuanto tenía que saber, y demostraba el hecho vaticinando lo venidero sin equivocarse jamás.

El fue quien profetizó ante los reyes Luis XV y Luis XVI y la infortunada María Antonieta.

Numerosos testigos vivientes había aun en el primer cuarto de este siglo (téngase en cuenta que el original de esta obra lleva la fecha del 1892) que testificaban su maravillosa memoria; podía Saint Germain leer una hoja de papel por la mañana, y aunque no hacía más que pasar por ella apenas ligeramente la vista, repetía su contenido sin equivocar una sola palabra algunos días después.

Sabía escribir con ambas manos a la vez, redactando con la derecha una composición poética, y con la izquierda un documento diplomático de suma importancia.

Leía cartas selladas, sin necesidad de tocarlas, mientras se hallaban todavía en la mano del portador de ellas.

Fue el más grande adepto en punto a transmutación de metales, haciendo oro y los diamantes más prodigiosos; artes que, según afirmaba él, había aprendido de ciertos brahmanes de la India, que le enseñaron la cristalización ("vivificación") artificial del carbono puro.

Como expresa nuestro hermano Kenneth Mackenzie, "en 1780, habiendo ido a visitar al embajador francés a La Haya, hizo pedazos con un martillo un soberbio diamante de su propia manufactura, y cuyo duplicado, fabricado por él mismo, acababa de vender a un joyero por la suma de 5.500 luises de oro".

En 1772, en Viena, era amigo y confidente del conde Orloff, a quien había él socorrido y salvado en San Petesburgo en 1762, cuando se hallaba comprometido en las famosas conspiraciones políticas de aquella época; llegó a ser también íntimo amigo de Federico el Grande de Prusia.

Como es de suponer, tuvo numerosos enemigos; por lo tanto, no es de admirar que todas las hablillas inventadas acerca de él sean ahora atribuídas a sus propias confesiones; por ejemplo, que contaba más de quinientos años de edad; que pretendía tener intimidad personal "con el Salvador y sus doce apóstoles, y que reprendió a Pedro por su mal genio", lo cual estaba algo en pugna con lo anterior en cuestión de tiempo si él hubiese pretendido tener sólo quinientos años de edad.

Si Saint Germain dijo que "habían nacido en la Caldea y declarado poseer los secretos de los sabios y magos egipcios", hubiera dicho la verdad sin hacer ninguna reivindicación milagrosa.

Iniciados hay, y no los más altos precisamente, que se hallan en condiciones de recordar más de una de sus vidas pasadas.

Pero tenemos buenas razones para saber que Saint Germain no pudo jamás haber pretendido tener "intimidad personal" con el Salvador.

Sea como fuere, el conde de Saint Germain fue indudablemente el más grande Adepto oriental que Europa ha visto durante las últimas centurias.

Pero Europa no le conoció. Tal vez algunos le reconozcan en el próximo Terreur que afectará toda la Europa, cuando venga, y no una sola nación.

[Este misterioso personaje apareció en Europa en el siglo XVIII y a principios del XIX, en Francia, Inglaterra y otros países.

-H.P. Blavatsky, Glosario de la Clave de la Teosofía.]

Expresión usada en alquimia.

SAINT MARTIN, LUIS CLAUDIO DE

Nació en Francia (Ambroise), en 1743. Un gran místico y escritor que cursó sus estudios filosóficos y teosóficos en París durante la Revolución.

Fue ferviente discípulo de Jacobo Boehme, y estudió bajo la dirección de Martínez Paschalís, y por último fundó una Logia mística semimasónica, "el Rito Rectificado de St. Martin", que tenía siete grados.

Fue un verdadero teósofo. En la actualidad, algunos ambiciosos charlatanes de París le están parodiando, y se hacen pasar por iniciados martinistas, deshonrando así el nombre del último Adepto.

[Véase: Martinistas.]

Expresión usada en alquimia.

SAL

SAL: Término alquímico para designar un elemento fundamental en todo el proceso de la obra.

Recibe muchos nombres por los alquimistas: cuerpo en potencia, águila, serpiente, agua celeste, etc.

Esta «sal» nada tiene que ver con la sal común, y puede tratarse de un líquido jabonoso compuesto de dos sustancias, una salina y la otra oleaginosa.

Al actuar sobre el «azufre» alquímico constituye la sustancia que recibe el nombre de Materia Prima*.

Expresión usada en alquimia.

SALAMANDRA

SALAMANDRA: Es el espíritu del fuego, en el hermetismo.

La leyenda popular aseguraba que la salamandra vivía y se alimentaba del fuego.

Esto dio pie para que los alquimistas la tomaran como símbolo de la sustancia secreta que habita dentro del fuego filosófico, que jamás se manifiesta ni se hace sensible a la vista, como dice Fulcanelli*.

SALMON

SALMON: Eminente médico y alquimista francés que floreció en la primera mitad del siglo XVII.

Compiló en una obra titulada Bibliotèque des Philosophes chimiques multitud de selectos tratados sobre el arte hermético, entre ellos La Tabla de Esmeralda de Hermes, seguida del comentario de Hortulano; La

Suma de la Perfección, de Geber; La Turba de los Filósofos, de Artefio; Flamel, El Trevisano, Las doce Claves de Filosofía, de Basilo Valentín; El Triunfo hermético, La Luz saliendo de las Tinieblas, el Azoht, Los siete Capítulos atribuídos a Hermes, etc.

En el prefacio de esta rara y curiosa colección expone el autor importantes observaciones acerca de la alquimia.

Hablando de los enigmas y de las embrolladas explicaciones con que se ha descrito la preparación de la piedra filosofal, dice textualmente: "Si los filósofos hubiesen querido enseñar de un modo claro su Magisterio, e intentado hacer inteligible a todo el mundo lo que han escrito, no habría necesidad de hacer una vasta colección de las obras para exponer su ciencia.

El más breve de sus tratados nos hubiera instruído plenamente, y a ellos les hubiera sido fácil hacernos tan sabios como ellos mismos con muy pocas palabras.

(Prefacio de la 3ra. Edición, París, 1741, páginas CVII y CVIII).

Todos estos filósofos han escrito en un lenguaje muy obscuro para no profanar y hacer pública una cosa tan preciosa, que, si fuese conocida, causaría un desorden y trastornos prodigiosos en la sociedad humana.

Escribieron sólo para los hijos de la Ciencia, esto es, para los que están iniciados en sus misterios, y por esta razón es muy difícil para los aprendices entender y descifrar unos libros que de intento han embrollado con enigmas y llenado de contradicciones.

Y aunque principalmente del Padre de las Luces debemos esperar la revelación de tan grande Misterio, lo cierto es que sólo por entre tales contradicciones y mentiras aparentes encontramos la verdad; sólo en medio de estas espinas cogeremos esta rosa misteriosa.

No podríamos entrar en los ricos jardines de las Hespérides para ver en él este bello árbol de oro y coger los frutos tan preciosos, sino después de vencer al dragón que vela sin cesar e impide la entrada.

No podemos ir a la conquista de este vellocino de oro sino por las agitaciones y los escollos de este mar desconocido, pasando por entre estas rocas, y después de haber dominado a los espantables monstruos que lo guardan. (Páginas IV y V)" Aquellos que son bastante felices para adquirir el conocimiento de este arte y la posesión de este raro tesoro, por malvados y viciosos que fuesen antes, están cambiados en sus costumbres y se vuelven hombres de bien; de suerte que, no teniendo nada más que desear en este mundo, no suspiran más que por Dios y la bienaventuranza eterna, que sin cesar tienen ante sus ojos, y exclaman como el profeta: "Señor, sólo me falta la posesión de vuestra gloria para estar plenamente satisfecho". (Id., XX).

Expresión usada en alquimia.

SANTO GRIAL

SANTO GRIAL: Es el cáliz o copa donde Cristo bebió en la última cena, y que después, a su muerte contuvo un poco de su sangre.

SAPO

SAPO: Este animal constituye el aspecto opuesto de la rana*, el lado negativo e infernal.

En el mundo esotérico se afirma que existen animales cuya misión es romper la luz astral, mediante la fuerza nefasta que tienen en la mirada; estos animales son el basilisco y el sapo.

En el ocultismo popular el sapo desempeña un papel relevante, pero siempre como elemento demoníaco.

SAVITARKA

SAVITARKA: (Sánscrito: Sa-vitarka) (Alquimia) Con deliberación, raciocinio o argumentación; deliberativo, razonador.

Una especie de intuición: la intuición verbal.

(Râma Prasâd).

Expresión usada en alquimia.

SCHMIEDER

SCHMIEDER: Distinguido profesor de filosofía de Halle, que en una obra titulada Historia de la Alquimia, publicada en 1832, recogió con el mayor cuidado todos los hechos de transmutación de los metales, y no vacila en declarar que a menos de recusar en todos los casos la autoridad del testimonio humano, hay que reconocer que se ha encontrado el secreto de hacer oro.

(Luis Figuer: L'Alchimie et les Alchimistes, 3ra. Edic., pág 91).

Expresión usada en alquimia.

SELLO DE VERDAD O VERDADERO SE-
LLO

SELLO DE VERDAD O VERDADERO SELLO: Nombre que se ha dado a la "Doctrina del Corazón".

Es un símbolo que se encuentra encabezando casi todas las obras esotéricas.

(Voz del Silencio, II).

SENDIVOGIUS, MIGUEL

Famoso alquimista de la Moravia.

Hizo numerosas transmutaciones, pero las que mayor celebridad le dieron son las dos que efectuó en Praga ante el duque Federico de Wurtemberg en 1605.

Publicó un Tratado del Azufre, y se le atribuyen además varias obras herméticas, entre ellas el Tratado de la Sal, tercer principio de las cosas minerales, y la Lámpara de la Sal de los filósofos.

Expresión usada en alquimia.

SENSA

SENSA: O Senzar.

Nombre dado a un lenguaje sacerdotal secreto o "habla misteriosa" de los adeptos iniciados de todo el mundo.

Es un lenguaje universal y, en gran parte, escrito en cifras jeroglíficas.

SETHON, ALEJANDRO, LLAMADO EL COSMOPOLITA

Famoso alquimista escocés del siglo XVII.

Visitó gran número de ciudades de Europa para demostrar la verdad de su arte, de una manera completamente desinteresada, como un verdadero apostolado siempre difícil y con frecuencia peligroso, y en el cual Sethon había de encontrar el martirio.

En 1602, hallándose en Eukhuysen (Holanda), transmutó un trozo de plomo en un pedazo de oro de igual peso.

De dicho punto pasó a Amsterdam y luego a Rotterdam, en donde se embarcó para Italia, y recorrió después la Suiza y Alemania, en donde, ante un profesor de Friburgo, Wolfgang Dienheim y varios personajes ilustres de Basilea, practicó con pleno éxito una proyección que más tarde describió detalladamente el referido profesor en su obra De Minerali Medicina, 1610.

Antes de abandonar Basilea, hizo Sethon un segundo ensayo en casa del platero André Bletz, en donde cambió en oro varias onzas de plomo en presencia de varias personas doctas y fidedignas.

De Basilea pasó a Estrasburgo -en donde hizo otra proyección de gran resonancia-, a Francfort del Mein y a Colonia.

En estas ciudades convirtió a la alquimia a numerosos incrédulos y adversarios, entre ellos el cirujano Meister George, que contestando a las burlas de algunos de sus amigos, escribió: "Lo que he visto, lo he visto muy bien; lo que se ha operado con presencia de tantos testigos no es un sueño.

El oro fabricado, del cual se conserva buena parte, no es una quimera.

Creeré siempre a mis ojos más bien que a todas vuestras frívolas habladurías".

Habiendo el duque de Sajonia oído hablar de la habilidad de Sethon, quiso tener una prueba de ella; la proyección hecha en presencia de toda la corte tuvo el mayor éxito; el oro así fabricado resistió todas las pruebas.

Pero Cristián II, elector de Sajonia, hombre avaro y cruel, quiso poseer el secreto del operador.

Promesas, amenazas, todo fue en vano para que éste revelara su secreto; se le sometió a terribles suplicios y finalmente le encerraron en un lóbrego calabozo, del cual pudo escapar gracias a la astucia de Miguel Sendivogius, que le sacó de su prisión y le llevó a Cracovia, en donde Sethon murió poco tiempo después a consecuencia de las crueles y prolongadas torturas que había sufrido.

Este sabio ilustre dejó escrita una obra hermética titulada Libro de los Doce Capítulos, que Sendivogius hizo imprimir en Cracovia, con este epígrafe: Divi leschi genus amo.

Expresión usada en alquimia.

SÉVERIN, PEDRO

SÉVERIN, PEDRO: Sabio insigne que se dedicó con ardor a continuar y desarrollar el sistema de Paracelso.

Expresión usada en alquimia.

SEXO

SEXO: Contrariamente a la idea generalmente aceptada, el Ego es bisexual.

Si el Ego fuera asexual el cuerpo sería necesariamente asexual también, porque el cuerpo no es más que el símbolo externo del espíritu interno.

El sexo del Ego no se manifiesta como tal en los mundos internos, sino como dos cualidades distintas: Voluntad e Imaginación.

La Voluntad es la fuerza masculina y está aliada a las fuerzas solares; la Imaginación es el poder femenino y está siempre unida a las fuerzas lunares.

Esto explica el predominio de la imaginación en la mujer y el poder especial que la Luna ejerce sobre el organismo femenino.

La división de los sexos se efectuó en un estado muy primitivo de la evolución humana, cuando el hombre no tenía todavía ni cerebro ni laringe.

Una mitad de la fuerza creadora fue entonces dirigida hacia arriba, con objeto de que esos dos órganos pudieran formarse.

El cerebro se hizo para la evolución del pensamiento, con el cual crea el hombre en el Mundo Físico.

La laringe también la hizo la fuerza sexual creadora, para que el hombre pudiera expresar, sus pensamientos.

La relación entre esos órganos y la fuerza que se expresa por los órganos creadores inferiores, se hará palpable si recordamos que el adolescente cambia de voz en la pubertad, esto es, cuando puede empezar a propagar su especie.

Además, el hombre que abusa de su fuerza sexual se idiotiza, mientras que el pensador profundo que emplea casi toda su fuerza creadora en pensamientos, tiene poca o ninguna inclinación hacia las prácticas amorosas.

Antes de esta división, el hombre, como algunas plantas actuales, era una unidad completa, creadora, capaz de perpetuar su especie sin ayuda de otro.

El voto de absoluta castidad sólo tiene que ver con las Grandes Iniciaciones únicamente, y aún entonces un acto solo de fecundación puede ser necesario algunas veces como acto de sacrificio, como sucedió cuando se proveyó el Cuerpo para Cristo.

En el estado actual de la evolución humana, la función sexual es el medio por el cual se forman cuerpos a través de los cuales puede el espíritu obtener experiencias.

La ciencia oculta afirma que la función sexual no debe usarse nunca para gratificar los sentidos, sino para la propagación solamente.

Por lo tanto, el aspirante a la vida superior debe negarse justificadamente al coito con su cónyuge, a menos que el objeto de él sea el crear un niño, y con todo y eso, cuando ambos gocen de perfecta salud — física, moral y mentalmente— pues en caso contrario, la unión produciría un cuerpo débil o degenerado.

Cada persona posee su propio cuerpo y es responsable ante la Ley de Consecuencia de cualquier mal uso resultante del abandono, por falta de voluntad, de su cuerpo a otro.

El aspirante a la vida superior puede triunfar solamente en proporción directa a la subyugación de su naturaleza inferior, pero debe guardarse muy bien de irse al otro extremo.

Concepto usado en el contexto de la filosofía, filósofos, pensamientos, ideas, reflexiones

SHANGNA

SHANGNA: (Sánscrito). Nombre misterioso aplicado a un ropaje o "vestidura" en un sentido metafísico.

Ponerse la "vestidura Sangna" significa la adquisición de la Sabiduría secreta y la Iniciación.

(Véase el Glosario de la Voz del Silenc., II).

[Literalmente: "Vestidura de la Iniciación" de los neófitos.

Dice Edkins que este "tejido de hierba" fue importado del Tibet a la China bajo la dinastía Tong.

"Cuando nace un Arhan se encuentra esta planta brotando en un paraje puro", dice la leyenda china, como la tibetana. (Obra citada).]

SHÛLE MÂDAN

SHÛLE MÂDAN: (Tamil) (Alquimia)Elemental que, según dicen, ayuda a los "juglares" a hacer crecer el mango (árbol) y ejecutar otras maravillas.

Expresión usada en alquimia.

SIDDHARASA

SIDDHARASA: (Sánscrito). Alquimista; mercurio. Metálico, mineral.

Expresión usada en alquimia.

SIEBENFREUND, SEBASTIÁN

SIEBENFREUND, SEBASTIÁN: Alemán del siglo XVI. Fue iniciado en los procedimientos herméticos por un anciano fraile de un convento de Verona, quien al morir le comunicó el secreto de cierto polvo para la transmutación de los metales y para la curación de las enfermedades, como tuvo ocasión de comprobarlo en Hamburgo curando como por ensalmo a un gentil-hombre escocés atormentado por un violento ataque de gota.

Obró varias transmutaciones de metales, entre otras la que ejecutó en presencia de dos estudiantes de Wittemberg; para ello tomó una cuchara de cinc, la frotó con su polvo de proyección, calentóla en un hornillo, y quedó transformada en oro.

Murió asesinado por unos envidiosos que pretendían apoderarse de su polvo maravilloso.

Expresión usada en alquimia.

SILENCIO

Concepto usado en el contexto de la filosofía, filósofos, pensamientos, ideas, reflexiones

El silencio mental.

Cuando la boca habla la mente se ocupa y deja de aprender, cuando la boca calla la mente se abre y la comprensión del universo penetra en él.

Que su boca se abra únicamente para dar luz a aquel que se las haya pedido, practiquen la contemplación, porque sólo en el silencio mental puede Dios hacerse presente en ustedes. ,

La naturaleza es un libro abierto que explica los secretos del universo a aquel que está dispuesto a escucharla.

SILENCIO

El silencio es absolutamente necesario en la vida del aspirante, pues al hacer sus ejercicios espirituales debe rodearse de la mayor quietud posible para no distraer su atención y obtener así más provecho de su labor.

Muchas veces el grado de desarrollo de una persona puede notarse por el silencio que sabe guardar en el momento oportuno.

Cuando podamos eliminar de nuestro medio todos aquellos ruidos discordantes que nos rodean, notaremos un sorprendente progreso y equilibrio en nuestro ser.

Además, dominarnos y no levantar nuestras voces más de lo necesario cuando hablamos, significa progresar rítmicamente al no herir las vibraciones más sutiles del éter que nos rodea con sonidos perturbadores.

Dice Max Heindel al respecto: "El silencio es una de las mayores ayudas para el desarrollo del alma y debe ser practicado por lo tanto, por el aspirante, en su casa, en su conducta personal, en sus paseos, en sus hábitos, y, por paradójico que parezca, hasta en su conversación".

SIMBOLISMO

SIMBOLISMO: Expresión pictórica de una idea o de un pensamiento.

La escritura primitiva no tenía al principio caracteres, sino símbolos que representaban toda una frase o sentencia.

El símbolo, pues, es una parábola registrada, y la parábola un símbolo hablado.

El lenguaje escrito chino no es más que una escritura simbólica, siendo un símbolo cada una de sus millares de letras.

(Véase: Krâm).

SÍMBOLO

SÍMBOLO: Forma mental en cualquier tradición.

Encierra en si cierto poder.

Aunque es mas bien un koan para el que se requiere de la intuición y de la mente para penetrarlo.

SIN

SIN: (Caldeo). Nombre caldeo de la Luna o Deus Lunus, puesto que en Babilonia este astro era una divinidad masculina, que presidía la ciudad de Ur.

Sin es también idéntico al dios Anu de la trinidad caldea.

(Doctrina Secreta, II, 65).

En inglés, la voz sin equivale a pecado

Término asociada a la astrología o astronomía.

SINHA O SIMHA

SINHA O SIMHA: (Singha) (Sánscrito). León; la constelación del León.

[El quinto signo del Zodíaco indo, correspondiente a
nuestro Leo.

Para tener una ligera idea del gran significado oculto
de esta palabra, consúltese el artículo Los doce signos
del Zodíaco, publicado por T. Subba Row en Five Years
of Theosophy.]

Término asociada a la astrología o astronomía.

SIRIO

Término asociada a la astrología o astronomía.

[Del latín Sirius o del griego Seírios, ardiente]. En
egipcio Sothis. La estrella del Can; adorada por los
egipcios y venerada por los ocultistas; por los primeros, porque su helíaca salida con el sol era una señal
de la benéfica inundación del Nilo, y por los últimos,
porque está misteriosamente asociado con Toth-Her-
mes, dios de la Sabiduría, y Mercurio, en otra forma.

Así, Sothis-Sirio tenía, y tiene aun, una mística y
directa influencia sobre todo el cielo viviente, y está
relacionado con casi todos los dioses y diosas. Era Isis
en el cielo, y llamado Isis-Sothis, porque Isis estaba
en la constelación de Can, como se declara en los
monumentos.

Creíase que el alma de Osiris residía en un personaje
que anda a grandes pasos delante de Sothis, cetro en
mano y con un látigo en el hombro.

Sirio es también Anubis y se halla directamente
relacionado con el anillo No pases más allá de mí; es,
además, idéntico a Mithra, el dios persa del Misterio, y a Horus, y hasta a Hathor, denominada algunas
veces la diosa Sothis.

Estando en conexión con la Pirámide, Sirio se hallaba,
por lo tanto, relacionado con las iniciaciones que se
efectuaban en ella.

Dentro del gran templo de Denderah existía antiguamente un templo consagrado a Sirio-Sothis.

En suma, no todas las religiones derivan de Sirio, la
estrella del Can, como pretendía probar el egiptólogo
francés Dufeu, pero Sirio-Sothis se ha encontrado
indudablemente relacionado con todas las religiones
de la antigüedad.

SISTEMA SOLAR

Término asociada a la astrología o astronomía.

Todos los planetas visibles colocados por los astrónomos en nuestro sistema solar pertenecen a él, excepto Neptuno.

También pertenecen a él otros desconocidos de la
ciencia, así como "todas las lunas que todavía no son
visibles por objetos inmediatos".

Los planetas sólo obran en nuestra conciencia.

Los Regentes de los siete planetas secretos no tienen
influencia alguna en esta tierra, como tiene esta tierra
sobre otros planetas.

El sol y la luna son los que realmente producen no
sólo un efecto mental, sino también físico.

El efecto del sol sobre la humanidad está relacionado
con el Kâma-Prâna, con los más físicos elementos que
hay en nosotros; es el principio vital que favorece el
desarrollo.

El efecto de la luna es principalmente Kâma-Manâsi-
co, o psicofisiológico; obra sobre el cerebro fisiólogico
o la mente cerebral.

(Doctrina Secreta, III, 563).

SISTEMA SOLAR

En Períodos anteriores al. Período Terrestre, los seres
evolucionantes encontraron un ambiente apropiado
para su evolución en el mismo planeta. Pero, en el
Período Terrestre las condiciones eran tales que, con
objeto de facilitar a cada clase el grado de calor y de
vibración necesarios a su fase particular de evolución,
fueron segregados en varios planetas, a diferentes
distancias del Sol: el manantial central de la Vida.

Esta es la razón de ser de nuestro Sistema y de todos
los demás Sistemas Solares del Universo.

Cuando los seres de un planeta han evolucionado
hasta un grado suficiente, el planeta se convierte en
un Sol —el centro fijo de un Sistema Solar—.

Cuando los seres que en él se encuentran han evolucionado en mayor grado aún y por consiguiente
cuando ha llegado aquel (el Sol), a alcanzar el máxi-
mum de esplendor, se transforma en un Zodíaco,
convirtiéndose, por así decirlo, en matriz de un nuevo

Sistema Solar.

SOFIA

SOFIA: La sabiduría aparece en numerosos textos gnósticos como último eón del pleroma, y como causa del origen de la crisis que provocará el surgimiento del universo inferior del demiurgo y la creación del mundo material.

Concepto usado en el contexto de la filosofía, filósofos, pensamientos, ideas, reflexiones

SOL

SOL: En el esoterismo teosófico, el sol representa el símbolo máximo de la divinidad.

pudiendo considerarse su luz como la manifestación visible de Dios. Las correspondencias del sol son el oro en los metales y el amarillo en los colores.

En alquimia* se le considera "oro preparado para la obra".

SOLILOQUIOS

SOLILOQUIOS: Se le llama así al acto de hablar consigo mismo (preguntarse y responderse, platicarse) sin que haya alguien acompañando a la persona.

Algunas ocasiones llega a ser patológico.

Concepto usado en el contexto de la filosofía, filósofos, pensamientos, ideas, reflexiones

SOLSTICIOS

SOLSTICIOS: El culto cristiano -dice Emilio Burnouf- está distribuído según la marcha del sol y de la luna.

El nacimiento de Cristo coincide con el solsticio de invierno; la Pascua sigue de cerca al equinoccio de primavera.

En el solsticio de verano se celebra la fiesta del Precursor y se encienden las fogatas llamadas fuegos de San Juan.

Las demás fiestas se hallan distribuídas metódicamente en las otras partes del año, siguiendo un orden comparable con el de las ceremonias védicas.

Hay que notar -añade el mismo autor- que el solsticio de invierno ocurre cuatro días antes de Navidad, y el de verano cuatro días antes de la fiesta de San Juan.

El día de Pascua está regulado por el equinoccio, puesto que ocurre el domingo que sigue al plenilunio después del equinoccio de primavera.

Es, pues, probable que las fiestas de Navidad y San Juan sean muy antiguas, que coincidieran primitivamente con los solsticios.

Siendo de cincuenta segundos por año la precesión de los equinoccios, resulta que cuatro días corresponden aproximadamente a 7000 años; pero lo cuatro días no pueden ser completos.

(E. Burnouf, La Ciencia de las Religiones, 3ra. Edición francesa, pág. 232).

Véase: Semana Santa.

Término asociada a la astrología o astronomía.

SOONIAM [O SOONIUM]

SOONIAM [O SOONIUM]: Una ceremonia mágica que tiene por objeto hacer pasar una enfermedad de una persona a otra. Es magia negra o hechicería.

Término relacionado con magia, amuletos, sistemas oraculares.

SOPHIA

Concepto usado en el contexto de la filosofía, filósofos, pensamientos, ideas, reflexiones

(Griego). Sabiduría. El Logos femenino de los gnósticos; la Mente universal, y el Espíritu Santo femenino, según otros [los primitivos cristianos (Doctrina Secreta, I, 219).

La Sabiduría divina personificada.

Sophia es también Aditi con sus siete hijos; "la Virgen celestial".

(Id., III, 158, 192).

SOPHIA ACHAMÔTH

(Griego). Hija de Sophia. Personificación de la Luz astral o plano inferior del Eter.

SOTHIS

SOTHIS: (Egipcio). Nombre de la estrella Sirio, consagrada a Isis. Su orto helíaco, que marcaba el comienzo del año, era el punto de partida del año civil.

Sothis era considerada como la reina de 36 constelaciones que presidían sucesivamente a las 36 décadas.

Una parte del templo de Denderah estaba consagrada a la celebración de la salida de Sothis.

Había en Assuan un templo dedicado a Isis-Sothis.
(Pierret, Dict. D' Arch. Egypt).

Término asociada a la astrología o astronomía.

STANNAR

STANNAR: Nombre que dió Paracelso al doble astral de los minerales.

Expresión usada en alquimia.

SUICIDA

SUICIDA: El suicida, que trató de huir de la vida, estando en el Mundo del Deseo únicamente, encuentra que está más vivo que nunca, y en el más lastimoso estado.

Puede observar a aquellos a quienes ha perjudicado quizá por su acto, y lo que es peor de todo, es que tiene un inexpresable sentimiento de "vacuidad" de estar "ahuecado" o "vacío".

La parte del aura ovoide en la que generalmente está el cuerpo denso, está vacía, y aunque el cuerpo de deseos ha tomado la forma del cuerpo denso perdido, se siente como si fuera una cáscara vacía, porque el arquetipo creador del cuerpo en la Región del Pensamiento Concreto, persiste como molde vacío, por decirlo. así, durante tanto tiempo como debió vivir el cuerpo denso.

Cuando una persona muere de muerte natural, aunque sea en los albores de la vida, la actividad del arquetipo cesa y el cuerpo de deseos se ajusta por sí mismo como para ocupar la forma por completo, pero en el caso del suicida, el espantoso sentimiento de "vacío", permanece hasta que llegue el tiempo en el que, por el curso natural de los acontecimientos, debió ocurrir la muerte.

Concepto usado en el contexto de la filosofía, filósofos, pensamientos, ideas, reflexiones

SUPERSTICIÓN

SUPERSTICIÓN: Desviación de la creencia religiosa que se basa en relaciones con hechos, personas u objetos a los que se otorga un valor sagrado o sobrenatural. Por lo general este tipo de relaciones no es producto de un proceso mental del individuo, sino que se soporta en tradiciones populares carentes, las más de las veces de todo fundamento.

Todo ello nada tiene que ver con el hecho de que actualmente existan una serie de terapias, técnicas y métodos de desarrollo personal de probada eficacia que fueron tenidos, hasta no hace mucho tiempo, por supersticiosos.

Término relacionado con magia, amuletos, sistemas oraculares.

SVASAMVEDANÂ

SVASAMVEDANÂ: (Sánscrito). Literalmente: "la reflexión que se analiza a sí misma"; sinónimo de Paramartha. [Autoconciencia, examen de conciencia.]

Concepto usado en el contexto de la filosofía, filósofos, pensamientos, ideas, reflexiones

T

T

T: Vigésima letra del alfabeto español que para los musulmanes supone dos nombres o atributos divinos de Dios.

Por una parte es el Tahir, el Jefe.

Posee una valoración numérica de 215.

Su categoría es la de terrible, mientras que su vicio es el deseo.

Pertenece al elemento fuego y su perfume es el almizcle.

Tiene como jinn a Badyush, y como ángel guardián a Ishmail.

Asimismo también es el vigesimosegundo nombre de Dios, Tawwab, que puede traducirse por "Que perdona".

Posee una cifra valorativa de 408.

Su categoría es la de amable, mientras que su vicio es el insomnio.

El elemento es el aire y el perfume el ámbar; cuenta corno jinn con Latyush y como ángel con Azrail.

Corresponde al islamismo y la cultura árabe.

TADEO DE HAYEK

TADEO DE HAYEK: (Agccius). Médico del emperador Rodolfo II de Alemania, que dio a éste las primeras lecciones de alquimia.

Expresión usada en alquimia.

TÂRKCHYA

TÂRKCHYA: (Sánscrito). Antigua personificación del sol en forma de caballo o ave.

La palabra en cuestión significa: caballo, serpiente, vehículo, carro, etc.

Es también un epíteto de Garuda.

TAURO

TAURO: (Taurus, en latín). Una constelación sumamente misteriosa del Zodíaco, relacionada con todos los dioses solares "primer-nacidos".

Taurus está bajo el asterismo A. que es su signo representativo en el alfabeto hebreo, el de Alef, y por lo tanto, dicha constelación es llamada la "Una", la "Primera", después de tal letra.

De ahí, el "Primer-nacido", para todos aquellos a quienes se hizo sagrada.

El Toro es símbolo de fuerza y potencia creadora -el Logos; de ahí también los cuernos en la cabeza de Isis, aspecto femenino de Osiris y Horus.

Los místicos antiguos veían la cruz ansata en los cuernos de Tauro (la parte superior del Alef hebreo) rechazando al Dragón, y los cristianos relacionaban el signo y la constelación con Cristo.

San Agustín le da el nombre de "Gran Ciudad de Dios", y lo egipcios lo denominaron "intérprete de la voz divina", el Apis-Pacis de Hermonthis.

(Véase: Zodíaco).

Término asociada a la astrología o astronomía.

TENTACIONES

TENTACIONES: Todo aquel que ha sido cobijado bajo el manto de la carne ha sido tentado.

Ni aún Cristo escapó. Y cuanto más desarrollados estamos, más sutiles son las tentaciones que salen a nuestro paso.

Además, ocurre que estas tentaciones nos vienen frecuentemente por medio de uno en quien tenemos confianza plena, con objeto de que aprendamos a discernir en cuanto al mérito intrínseco de cualquier proposición, por encima de nuestra simpatía o antipatía hacia aquel por cuyo intermedio se nos presenta el problema.

Concepto usado en el contexto de la filosofía, filósofos, pensamientos, ideas, reflexiones

TEODIDACTO

TEODIDACTO: [Del griego Theodidaktos] Literalmente: "enseñado por Dios".

Título aplicado a Ammonio Saccas, fundador de la Escuela ecléctica neoplatónica de los filaleteos en siglo IV, en Alejandría.

[Según se cree, la sabiduría divina le fue revelada en sus sueños y visiones.

(Clave de la Teosofía, 3).]

Concepto usado en el contexto de la filosofía, filósofos, pensamientos, ideas, reflexiones

TEOFANÍA

TEOFANÍA: (Del griego Theophania). Entre los neoplatónicos, Dios en el hombre, Dios cobijando al hombre. (P. Hoult).

Manifestación o aparición de la Divinidad al hombre, especialmente la aparición de Dios a los patriarcas en forma de ángel o humana. (Diccionario de Chambers, Annandale, etc.) Según se colige de ciertas confesiones de Platón, Proclo y otros autores de nota, los Iniciados gozaron de la teofanía, esto es, tuvieron visiones de dioses y de verdaderos Espíritus inmortales.

Como dice muy bien Taylos: "la más sublime parte de la epopteia, o revelación final, consistía en la visión de los dioses mismos (los elevados Espíritus planetarios) revestidos de una luz refulgente".

(Doctrina Secreta, III, 283).

Concepto usado en el contexto de la filosofía, filósofos, pensamientos, ideas, reflexiones

TEOMANCIA

TEOMANCIA: Adivinación por medio de oráculos. De theós, Dios, y manteia, adivinación.

Término relacionado con magia, amuletos, sistemas oraculares.

TEOPEA

TEOPEA: (Del griego Theopœa). Arte mágica de dotar de vida, lenguaje o locomoción a figuras inanimadas, estatuas y otros objetos.

Término relacionado con magia, amuletos, sistemas oraculares.

TERATOSCOPIA

TERATOSCOPIA: Especie de adivinación por los fenómenos que se creían milagrosos.

Término relacionado con magia, amuletos, sistemas oraculares.

TETRAMORFOS

TETRAMORFOS: Representación del principio de la cuaternidad.

Elemento que forma parte del simbolismo del cuaternario en múltiples religiones y movimientos esotéricos.

Según estos últimos, los cuatro seres que componen el tetramorfos significarían: el águila, el aire, la inteligencia y la acción; el león, la fuerza y el fuego; el buey, la tierra, el trabajo y el sacrificio; por último, el hombre alado, símbolo del ángel, representaría la intuición y la verdad.

TEURGIA

TEURGIA: Término que procede de las voces griegas theos, dios, y ergon, obra.

Forma de magia en la que el sujeto se pone en contacto, mediante diversos métodos y encantamientos, con fuerzas sobrenaturales de índole benévola, para solicitar su protección o su ayuda en la realización de un determinado hecho.

Término relacionado con magia, amuletos, sistemas oraculares.

TEURGISTA

TEURGISTA: La primera escuela de Teurgia práctica (del griego Theós, dios, y ergon, obra), en el período cristiano, fue fundada por Jámblico entre ciertos platónicos alejandrinos.

Los sacerdotes, sin embargo, que estaban adheridos a los templos de Egipto, Asiria, Babilonia y Grecia, y cuyo oficio era evocar a los dioses durante la celebración de los Misterios, era designados con este nombre, o su equivalente en otras lenguas, desde el primer período arcaico.

Los espíritus (pero no los de los muertos, cuya evocación se llamaba necromancia) hacíanse visibles a los ojos de los mortales.

Así, pues, el teurgista había de ser un hierofante y un hombre experto en la ciencia esotérica de los santuarios de todos los grandes países.

Los neoplatónicos de la escuela de Jámblico eran denominados teurgistas, porque practicaban la llamada "Magia ceremonial", y evocaban los simulacra o imágenes de los antiguos héroes, "dioses" y daimonia (entidades divinas, espirituales).

En los raros casos en que se requería la presencia de un "espíritu" tangible y visible, el teurgista tenía que suministrar la fantástica aparición con una parte de su propia carne y sangre: tenía que practicar la theopœa, o la "creación de dioses", mediante un misterioso procedimiento bien conocido de los antiguos, y quizás de algunos de los modernos tântrikas y brahmanes iniciados de la India.

Esto es lo que se dice en el Libro de Evocaciones de los pagodas.

Esto prueba la perfecta identidad de los ritos y del ceremonial entre la antiquísima teurgia brahmánica y la de los platónicos alejandrinos.

Copiamos de Isis sin velo: "El brahmán Grihasta (evocador) debe hallarse en un estado de completa pureza antes de aventurarse a evocar a los Pitris.

Después de haber preparado una lámpara, una cantida de sándalo-incienso, etc., y de haber trazado los círculos mágicos que le enseñó el Guru superior a fin de mantener alejados a los malos espíritus, cesa él de respirar y llama en su ayuda al fuego (Kundalini) para dispersar su cuerpo".

Pronuncia cierto número de veces la palabra sagrada, y "su alma (cuerpo astral) escapa de su prisión, desaparece su cuerpo, y el alma (imagen) del espíritu evocado desciende hasta dentro del cuerpo doble y lo anima".

Entonces el alma (astral) del teurgista vuelve a entrar en su cuerpo, cuyas sutiles partículas se han agregado de nuevo (al sentido objetivo), después de haber formado de ellas mismas un cuerpo aéreo para el deva (dios o espíritu) que él ha evocado" Y entonces el operador dirige a este último preguntas "sobre los misterios del Ser y la transformación del imperecedero".

La idea popular predominante es que los teurgistas, lo mismo que los magos, obraban prodigios, tales como evocar las almas o sombras de los héroes y dioses, y otras acciones taumatúrgicas, mediante poderes sobrenaturales.

Pero nunca fue así. Hacían esto simplemente por medio de la liberación de su propio cuerpo astral, que, tomando la forma de un dios o héroe, servía como un medium o vehículo, por cuyo medio podía alcanzarse y manifestarse la corriente especial que conserva las ideas y el conocimiento de dicho héroe o dios.

(Véase: Jámblico).

Término relacionado con magia, amuletos, sistemas oraculares.

THALASSA

THALASSA: (Griego). El mar. [La profundidad del Mar, que esotéricamente y hasta exotéricamente es la Luna.] (Doctrina Secreta, II, 122). (Véase: Thallath).

THALES

THALES: (Griego). El filósofo griego de Mileto (aproximadamente 600 años antes de JC), que enseñó que todo el universo fue producido del agua [en lo cual coincide con la doctrina védica de que el Universo surgió de las aguas], al paso que Heráclito de Efeso sostenía que fue producido por el fuego, y Anaxímenes por el aire.

Thales, cuyo verdadero nombre es desconocido, tomó el suyo de Thallath, de conformidad con la filosofía por él enseñada.

Concepto usado en el contexto de la filosofía, filósofos, pensamientos, ideas, reflexiones

THURNEYSSER LEONARDO

THURNEYSSER LEONARDO: Su verdadero nombre era Zum Thurn.

Nació en Basilea en 1530.

Médico, astrólogo y artista hermético, gozó de enviable fama en Alemania.

Publicó varias obras, entre las cuales merecen mencionarse el Pison y la Quinta essentia, ávidamente buscadas en su país.

Después de lograr la confianza y la generosa protección del archiduque Fernando, fue perseguido finalmente como impostor, anduvo algun tiempo errante y en la mayor miseria, y murió en un convento, siendo objeto de la conmiseración pública.

Término asociada a la astrología o astronomía.

TIEMPO

TIEMPO: No es más que una ilusión producida por la sucesión de nuestros estados de conciencia en nuestro viaje a través de la Duración eterna, y no existe allí donde no existe conciencia alguna en que pueda producirse la ilusión.

El Presente es sólo una línea matemática que separa aquella parte de la Duración eterna que llamamos Futuro, de aquella otra parte que denominamos Pasado.

Nada hay en la tierra que tenga verdadera duración, porque nada permanece sin cambio, o sigue siendo lo mismo, durante la billonésima parte de un segundo; y la sensación que tenemos de la realidad de la división del Tiempo que se conoce como Presente viene de la confusa impresión de la momentánea vislumbre o vislumbres sucesivas de las cosas que nuestros sentidos nos comunican al pasar dichas cosas de la región de lo ideal, que denominamos Futuro, a la región de los recuerdos, que llamamos Pasado.

De igual manera experimentamos una sensación de duración en el caso de la instantánea chispa eléctrica, a causa de la continuar la confusa impresión en la retina.

La verdadera persona o cosa no consiste solamente en lo que vemos en cualquier momento dado, sino que está compuesta de la suma de todas sus condiciones diversas y cambiantes, -desde el momento de su aparición en forma material hasta que desaparece de la tierra.

Estas "sumas totales" son las que existen desde la eternidad en lo Futuro, y pasan gradualmente por la materia para existir por toda la eternidad en lo Pasado.

(Doctrina Secreta, I, 68, 69).

Los tres períodos Presente, Pasado y Futuro son, en filosofía esotérica, un tiempo compuesto sólo en relación con el plano fenomenal, pero en el reino del nóumeno carecen de validez abstracta.

Como dicen las Escrituras: "El tiempo pasado es el tiempo presente, como es también el futuro, el cual, aunque no ha entrado todavía en la existencia, sin embargo es". (Id., I, 75).

El Tiempo es una ilusión; los ciclos, las épocas, dependen de la conciencia; nosotros no estamos aquí por primera vez; los ciclos vuelven porque nosotros volvemos a la existencia consciente; los ciclos son medidos por la conciencia de la humanidad, y no por la Naturaleza.

Porque somos los mismos que en las pasadas épocas, estos sucesos nos acontecen a nosotros. (Id., III, 563).

El Tiempo y el Espacio son infinitos y eternos.

Los dos son simplemente formas de AQUELLO que es el Todo Absoluto (Id, II, 168), formas de la Deidad Una e incognoscible (II, 399).

El Tiempo es sólo una forma de Vishnú, como dice el Vichnu Purâna.

El chackra o disco de Vishnú designa la Rueda del Tiempo. (Id., II, 576).

El Espacio y el Tiempo son una sola y misma cosa.

No tienen nombre porque son el incognoscible AQUELLO que sólo puede ser percibido por medio de los siete Rayos (las siete Creaciones, los siete Mundos, las siete Leyes). (Id., II, 647).

Zecha o Ananta, el "lecho de Vishnú", es una abstracción alegórica que simboliza el Tiempo infinito en el Espacio, que contiene el Germen y emite periódicamente la florescencia de este Germen, el Universo manifestado. (Id., I, 102).

Kronos o Cronus es el Tiempo en su curso cíclico. (Id., II, 434).

Véase: Espacio, Ananta, Kâla, Khanda-Kala, Yugas, etc.

Concepto usado en el contexto de la filosofía, filósofos, pensamientos, ideas, reflexiones

TIERRA DE ADAM

TIERRA DE ADAM: Nombre que los alquimistas occidentales dan a la materia primordial inmanifestada.

(Mûlaprakriti).

Expresión usada en alquimia.

TIERRA SAGRADA

TIERRA SAGRADA: Con el nombre de Imperecedera Tierra sagrada se designa al primer Continente, o mejor dicho, la primera Tierra firme, en la cual la primera Raza fue desarrollada por los divinos Progenitores.

La razón de habérsele aplicado tal nombre es que dicha Tierra no participó jamás de la suerte de los demás Continentes, por ser la única cuyo destino es durar desde el principio hasta el fin del Manvantara a través de cada Ronda.

Es la cuna del primer hombre y la morada del último mortal divino, escogido como un remanente para la futura semilla de la humanidad.

(Doctrina Secreta, II, 6).

TORO DE LA PAZ

TORO DE LA PAZ: (Pacis Bull). El divino Toro de Hermontis, consagrado a Amon-Horus, así como el Toro Netos de Heliópolis lo estaba a Amon-Ra.

(Véase: Culto del Toro).

TOXITIS, MIGUEL

TOXITIS, MIGUEL: Sabio alquimista que hizo grandes trabajos encaminados a proseguir y desarrollar el sistema de Paracelso.

(Luis Figuier).

Expresión usada en alquimia.

TRADUCIANISMO

TRADUCIANISMO: Doctrina según la cual tanto los cuerpos como las almas nacen por generación natural.

Concepto usado en el contexto de la filosofía, filósofos, pensamientos, ideas, reflexiones

TRATTFORD

TRATTFORD: Renombrado alquimista que en 1444 obtuvo de Enrique VI de Inglaterra el privilegio de fabricar en sus Estados oro y elixir de larga vida.

(Louis Figuier).

Expresión usada en alquimia.

TRÉBOL O TRIFOLIO

TRÉBOL O TRIFOLIO: Como el trifolio irlandés, tiene un significado simbólico, "el misterio tres en uno", como lo denomina un autor.

El trébol coronaba la cabeza de Osiris, y la corona cayó cuando Tifón dió muerte al radiante dios.

Algunos ven en esto una significación fálica, pero nosotros negamos tal idea en Ocultismo.

Era la planta del Espíritu, Alma y Vida.

TRIÁNGULO

TRIÁNGULO: Constituye la representación geométrica del número tres, el cual posee una significación sagrada.

Las diferentes posiciones del triángulo simbolizan distintos elementos; así, por ejemplo, en su posición normal, es decir, con el vértice hacia arriba, simboliza el fuego, mientras que si tiene el vértice hacia abajo representa el agua.

Los alquimistas también utilizaban el triángulo truncado como símbolo del aire.

Dos triángulos equiláteros entrecruzados constituyen el conocido sello de Salomón que da lugar a la estrella de seis puntas, símbolo del alma humana.

Por último, si se sitúa el triángulo dentro de un círculo, su posición normal tendría el significado del principio constructivo, y en posición invertida, el principio destructivo.

TRIÁNGULOS

Uno de los nombres con que se designan los Agnichvâttas.

Para el significado del Doble triángulo véase: Sello de Salomón y Sello de la Sociedad Teosófica, en el artículo Teosofía.

TRIÁNGULOS

Actividad iniciada por la Escuela Arcana hacia 1950.

Consiste en unir tres personas durante unos instantes de meditación, a las 17 horas de su país, para emitir pensamientos positivos hacia la humanidad.

Actualmente hay muchos millones de ellos en todos los países del mundo.

TRIÑCHÂNZA

TRIÑCHÂNZA: (Trinshânsha) (Sánscrito). La trigésima parte de un signo del Zodíaco.

(Râma Prasâd).

Término asociada a la astrología o astronomía.

TRITEMO

O Tritheim (1462-1516) Monje y ocultista alemán nacido en la localidad de Tritheim, cercana a la histórica Tréveris. Se conocen de él pocos datos personales, si bien se cree que estudió en la universidad alemana de Heidelberg, en donde, según se dice, encontró a un misterioso maestro que le inició en las ciencias ocultas. Antes que el joven Tritemo regresara a su tierra natal, el citado maestro le indicó que durante el viaje encontraría la razón y la clave de toda su vida. Ya en camino, y cuando se encontraba cerca del monasterio benedictino de Sponheim, empezó a caer una fuerte nevada, lo que obligó al joven a refugiarse en él. Allí se quedó el tiempo suficiente para darse cuenta de que aquella vida monástica era la que le atraía profundamente.

Posteriormente, y siempre según cuenta la discutible historia, a la muerte del abad anterior, Tritemo fue elegido para el cargo cuando sólo contaba veintidós años. Dado que el monasterio se encontraba en un estado muy ruinoso, y los monjes se habían entregado a la molicie y a la desidia, el joven abad tuvo que trabajar muy duro para restaurar tanto el monasterio como a sus habitantes. En 1503 el éxito había coronado sus esfuerzos hasta el punto que la biblioteca contaba con varios miles de volúmenes. Su fama había alcanzado tal grado que era frecuente la visita de los emisarios de reyes y grandes señores, que deseaban conocer personalmente al sabio abad.

El emperador Maximiliano, según cuentan las crónicas, le mandó llamar a la Corte para que le aconsejara antes de contraer nuevo matrimonio. En palacio, Tritemo utilizó sus poderes ocultos para evocar el espíritu de la fallecida emperatriz, y lograr que fuera precisamente ella quien aconsejara al emperador.

Al margen de estos hechos, posiblemente fabulosos, lo cierto es que Tritemo no regresó a su monasterio de Sponheim, en donde los nefastos monjes se habían rebelado contra él y quemado toda su valiosa biblioteca. En su lugar fue nombrado abad del monasterio de san Jacobo, en la ciudad de Wurzburg. Allí permaneció el resto de su vida escribiendo sus tratados de ocultismo y de alquimia. No se sabe si llegó a conseguir la piedra filosofal, pero en sus libros habla de cómo se pueden realizar transmutaciones, si se emplea el método adecuado. No obstante, para él la piedra no es otra cosa que un principio universal, el spiritus mundi. Este principio, que procede directamente de Dios, lo penetra todo y en todo está presente.

Los seguidores de Tritemo en el mundo de lo esotérico fueron muchos. Ocultistas y alquimistas estudiaron intensamente sus tratados. Su influencia fue notable sobre figuras como Paracelso* y Agripa* Precisamente, según se cuenta, a este último le hizo una advertencia muy clara, tras la lectura de su obra De la filosofía oculta : «No me queda más que daros un consejo, que espero no olvidéis jamás: No habléis con el vulgo más que de cosas vulgares. Guardad para vuestros amigos los secretos más elevados. Dad pienso a los bueyes y azúcar a los loros. Espero que comprendáis lo que os digo, si no queréis que os pisoteen los bueyes, como suele suceder por desgracia».

La obra capital del abad Tritemo la constituyen sus Siete causas segundas. Una obra en la que lo esotérico y lo hermético se conjugan con lo religioso. La obra constituye un tratado de genealogías ocultistas. Tritemo afirma que esas siete causas segundas no son otra cosa que los siete ángeles o ministros de Dios, quien constituye la Causa Primera. Escribió también otras obras sobre temas muy variados, sin olvidarse de su amada alquimia. En algunas de ellas, caso de Antzpalus maleficiorunz, arremete contra le hechicería y la magia negra.

Expresión usada en alquimia.

TULLIA

TULLIA: (Latín). Hija de Cicerón, en cuya tumba, según pretenden varios alquimistas, se encontró encendida una lámpara perpetua, colocada allí más de mil años antes.

[Para más detalles, véase: Isis sin Velo, I, 224-228.]

Expresión usada en alquimia.

U

UBICUIDAD

UBICUIDAD: Del latín omnipresencia (ubicuitas).

Facultad sobrenatural de poder estar en dos sitios al mismo tiempo.

Sinónimo de Desdoblamiento, Bilocación, etc.

Expresión usada en parapsicología y fenómenos paranormales.

UCHAS

UCHAS: (Ushas) (Sánscrito). La Aurora, hija del Cielo; lo mismo que la Aurora de los latinos y el Eós de los griegos.

Es mencionada por primera vez en los Vedas, en donde su nombre es también Ahanâ y Dyotanâ (la iluminadora) y es una imagen sumamente poética y fascinadora.

Es la siempre fiel amiga de los hombres, de los ricos y de los pobres, aunque se cree que ella prefiere a los últimos.

Visita sonriendo la morada de todo mortal viviente.

Es la virgen inmortal siempre joven, la luz del pobre y la destructora de las tinieblas.

[Uchâ es también la vaca simbólica.]

Expresión utilizada en mitología.

UCHMAPA

UCHMAPA: (Sánscrito). Literalmente: "que absorbe el calor".

Los uchmapas son una clase de genios, pitris o manes de los antepasados, que han logrado una condición sobrehumana y se alimentan del vapor mientras éstos están calientes.

(Véase: Bhagavad-Gîtâ, XI, 22).

Expresión utilizada en mitología.

ULLAMBANA

ULLAMBANA: (Sánscrito). La festividad del Día de los Difuntos, prototipo del Día de Difuntos en los países cristianos.

Se celebra en la China en la séptima luna de cada año, en que tanto los sacerdotes budistas como los taoístas dicen misas para libertar del purgatorio las almas de aquellos que murieron en la tierra o en el mar; esparcen arroz para alimentar a los pretas (treinta y seis clases de demonios siempre hambrientos y sedientos), consagran altares para los antepasados domésticos " recitan Tântras, acompañados de mágicos castañeteos de los dedos (mûdra) para alegrar a los espíritus de los antepasados de siete generaciones en el Naraka (una especie de purgatorio o Kâma-loka).

El autor del Diccionario sánscrito-chino opina que éste es el antiguo Bhon tibetano, el "ritual gtorma injertado en el culto de los antepasados confuciano", debido a haber Dharmarakcha traducido el Ullambana-Sûtra y haberlo introducido en la China.

El nombre de Sûtra es seguramente una falsificación porque presenta tales ritos basándose en la autoridad de Zâkyamuni Buddha, y "lo apoya por medio de supuestas experiencias de sus principales discípulos, y diciendo que Ânanda aplacó a los pretas con ofrendas de alimentos".

Pero, como afirma correctamente Mr. Eitel, "toda la teoría, con las ideas de oraciones intercesorias, letanías y réquiem sacerdotales y culto ancestral, es completamente extraño al antiguo Buddhismo del Sur".

Y al del Norte también, si exceptuamos las sectas de Bhutan y Sikkim, de los Bhons y Dugpas; de los casquetes rojos, en una palabra.

Como es sabido que las ceremonias del día, o días, de Todos los Santos fueron introducidas en la China durante el siglo III (262-292), y como el mismo ceremonial y ritual católico-romano para los difuntos, que se celebra el día 2 de noviembre, no existía en aquellos primeros tiempos del Cristianismo, no pudieron los chinos tomar esta costumbre religiosa de los latinos, sino que más bien éstos imitaron a los mogoles y chinos.

ULLER

ULLER: (Esacndinavo). El dios de la ballestería, que "viaja con patines por los plateados caminos de hielo".

Es el patrono de la caza durante el período en que el sol atraviesa la constelación del Sagitario; y vive en la "Mansión de los Elfos de Luz" que está en el Sol y más allá del Asgard.

Expresión utilizada en mitología.

UMBRA

UMBRA: (Latín). [Sombra]. La sombra de un fantasma ligado a la tierra. Los antiguos pueblos latinos dividían al hombre (según las enseñazas esotéricas) en siete principios, como lo hacían todos los sistemas antiguos y como lo hacen actualmente los teósofos.

Creían ellos que después de la muerte el Anima, la pura alma divina, subía al cielo, una mansión de felicidad; el Manes (Kâmarûpa) descendía al Hades (Kâma-loka), y la Umbra (doble astral o Linga-zarîra) permanecía en la tierra, cerniéndose en torno de su tumba, a causa de la atracción de la materia física, objetiva y de la afinidad que con la Sombra mantenía el cuerpo terrestre dentro de los lugares que este cuerpo había impresionado con emanaciones.

De consiguiente, decían ellos que no se podía ver en la tierra nada más que la imagen astral del difunto, y aun ésta desaparecía por completo con la desintegración de la última partícula del cuerpo que por tanto tiempo había sido su morada.

[Véase: Umbrátiles.]

Expresión usada en parapsicología y fenómenos paranormales.

UMBRÁTILES

UMBRÁTILES: (Ocultismo). Sombras; apariciones astrales que se hacen visibles y algunas veces tangibles (forma de modernas manifestaciones espiritistas), el Scin-lecca o espectro, o el Doppelgänger alemán de una persona.

Pueden hacerse visibles atrayendo elementos materiales etéreos del cuerpo de un médium o de cualquiera otra persona en quien haya poca cohesión de sus elementos inferiores a consecuencia de algunas enfermedades o a causa de ciertas peculiaridades heredadas de su organización; o también pueden ser atraídas por los médium de la atmósfera circundante.

Su vida es tomada del médium, y si se impidiera que esa vida volviese al médium, éste quedaría paralizado o muerto.

(F. Hartmann).

Expresión usada en parapsicología y fenómenos paranormales.

UNCION

UNCION: Acción de derramar aceite sobre alguien.

En la Biblia la acción se refiere a la consagración monacal y a la del sumo sacerdote.

Exodo (32,22-31): "Yavé dijo a Moisés: Procúrate aromas finos: seis kilos de mirra pura; la mitad, o sea 3 de cinamono aromático, y otros 3 de caña aromática; 6 kilos de casia, según el peso del Santuario, y 4,5 litros de aceite de oliva. Con todo ello harás el óleo para la unción sagrada, un perfume aromático, obra de perfumista. Con él ungirás la Tienda de la reunión y el arca del Testimonio, la mesa con todos sus accesorios, el candelabro y sus accesorios, el altar de los perfumes, el de los holocaustos con todos sus accesorios y la pila con su pie. Consagrarás así todas estas cosas, y serán santísimas: todo lo que llegará a tocarlas quedará santificado. Con él ungirás a Aarón y a sus hijos y los consagrarás para que sean sacerdotes a mi servicio".

UNION LIBRE DEL KARMA CREATIVO

UNION LIBRE DEL KARMA CREATIVO: Movimiento sectario fundado en la ciudad norteamericana de Los Ángeles en la segunda mitad del siglo XX.

Su doctrina se basa en el poder de la cualidad sensual, cuando se ha liberado de toda restricción exterior quedando disciplinada desde el interior.

UNITARISTAS

UNITARISTAS: Secta norteamericana formada en 1959 por la unión de la Iglesia unitaria y la Iglesia universalista.

Sostienen teorías defendidas por otras sectas como por ejemplo la inexistencia del infierno y la negación de la Trinidad.

UNIVERSO ARQUETIPO

UNIVERSO ARQUETIPO: (Cábala). El universo ideal, sobre el cual fue construído el mundo objetivo.

UNIVERSO

UNIVERSO: La Doctrina Secreta enseña el desenvolvimiento progresivo de todas las cosas, lo mismo mundos que átomos, y este maravilloso desenvolvimiento no tiene ni principio concebible ni fin imaginable.

Nuestro "Universo" es solo uno de un número infinito de Universos, todos ellos "Hijos de la Necesidad", puesto que es un eslabón de la gran Cadena cósmica de Universos, cada uno de los cuales es un efecto con relación a su predecesor y una causa con respecto al que le sucede.

La aparición y desaparición de un Universo se describen como la espiración e insipiración del "Gran Aliento" que es eterno.

(Doctrina Secreta, I, 74).

Véase: Cosmos y Kosmos.

Concepto usado en el contexto de la filosofía, filósofos, pensamientos, ideas, reflexiones

UNIVERSO

UNIVERSO: La Doctrina Secreta enseña el desenvolvimiento progresivo de todas las cosas, lo mismo mundos que átomos, y este maravilloso desenvolvimiento no tiene ni principio concebible ni fin imaginable.

Nuestro "Universo" es solo uno de un número infinito de Universos, todos ellos "Hijos de la Necesidad", puesto que es un eslabón de la gran Cadena cósmica de Universos, cada uno de los cuales es un efecto con relación a su predecesor y una causa con respecto al que le sucede.

La aparición y desaparición de un Universo se describen como la espiración e insipiración del "Gran Aliento" que es eterno.

(Doctrina Secreta, I, 74).

Véase: Cosmos y Kosmos.

Concepto usado en el contexto de la filosofía, filósofos, pensamientos, ideas, reflexiones

UR

UR: (Caldeo). La principal sede del culto lunar; la ciudad babilónica en donde la Luna era la divinidad principal, y donde Abram aportó el dios judío, que está tan inextricablemente relacionado con la Luna como deidad creadora y generatriz.

URÂNIDES

URÂNIDES: (Griego). Uno de los nombres de los titanes divinos, los que se rebelaron contra Kronos; los prototipos de los ángeles "caídos" de los cristianos.

Expresión utilizada en mitología.

URANTIA

URANTIA: Movimiento norteamericano que se presenta como Sociedad, Fraternidad y Fundación, creado por Bil Sadler quien afirmaba que el año 1934 recibió de siete espíritus el Libro de Urantia.

Defiende que Jesús recorrió el mundo romano acompañado por dos nativos de la India entre los veintiocho y veintinueve años; niega las doctrinas esenciales del Cristianismo como la Trinidad o la muerte expiatoria de Cristo en la cruz.

URD

URD: (Escandinavo). La sagrada fuente que brota bajo el fresno Yggdrasel.

(Eddas).

Expresión utilizada en mitología.

URIM

URIM: (Hebreo). Véase: Thummim. -Los "Urim y Thummim" tuvieron su origen en Egipto y simbolizaban las Dos Verdades, viéndose las dos figuras de Ra y Thmei grabadas en el pectoral del Hierofante y llevadas por él durante las ceremonias de la iniciación.

Añade Diodoro que este ornamento de oro y piedras preciosas era llevado por el Sumo Sacerdote cuando emitía juicio.

Thme (Thmin en plural) significa "Verdad" en hebreo.

"La versión de los Setenta traduce thummim como Verdad" (Bonwick).

El llorado Mr. Proctor, el astrónomo demuestra que la idea judía "deriva directamente de los egipcios".

Pero Filón el Judío afirma que Urim y Thummim eran "las dos pequeñas imágenes de la Revelación y de la Verdad colocadas entre los dobles pliegues del pectoral", y pasa por alto este último con sus doce piedras, que representan los doce signos del Zodíaco, sin dar explicación alguna.

URLAK

URLAK: (Escandinavo). Lo mismo que Orlog.

(Véase esta palabra).

Hado; un poder impersonal que otorga "ciegamente" dones a los mortales; una especie de Némesis.

Expresión utilizada en mitología.

URSTOFF

URSTOFF: (Alemán). Primera materia, el principio del cual proceden todas las cosas; el origen y el fin del Universo.

Concepto usado en el contexto de la filosofía, filósofos, pensamientos, ideas, reflexiones

URSTOFF

URSTOFF: (Alemán). Primera materia, el principio del cual proceden todas las cosas; el origen y el fin del Universo.

Concepto usado en el contexto de la filosofía, filósofos, pensamientos, ideas, reflexiones

UTGARD

UTGARD: (Escandinavo). La mansión de los gigantes, en la mitología escandinava.

Véase: Asgard y Midgard.

Expresión utilizada en mitología.

UZANAS

UZANAS: (Usanas) (Sánscrito). "Brillante". El planeta Venus o Zukra; o mejor dicho, el regente y gobernador de dicho planeta.

[El guru o instructor de los daityas.

-Véase: Venus y Lucifer.]

Término asociada a la astrología o astronomía.

V

V

V: Vigésima letra del alfabeto latino. Numéricamente representa 5; por esto la V romana con un trazo encima equivale a 5.000.

Los cabalistas occidentales han relacionado dicha letra con el divino nombre hebreo IHVH.

El Vau (Vau o Vav, nombre de la V en el alfabeto hebreo) hebreo, sin embargo, teniendo numéricamente el valor de 6, sólo por ser idéntico a la W, puede alguna vez llegar a ser un símbolo apropiado para el macho-hembra y el espíritu-materia.

El equivalente para el Vau hebreo es YO, y numéricamente 6.

[La V es la cuadragésima tercera letra y la cuarta semivocal del alfabeto sánscrito.

En esta lengua sustituye frecuentemente a la B, como en la voz Vrihaspati o Brihaspati, vâhya o bâhya, vîja o bîja, etc.

Después de una vocal, suena como la V castellana; pero después de una consonante responde más bien a la W inglesa, y se pronuncia u, como en swa, twam, etc.]

VACUUM

VACUUM: (Latín). [Vacío]. Símbolo de la Deidad absoluta o Espacio infinito, esotéricamente.

Concepto usado en el contexto de la filosofía, filósofos, pensamientos, ideas, reflexiones

VAIBHÂCHIKAS

VAIBHÂCHIKAS: (Sánscrito). Secuaces del Vibhâcha Zâstra, antigua escuela de materialismo; una filosofía que afirmaba que no puede formarse concepto mental alguno excepto por contacto directo entre la mente (por medio de los sentidos, tales como la vista, el tacto, el gusto, etc.), y los objetos exteriores.

Existen aun hoy día vaibhâchikas en la India.

Concepto usado en el contexto de la filosofía, filósofos, pensamientos, ideas, reflexiones

VALE

VALE: (Escandinavo). Uno de los Asios, hijo de Odín y Rinda; un hijo de Loke. (Eddas).

Expresión utilizada en mitología.

VALENTÍN, BASILIO

VALENTÍN, BASILIO: Célebre alquimista alemán, nacido en Erfurth, en 1394, y considerado como uno de los fundadores de la química y la farmacia.

Entregóse con ardor al misticismo hermético, preparando así la vía a Paracelso.

Escribió varias obras muy notables en las que expone sus vastísimos conocimientos químicos y alquímicos, tales como el Carro triunfal del Antimonio, Las Doce Claves de la Filosofía, etc.

En sus escritos se encuentran numerosos logogrifos, como el siguiente: Visitando interiora terrœ, rectificandoque, invenies ocultum lapidem, veram medicinam.

Juntando las iniciales de cada palabra se encuentra el término vitriolum.

Expresión usada en alquimia.

VALENTÍN

VALENTÍN: Basilio Valentín, alquimista alemán del s. XV. También llamado Basilius Valentinus, para los adeptos del Arte Real —aunque posiblemente tales nombres no fueran más que un pseudónimo, con el que el alquimista quiso preservar su intimidad— Valentín es un personaje del que se desconocen muchos datos biográficos; hasta el punto de que durante algún tiempo se dudó si se trataría de un personaje real.

En todo caso se sabe que fue monje benedictino de la abadía de san Pedro, en la localidad alemana de Erfurt, histórica población perteneciente al electorado de Maguncia.

Las obras de Valentín, si bien muy importantes y siempre citadas por sus seguidores alquimistas, no aparecieron publicadas hasta más de cien años después de su muerte.

Valentín, hombre de notable modestia, que manifestaba: «Yo era un simple principiante, y me costó mucho aprender alguna cosa y sacar provecho de ella...», escribió, entre otras obras, Las doce llaves de la filosofía.

Fulcanelli* consideró siempre a este gran alquimista como su maestro.

Entre sus grandes logros se encuentra el de aportar al proceso alquímico la sustancia que simbólicamente se conoce como sal.

Expresión usada en alquimia.

VALKIRIAS

VALKIRIAS: (Escandinavo). Las vírgenes que asisten a las batallas y sirven de beber a los Enchearyars o héroes en el Walhalla.

Sus amadas y protectoras.

(Eddas).

Expresión utilizada en mitología.

VAMPIRISMO

VAMPIRISMO: Afición por los hábitos de los vampiros, supuestos seres mitad vivo y mitad muerto, que viven de noche, duermen de día y beben sangre de otros seres vivos para continuar existiendo.

Se liga a la Licantropía y a la Hematofilia (afición patológica a beber sangre).

Expresión usada en parapsicología y fenómenos paranormales.

VAMPIROS O BRUCOLACOS

VAMPIROS O BRUCOLACOS: Espectros o cadáveres que van por las noches a chupar poco a poco la sangre de los vivos hasta matarlos.

-Formas astrales que viven a expensas de las personas, de quienes extraen vitalidad y fuerza.

Pueden ser los cuerpos astrales de personas vivas o de las que han muerto, pero que todavía se aferran a sus cuerpos físicos que están en la sepultura, tratando de conservarlos con el alimento que extraen de los vivos, y de esta suerte prolongar su propia existencia.

Tales casos son bien conocidos, especialmente en el seudeste de Europa (Moldavia, Servia, Hungría, Grecia, Rusia, etc.).

La clave para comprender la naturaleza de los vampiros es que la esfera sensitiva del hombre, de la cual el cuerpo visible es, por decirlo así, nada más que la almendra del fruto, se extiende mucho más allá de los límites del cuerpo; pero un cambio mutuo constante se verifica entre los dos.

Por consiguiente, el cuerpo del muerto en quien todavía existe un resto de la vida astral, puede vampirizar a los vivos, y aun más, esto se puede verificar entre los mismos vivos.

(F. Hartmann).

Casos muy auténticos de vampiros pueden hallarse en las obras de Maximiliano Perty y en Isis sin velo.

Algunas personas que no pueden ver tales vampiros, pueden sentirlos instintivamente y hasta físicamente, como un viento frío o como una corriente eléctrica que pasa por el cuerpo.

En el curioso artículo de H. P. Blavatsky publicado con el título: El Hipnotismo y sus relaciones con otros medios de fascinación, leemos lo siguiente: "¿Cuál es la causa racional del Vampirismo?" -Si se entiende por esta palabra la transmisión involuntaria de una parte de la propia vitalidad, o esencia de la vida, por medio de una especie de ósmosis oculta, desde una persona a otra, estando dotada (o más bien afligida) está última por dicha facultad vampirizante, entonces sólo puede comprenderse tal acto cuando estudiamos bien la naturaleza y esencia del "fluído áurico".

Como toda otra forma oculta en la Naturaleza, este fin y procedimiento exosmósico puede convertirse en benéfico y maléfico, sea inconsciente o voluntariamente.

Cuando un operador sano mesmeriza a un enfermo con el deliberado propósito de aliviarlo o curarlo, el cansancio experimentado por el primero está en proporción del alivio prestado.

La endósmosis ha tenido lugar, habiéndose el operador desprendido de una parte de su aura vital en beneficio del paciente.

Por otra parte, el vampirismo es un procedimiento ciego y mecánico, generalmente producido sin conocimiento del absorbedor ni tampoco de la persona vampirizada.

Es magia negra consciente o inconsciente, según el caso.

Porque tratándose de adeptos formados e instruídos y de hechiceros, el procedimiento se efectúa de un modo consciente y con la voluntad por guía.

En ambos casos, el agente de transmisión es una facultad magnética y activa, terrestre y fisiológica en sus resultados, engendrada y producida, sin embargo, en el plano de la cuarta dimensión: el reino de los átomos".

(Estudios Teosóficos, serie II, págs. 67 y 68).

-Para más detalles, véase: Isis sin velo y el artículo Kâma-rûpa.

Expresión usada en parapsicología y fenómenos paranormales.

VAN HELMONT, JUAN BAUTISTA

Célebre médico, filósofo y alquimista belga (1577-1644). Fue autor del descubrimiento químico más importante de su siglo, o sea el descubrimiento de la existencia de los gases, sobre el cual debían erigirse más tarde las teorías de la química positiva.

En una de sus obras, refiere él mismo que habiendo recibido de una persona desconocida un cuarto de grano de piedra filosofal, operó en su propio laboratorio el experimento de transmutar en oro, con aquella pequeña cantidad de polvo, ocho onzas de mercurio.

Tan feliz resultado tuvo la operación que desde aquel momento se volvió acérrimo partidario de la alquimia.

Hizo del alcaest el disolvente universal, así llamado porque disuelve todos los cuerpos "como el agua caliente derrite la nieve".

(Luis Figuier).

Expresión usada en alquimia.

VAN HELMONT

Juan Bautista Van Helmont (1577-1644) Médico, hermetista y alquimista belga.

Nació en Bruselas, y cursó los estudios de medicina en la universidad de Lovaina.

Van Helmont, hombre erudito, prestaba sus servicio como médico, en 1609, en la pequeña localidad de Vilvorde, cuando tuvo ocasión de conocer a un personaje un tanto especial, el médico William Butler, con el que entabló una profunda amistad.

Butler, agradecido por los favores recibidos de Van Helmont —entre los que figuraban el haber logrado librarle de la cárcel en la que se encontraba—, le hizo entrega de una serie de fórmulas para la consecución de la Piedra filosofal*.

Es posible que el citado Butler, con seguridad un alquimista consumado, no sólo informara a Van Helmont de las pautas teóricas para la obra, sino que también le proporcionara cierta cantidad de polvo de proyección, es decir, de piedra filosofal.

En uno de sus trabajos Van Helmont manifiesta: «... Ocurre que yo he manejado la piedra aurífera con mis propias manos en varias ocasiones; y que he visto con mis propios ojos la transmutación de mercurio corriente, en una proporción que supera millares de veces la del peso del polvo aurífero.»

La seriedad, no sólo científica sino también personal de Van Helmont, quien nunca se quiso lucrar del fruto de sus conocimientos, se hizo lo suficientemente conocida como para que las autoridades inquisitoriales —influidas, tal vez, por la envidia de los colegas del sabio— intentaran destruirlo.

Su fama de gran erudito, sin embargo, le permitió que el castigo de la Inquisición se limitara a obligarle a un retiro forzoso.

Publicó distintas obras, entre las que cabe mencionar, De magnetice vulnerum curatione y la Doctrina inaudita.

Expresión usada en alquimia.

VARILLA RADIESTÉSICA

VARILLA RADIESTÉSICA: Varilla horquillada que se supone sensibiliza inconscientemente las manos, esto se efectúa durante una investigación de carácter paranormal.

Creada con el objetivo de percibir las ondas electromagnéticas.

Expresión usada en parapsicología y fenómenos paranormales.

VATICINAR

VATICINAR: Adivinar, predecir, pronosticar.

Dar a conocer el conocimiento de un hecho futuro.

Expresión usada en parapsicología y fenómenos paranormales.

VEHÍCULO LUCIFORME

VEHÍCULO LUCIFORME: Entre los platónicos, es el Augoeides, el vehículo etéreo del alma purificada, cuya parte irracional ha sido puesta bajo la completa sujeción de la racional. (C. C. Massey, Cinco años de Teosofía, pág. 39).

Concepto usado en el contexto de la filosofía, filósofos, pensamientos, ideas, reflexiones

VENNER

VENNER: Jefe de la secta Fifth Monarchy Men que protagonizó una sublevación el año 1661, al día siguiente de la Restauración, siendo ejecutado en compañía de dieciséis discípulos suyos.

Esperaban la segunda venida de Cristo que se encargaría de fundar la Quinta Monarquía.

Se basaban en una cierta interpretación de Daniel, estimando que los cuatro primeros reinos habían sido' los de Babilonia, los persas, el de Alejandro y el Roma.

VENZEL, ZEYLER, AGUSTÍN

VENZEL, ZEYLER, AGUSTÍN: Este monje se vio colmado de honores y fue nombrado marqués de Reinesberg por el emperador Leopoldo I de Alemania, con motivo de haber transmutado en presencia suya estaño en oro.

Verdad es -añade Louis Figuier, de quien tomo esta noticia- que algun tiempo después se reconoció que dicha operación había sido un fracaso del adepto.

Expresión usada en alquimia.

VETÂLA SIDDHI

VETÂLA SIDDHI: (Sánscrito). Una práctica de hechicería; medios de alcanzar poder sobre los vivos mediante la magia negra, encantamientos y ceremonias ejecutadas sobre un cuerpo humano muerto durante cuya operación es profanado el cadáver.

(Véase: Vetâla).

Término relacionado con magia, amuletos, sistemas oraculares.

VÍA HÚMEDA

VÍA HÚMEDA: Método alquímico para alcanzar la obra*.

Más lento, pero más seguro que la vía seca*, dado que no se estaba expuesto a las concentraciones de energía que, al parecer, se producen con este segundo método.

Se componía de cuatro etapas, operaciones, de las cuales la más larga era la correspondiente a la búsqueda de la Materia Prima*.

Expresión usada en alquimia.

VÍA SECA

VÍA SECA: Este método recibe el nombre de vía real.

Es mucho más secreto y peligroso que la vía húmeda*, ya que en él se pueden producir explosiones o emanaciones de las sustancias con las que se opera.

La liberación de la energía que se produce con este método fue causa de la muerte, según se dice, de muchos de los alquimistas que lo practicaron.

Expresión usada en alquimia.

VIBRACIÓN

VIBRACIÓN: Movimiento de energía.

Toda la energía vibra a su propia frecuencia particular.

El proceso evolutivo avanza a través de una intensificación del nivel vibratorio en respuesta a las energías entrantes superiores o inferiores.

Concepto usado en el contexto de la filosofía, filósofos, pensamientos, ideas, reflexiones

VIDA ÓRFICA

VIDA ÓRFICA: Vida pura, religiosa, iluminada por la ciencia, y una de cuyas prácticas consistía en abstenerse del uso de alimentos animales.

(Véase: Orfeo).

Expresión utilizada en mitología.

VIDAS PRETÉRITAS

VIDAS PRETÉRITAS: Conjunto de existencias en reencarnaciones anteriores, que representan etapas sucesivas en la evolución del espíritu a través de la vida terrena.

Expresión usada en parapsicología y fenómenos paranormales.

VIDENCIA

VIDENCIA: Facultad sobrenatural de percibir aquello que no se interpreta con los sentidos comunes.

Se aplica también para definir cualidades como la Telepatía o la Percepción Extra Sensorial.

Expresión usada en parapsicología y fenómenos paranormales.

VIDENTE

Expresión usada en parapsicología y fenómenos paranormales.

El clarividente; el que puede ver cosas visibles e invisibles -para otros- a cualquier distancia y tiempo con su vista o percepción espiritual o interna.

Véase: Richi.

VIDENTE

Individuo con facultades paranormales aplicadas.

VILANOVA

Arnau de Vilanova (1235-1313) Alquimista, médico y filósofo heterodoxo. La figura de este sabio medieval se encuentra rodeada de abundantes incógnitas. Nacido probablemente en Valencia hacia 1235 y muerto en un naufragio, fue objeto de múltiples estudios e hipótesis, que durante cierto tiempo no se pusieron de acuerdo ni siquiera sobre su verdadera patria. Arnaldo, o Arnau, de Vilanova es en todo caso el prototipo de sabio esotérico y alquimista, dedicado en gran medida al Arte Real.

Es muy posible que recibiera su primera formación en un convento de dominicos. Posteriormente se trasladó a Barcelona. Montpellier y Nápoles, ciudades en las que residió poco tiempo, pero que le sirvieron para ampliar sus conocimientos. Escribió en estos años varios tratados sobre medicina, que se convertirían en obras claves durante siglos. Empleaba remedios basados en recetas populares, pero tampoco descartaba los amuletos, como la esmeralda, que fue muy empleada desde la más remota antigüedad como el mejor antídoto contra la epilepsia. Vilanova fue también un conspicuo astrólogo, que afirmó en uno de sus tratados que el hombre puede realizar grandes empresas si sabe aprovechar la influencia de las estrellas. Creía también que las enfermedades dependían, en buena medida, del movimiento de los astros.

Aunque el vilanovense se sirvió de la alta magia, y supo emplear amuletos, conjuros y signos cabalísticos, despreció la magia burda; la que, a su criterio, se apoyaba exclusivamente en manejos y prácticas carentes de valor. Pero, sobre todo, fue a la alquimia* a la que dedicó mayor atención. A este respecto conviene apuntar que son muchos los autores que no dudan en afirmar que Vilanova fue el fundador de la química moderna. Con respecto a su trabajo alquímico, creía que la Piedra* poseía una naturaleza doble, y que dependía de cuál de esas dos naturalezas la poblase en un determinado momento para conseguir la transmutación del oro o de la plata.

Los éxitos y la fama de Arnau de Vilanova le llevaron a la corte aragonesa, en donde se le encomendaron una serie de gestiones diplomáticas que llevó a cabo con acierto. No obstante, ciertas predicciones suyas y algunas de sus afirmaciones —como la de que la caridad es una virtud mucho más importante que el cumplimiento de ciertos preceptos, corno el de asistir a misa: o que las bulas papales no dejaban de ser otra cosa que invenciones de los eclesiásticos—, le hicieron objeto de la suspicacia y, posteriormente, de la persecución de la Iglesia. Sus obras fueron quemadas y, aunque abjuró de "todos sus errores", no se libró de ser encarcelado. Afortunadamente, gracias a sus magníficas dotes como médico, pudo abandonar su prisión, al curar al papa Bonifacio VIII que le había mandado llamar. Finalmente, regresó a la corte del rey Fadrique de Sicilia. En 1314, pereció en un naufragio cuando se disponía a llevar a cabo otra de sus misiones diplomáticas.

Durante siglos perduró la fama de Arnau de Vilanova. Médico, alquimista, adivino y maestro esotérico por excelencia, no sólo se dedicó a su ciencia hermética, sino que también supo adecuar sus conocimientos al mundo en que le tocó vivir. Tampoco se detuvo a la hora de propugnar las reformas que, a su juicio, deberían hacerse en muchas instituciones que consideraba profundamente deterioradas, empezando por la Iglesia. Arnau de Vilanovafue un excelente médico de cuerpos, y un incansable fundador de hospitales y de centros de asistencia para los pobres y enfermos. Pero además de toda esa loable labor, también quiso ser un auténtico curador de espíritus. Ésta fue una de las metas de su vida, y por ella padeció injusta persecución.

Término asociada a la astrología o astronomía.

VILLENA

Enrique de Villena (1384-1434) Nieto ilegítimo del rey Enrique II de Castilla, y descendiente directo de los marqueses de Villena, cuyo título no llegó a conseguir. Educado por su abuelo, don Alonso, mantuvo durante toda su vida una relación conflictiva con la corte castellana, en parte por la originalidad de sus inclinaciones y por su talento.

Gran amante de las ciencias ocultas, practicó la alquimia*, la astrología* y la magia*.

Pero, además de estas profundas aficiones, Villena fue un erudito de consideración que tradujo al castellano distintas obras clásicas, entre ellas La divina comedia.

A su muerte, el rey de Castilla, Juan II, mandó quemar su biblioteca y sus escritos, dada la fama de brujo que le había marcado en vida.

Por fortuna pudieron salvarse algunas de sus obra. entre las que se encuentran algunos escritotos sobre el mal de ojo*, sobre astrología y, la más famosa de todas, su Arte cisoria, un curioso tratado sobre el buen comportamiento en la mesa.

Término asociada a la astrología o astronomía.

VIRGEN

VIRGEN: El tema de la virginidad femenina y de la existencia de Vírgenes es constante en todas las religiones.

Las hay como servidoras de las diosas y dioses griegos y romanos, lo mismo que entre los mayas, los aztecas e incluso en el budismo donde son las seguidoras de Budas y miembros de la sangha.

Pero sobre todo entre los judíos y en el cristianismo es donde toma más fuerza la idea de la virgen

Tanto el Antiguo como el Nuevo Testamento están plagados de relatos que hablan de la virgen o doncella que guarda su integridad física. Incluso se identifica con la ciudad sometida que es como una virgen deshonrada, o de la virginidad del pueblo de Israel que se mantiene fiel a la alianza sin prostituirse ante los ídolos.

En el cristianismo siempre ha importado mucho la virginidad, ya que desde el primer momento se aplicaba a rajatabla el sexto mandamiento y era considerado un grave pecado, incluso se llegaba al martirio por no perderla.

No obstante es mucho más importante el concepto de Virgen como madre de Cristo, que concibió a su hijo sin perder la virginidad y que incluso lo dio a luz gracias a la labor del Espíritu Santo.

Mateo (1;23-25): "La Virgen concebirá y dará a luz un

hijo, a quien pondrán el nombre de Emmanuel, que significa, Dios con nosotros. Despierto José del sueño, hizo como el Angel del Señor le mandaba: recibió a su esposa y, sin haberla conocido, dio ella a luz un hijo, y él le puso el nombre de Jesús".

VÍRGENES NEGRAS

VÍRGENES NEGRAS: Poseen para la alquimia* el mismo significado simbólico que tuvieron para la tradición popular, durante la Edad Media.

Eran la versión cristiana de las diosas madre, muy especialmente la divinidad egipcia Isis.

Representaba para los alquimistas el papel del espíritu femenino de la Tierra, pero transformado ahora en Nuestra Señora.

Expresión usada en alquimia.

VIRIL

VIRIL: Pequeña custodia que se pone dentro de la grande y en cuyo interior se coloca una hostia que figura el cuerpo de Cristo; a su alrededor emanan rayos dorados en todas direcciones.

Por los documentos relativos a la Persia, sabemos que el viril de nuestro templos figuraba también en las ceremonias mazdeístas, en las cuales representaba a Mithra, y que Mithra no era más que la fuerza inmanente del Sol, concebido como regulador del tiempo, iluminador del mundo y agente de vida.

El Veda de los indos confirma sobradamente esta interpretación del símbolo, y da al propio tiempo el primer sentido de la fórmula cristiana: per quem omnia facta sunt.

(Emilio Burnouf: El Budismo en Occidente, artículo publicado en los primeros números de la revista Estudios Teosóficos).

VISIÓN ETÉRICA

VISIÓN ETÉRICA: Puede considerarse como una extensión de la vista física, no debiendo confundirse con la clarividencia.

Tal vez podría decirse que es el aspecto más inferior de la misma.

Expresión usada en parapsicología y fenómenos paranormales.

VOLUNTARISMO

VOLUNTARISMO: Teoría que defiende que la voluntad es la fuerza suprema del Universo.

Concepto usado en el contexto de la filosofía, filósofos, pensamientos, ideas, reflexiones

VOODALAK

VOODALAK: (Eslavo). Un vampiro, un cadáver animado por sus principios inferiores y que conserva una especie de semivida en sí mismo saliendo en silencio durante la noche de su tumba, fascinando a sus víctimas vivientes y chupándoles la sangre.

Las tribus moldavias, rumanas, servias y todas las esclavonias que viven en los Balcanes, como también los chechos (bohemios), moravos y otros, creen firmemente en la existencia de tales fantasmas o espíritus y los temen de consiguiente.

[Véase: Vampiros.]

Término relacionado con magia, amuletos, sistemas oraculares.

VOZ DIRECTA

VOZ DIRECTA: Es el fenómeno de percibir las voces de los muertos, sin medios físicos aparentes para manifestarse.

Sinónimo de Neumatofonía.

Expresión usada en parapsicología y fenómenos paranormales.

W

W

W: Vigésimo sexta letra del alfabeto español que para los musulmanes representa el sexto nombre o atributo divino de Dios: Wali, que quiere decir "amigo".

Su categoría es la de amable y su cualidad o vicio es el amor.

Corresponde al islamismo y la cultura árabe.

WACHTOWER

WACHTOWER: Sociedad multinacional que gobierna la secta de los Testigos de Jehová y que se encarga de recoger las aportaciones y administrar la economía de este movimiento, y el dinero obtenido por sus adeptos.

WALA

WALA: (Escandinavo). Una profetisa en los cantos de los Eddas (mitología escandinava).

En virtud de los encantamientos de Odín fue resucitada de su tumba y profetizó la muerte de Baldur.

Expresión utilizada en mitología.

WALHALLA

WALHALLA: (Escandinavo). Una especie de paraíso (Devachan) para los guerreros que mueren en el campo de batalla, y llamado por los antiguos escandinavos "morada de los héroes bienaventurados"; tiene quinientas puertas.

Expresión utilizada en mitología.

WALKIRIAS

WALKIRIAS: (Escandinavo). Llamadas "escogedoras de los muertos".

Según la poesía popular de los escandinavos, estas diosas santifican con un beso a los héroes que sucumben en la pelea, y llevándolos del campo de batalla los conducen a las mansiones de felicidad, y a los dioses en el Walhalla.

[Véase: Valkirias.]

Expresión utilizada en mitología.

WALPURGIS

WALPURGIS: noche de Walpurgis. En el folclore y en

el ocultismo popular germano, es la noche, del 30 de abril al 1 de mayo, en que se reúnen las brujas en aquelarre en el bosque de Blocksberg, en el Harz.

Si bien este acontecimiento se ha recogido repetidamente en distintas manifestaciones artísticas —música, pintura, etc.— carece, posiblemente, de toda verosimilitud.

Término relacionado con magia, amuletos, sistemas oraculares.

WANES

WANES: (Escandinavo). Una raza de dioses de grande antigüedad, adorados en la aurora de los tiempos por los antiguos escandinavos y más tarde por las razas teutónicas.

Expresión utilizada en mitología.

WARA

WARA: (Escandinavo). Una de las doncellas de la Freya del Norte; "la sabia Wara", que observa atentamente los deseos de cada corazón humano y venga toda violación de fe.

Expresión utilizada en mitología.

WE

WE: (Escandinavo). Uno de los tres dioses (Odín, Wili y We) que mataron al gigante Ymir (la fuerza caótica) y crearon el mundo con su cuerpo, la substancia primordial.

Expresión utilizada en mitología.

WEISSENBERG

WEISSENBERG: José Weissenberg, obrero estuquista alemán del siglo XIX que a la edad de 42 años fundó una secta en Berlín, mezclando el cristianismo con doctrinas esotéricas y de curación milagrosa.

Este movimiento se denominó "Asociación Cristiana de los Serios Buscadores del Más Allá y de los Verdaderos Adeptos", que posteriormente redujo su nombre al de "Serios Buscadores del Más Allá".

Cuando se instaló en Berlín comenzó a correr el rumor de que realizaba cien milagros diarios, y aunque las autoridades intentaron encarcelarlo, nunca se pudo demostrar que ejerciese ilegalmente la medicina, ya que tan sólo imponía las manos sobre los enfermos a la vez que rezaba.

Recibió el sobrenombre de Maestro Divino, siendo considerado como la unión del poder de la oración, de la acción y de la luz.

Para Weissenberg, los sacerdotes de todas las confesiones habían encarcelado a Dios, y él estaba encargado de liberarlo.

WERDANDI

WERDANDI: (Escandinavo). Véase: Normas, las tres diosas hermanas que representan lo Pasado, lo Presente y lo Futuro.

Expresión utilizada en mitología.

WERNER

Erhard Werner, fundador de la secta contemporánea EST.

Ver EST.

WHITE BOYS

WHITE BOYS: Sociedad secreta irlandesa que aparece el año 1761 con intención de combatir la ocupación inglesa y defender los derechos humanos de los irlandeses.

Casi todos sus miembros eran campesinos a los que se conocía con el sobrenombre de "Chicos Blancos" ya que se disfrazaban con una camisa de ese color encima del traje.

Desaparecieron en 1787.

Denominación de sociedad secreta o concepto asociado a éstas.

WHITNER

Compañero del fundador del movimiento mormón, Joseph Smith, con quien estaba cuando éste recogió las planchas del libro del Mormon que el ángel Moroni le había anunciado.

WHITTEN

WHITTEN: W.Roy Whitten, ministro episcopalista que en la década de los años setenta fundó la secta norteamericana Life Training.

WIC

WIC: . La versión moderna del ancestral culto de las brujas es la llamada Wica.

Sus fiestas más significativas se celebran de acuerdo

con las antiguas tradiciones celtas.

Término relacionado con magia, amuletos, sistemas oraculares.

WICA

WICA: Versión moderna del culto a las brujas concebido por G. Gardner*.

Los miembros de esta sociedad ocultista, básicamente femenina, se encuentran organizados en corees o células, compuestas de trece personas cada uno.

Celebran varias fiestas significativas a lo largo del ario: la Candelaria, Beltane, la fiesta de la Cosecha y la de Todos los Santos, siguiendo en cierto modo la tradición de los cultos celtas.

En este tipo de celebraciones se halla muy presente el elemento sexual, como reminiscencia de los antiguos ritos de fertilidad.

Su libro de ritual recibe el nombre de Libro de las Sombras.

Término relacionado con magia, amuletos, sistemas oraculares.

WICCA

WICCA: La Iglesia de Wicca es una secta norteamericana de carácter ocultista dedicada al estudio y difusión de la brujería.

Fundada en 1973 por Gavin e Yvonne Frost, mantienen un mensaje basado en afirmar que la supresión de cualquier deseo corporal es antinatural y estúpida; insisten en la búsqueda de relaciones sexuales con los espíritus y en el desarrollo de los poderes psíquicos gracias a la brujería.

Término relacionado con magia, amuletos, sistemas oraculares.

X

X

X: Vigésimo séptima letra del alfabeto español que en el Cristianismo se emplea como símbolo del nombre de Jesucristo.

Aparece junto a las letras griegas alfa y omega, como principio y fin de todas las cosas.

Es una alusión determinante a su condición de Hijo de Dios.

XENÓFILO

XENÓFILO: Un adepto y filósofo pitagórico, a quien Luciano (De Macrob.), Plinio y otros atribuyen haber llegado hasta los 170 años conservando hasta el fin sus facultades.

Escribió sobre música y le dieron el sobrenombre de "el Músico".

Concepto usado en el contexto de la filosofía, filósofos, pensamientos, ideas, reflexiones

XENOGLOSIA

XENOGLOSIA: Facultad paranormal de interpretar lenguas extranjeras o desconocidas.

Sinónimo de Glosolalia.

Expresión usada en parapsicología y fenómenos paranormales.

XILOMANCIA

XILOMANCIA: Arte adivinatoria, utilizando la madera.

Término relacionado con magia, amuletos, sistemas oraculares.

XISUSTHRUS [O XISUTHRUS]

XISUSTHRUS [O XISUTHRUS]: (Griego). El Noé caldeo en las tablillas asirias que así es descrito en la historia de los diez reyes por Beroso, según Alejandro Polyhistor: "Después de la muerte de Ardates (el noveno), su hijo Xisusthrus reinó dieciocho sari.

En este tiempo ocurrió un gran diluvio".

Advertido por su deidad, en una visión, del próximo cataclismo, Xisusthrus recibió de dicha deidad la orden de construir un arca, a fin de confucir dentro de ella a su parentela juntamente con todos los diversos animales, aves, etc., y de confiarse a las invasoras aguas.

Obediente a la advertencia divina, Xisusthrus, según dice la historia, vino a hacer precisamente lo que hizo Noé muchos miles de años después de él.

Despidió de las naves las aves, que volvieron a ella.

Pasados unos pocos días las soltó de nuevo, y regresaron con las patas cubiertas de lodo; pero la tercera vez ya no volvieron.

Encallado en la cima de una alta montaña de la Armenia, Xisusthrus desciende y erige un altar a los dioses.

Aquí solamente surge una divergencia entre la leyenda politeísta y la monoteísta.

Xisusthrus, después de adorar y rendir gracias a los dioses por su salvación, desapareció, y sus compañeros "no lo vieron más".

La historia nos informa que, por razón de su gran piedad, Xisusthrus y su familia fueron trasladados a vivir con los dioses, como él mismo dijo a los sobrevivientes.

Porque aunque su cuerpo había desaparecido, su voz fue oída en el aire, la que, después de enterarles del suceso, les previno que volviesen a Babilonia y tributasen el debido respecto a la virtud, a la religión y a los dioses.

Esto es más meritorio que plantar vides, embriagarse con el zumo de racimos y maldecir a su propio hijo.

[Véase: Sisthrus y Diluvio.]

Y

Y

Y: (Alquimia)Vigésima quinta letra del alfabeto inglés, y décima del hebreo: el Yod.

Es la littera Pythagorœ, letra pitagórica y el símbolo que significa las dos ramas, o sendas de virtud y vicio respectivamente, que conducen la derecha a la virtud y la izquierda al vicio.

En el misticismo cabalístico hebreo es el fálico miembro masculino, y además, como número, es el diez, el número perfecto.

Simbólicamente, está representada por una mano con el dedo índice doblado.

Su equivalencia numérica es diez.

[Es la cuadragésima letra y primera semivocal del alfabeto sánscrito.

Se pronuncia lo mismo que en castellano.]

YAH

YAH: (Hebreo). El mundo, según dice el Zohar, mediante el cual los Elohim formaron los mundos.

La sílaba en cuestión es una adaptación nacional y una de las muchas formas del "nombre del Misterio" IAO.

-Véase: Iaho y Yâho).

YÂHO

YÂHO: (Hebreo). Fürst demuestra que este nombre es el mismo que el griego Iao.

Yâho es una antiguo nombre semítico y muy místico de la Deidad suprema, mientras que Yah (véase esta palabra) es una abreviación posterior que, a causa de contener un ideal abstracto, llegó finalmente a ser aplicada y relacionada con un símbolo fálico: el lingham de la creación.

Lo mismo Yah que Yâho eran "nombres de misterio" hebreos derivados de Iao, pero los caldeos tenían un Yâho antes que los judíos la adoptaran, y entre ellos, como lo explicaron algunos gnósticos y neoplatónicos, era la más alta concebible deidad entronizada sobre los siete cielos y representando la Luz espiritual (Âtman, el universal), cuyo rayo era Nous, representando a la vez el inteligente Demiurgo del Universo de Materia y al Manas divino en el hombre, y siendo ambos Espíritu.

La verdadera clave de esto, comunicada sólo a los Iniciados, era que el nombre de IAO era "triliteral y su naturaleza secreta", según la explicaban los Hierofantes.

Los fenicios tenían también una deidad suprema cuyo nombre era triliteral, y sus significados secretos, ésta era también Iao; y Y ha ho era una palabra sagrada en los misterios egipcios, que significaba "la una eterna y oculta deidad" en la naturaleza y en el hombre; esto es, la "Ideación divina universal"; y el Manas humano, o el Ego superior.

YAHVE

YAHVE: Nombre del Dios de Israel que en hebreo aparece escrito únicamente según la fórmula YHVH.

Según algunos estudios realizados, Yahvé era el dios de los kenitas, un pueblo nómada del desierto, que se convirtió en Dios de Israel a partir del instante de la Alianza.

Permaneciendo unido desde entonces a la historia de ese pueblo, según se puede constatar a lo largo y ancho de las Sagradas Escrituras.

Exodo (3;13-14): "Moisés dijo a Dios: Bien, yo me presentaré a los israelitas y les diré: El Dios de nuestros padres me envía a vosotros. Pero si ellos me preguntan ¿Cual es su nombre? ¿qué les responderé? Y Dios dijo a Moisés: Yo soy, me envía a vosotros".

YAKIN Y BOAZ

YAKIN Y BOAZ: (Hebreo). Un símbolo cabalístico y masónico.

Los dos pilares de bronce (Yakin, masculino y blanco; Boaz, femenino y rojo) fundidos por Hiram Abif de Tiro, llamado "el Hijo de la Viuda" para el supuesto Templo (masónico) de Salomón.

Yakin era el símbolo de la Sabiduría (Chokmah), la segunda Sephira; y Boaz, el de la Inteligencia (Binah); el templo entre los dos, siendo considerado como Kether, la Corona, Padre-Madre.

[Véase: Joachin y Los dos Pilares.]

YASHIRO

YASHIRO: Templo sionista que generalmente se compone de un santuario muy reducido al que los fieles no tienen acceso, rodeado de diversas construcciones de aspecto rústico que hacen las veces de sacristía, sala de reunión para los fieles y los sacerdotes.

Todo ello cerrado por una valla de madera o por una muralla de piedra.

YAVANÂCHÂRYA

YAVANÂCHÂRYA: (Sánscrito). "Maestro jonio". Nombre con que aun hoy día se designa a Pitágoras en la India. (Véase: Pitágoras).

Concepto usado en el contexto de la filosofía, filósofos, pensamientos, ideas, reflexiones

YAZIDIS

YAZIDIS: Secta de origen obscuro que aparece en una zona montañosa del Kurdistán durante el siglo XII.

Numerosos autores incluyen este movimiento dentro del grupo de sectas satánicas, dándoles el sobrenombre de "Adoradores del Diablo", aunque ellos mismos se hacían llamar "Adoradores de Dios".

Fundada por Abi Ben Musafir, que reunió en un solo credo las doctrinas maniqueas, mazdeístas, cristianas, judías y musulmanas, los yazidis defienden que Dios es el único creador, pero que cuenta con la ayuda del ángel Malak Taus o "ángel del pavo real' para realizar las tareas por él encomendadas.

Este ángel no es otro que Lucifer, un ángel caído que consiguió la gracia del perdón asignándole la tarea de administrar la marcha del mundo y conducir las almas hacia su liberación del cuerpo.

Es una de sus creencias que sólo se puede pertenecer al movimiento por razón de su nacimiento.

Poseen dos libros sagrados, "Kitab al Jilwa" o "Libro de la revelación" y "Mashaf Rash" o "Libro Negro".

Entre sus ritos destaca la plegaria de la mañana que se hace mirando al Sol naciente:

"El Sol se ha levantado encima de mi y han venido dos verdugos hacia mi.

Oh, pobre! levántate y confía en tu religión, que es : Dios es el único y Malekas Sey es Habbid Hallah (Adi). Confiesa una vez más la muerte del tiempo y el último día. Amén".

Guardan tres días de ayuno durante el mes de diciembre, y en septiembre peregrinan hasta la tumba de Musafir.

Aceptan el bautismo cristiano y la circuncisión judía.

También se practica la monogamia, castigándose el adulterio con la muerte.

Se prohibe el matrimonio con personas que sean de fuera de la secta.

YENOCHOVZY

YENOCHOVZY: Movimiento sectario ruso que veneraba a Henoc, que regresará a la tierra al final de los tiempos reencarnándose en un cura de aldea.

También adoraban a Elías bajo la forma de un monje denominado Juan de Cronstadt.

Reciben el nombre de Henoquistas.

YESIDAS

YESIDAS: Pueblo kurdo que habita en las montañas de Sinyar y que posee un culto que mezcla todas las religiones conocidas en la zona, pero manteniendo como gran divinidad el fuego.

Se les denomina Adoradores del Fuego y Apagadores de Lámparas.

YESOD

YESOD: (Hebreo). La novena Sephira; significa: Base o Fundamento.

YETZIRAH

YETZIRAH: (Hebreo). El tercero de los cuatro Mundos cabalísticos, correspondiente a los Angeles; el "Mundo de Formación", u Olam Yetzirah.

Es denominado también Malahayah, o "de los Angeles".

Es la mansión de todos los Genios (o Angeles) regentes que dirigen y gobiernan planetas, mundos y esferas.

YGGDRASIL [O IGGDRASEL]

YGGDRASIL [O IGGDRASEL]: (Escandinavo). El "Arbol Mundano de la Cosmogonia escandinava; el fresno Yggdrasil; el árbol del Universo, del tiempo y de la vida".

Tiene tres raíces, que llegan hasta el frío Hel y de allí se extiende hasta Jotunheim, el país de los Hrimthurses o "Gigantes de Hielo", y al Midgard, la tierra y mansión de los hijos de los hombres.

Sus ramas superiores se extienden hasta dentro del ciclo y su rama más elevada cubre con su sombra el Walhalla, el Devachan de los héroes caídos en el campo de batalla.

El Yggdrasil es siempre fresco y verde, puesto que diariamente es regado por las Normas, las tres fatales hermanas, lo Pasado, lo Presente y lo Futuro, con las aguas de la vida de la fuente de Urd que fluye en nuestra tierra.

Este árbol se secará y desaparecerá sólo el día en que se libre la postrera batalla entre el bien y el mal; cuando, prevaleciendo el primero, la vida, el tiempo y el espacio salgan de la vida, espacio y tiempo.

Todos los pueblos antiguos tenían su árbol mundano.

Los babilonios tenían su "árbol de vida", que era el árbol mundano, cuyas raíces penetraban dentro del gran abismo inferior o Hades, cuyo tronco estaba en la tierra, y cuyas ramas superiores llegaban al Zikum, la más elevada mansión celeste.

En lugar del Walhalla, colocaban ellos su follaje superior en la santa casa de Davkina la "gran madre" de Tammuz, el Salvador del mundo, el Dios sol condenado a muerte por los enemigos de la luz.

[Véase: Midgard.]

Expresión utilizada en mitología.

YHVH

YHVH: Tetragrama que compone el nombre del Dios de Israel y que, dado que no puede pronunciarse, aparece siempre sin vocales.

YMIR

YMIR: [o Ymer] (Escandinavo). La materia personificada de nuestro globo en un estado de ebullición.

El monstruo cósmico en forma de gigante que en las alegorías cosmogónicas de los Eddas es matado por los tres creadores, los hijos de Bör, Odín, Wili y We, de quienes se dice que vencieron a Ymir y de su cuerpo crearon el mundo.

Esta alegoría muestra las tres principales fuerzas de la naturaleza -separación, formación y desarrollo (o evolución)- que dominan al indómito, furioso "gigante" materia, y le obligan a convertirse en un mundo o globo habitable.

Es curioso que un pueblo pagano antiguo, primitivo y falto de cultura, tan filosófico y científicamente correcto en sus ideas acerca del origen y formación de la tierra, haya aceptado, a fin de que se le considere como civilizado, el dogma de que el mundo fue creado de la nada! [Véase: Oergelmer.]

Expresión utilizada en mitología.

YO SOY

YO SOY: Secta que floreció en Estados Unidos durante la década de los años treinta.

Fundada en los Angeles por un hombre llamado Guy W. Ballard, defendía las riquezas y el lujo como medio de vida.

Según Ballard, el maestro Saint Germain le había dado para beber y comer esencia electrónica y energía concentrada, y después le había mostrado los tesoros de la tierra.

Su fallecimiento el año 1939, dio por finalizada la actividad de la secta.

YOD

YOD: (Hebreo). La décima letra del alfabeto [hebreo] y la primera del cuádruplo símbolo del nombre compuesto Jah-hovah (Jehovah) o Jah-Eve, la existencia y fuerza hermafrodita en la naturaleza.

Sin las vocales posteriores, la palabra Jehovah se escribe IHVH (representando la letra Yod todas las tres letras inglesas y, i, o j, segúnlo requiera el caso, y es masculina-femenina.

La letra Yod es símbolo del lingam, u órgano masculino, en su triple forma natural, como demuestra la Kabalah.

La segunda letra He tiene por símbolo el yoni, la matriz o "ventana -que se abre", como se lee en la Kabalah; el símbolo de la tercera letra, el Vau, es un báculo o una uña (teniendo en esto su origen el báculo episcopal), otra letra masculina, y la cuarta es lo mismo que la segunda-, significando el todo ser o existir bajo una de estas formas o de ambas.

Así, dicha palabra o nombre es preminentemente fálico.

Es el del dios batallador de los judíos, "Señor de los Ejércitos"; del "agresivo Yod" o Zodh, Caín (por permutación), que mató a su hermano hembra, Abel, y derramó su sangre.

Este nombre, escogido entre muchos por los primitivos escritores cristianos, fue un nombre desgraciado para su religión a causa de sus asociaciones y significado original; es un número suponiendo lo mejor, un órgano en realidad.

Esta letra Yod se ha convertido en God y Gott [Dios, en inglés y alemán, respectivamente.

-Véase: Y.]

YOGI BHAJAN

YOGI BHAJAN: Fundador de la secta contemporánea norteamericana Fundación Sikh, que está estructurada de acuerdo con una amalgama de elementos hindúes y tántricos, aunque también se han añadido actuaciones sexuales y de manipulación mental de los adeptos.

YOM KIPPUR

YOM KIPPUR: Fiesta más solemne del calendario hebreo, que se celebra el 10 de Tishrei (septiembre) y corresponde al "día del perdón o de la expiación".

Levítico (16;29-34): "Esta será para vosotros ley perpetua: El día diez del séptimo mes ayunaréis y no haréis trabajo alguno, ni el nativo ni el extranjero residente entre vosotros. Porque en este día se hará expiación sobre vosotros para purificaron y seréis purificados de todos vuestros pecados delante de Yavé. Será para vosotros un sábado de descanso absoluto y ayuno. Es ley perpetua. La expiación será hecha por el sacerdote que haya sido ungido y consagrado para la función sacerdotal en lugar de su padre; se pondrá las vestiduras de lino, las vestiduras sagradas. Hará la expiación sobre el santuario, la Tienda de la Reunión y el altar y luego sobre los sacerdotes y sobre la asamblea del pueblo. Será para vosotros ley perpetua el hacer una vez cada año sobre los israelitas el rito de expiación por todos sus pecados."

Su finalidad es entregarse a la confesión pública e individual y permitir el arrepentimiento.

Se celebran cinco servicios en la sinagoga y se observa un riguroso ayuno desde la puesta del sol hasta la caída de la noche del día siguiente, ya que a lo largo de este día Dios pesa la conducta de cada hombre en una balanza sellando su destino en el libro de la vida.

YOUNG

Brigham Young, segundo dirigente de los mormones que obtuvo el control sobre la mayor parte de los adeptos de Joseph Smith tras la muerte de éste, encaminándose con ellos a las tierras del estado de Utah.

Enseñó una doctrina un tanto alejada del mormonismo inicial, ya que según él algunos pecados sólo podían perdonarse mediante el derramamiento de sangre humana, en virtud de lo cual formó un ejército y llevó a cabo varias matanzas como la de Mountain Meadows en 1857.

Entre 1858 y 1880 logró hacer florecer su secta y forjar un imperio económico importante, estableciendo durante la Guerra de Secesión un gobierno autónomo en Utah.

YÜRMUNGANDER

YÜRMUNGANDER: (Escandinavo). Un nombre de la serpiente Midgard en el Edda, cuyo hermano es el lobo Fenris, y cuya hermana es el horrible monstruo Hel, los tres hijos del malvado Loki y Angurboda (carrera de angustia), una terrible gigante.

La serpiente mundana de los antiguos escandinavos, el monstruo creado por Loki pero formado por las continuas emanaciones pútridas del cuerpo del matado gigante Ymir (la materia de nuestro globo), y que produce a su vez una continua emanación, que sirve como un velo entre el cielo y la tierra, esto es, la Luz astral.

Expresión utilizada en mitología.

Z

Z

Z: Ultima letra del alfabeto español, que para los musulmanes posee cuatro referencias a los atributos o nombres divinos de Dios.

En primer lugar es el séptimo nombre o Zaki, que significa "Purificador".

Posee una cifra representativa de 37.

Su categoria es la de compuesto y su virtud el amor.

Pertenece al elemento agua y su perfume es la miel.

El segundo atributo es el vigesimoquinto de la divinidad, Dhakir, que quiere decir: "Que se acuerda".

Posee una cifra refencial de 921.

Su categoría es la de compuesto y su vicio el odio.

Pertenece al elemento del fuego y su perfume es la albahaca.

La tercera "z" representa al vigesimoxesto nombre o atributo divino de Dios, Darr, que quiere decir "Castigador".

Posee una cifra de 1001.

Su categoría es la de terrible y su vicio es el odio.

Pertenece al elemento aire y el perfume es el citiso.

La cuarta y última referencia corresponde al vigesimoséptimo y penúltimo atributo divino de Dios, es Zahir; es decir, "Vidente".

Posee una cifra de 1106.

Su categoría es la de terrible y su vicio es la hostilidad.

Pertenece al elemento agua y su perfume es el jazmín.

Corresponde al islamismo y la cultura árabe.

ZABIANO

ZABIANO: Nombre dado a los sacerdotes caldeos que adoraban a los astros y se ocupaban de construir talismanes.

ZACARIAS

ZACARIAS: Uno de los profetas menores del Antiguo Testamento, cuyo libro es un mensaje de esperanza en la derrota de los enemigos de Israel y en la proximitud del reino mesiánico.

ZADOC KHAN

ZADOC KHAN: Gran Rabino de Francia, nacido en Mommenhein el año 1839.

Es el propulsor de la Alianza Israelita Universal, y uno de los fundadores de la Sociedad de Estudios judíos.

De todas sus obras merecen especial mención, "Religión y Patria" y "La Biblia de la Juventud".

Murió en Paris el año 1905.

ZAHORÍ

ZAHORÍ: Palabra de origen árabe, que define a un sujeto que practica la Radiestesia.

Expresión usada en parapsicología y fenómenos paranormales.

ZARRIN TAY

Poetisa irania (1817-1852) conocida bajo el sobrenombre de Qrrat el Ayn.

Fue una de las más fervientes seguidoras del babismo, apoyando el Bab en las innovaciones trazadas en su ortodoxia.

ZELOTAS

ZELOTAS: Secta judía fundada por Judas de Galilea el año sexto de nuestra era para oponerse a la incorporación de Judea al Imperio Romano.

Los zelotas se resistían al pago de los tributos a Roma y al reconocimiento del emperador romano como señor, lo que era considerado como un acto de apostasía ya que Yavé era el único Señor de Israel.

Una vez muerto su fundador y reprimida la sublevación que encabezaron contra los romanos, los zelotas mantuvieron una guerra de guerrillas hasta el año 66.

Roma fue apresando y matando a todos los sublevados hasta que tan sólo la ciudad de Masada quedó como único centro de este movimiento.

Tras resistirse a las tropas romanas, prefirieron suicidarse antes que rendirse.

ZEUS

ZEUS: (Griego). El "Padre de los dioses".

Zeus-Zen es el Æther [véase esta palabra], y por lo tanto, Júpiter era llamado Padre Æther por algunas razas latinas.

[Zeus es el Júpiter de la mitología romana.]

Expresión utilizada en mitología.

ZIO

ZIO: (Escandinavo). Llamado también Tyr y Tius.

En los Eddas es un dios que vence y encadena al lobo Fenris, cuando éste amenazaba a los mismos dioses en el Asgard, y perdió una mano en la lucha con el monstruo.

Es el dios de la guerra y era muy adorado por los antiguos germanos.

Expresión utilizada en mitología.

ZIPPORAH

ZIPPORAH: (Hebreo) [Séphora] Literalmente, "brillante, radiante". En la alegoría bíblica del Génesis, Zipporah es una de las siete hijas de Jetró, sacerdote madianita e iniciador de Moisés, que encuentra a Zipporah (o luz espiritual) cerca del "pozo" (de conocimiento oculto) y la toma por esposa.

[Zipporah, Zípora o Séphora es uno de los siete poderes ocultos que, según se supone, el Hierofante tranfería al novicio no iniciado.

(Doctrina Secreta, III, 171, nota).]

ZIRUPH

ZIRUPH: (Hebreo). Más propiamente Tziruph, un modo de adivinación por Temura o permutación de letras, enseñado por los cabalistas medioevales.

Las escuela de rabinos de Abulafia y Gikatilla insistió muchísimo en el valor de este procedimiento de la Cábala práctica.

ZISKA

Jan Ziska de Trcnow (1370-1424) es un héroe nacional de Bohemia, como jefe militar del movimiento husita.

Formó parte de la corte del rey Wenceslao de Bohemia, sirviendo en sus ejércitos.

Reorganizó las tropas husitas y se puso al frente de ellas derrotando a los alemanes frente a Praga.

Defendió Pilsen contra el emperador Segismundo.

Murió en el asedio del castillo de Pribyslaya.

Denominación de sociedad secreta o concepto asociado a éstas.

ZIZUMÂRA

ZIZUMÂRA: (Sisumara) (Sánscrito). Un imaginario cinturón rotatorio sobre el cual se mueven todos los cuerpos celestes.

Esta multitud de astros y constelaciones está representada bajo la figura de Zizumara, una tortuga (¡algunos dicen una marsopa!), dragón, cocodrilo, etc.

Pero como es un símbolo de la meditación del Yoga del santo Vâsudeva o Krishna, ha de ser un cocodrilo, o más bien un delfín, puesto que es idéntico al Makâra del Zodíaco.

Dhruva, la antigua estrella polar, está colocada en la punta de la cola de este monstruo sideral, cuya cabeza está dirigida hacia el sur y cuyo cuerpo se dobla formando un anillo.

Más arriba a lo largo de la cola están Prajâpati, Agni, etc., y en su raíz están colocados Indra, Dharma y los siete Richis (la Osa mayor), etc., etc.

Su significado es, naturalmente, místico.

Término asociada a la astrología o astronomía.

ZODÍACO

ZODÍACO: Voz que procede de la latina zodiacus, y ésta de los dos términos griego zoe y diakos, «vida» y «rueda», respectivamente.

Es la franja convencional del firmamento en que se mueven astros conocidos, y que el Sol recorre aparentemente en el transcurso de un año.

Se divide en doce partes iguales de 30 grados, llamados signos del zodíaco, los cuales reciben el nombre de la constelación de estrellas más próxima a ellos, partiendo del equinoccio de primavera.

Símbolo antiquísimo —se han llegado a estudiar signos zodiacales incluso en algunas pinturas rupestres—, y conocido prácticamente por todas las culturas, el zodíaco es la «rueda de la vida» que, como bien dice M. S enard, constituye el proceso por el cual «la energía primordial, al ser fecundada, se transforma pasando de la potencia al acto, de lo uno a lo múltiple, del espíritu a la materia, del mundo informal al de las formas». Se cree que el primer zodíaco, en el que se puede suponer ya un cierto conocimiento sistematizado, puede remontarse a los tiempos de los primeros reinos mesopotámicos, en el tercer milenio antes de nuestra Era.

Los signos zodiacales son doce: Aries, Tauro, Géminis, Cáncer, Leo, Virgo, Libra, Escorpio, Sagitario, Capricornio, Acuario y Piscis. Afirma Cirlot al respecto, que «hay en el simbolismo del zodíaco la ambición de constituir, como sucede en el caso del tarot* una totalidad de lo arquetípico, una suerte de modelo figurativo que sirva para la determinación comprensiva de todas y cada una de las posibilidades existenciales, en el macrocosmos y el microcosmos».

Término asociada a la astrología o astronomía.

ZOHAR O SOHAR

ZOHAR O SOHAR: Un compendio de la Teosofía cabalística, que comparte con el Sepher Yetzirah la reputación de ser el más antiguo tratado que existe sobre las doctrinas religiosas esotéricas hebreas.

La tradición asigna su paternidad literaria al rabino Simeón ben Jochai (año 80 después de JC), pero la crítica moderna se inclina a creer que su antigüedad no pasa del 1280, año en que ciertamente fue editado y publicado por el rabino Moisés de León, de Guadalajara, en España.

Consulte el lector los datos referentes a estos dos nombres.

En Lucifer (tomo I, pág. 141) se encontrarán también notas relativas a esta cuestión: nuevos argumentos para dilucidar este punto pueden hallarse en las obras de Zunz, Graetz, Jost, Steinscheneider, Frankel y Ginsburg.

La obra de Frank (en francés) sobre la Cábala puede ser consultada con provecho.

La verdad parece hallarse en un término medio, esto es, que si bien Moisés de León fue el primero que presentó el volúmen como un todo, sin embargo una gran parte de algunos de sus tratados constitutivos están compuestos de ilustraciones y dogmas tradicionales que han llegado hasta nosotros desde la época de Simeón ben Jochai y del segundo Templo.

Porciones hay de las doctrinas del Zohar que llevan el sello de la civilización y del pensamiento caldeo, al cual la raza judía ha estado expuesta en el cautiverio de Babilonia.

Pero, por otra parte, para rebatir la teoría de que dicha obra es antigua en su totalidad, es de advertir que en ella se hace mención de las Cruzadas; que se hace una cita de un himno compuesto por Ibn Gebirol, del año 1050 de nuestra era: que del afamado autor, Simeón ben Jochai, se habla como de un hombre más eminente que Moisés; que menciona los puntos vocales, que no empezaron a usarse hasta que el rabino Mocha (año 570 después de JC) los introdujo para fijar la pronunciación de las palabras como una ayuda para sus discípulos, y por último, que hace mención de un cometa, que por la evidencia del contexto puede probarse que apareció en 1264.

Las ediciones hebreas que pueden obtenerse son las de Mantua, 1558; de Cremona, 1560, y de Lublin, 1623.

La obra de Knorr von Rosenroth titulada Kabbala Denudata incluye varios de los tratados del Zohar, pero no todos, en hebreo y latín.

Mac-Gregor Mathers ha publicado una versión inglesa de tres de estos tratados, el Libro del Misterio Escondido, la Santa Asamblea Mayor y la Menor, y su obra incluye una introducción original al asunto.

Los principales tratados incluídos en el Zohar son: "El Midrash Oculto", "Los Misterios del Pentateuco", "Las Mansiones y Moradas de Paradise y Gaihinnom", "El Pastor fiel", "El Secreto de los Secretos", "Discurso del Anciano en Mishpatim" (castigo de las almas), "El Januka o Discurso del Joven" y "El Tosephta y Mathanithan", que son ensayos adicionales sobre la Emanación y los Sephiroth, además de los tres importantes tratados mencionados antes.

En este almacén puede encontrarse el origen de todos los desarrollos posteriores de la enseñanza cabalística.

ZOOLATRIA

ZOOLATRIA: El culto a los animales se encuentra muy extendido por todas las culturas y religiones, que le dan más o menos importancia de acuerdo con sus creencias.

En Egipto había un culto no sólo a algunos animales, sino que diversos dioses eran representados con cabeza o cuerpo de animal: Ammón, en forma de carnero; Anubis con cabeza de chacal, Apis, el buey sagrado...; en la India la vaca está considerado como un animal sagrado; el dios Ganesa tiene cabeza de elefante.

Los orfitas adoraban a las serpientes, y los propios cristianos tienen algunos símbolos unidos en especial a la paloma.

ZÓSIMO DE PANÓPOLIS

Notable alquimista que vivió en torno al s. IV d. C.

Realizó una recopilación de textos alquímicos antiguos.

Fue también el fundador de una importante escuela de hermetismo en Alejandría, y autor de un Tratado de los hornos, en el que detalla una serie de aparatos muy necesarios en el trabajo de la obra.

Expresión usada en alquimia.

ZUKLA

ZUKLA: (Sánscrito). Blanco, luminoso, claro, brillante.

Luz, brillantes; la primera mitad del mes lunar, o sea desde el novilunio hasta el plenilunio; la quincena luminosa o brillante.

Este período es adecuado para el progreso espiritual.

(Véase: Krishna y Quincena luminosa).

Término asociada a la astrología o astronomía.

ZUKRA

ZUKRA: (Sukra o Shukra) (Sánscrito). Un nombre del planeta Venus, llamado también Uzanas.

En esta personificación Uzanas es el Guru y preceptor de los Daityas (los gigantes de la tierra) en los Purânas.